Jornada do Ágil Escalado

Antonio Muniz
Júnior Rodrigues
Alexsandro Túlio de Carvalho
Ana G. Soares
Déborah Zavistanavicius Zapata
Guilherme Santos

Jornada do Ágil Escalado

Entenda como a agilidade em escala com foco nas pessoas potencializa resultados de valor aos clientes

- ✓ Conteúdo criado por 64 pessoas com grande atuação no mercado, experiências diversificadas e cases reais
- ✓ Apresentação de 8 frameworks e diversas práticas para escalar o ágil nas organizações, incluindo o modelo JAE
- ✓ Prefácios escritos por duas referências em agilidade: Alistair Cockburn e André Vidal

Rio de Janeiro
2020

Copyright© 2020 por Brasport Livros e Multimídia Ltda.

Todos os direitos reservados. Nenhuma parte deste livro poderá ser reproduzida, sob qualquer meio, especialmente em fotocópia (xerox), sem a permissão, por escrito, da Editora.

Editor: Sergio Martins de Oliveira
Gerente de Produção Editorial: Marina dos Anjos Martins de Oliveira
Editoração Eletrônica: Abreu's System
Capa: Rodolfo Colares
Arte final: Trama Criações

Técnica e muita atenção foram empregadas na produção deste livro. Porém, erros de digitação e/ou impressão podem ocorrer. Qualquer dúvida, inclusive de conceito, solicitamos enviar mensagem para **editorial@brasport.com.br**, para que nossa equipe, juntamente com o autor, possa esclarecer. A Brasport e o(s) autor(es) não assumem qualquer responsabilidade por eventuais danos ou perdas a pessoas ou bens, originados do uso deste livro.

J82   Jornada do Ágil Escalado : entenda como a agilidade em escala com foco nas pessoas potencializa resultados de valor aos clientes / Antonio Muniz ... [et al.]. – Rio de Janeiro: Brasport, 2020.
464 p. ; il ; 17 x 24 cm.

Inclui bibliografia.
ISBN 978-65-88431-11-5

1. Liderança. 2. Produtividade. 3. Eficiência no trabalho. 4. Gestão de equipes. 5. Planejamento. 6. Projetos. I. Muniz, Antonio. II. Rodrigues, Junior. III. Carvalho, Alexsandro T. de. IV. Soares, Ana G. V. Zapata, Déborah Zavistanavicius. VI. Santos, Guilherme. VII. Título.

CDU 65.011.4

Catalogação na fonte: Bruna Heller (CRB10/2348)

Índice para catálogo sistemático:
1. Produtividade / Eficiência / Sucesso / Etc. 65.011.4

BRASPORT Livros e Multimídia Ltda.
Rua Washington Luís, 9, sobreloja – Centro
20230-900 Rio de Janeiro-RJ
Tels. Fax: (21)2568.1415/3497.2162
e-mails: marketing@brasport.com.br
vendas@brasport.com.br
editorial@brasport.com.br
www.brasport.com.br

Jornada Colaborativa

Experiências colaborativas que transformam vidas!

Conectamos pessoas apaixonadas por ensinar e aprender de forma colaborativa, protagonizando talentos nacionais. Utilizamos a inteligência coletiva com livros colaborativos, geramos oportunidade para potencializar pessoas e reinvestir em ações sociais. Compartilhamos experiências em diversos canais, como JornadaCast, *webinars*, *summits*, mídias digitais.

Tudo começou com um sonho de compartilhar conhecimento através do livro "Jornada DevOps", que foi escrito por 33 pessoas com experiências complementares, e a união do time com outras comunidades em várias cidades mobilizou a disseminação de novas experiências.

O experimento dos cinco *Summits* de lançamento dos três primeiros livros em 2019 uniu mais de 50 empresas e comunidades, permitindo ingressos com valor simbólico e direito a livro para 1.277 pessoas, além da doação de R$ 25 mil para quatro instituições carentes.

O primeiro semestre de 2020 reforçou nosso trabalho colaborativo com 50 voluntários trabalhando intensamente na **Jornada contra a crise**, que arrecadou R$ 100 mil para 10 instituições com 13 sábados para mais de 3.500 participantes *on-line* que receberam 160 palestras de alta qualidade com 25 presidentes, 50 executivos e 80 *experts* em agilidade, tecnologia, inovação e transformação digital.

A **Jornada Learning** iniciou no segundo semestre de 2020 com o objetivo de capacitar pessoas do mercado, captar recursos para lançar os novos livros da Jornada e ceder vaga gratuita para quem está em busca de recolocação, com direito a livro, *workshop*, mentoria e camisa da Jornada. Graças ao apoio de várias organizações, disponibilizamos mais de 400 vagas gratuitas para colaborar na recolocação de pessoas que investem em sua qualificação.

Nosso DNA é unir pessoas e tecnologia, aproveitando nossos participantes com perfil multidisciplinar: desenvolvedores, QA, *sysadmin*, arquitetos, *Product Owners*, gerentes de produtos, *Agile Coaches*, *Scrum Masters*, analistas de negócios, empreendedores, gerentes de projetos, psicólogos, executivos, UX, CX, equipes de RH, recrutadores, analistas de marketing, engenheiros, etc.

Livros já lançados pela Jornada Colaborativa:

1. "Jornada DevOps", com 33 coautores e 4 organizadores.
2. "Jornada Ágil e Digital" com 56 coautores e 2 organizadores.
3. "Jornada Ágil de Qualidade", com 24 coautores e 4 organizadores.
4. "Jornada Saudável", com 26 coautores e 7 organizadores.
5. "Jornada Ágil do Produto", com 69 coautores e 4 organizadores.
6. "Jornada DevOps 2ª edição", *best-seller* com 36 autores e 4 organizadores.
7. "Jornada Ágil de Liderança", com 86 coautores e 5 organizadores.
8. "Jornada do Ágil Escalado", com 64 coautores e 6 organizadores.

Conheça nossa comunidade e entre no time para os próximos livros:

<www.jornadacolaborativa.com.br>
<https://www.linkedin.com/company/jornadacolaborativa/>
<contato@jornadacolaborativa.com.br>

Collaborate. Deliver. Reflect. Improve.

Four words. Four imperatives for reaching your desired outcomes faster and more reliably.

I distilled these four words from reflecting heavily on the day when we wrote the Agile Manifesto in 2001, asking myself over and over: "Why did this meeting succeed, when so many similar meetings produced nothing?"

The main answer I came up with was this: **Listening with generosity.**

Some of the people in the room were competitors, some thought very little of others, a few were enemies, professionally. So what was remarkable was the way in which every person granted every other person full credit for being invited, for being knowledgeable, for having something to contribute. I watched one person, I will call him X, so as not to name names, ask another person, Y, about Y's intentions and wishes. Now, both X and I really didn't like Y's methods, didn't approve of them, didn't think they worked well. However, we listened to the specific intention and research agenda that Y was operating from, and finally concluded: "Ah, okay, I don't actually think that research agenda will play out well, but understanding what you are trying to accomplish, I see that we are really trying to accomplish the same things, just in different ways".

That moment was foundational. After that, Y was included in all our conversations as an equal partner. We operated from a common intention, ignoring the relatively smaller differences. At the end of the day, we all agreed at 100% on the words in the manifesto.

Collaboration begins and ends with attitude, with the intention to collaborate. We all know how to collaborate; we just don't want to. We prefer the feeling of being right, just, of having put out a good effort. We prefer that to achieving a better outcome.

Delivery is about testing results against the world, being surprised over and over about how it responds so differently than what we expect.

Reflect means pause. Stop working, re-center yourself, look around, work on the quality of the team, and get ready to start again.

Improve should be obvious, except we often don't do it, or we try to improve in large jumps. Improving in small steps is easier and usually sufficient.

How does all this apply to scaling?

It's the same. If you have 1,000 people in six departments, what is the first thing you should do? Improve the collaboration. How? You don't have to ask me how, everyone already knows – they maybe just don't want to. So the first thing to work on is attitude. Improve people's inclination to collaborate.

My point here is this: You don't need a framework to improve collaboration, you need to work on citizenship, amicability, reward structures, and recognition. Those are not in the frameworks.

Then teach the organization how to deliver tiny probes into the world to get feedback. That, again, is mostly attitude. If they want to, they will find a way. If they don't, they won't.

Welcome to this collaboratively written book. As you read, please evaluate what you read against this simple mantra: collaborate, deliver, reflect, improve.

Dr. Alistair Cockburn
Co-author, the Agile Manifesto

Colabore. Entregue. Reflita. Melhore.

Quatro palavras. Quatro imperativos para alcançar os resultados desejados com maior rapidez e confiabilidade.

Eu "destilei" essas quatro palavras após refletir muito no dia em que escrevemos o Manifesto Ágil em 2001, perguntando-me repetidamente: "por que essa reunião teve sucesso, quando tantas reuniões semelhantes não produziram nada?"

A principal resposta que me veio foi a seguinte: **ouvir com generosidade**.

Algumas pessoas na sala eram concorrentes, algumas pensavam muito pouco das outras, algumas eram inimigas profissionalmente. Então, o notável foi a maneira pela qual todas as pessoas reconheceram o crédito umas das outras por terem sido convidadas, por serem conhecedoras do assunto, por terem algo a contribuir. Eu observei uma pessoa, vou chamá-la de X, para não citar nomes, perguntar a outra pessoa, Y, sobre as intenções e desejos de Y. Sinceramente, X e eu realmente não gostávamos dos métodos de Y, não os aprovávamos, não achávamos que funcionassem bem. No entanto, ouvimos a intenção específica e a agenda de pesquisa na qual Y estava operando e finalmente concluímos: "ah, ok, não achamos que essa agenda de pesquisa funcione bem, mas entendemos o que você está tentando fazer, e que estamos realmente tentando fazer as mesmas coisas, apenas de maneiras diferentes".

Esse momento foi fundamental. Depois disso, a pessoa Y foi incluída em todas as nossas conversas como um parceiro igual. Operávamos com uma intenção comum, ignorando as diferenças relativamente menores. No final do dia, todos concordamos em 100% com as palavras do manifesto.

A colaboração começa e termina com atitude, com a intenção de colaborar. Todos sabemos como colaborar; nós simplesmente não queremos. Preferimos a sensação de estarmos certos e de termos feito um bom esforço. Nós preferimos isso a alcançar um resultado melhor.

A entrega é sobre testar os resultados mediante o mundo, surpreendendo-se repetidamente com a forma como este nos responde tão diferentemente do que esperamos.

Refletir significa pausar. Pare de trabalhar, atualize-se, olhe em volta, trabalhe com a qualidade da equipe e prepare-se para começar de novo.

Melhorar deveria ser óbvio, entretanto, geralmente não o fazemos, ou tentamos melhorar em grandes saltos. Melhorar em pequenos passos é mais fácil e geralmente suficiente.

Como tudo isso se aplica à escala?

É o mesmo. Se você tem 1.000 pessoas em seis departamentos, qual é a primeira coisa que você deve fazer? Melhorar a colaboração. Como? Você não precisa me perguntar como, todo mundo já sabe – talvez não queira. Portanto, a primeira coisa a se trabalhar é a atitude. Melhore a inclinação das pessoas a colaborar.

Meu ponto aqui é o seguinte: você não precisa de uma estrutura para melhorar a colaboração, precisa trabalhar em cidadania, com cordialidade, estruturas de recompensa e reconhecimento. Isso não está nos *frameworks*.

Em seguida, ensine a organização a fornecer pequenas provas ao mundo para obter *feedback*. Isso, novamente, é principalmente atitude. Se eles quiserem, eles encontrarão um caminho. Se não o quiserem, não o farão.

Bem-vindo a este livro escrito em colaboração. Ao ler, avalie o que você leu em relação a este simples mantra: **colabore, entregue, reflita, melhore**.

Dr. Alistair Cockburn
Coautor do Manifesto Ágil

Prefácio

Agilidade em escala é um paradigma para muitas organizações. Não falo "ainda é", pois o termo é "novo" no palavreado de muitos; inclusive a própria agilidade. E isso está refletido desde os primórdios em livros, artigos e métodos propostos pelos signatários do Manifesto Ágil. O próprio ágil já nasceu olhando a melhor forma de ser escalável, e isso chega a nós praticamente vinte anos mais tarde, através desta obra.

Falarmos em métodos e *frameworks* ou nos debruçarmos sobre planos miraculosos e desenhos inspiradores com apresentações orientadas a dados não nos diz com exatidão o "quão" ágil somos de fato. E sabe por quê? Porque **não temos uma fórmula única de escalar *Lean* e *Agile*** em nossas organizações. Não há um consenso. Isso está sendo construído!

Mas se tivéssemos que eleger uma métrica comum a todos, esta seria a satisfação do seu cliente! Perceba que a satisfação do cliente independe do tamanho da empresa. Esteja certo que isso é preponderante caso queira de fato escalar agilidade! Pôr o cliente no centro das atenções é mudar não apenas a forma de pensar, mas a de agir.

Torna-se inútil, então, nesse momento, discorrermos se o "método A" comparado ao "*framework* B" é melhor ou pior. Na verdade, essa é uma conversa até *nonsense*, uma vez que deve-se ter outras preocupações, tal como adaptar-se e construir integridade de forma constante e de maneira rápida, caso escalar seja seu objetivo.

Veja se o que está fazendo hoje é sentido de forma positiva e resolve os problemas da sua empresa de forma fluida e consistente. Se sim, siga em frente e avance uma casa por vez. Caso contrário, não se intimide em voltar ao começo. Se isso ocorrer, pergunte se é realmente preciso escalar e trate de criar uma direção consistente, mais do que pensar em um plano!

XII Jornada do Ágil Escalado

Lembre-se também que o mundo real nunca deve ser subestimado. Ele sempre mostra onde estamos errando e o que precisamos melhorar. Agilidade é aprender rapidamente o que não deve ser feito. Por isso é **essencial que sejamos pragmáticos sempre**! Mas o que pode acontecer de errado nessa jornada?

A maior dificuldade enfrentada na transformação das organizações para modelos escalados reside na forma como isso é feito. A velha máxima que ao escalar disfunções você deixará de ser ágil para ser frágil é uma verdade retumbante! A agilidade lhe mostra um poço de problemas. Resolva-os antes de exponencializá-los. Eis aqui uma recomendação clara deste guia!

Tenha sempre em mente também que na falta de resultados qualquer tipo de mudança se torna inviável. Isso não é uma desculpa para dizer que o *mindset* não havia sido criado ou o contexto do universo VUCA aprontou mais uma das suas. Fazer com que a empresa tenha um propósito real para escalar é necessário. Entregar produtos e serviços com alto grau de fragilidade é totalmente o oposto da proposta deste livro. Isso não é ser ágil e sim kamikaze!

Trazemos aqui reflexões de como o encantamento dos clientes é possível, desde que se tenha por compromisso alinhar o dia a dia da empresa de forma mais colaborativa. Internamente, devemos cuidar dos nossos times antes, durante e depois. Exemplos bem-sucedidos disso que estamos falando? Temos muitos!

Quase todos eles se encaixam no perfil que chamamos inovador. Mas inovador em qual sentido? De aprenderem a se escalar de maneira orgânica; não apenas com agilidade travestida. Agilidade em escala é um fenômeno que "vem acontecendo" e não é geração espontânea. Nascer ágil pode ser uma realidade para muitas empresas, mas escalar sem antes ser ágil é *fake*! Não existe isso tanto na literatura como no mundo real!

Escalar significa ser sustentável ao longo do tempo! Você saberia dizer qual o motivo das empresas que inovam terem seus produtos e serviços reconhecidos com esse rótulo? Todas elas trabalham sob a égide da melhoria contínua há tempos. Não de hoje. Para chegarem a um modo sustentável levou tempo.

Essas empresas prepararam-se para atuar de maneira enxuta e orientadas àquilo que é demandado por seus clientes **experimentando**. Tiveram que se remodelar e deixar de perder tempo com processos e burocracias internos para realmente exercer o termo "**pôr o cliente no centro das atenções**"! Elas conseguiram com o tempo desobstruir caminhos para que chegassem mais próximo ao seu cliente. Esse é o real significado de inovar!

Organizações escaladas só chegam a esse patamar uma vez que criam uma identidade de trabalho, tornando-se organismos mais empáticos e tolerantes às falhas, tanto internas como externas, ao longo do tempo.

A orientação a resultados foi pavimentada de forma íntegra e sabendo que o erro faria parte desse processo. O acerto não ocorreu logo de cara e foi preciso pôr a mão na massa. Errar para assim mudar a forma de trabalhar e aumentar seu tamanho de forma organizada. Isso é duradouro e permite experimentar, sem que isso comprometa a empresa.

Logo, empresas que escalam agilidade já sabem que errar fez (e faz) parte do processo de aprendizado. Dominar aquilo que não deve ser feito é eliminar riscos. Ao sabermos "o quê" é passível de ser escalado, garantimos que a preparação foi realizada de forma natural.

Por isso, encantar-se por métodos de cabeceira e agir por impulso não combinam. No universo do populismo corporativo, escalar erroneamente pode gerar cicatrizes irreversíveis ao negócio. Se as pessoas resistirem e não se transformarem juntas com a própria empresa, a chance de dar errado aumenta consideravelmente.

Assim, quando olhamos para o universo da empresa é essencial que a interação e a colaboração entre as pessoas sejam mais importantes que processos e ferramentas que elas usam. Sim, voltamos novamente ao início de tudo; ao Manifesto. Sem colaboração não existe agilidade. Sem entrega não existe agilidade. Sem reflexão não existe agilidade. Sem melhorar continuamente não existe agilidade. E é preciso tudo isso? Não apenas é preciso, como se torna essencial! Sem isso, não há agilidade em escala!

Para finalizar, saiba você, caro leitor, que a Jornada Colaborativa chega a esta edição falando de escala de forma consolidada, sendo realmente praticada por todos os envolvidos nesse trabalho. Isso só foi possível devido ao aprendizado contínuo, o que demandou esforço de muitos daqueles que foram envolvidos durante todo esse caminho, sem contar seus idealizadores.

Portanto, em suas mãos há um registro de *case* de sucesso, onde estão postos à discussão diversos temas por profissionais reconhecidos e que fazem parte desse universo. Esse lastro permite dizer que crescimento, propósito e escala se encaixam em uma mesma frase sem soar utópico. Sabe por quê? Isso é real, tem valor e só aconteceu por existir colaboração.

Seja bem-vindo à nossa jornada!

André Vidal
Co-Founder, Agile Think Consultoria e Treinamentos

Apresentação da Jornada do Ágil Escalado

Antonio Muniz

Por que o sucesso das práticas ágeis em um time não garante sucesso quando escalamos sua adoção? Quais modelos e práticas colaboram na jornada para escalar a agilidade? Por que os métodos ágeis nem sempre entregam os benefícios prometidos? Qual o papel das pessoas para sustentar resultados duradouros?

Com a grande empolgação de três livros colaborativos lançados em 2019, pensei na possibilidade de juntar novas pessoas apaixonadas para construir uma série da Jornada Colaborativa e aprofundar alguns dos 30 modelos e *frameworks* que abordamos no livro "Jornada Ágil e Digital". Meu *roadmap* tinha 30 livros e passou de 40 quando abri a planilha para o time opinar.

A "Jornada do Ágil Escalado" iniciou com uma mensagem do meu grande amigo Júnior Rodrigues perguntando se existia, em meu *roadmap*, algum livro sobre escalada do ágil. Quando comentei que estava em andamento um livro de *business agility*, mas pensava também em uma publicação que abordasse SAFe®, o Júnior sugeriu algo mais abrangente e concordei em iniciar de imediato o recrutamento dos coautores e organizadores.

Um sinal que mostrava a importância de iniciar a "Jornada do Ágil Escalado" foi quando percebemos que o grupo de coautores passou de 100 pessoas em poucos dias e chegou o momento de escolher os organizadores para o time da curadoria. Como o time organizador exerce um papel mais intenso na Jornada Colaborativa, convidei o Júnior para ser o líder do livro e selecionamos pessoas amigas com perfis complementares: Ana, Alex, Débora e Guilherme. **A sinergia dos organizadores com os coautores permitiu um livro de alta qualidade em tempo recorde, e parabenizo o Júnior pela maestria na liderança e todo o time pelo forte engajamento!**

A escrita colaborativa potencializa a inteligência coletiva de pessoas com experiências diversificadas, mas ao mesmo tempo explicita opiniões diferentes e crescemos muito nesse processo tão enriquecedor. **Um momento que ficará marcado em minha memória foi a noite que reunimos o time para a validação do *framework* JAE (Jornada do Ágil Escalado) e foi desafiador chegar ao consenso com a quantidade de ideias de pessoas tão qualificadas, mas o senso de união do time permitiu um resultado incrível! Confira na última parte do livro!**

A dinâmica acelerada do mundo digital coloca as *startups* em vantagem competitiva, pois já nascem adaptando-se continuamente às necessidades dos clientes, enquanto as grandes empresas precisam combater uma estrutura mais rígida e que funcionou durante muitos anos. Observe na tabela a seguir um resumo dessas características.

Tabela 0.1. Organizações comando e controle x ágeis.
Fonte: o autor.

Organizações comando e controle	Organizações ágeis
Plano perfeito adivinha o desejo do cliente	*Feedback* contínuo do cliente
Todos empurram o cliente para o SAC	Empatia, *customer success*, NPS
Poder do cargo é suficiente para ser chefe	Times exigem propósito e líder inspirador
Todos têm medo e vergonha de falhar	Confiança, experimentação, MVP
Chefe tem que ter todas as respostas	Time empoderado, *data driven*
Chefe é o mais inteligente, mas sofre solitário	Diversidade do time enriquece soluções
Competição entre departamentos	Colaboração multifuncional, comunidades
Departamento grande simboliza poder	Times em redes, *squads*, tribos
Objetivos e metas *top-down* (BSC)	Objetivos e resultados colaborativos (OKR)
Equipes limitadas ao trabalho local	Times com *ownership*, *customer centric*
Maior esforço é controlar a mão de obra	Maior esforço é destravar a criatividade
Foco na motivação extrínseca e ameaças	Motivação intrínseca e segurança psicológica
Qualidade no final do ciclo e conflitos	Cultura de qualidade na origem da colaboração

O CEO do GPTW, Ruy Shiozawa, destaca no prefácio do nosso livro "Jornada Ágil de Liderança" que existem três características em comum nas melhores empresas para trabalhar, de acordo com milhões de respostas em todo o mundo: 1. ambiente de confiança; 2. liderança; 3. colaboração. **Assim como acontece em toda transformação organizacional, o maior desafio para resultados sustentáveis é o engajamento das pessoas com a nova visão, e o sucesso da *Jornada do Ágil Escalado* depende fortemente do engajamento executivo.**

Muito se fala que somos resistentes a mudanças, e existe explicação científica que confirma essa crença universal: nosso cérebro busca manter o padrão atual para economizar energia, pois, embora represente menos de 3% da massa corporal, ele consome cerca de 20% da energia que gastamos. Sabendo que a criação de um novo hábito demanda esforço, e principalmente no início, a liderança tem o importante papel de incentivar a experimentação dos novos comportamentos. A capa da revista *Harvard Business Review* exemplifica o uso de práticas ágeis com executivos *C-Level* na edição de maio de 2020 com o título "The Agile Executive".

Conforme destacado a seguir, penso que o sucesso da Jornada do Ágil Escalado depende de quatro dimensões que devem ser lideradas em sinergia com times multidisciplinares, considerando também o importante papel da tecnologia com qualidade na origem e automação:

Tabela 0.2. As quatro dimensões para sucesso nessa jornada.
Fonte: o autor.

Cultura que valoriza as pessoas	Estrutura organizacional	Tecnologia e automação	*Customer centric* e *data driven*
Segurança psicológica Experimentação Diversidade Colaboração Práticas ágeis Qualidade ágil Adaptabilidade com aprendizado contínuo	Times pequenos e multidisciplinares Liderança capacitada para inspirar times empoderados Metas colaborativas que incentivam o intraempreendedor Fluxo de valor ligado na estratégia	Excelência técnica e código limpo Arquitetura de baixo risco e antifrágil Infra como código Implantação contínua Pirâmide de testes *Security by design*	Experiência do cliente *Customer success* NPS e *feedback* contínuo Fatos e dados Observabilidade e telemetria Melhoria contínua

Conforme será detalhado em cada capítulo, essa mudança é uma jornada que pode e deve ser iniciada independentemente de quantos anos de experiência cada pessoa tenha em sua trajetória profissional, e considero que seus benefícios são bem maiores do que a dedicação necessária para alcançar essas novas práticas organizacionais.

> **A Jornada do Ágil Escalado incentiva o potencial das pessoas, que criam organizações melhores e geram oportunidades para o crescimento de todos!**

Parabéns a todo o time de coautores e organizadores: tenho certeza de que cada leitor potencializará sua jornada com esse conteúdo incrível!!

Antonio Muniz
Fundador da Jornada Colaborativa e JornadaCast

Sumário

PARTE I.
POR QUE ESCALAR O ÁGIL?

1. Gestão da complexidade 2
   - Um novo olhar sobre a complexidade com a abordagem do *Cynefin* 3
   - Complexidade e as organizações 6
   - Visão compartilhada 8
   - Sentir-se o todo 9
   - Conclusão 9

2. Gerindo a mudança 11
   - A fragilidade no mundo VUCA e como encará-la 11
   - Como ser antifrágil 13
   - Mas o VUCA já virou normal? 14
   - Aprendizagem em um processo de mudança 15
   - Conclusão 17

3. O pensamento sistêmico 18
   - O que é um sistema? 18
   - O que é *systems thinking*? 19
   - Por que o agilista precisa saber sobre *systems thinking*? 21

4. Exponencialidade nas organizações 22
   - Introdução 22
   - *Exponential fact* #1: produto ou projeto, eis a questão! 23
   - *Exponential fact* #2: a inovação precede *change management* ou seria
     o contrário? 24
   - *Exponential fact* #3: cada produto uma visão. Cada visão um propósito! 26
   - *Exponential fact* #4: integrar-se à nova economia exige uma nova forma
     de gestão 28
   - *Exponential fact* #5: o papel da liderança na inserção da empresa
     no ecossistema exponencial 30
   - Conclusão 31

XX Jornada do Ágil Escalado

5. **Agilidade em escala x transformação digital**............................... 33

   Introdução 33
   Entendendo as diferenças.. 33
      Ágil escalado.. 33
      Transformação digital.. 35
   Conclusão 37

6. **Entendendo o momento de escalar** **38**

   Por que escalar?.. 39
   Benefícios e fator crítico de sucesso.. 39
   Avaliando o melhor momento 40
   Como escalar?... 42
   Dificuldades e desafios para escalar.. 43

PARTE II.
COMO PREPARAR AS ORGANIZAÇÕES PARA ESCALAR?

7. **Definindo uma cultura *Lean* para a estratégia da escalada**........... **46**

   Lean thinking 46
      Os cinco princípios do *Lean thinking* 47
   A conexão do *Lean* e do ágil para suportar o ágil escalado 48
   Conclusão 49

8. **Cultura *DevOps*** **50**

   Origem do *DevOps* 50
   Cultura e estratégias *DevOps*... 50
   O ciclo *DevOps*... 52
   Continuous: integration, delivery, deployment 53
   Níveis de maturidade em *DevOps* 54
   Importância do *DevOps* para escalar o ágil e alcançar *business agility* 55

9. **A importância do propósito**... **56**

   Conhecendo o modelo *Golden Circle* de Simon Sinek 57
   Como impactar a transformação organizacional com o modelo
     Golden Circle para ágil em escala.. 59
      Por quê?.. 59
      Como?... 60
      O quê?... 61

10. **Entendimento de suas cadeias de valor** **63**

11. **Adotando uma estratégia ágil**... **69**

   E como começar a planejar?.. 70
   Como rodar a *inception*?.. 71
   Objetivos e visão 72
   Modelo de negócios... 72
   Um olho dentro e outro fora.. 73
   E o que vem depois?.. 75
   Modelo *Agile Strategy*... 75

Sumário **XXI**

12. A3 – Integrando estratégia ao modelo de negócio...................... 77
   Como preencher o A3 79

13. OKRs, um grande parceiro da escalabilidade 83
   Introdução... 83
   Definições.. 84
   Vantagens.. 85
   Como construir o fluxo 86

14. Como estruturar métricas... 89
   O propósito de uma métrica... 90
   As áreas de conhecimento da agilidade e suas métricas........ 90
      Domínio cultural.. 90
      Domínio de negócio.. 92
      Domínio de processo 93
      Domínio de excelência técnica 93
   Considerações finais.. 94

15. Como estruturar indicadores 95

16. Avaliando maturidade ágil x performance na escalada............ 100
   Evolução da agilidade empresarial.. 100
   Agilidade no mundo... 101
   Escalando a agilidade 102
   Métricas em agilidade empresarial.. 104
   Considerações e evolução 105

PARTE III.
COMO PREPARAR AS PESSOAS PARA ESCALAR?

17. Construindo um *mindset* para agilidade 108
   Mentalidade de crescimento x mentalidade fixa..................... 108
   Ambiente e cultura.. 109

18. *Heart of Agile*: voltando à essência.. 111
   Colaborar... 113
   Entregar 113
   Refletir... 114
   Melhorar.. 114
   Modelos organizacionais e *Heart of Agile* 115

19. Disseminando a cultura ágil e *Lean* 116
   Quatro passos para implantar a cultura ágil 118
   Conclusão... 119

20. O protagonismo do RH na escalada do ágil 121
   Cultura organizacional ágil.. 121
   RH como responsável pela cultura 123

O RH ágil	124
O RH na escalada do ágil	125

21. Cargos e papéis para criar uma escalada sustentável ... **127**

Foco no cargo	128
Papéis como coadjuvantes	128
Competências – Foco no indivíduo	129
Gestão por competências	130
O desafio que enfrentamos em um novo cenário	130
O que vem a seguir	131

22. *Skills* para a escalada do ágil ... **133**

Mas afinal o que são *skills*?	133
Nível estratégico	134
Nível tático	135
Nível operacional	136

23. O papel da liderança para escalar o ágil ... **139**

24. A jornada colaborativa ... **144**

Times colaborativos	144
Cocriação	145
Mapa das mudanças	146
O colaborador no time escalando o ágil	146
Escalando resultados	147

25. *Team building*: a importância de envolver o time na estratégia da empresa ... **149**

Teorias de desenvolvimento de equipes	150
1. Teoria dos Estágios de Desenvolvimento de Tuckman	150
2. *Punctuated Equilibrium*	152
3. CAS (*Complex Adaptive System*)	153
Estratégia e escalabilidade	153

26. Gestão do conhecimento para perpetuar o ágil como cultura **155**

Gestão da cultura ágil	155
Gestão do conhecimento	156
A gestão do conhecimento no mundo ágil	157

27. *Case* Jornada Colaborativa ... **159**

O início	159
O propósito	161
A colaboração	162
A escalada	163

PARTE IV.
COMO ESCALAR O ÁGIL?

28. Uma agilidade coordenada tem mais chance de sucesso **166**
Frameworks para escalada do ágil.. 168
Conclusão... 169

29. Escalando ágil com data driven engineering **170**
A estratégia de dados e o mundo VUCA... 170
A utilização dos dados para definir a estratégia da escalada............ 171
Crie um ambiente de aprendizado para trabalhar com data driven 173

30. Cadência e sincronização **175**

31. Lean Portfolio Management **180**
Contexto... 180
Lean Manufacturing e Lean Startup.. 181
Portfólio enxuto... 182
   Gestão de portfólios.. 183
   Vantagens da gestão do portfólio enxuto 184
   Como implementar a gestão do portfólio enxuto?.................... 185
Conclusão... 186

32. Disciplined Agile **187**
Introdução.. 187
Estrutura do Disciplined Agile **188**
Fundamentos 189
   Princípios.. 189
   Acordos 191
   Diretrizes.. 191
   Agile, Lean e preditivo 191
   Papéis 191
   Times 192
   Forma de trabalho (way of working – WoW) 192
DAE (Disciplined Agile Enterprise) 193
Fluxo de valor (Value stream).. 193
   DA Flex Life Cycle 194
Disciplined DevOps 195
   DAD (Disciplined Agile Delivery) 195
As 21 metas de processo (process goals).................................... 198
Avaliação de contexto 199
Definição do ciclo de vida.. 202
Conclusão... 205

33. PRINCE2 Agile®.. **206**
O PRINCE2®... 206
   Temas 207
   Princípios.. 207

Processos 209
O PRINCE2 *Agile*® 210
    Estrutura do PRINCE2 *Agile*® 210
    Comportamentos ágeis 211
    Conceitos ágeis 211
    Técnicas ágeis 212
    Frameworks ágeis 212
    Áreas de foco 212
    Quando ser fixo e flexível no PRINCE2 *Agile*® 214
    Estágios – *Releases* – *Sprints* 216

34. *Kanban* em escala 217
Os princípios básicos do *Kanban* 218
Escalando o *Kanban* 219
Cadências *Kanban* 220
    Objetivo das cadências e sugestões de frequência 221
A visão *upstream* 222

35. SAFe® 224
SAFe® *overview* 224
    Os dez princípios do SAFe® 226
    Os papéis (*roles*) dentro do SAFe® 227
Implementando o SAFe® 230
    SAFe® *Implementation Roadmap* (o passo a passo para implementar) 231
As configurações do SAFe® 234
Essential SAFe® 236
    O Trem (*Agile Release Train*) 238
    Backlog do programa (*Program Backlog*) 238
    PI *Planning* (*Product Increment Planning*) 239
    IP (*Innovation and Planning*) 240
    I&A (*Inspect and Adapt*) 241
    Agile Product Delivery 241
    Team and Technical Agility 242
    Visão (*Vision*) 242
    Roadmap 243
    System Team 243
Large Solution 243
    Solution Intent 245
    ART PI *Planning* 245
    Enterprise Solution Delivery 246
    Milestones 246
    Shared services (serviços compartilhados) 247
    Comunidades de práticas (*Communities of Practice* – CoP) 248
    Lean UX 248
    Metrics (Métricas) 248
Portfolio SAFe® 249
    Organizational Agility 250
    Continuous Learning Culture (cultura de aprendizagem contínua) 250

Full SAFe® 251
    Enterprise Solution Delivery 252
    Conclusão 253

36. *Scrum@Scale – Agile Organization Design* 254
Transformação orientada à liderança 255
Modelo de governança ágil 257
Conclusão 258

37. *LeSS* 259
Cerimônias do *LeSS* 261
    Sprint Planning (Planejamento da *Sprint*) 1 e 2 261
    Daily Scrum 262
    Coordination (Coordenação) 263
    Product Backlog Refinement (Refinamento do *backlog* do produto) 263
    Sprint Review (Revisão da *Sprint*) 263
    Retrospective (Retrospectiva) 264
    Overall Retrospective (Retrospectiva geral) 264

38. *Nexus* 267
Papéis 267
Montagem das equipes 268
Eventos 269
    Refinamento 269
    Nexus Sprint Planning 270
    Sprint 270
    Nexus Daily 270
    Nexus Review 270
    Nexus Retrospective 271
Fluxo de trabalho 271

39. *Case* TV Globo: uma jornada ágil 273

PARTE V.
QUAIS OS DESAFIOS AO ESCALAR O ÁGIL?

40. Escalada utilizando modelo *bottom up* x *top down* 284
Top down 285
Bottom up 286
O melhor momento 287
E agora? É hora de adotar um *framework* 288
Conclusões 290

41. Híbrido pode ser o início, nunca meio e fim 291

42. Vestir funções antigas com "roupa nova" sem revisar papéis 297
Como se organizar 298
Como não derrapar na montagem e escala dos times *Scrum* 299
    Indivíduos e iterações: um equilíbrio essencial 300

XXVI Jornada do Ágil Escalado

Mais do que cargo, perfil 300
Identifique seu *Product Owner* 301
Quem é seu *Scrum Master*? 302
O acúmulo de funções é uma armadilha.............................. 302
E o *Development Team*, como fica? 303
Conclusão 303

43. Distância da liderança com o LACE 305
O LACE e os princípios do *Lean-Agile* 308

44. Evitando conflitos de priorização 310
A importância de se ter um objetivo claro........................... 311
Vencendo os desafios.. 312
Fazendo a priorização.. 315
Combinando a priorização com as métricas 316

45. Falta de alinhamento da média gestão com a estratégia 318
Pessoas erradas nos lugares certos....................................... 318
Cultura do medo.. 320
O "mito" da ausência da média gestão na auto-organização.......... 321
Gerações.. 322
Conclusão 323

46. Escalar no modelo *Big Bang* 324
O *boom* do ágil... 324
Agilidade organizacional no modelo *Big Bang* 325
Começar aos poucos com um *mindset* de MVP 326
Melhoria contínua e escala 327
Considerações finais.. 328

47. O risco de não ter cultura *DevOps* na estratégia de escalar o ágil 329
Problemas e riscos 329
Conflitos entre departamentos e dificuldade de cooperação
entre os times 330
Não entregar valor ao cliente de forma contínua 330
Gargalos no processo de desenvolvimento 331
Entregas com um número de defeitos muito grande 331
Muitas tarefas em andamento 331
Tarefas manuais e repetitivas 332
Acessos limitados a ferramentas e recursos...................... 332
Demora para colocar o sistema em produção 333

48. Silos e verticalização, como vencer esses vilões 334
A visão verticalizada e o sistema de metas........................... 335
Quebrando silos em busca de uma cultura voltada a produto.......... 337
Estrutura de times que promovem a quebra dos silos 337
Visão da liderança 338
Como podemos vencer? 338

Sumário **XXVII**

49. Não confundir quantidade de times com ágil escalado 340
Caso 1: setor varejista 341
Caso 2: instituição financeira europeia 344
Conclusão 345

50. Não ter uma cultura de dados para definição da estratégia corporativa 347
Recomendações 350
Considerações finais 351

51. Desafio da construção de uma taxonomia para escalar 352
Objetivos da taxonomia 353
Significado de taxonomia e sua construção 353
Estrutura orbital 354
Estrutura piramidal 355
Estrutura variável 355
Implicações operacionais na adoção da taxonomia 356
Dicas e conclusão 357

52. *Fake agile* 358
É *fake news*! 358
Fake agile #1 – A cascata ágil 359
Fake agile #2 – *Product Backlog versus* documentação abrangente 360
Fake agile #3 – *Gantt chart* disfarçado de *roadmap* 362
Fake agile #4 – WIP sem controle e desenfreado 363
Fake agile #5 – Retrospectiva sem ação 365
Fake agile não mais! 366

53. Os desafios de realizar uma *PI Planning* 367
Pré-*PI Planning* 368
PI Planning 368
Agenda da *PI Planning* (dois dias) 368
Pós-*PI Planning* 375
Os principais desafios da *PI Planning* 376

54. *Scrum of Scrums* não é ágil escalado 378
O que é *Scrum of Scrums*? 378
Atuação das equipes no *Scrum of Scrums* 379
Como acontecem as reuniões de *Scrum of Scrums* 380
Dois fatores importantes para o sucesso do projeto 380
Projetos grandes podem implementar o *Scrum of Scrum of Scrums* – Atuação das equipes 381

55. Disfunções na implementação de OKRs 383

56. E depois de escalar? 389
Contexto 389
Um breve olhar para o início 390

O fator percepção 391
    Medindo a percepção 393
Conclusões 394

57. Escolher ou adaptar? Conheça o modelo JAE (bônus) 395

O caminho errado 396
Preparando o terreno 397
O modelo proposto 397
O *roadmap* 402
    1. *Gate* contextual 403
    2. *Gate* cultural 404
    3. *Gate* estrutural 405
    4. *Readiness gate* (ou *gate* de prontidão) 406
    5. *Go* 407
De onde nasceu o JAE? 408

Referências 410

Agradecimento dos organizadores 423

Autores 426

PARTE I.
POR QUE ESCALAR O ÁGIL?

1. Gestão da complexidade

Roberto Caldas
Fernando Cunha Siqueira Filho

> O intuito do capítulo é introduzir o livro a partir de uma visão da complexidade do mundo atual e das próprias organizações, e como isso impacta na escalada do ágil.

Iniciando essa jornada colaborativa rumo ao ágil em escala, vamos abordar a complexidade, um tema de grande relevância no contexto onde a necessidade de aprender e se adaptar é fundamental.

Então, afinal, o que é complexidade?

Conforme definição do dicionário Aurélio (1986), complexo é aquilo que: "abrange ou encerra muitos elementos ou partes"; "observável sob vários pontos de vista"; "confuso, intrincado, complicado"; "grupo ou conjunto de coisas, fatos ou circunstâncias que tem qualquer ligação ou nexo entre si", etc.

Basta olharmos ao redor para percebermos que estamos "inseridos em" e "interagindo com" ambientes (sistemas) complexos. São normalmente compostos por muitas partes independentes, mas que ao mesmo tempo se conectam e juntos respondem a estímulos internos e externos, adaptando-se constantemente.

O comportamento das cigarras, que "cantam" como que parte de coral espetacular em uma bela tarde de verão; os pássaros, que gorjeiam pela manhã e ao entardecer voam juntos em um belo espetáculo sem se chocarem; os peixes, que nadam em cardume para se alimentar e se defender, além de proporcionar um belo exemplo de sincronismo e organização.

Igualmente, os cães diante de um gato ou de um poste; as famílias, que celebram cada nascimento e aniversário; as torcidas, que celebram cada ponto do seu time preferido e fazem "ola" de forma cadenciada, são, entre tantos outros, exemplos de comportamentos inseridos em um contexto (sistema) adaptativo complexo.

Todo sistema adaptativo complexo (CAS – *Complex Adaptive Systems;* TURNER; BAKER; MORRIS, 2018) é uma rede do tipo neural de agentes interativos e interdependentes, que estão vinculados a uma dinâmica cooperativa por objetivos, perspectivas, necessidades, etc.

Inicialmente, imaginava-se que cada comportamento dos agentes de uma rede (grupo, sociedade, país, etc.) ocorria por meio de uma liderança forte e bem-sucedida, do tipo comando e controle. No entanto, percebeu-se que pode ocorrer de forma natural, instintiva e coletiva, sem a presença de um líder que oriente cada ação a ser tomada.

Isso se deve porque cada agente segue regras simples que são assimiladas ou aceitas individualmente, ainda que se tenha uma hierarquia. Tais regras podem ou não ser formalizadas, ensinadas ou escritas. Ainda que não sejam facilmente identificadas, as regras existem e modulam o comportamento individual e da própria rede.

Redes são estruturas mutáveis, podendo ter múltiplas hierarquias sobrepostas, assim como os agentes que as compõem. Os CAS estão vinculados entre si formando uma rede maior, dinâmica e interativa.

Trazendo para o contexto organizacional, as redes são os times, enquanto os agentes são os indivíduos que pertencem a eles. Os times, da mesma forma que as redes, são interligados. A hierarquia refere-se tanto às lideranças emergentes, bem como à organização propriamente dita. O CAS conta com algumas propriedades: sistemas abertos (trocam com o ambiente), auto-organização (capacidade de o sistema tomar decisões sem ajuda de um ente externo) e emergência (um grupo, como um sistema, não está sujeito apenas a relações de causa-efeito).

Um novo olhar sobre a complexidade com a abordagem do *Cynefin*

Por meio de sua relação entre causa e efeito, descrita na virada do milênio (1999) por Dave Snowden, então empregado da IBM, o *framework* denominado *Cynefin* (lê-se "quinévin") foi criado para ajudar líderes a compreender melhor o ambiente organizacional onde estão inseridos e, com base nisso, tomar decisões mais apropriadas.

Cynefin baseia-se no contexto predominante em cinco domínios (SNOWDEN, 2020), através da natureza da relação entre causa e efeito dos eventos que ali ocorrem. São eles: **claro** ou **simples** [*clear*] (anteriormente óbvio), **complicado** [*complicated*], **complexo** [*complex*], **caótico** [*chaotic*] e **confuso** [*confused*] ou **paradoxal** [*aporetic*] (anteriormente desordem), conforme Figura 1.1 a seguir.

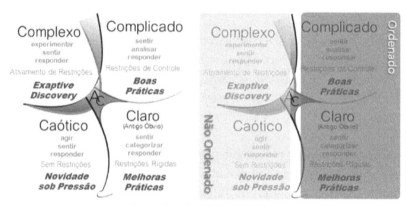

Figura 1.1. *Cynefin framework*.
Fonte: adaptado de Snowden (2020).

No centro do diagrama temos o domínio conhecido como **confuso** (representado pelas letras A e C, de *confused* e *aporetic*), um domínio onde muitos não gostam de estar, pois é caracterizado pela ignorância em identificar o contexto para o qual se pretende elaborar uma abordagem. Logo, com um grande risco de não serem aplicadas as práticas mais adequadas para resolução do problema.

Assim, no domínio **confuso** ou **paradoxal** é possível que até exista um contexto mais adequado com possibilidade de aplicação de metodologias e práticas recomendáveis. Porém, a inabilidade específica e individual de quem irá avaliar a questão será o fator determinante.

Geralmente, nesse domínio buscamos o sentido inicial, ou seja, criar uma estrutura que possibilite diagnosticar o domínio em que a natureza da ação é conhecida. E é nesse ponto que Snowden traz uma nova abordagem para o centro do diagrama, com a aplicação de técnicas já estruturadas ou a serem desenvolvidas, no sentido de gerar visões distintas sobre o problema a ser abordado, permitindo a transição do contexto **confuso**.

Na maioria dos casos, essa abordagem resultará em práticas que estarão nos domínios **complexo** e **complicado**, tendo em vista que a transição brusca para um contexto mais **claro** pode gerar ainda mais confusão, sem ter passado pelos domínios anteriores.

Nos contextos chamados de não ordenados (complexo e caótico), posicionados à esquerda do diagrama, a relação entre causa e efeito não é aparentemente visível, sendo necessário seguir um caminho baseado na intuição, em padrões e metodologias ancorados em tentativa, erro e aprendizado.

Geralmente é nesse contexto que as práticas ágeis ganham notoriedade e contribuem para a evolução de soluções complexas para contextos mais conhecidos, até que se torne possível obter previsibilidade e cadência. Isso permite planejar expansões consistentes devido à geração de um novo conhecimento, proporcionado pela experimentação, coleta de *feedback*, geração de conhecimento e melhoria contínua.

O contexto **complexo** é caracterizado pela imprevisibilidade, onde as causas são conhecidas, mas não se conhecem os efeitos oriundos das soluções escolhidas. Esses efeitos começam a ser percebidos ao longo do caminho, e por isso a necessidade do uso de metodologias e padrões que priorizem o aprendizado através da experimentação e a rápida resposta às mudanças.

A palavra que melhor define o contexto **caótico** é sobrevivência. Nesse contexto, é impossível determinar qualquer relação entre causa e efeito, simplesmente porque ela muda o tempo todo, e qualquer busca por padrões e respostas corretas é inútil. A ordem aqui é primeiramente agir e tentar sair da situação caótica do ambiente.

Outro ponto importante está na diferença com relação ao domínio **confuso**, que pode ser resumida basicamente entre a inabilidade e impossibilidade de contextualização.

É também um contexto muito propício para adoção de novas tecnologias que, em um primeiro momento, não seriam experimentadas em condições normais de temperatura e pressão. Pode-se, inclusive, dizer que algumas das medidas adotadas nesse contexto acabam influenciando tendências, levando a um caminho sem volta.

Nos ambientes onde o contexto é considerado **complicado**, as causas também são conhecidas, mas é preciso um melhor planejamento para a melhor abordagem. Nesse cenário, aparece o trabalho dos especialistas, ajudando na busca pelas melhores respostas para cada situação.

No contexto **simples** ou **claro**, o ambiente é caracterizado pela estabilidade. Os problemas são conhecidos por todos, e a relação entre causa e efeito também. A dificuldade aqui é categorizar o evento e escolher a resposta mais apropriada com base em documentos, procedimentos e manuais de boas práticas.

Resumindo o que vimos até o momento, os agentes (indivíduos, funcionários, assinantes, alunos, etc.) interagem segundo um conjunto de regras simples e comuns (convicções, normas, crenças, costumes, experiências anteriores, aprendidas, observadas ou assimiladas), formando redes (grupos de interesse, times, classes de profissionais, empresas, etc.) que se relacionam com outros agentes e redes e que atuam em ambientes (família, empresas, clubes, escolas, associações, etc.) que possuem determinado domínio (claro, complicado, complexo, caótico ou paradoxal). Isso, sim, é complexo!

As referências tornam-se interessantes devido à aderência com os conceitos que direcionam as práticas ágeis, inclusive quando falamos de escalar na organização.

Complexidade e as organizações

Desde os primórdios, a humanidade aprendeu a dividir os problemas em pedaços menores com o intuito de reduzir a complexidade e facilitar o entendimento e o domínio sobre um determinado assunto. Quem nunca ouviu a máxima "dividir para conquistar"?

Ela tem sido utilizada ao longo do tempo em praticamente todos os setores da atividade humana, influenciando a ciência, a sociedade, a política e até mesmo a forma como lidamos com as questões do dia a dia, como ler um capítulo ou algumas páginas de um livro todos os dias, por exemplo.

O trabalho, então, é repartido pelas unidades de trabalho, que são agrupadas conforme a sua especialização. Com a repartição do trabalho, nasce também o organograma, a distribuição do poder decisório, das alçadas e das competências por entre os níveis da organização.

A estratégia é definida no ponto mais alto da hierarquia e, em um movimento *top--down*, os níveis de gerência definem como cada unidade de trabalho deve implementá-la, conforme a Figura 1.2 a seguir:

Figura 1.2. Fluxo de processamento de requisições em organizações funcionais.
Fonte: adaptado de Vahs (2007).

Observando a figura e traçando um paralelo com a organização na qual trabalhamos, podemos notar que cada unidade de trabalho tem acesso a um fragmento da estratégia recebida dos níveis hierárquicos superiores.

Estas passam, então, a definir seus próprios objetivos e a trabalhar para alcançá-los, como que em uma competição às cegas. E nas empresas que bonificam pelos resultados alcançados essa competição é ainda mais acirrada.

Em consequência, muitas vezes os resultados obtidos acabam não contribuindo de forma eficaz para que a organização alcance os seus objetivos, ainda que, individualmente, todas as unidades de trabalho tenham atingido as metas estabelecidas.

Isso ocorre porque atuam como silos ou ilhas operacionais, desconectadas do contexto geral, em função de sofrerem influência das barreiras funcionais e hierárquicas, como apresentado na Figura 1.3:

Figura 1.3. Barreiras funcionais e hierárquicas levam a ilhas operacionais.
Fonte: adaptado de Hörrmann; Tiby (1991).

Dentre as causas de fracasso, podemos destacar: estrutura usualmente inflexível, pouco adaptável a mudanças; foco das unidades organizacionais mais no seu aperfeiçoamento interno que no cliente em si; além de perda de tempo e de informação nas interações entre os mais altos e os mais baixos níveis hierárquicos da organização, ocasionada pela grande quantidade de interfaces de gerenciamento.

> *Quando os membros de uma organização se concentram apenas em sua função, eles não se sentem responsáveis pelos resultados. (Peter Senge)*

Diante de um cenário desses, frequentemente deixamos de ver as consequências dos nossos atos e perdemos, também, a conexão com o todo. No ambiente de trabalho, descrevemos esse comportamento como "a capacidade de enxergar a árvore combinada com a inabilidade de entender o seu impacto no ecossistema – nesse caso, a floresta".

Na lógica de sistema computacional, isso poderia ser descrito como a diferença entre uma função isolada *versus* o resultado final de uma operação, que significaria dizer que o pedaço que faz parte do todo por si só não irá atingir o resultado final esperado.

Bem, chegou a hora de mudar. Chegou a hora de colocar a cabeça para fora da terra. Chegou a hora de as organizações aprenderem!

Em seu livro "The fifth discipline" (1990), Peter Senge destaca que "as organizações que aprendem são aquelas onde as pessoas aprimoram continuamente suas capacidades para criar o futuro que realmente gostariam de ver surgir".

Senge (1990) ressalta o aprendizado como vantagem competitiva para as organizações. Valoriza não o treinamento em si, mas o aprendizado diário ao longo do tempo. Defende os "líderes de linhas locais", como a liderança de baixo para cima.

Esse tema será abordado a seguir nos próximos capítulos. Porém, vamos destacar aqui um fator importante para a jornada da transformação cultural abordada por Senge, a visão compartilhada.

Visão compartilhada

Segundo o autor, é a "prática de descobrir imagens compartilhadas do futuro que promovem comprometimento e engajamento genuínos, em vez de conformidade". Ancorar a visão compartilhada (objetivo comum) é essencial para a organização que quer aprender, pois direciona o foco e a energia das pessoas, criando um sentimento coletivo de pertencimento e mudando a relação delas com a organização.

Organizações que encorajam as pessoas a desenvolver os seus objetivos pessoais ajudam a proporcionar o engajamento necessário para que esse futuro seja alcançado.

Sentir-se o todo

No livro "Um novo jeito de trabalhar", de Laszlo Bock (2015), são descritos dez passos para transformação de equipes no ambiente de trabalho. Consideramos os dois primeiros fundamentais na geração de engajamento, são eles: 1. dê significado ao trabalho; e 2. confie nas pessoas.

Quando uma ligação, por menor que seja, é estabelecida entre o trabalhador e quem se beneficia com o seu trabalho, é possível criar o sentimento de pertencimento da fração de trabalho realizada diariamente a um bem maior, gerando assim maior comprometimento e produtividade.

Em contrapartida, organizações e lideranças precisam buscar maior alinhamento e transparência de seus objetivos em todos os níveis da organização, e permitir que pessoas, independentemente de sua posição hierárquica, possam contribuir para a construção das soluções que permitirão o atingimento do resultado esperado.

Quando falamos que somos o todo e não parte dele, nosso compromisso com a causa se torna imensuravelmente mais forte!

Conclusão

Entendemos a importância de transformar companhias em organizações que aprendem e de criar um olhar através do *framework Cynefin*, para traçar um diagnóstico situacional, que permita a elaboração de um plano de ação em face da complexidade.

A criação de uma visão compartilhada, como proposta por Senge, e que seja inspiradora, motivacional, que engaje a todos e que permita uma transformação cultural orgânica, abre o horizonte para a aplicação de novas abordagens, para a quebra de paradigmas e o incentivo à busca por ferramentas e abordagens **ágeis** mais apropriadas para cada contexto.

Isso permite a implantação de uma cultura que permeia toda a organização, considerando a sua complexidade, principalmente em ambientes onde é preciso atuar com o ágil em **escala**.

Em um cenário de mercado onde a ambidestria entre práticas consolidadas (organizadas e previsíveis) e a atribuição de novas competências (complexas e imprevisíveis) são muitas vezes desenvolvidas no campo da inovação, o uso do ágil escalado se torna cada vez mais almejado, a fim de alinhar as ações rumo aos objetivos estratégicos.

Nesse sentido, a aplicação de práticas ágeis em escala permitirá às organizações atingirem um alto grau de eficiência, através da integração e colaboração contínua de equipes e lideranças, além de incentivar a integração e o alinhamento estratégico por sua natureza de entrega de valor.

2. Gerindo a mudança

Júnior Rodrigues
Karla Karolina Cavalcanti de Lima e Silva
Marcos Antonio Rodrigues Junior
Bruno Jardim

Este capítulo aborda o cenário de transformações que as empresas enfrentam, bem como considera a estrutura e a dinâmica das mudanças ao escalar o ágil, e seu impacto na organização.

Com as transformações que o mundo corporativo (e a sociedade de forma geral) vem enfrentando, é extremamente importante que empresas e profissionais atentem para uma nova forma de gestão, mais aderente a esse novo cenário.

Os mercados estão cada vez mais atentos a esse novo contexto em que as organizações se encontram, o qual tem se convencionado chamar nos ambientes de negócio de **mundo VUCA** (LAWRENCE, 2013), termo criado pelo Colégio de Guerra das Forças Armadas dos Estados Unidos para denominar o mundo pós-guerra fria.

A fragilidade no mundo VUCA e como encará-la

O mundo **VUCA** atual, com toda sua volatilidade, incerteza, complexidade e ambiguidade, traz desafios até então impensáveis para os líderes e para as estratégias definidas na tomada de decisão tradicional das organizações. O termo é um acrônimo para tratar dos seguintes desafios que empresas enfrentam:

- ✓ **Volatilidade (*Volatility*):** o volume das mudanças e a agilidade com a qual elas têm ocorrido tornam muito difícil prever cenários da forma como era feito tempos atrás.
- ✓ **Incerteza (*Uncertainty*):** apesar da grande disponibilidade de informações atualmente, elas não necessariamente são úteis para compreender o futuro. Mudanças disruptivas pressupõem novos paradigmas.

✓ **Complexidade (*Complexity*)**: a conectividade e a interdependência são fatores que ampliam a complexidade. Os modelos tradicionais de tomada de decisão não são suficientes para lidar com isso.
✓ **Ambiguidade (*Ambiguity*)**: existem muitas formas de interpretar e analisar os contextos complexos, trazendo falta de clareza e concretude.

O modelo **VUCA** *Prime* de Robert Johansen (2012) pede que os líderes se concentrem na construção, conforme Figura 2.1, de uma abordagem que contemple **Visão, Entendimento, Clareza e Agilidade** como formas mais ágeis de enfrentar os desafios e os impactos causados por esse mundo de transformações.

Figura 2.1. Hora da mudança: de VUCA frágil para VUCA *Prime*.
Fonte: adaptado de Universidade da Mudança (2018).

Dessa forma, a volatilidade pode ser combatida com a **visão** (*vision*), à medida que os líderes pavimentam o caminho a seguir e enfrentam as dificuldades para alcançar o sucesso. Com as mudanças cada vez maiores e mais frequentes, é quase que impossível seguir um plano rígido e imutável.

É muito mais importante definir um ponto de referência fixo para ajudar a orientar os colaboradores, independentemente das condições, para que se tenha clareza sobre aonde se quer chegar e quais objetivos alcançar.

É preciso também transformar a incerteza em **entendimento** (*understanding*), fornecendo a todos uma visão compartilhada sobre como podem contribuir para o sucesso no alcance dos resultados, a partir de uma compreensão do todo e do alinhamento dos valores e da cultura da organização.

Ainda, entender que algo que se tinha como certo hoje amanhã já poderá ser totalmente diferente, sendo necessário virar a chave rapidamente, tomando decisões e ações novas para lidar com o novo contexto que se apresenta com toda sua imprevisibilidade.

Já a complexidade pode ser enfrentada pela **clareza** (*clarity*), mantendo um compromisso com a simplicidade no que diz respeito às informações internas e aos processos que existem na sua organização, bem como nas relações entre as pessoas e seus diferentes interesses em suas multidisciplinaridades.

Faz-se necessário compreender que os indivíduos em si são sistemas complexos e adaptativos (CAS), como visto no capítulo anterior, assim como as organizações o são, e que as diversas partes do mundo e seus agentes estão cada vez mais interligados. Qualquer ação realizada por uma parte, por menor que seja, tem o potencial de causar um impacto desconhecido na outra, quase que imediatamente.

Finalmente, a ambiguidade deve ser encarada com a **agilidade** (*agility*), criando um ciclo de iteração mais rápido para detectar e responder em toda a organização, fortalecendo os comportamentos de liderança e organizacionais para adquirir uma vantagem competitiva diante de mudanças em ritmo cada vez mais acelerado.

Em adição, a agilidade pode fornecer uma capacidade de lidar com os diferentes contextos e usar diversas abordagens de acordo com o desafio ou o problema a ser resolvido. Com isso, é possível fornecer soluções mais efetivas do que seria alcançado com uma abordagem única, sabendo-se adequar cada abordagem ao contexto em que está inserido.

Como ser antifrágil

Com os reflexos do mundo VUCA, as organizações acabam se vendo em uma posição de fragilidade, sendo a abordagem VUCA *Prime* (JOHANSEN, 2012) uma forma de se tornar **antifrágil**, ou seja, mais que resiliente, ser capaz de evoluir apesar das dificuldades.

Segundo Taleb (2012), a antifragilidade implica em ter mais a ganhar do que a perder em situações de caos. Dessa forma, empresas que adotam essa postura diante dos desafios desse mundo de transformações não fogem deles, mas, sim, vão ao seu encontro e se beneficiam desse cenário.

O antifrágil é aquele que consegue absorver o impacto sofrido durante a interação com sistemas complexos e ficar ainda mais forte, considerando os seguintes aspectos:

✓ **Analise as mudanças:** procure identificar quais são os pontos que podem melhorar e considere todas as informações necessárias para adequar a sua empresa.

✓ **Remova as fragilidades existentes:** busque reduzi-las ao máximo ou removê-las, resolvendo todas as pendências da sua operação.

✓ **Empodere a tomada de decisão:** a centralização pode levar a processos lentos e burocráticos para tomada de decisões, não promovendo a agilidade necessária e a realização de ações para enfrentar as mudanças. Descentralize ao máximo!

✓ **Promova a coletividade:** quanto maior a interação e troca de informação, por meio da multidisciplinaridade e colaboração, melhores são os resultados.

✓ **Adapte-se às mudanças:** diante das transformações constantes é imprescindível saber se adaptar, sendo necessário continuamente aprender novas formas de atuar.

Mas o VUCA já virou normal?

E é nesse contexto que se observa o surgimento dos chamados **tempos pós-normais**, que, segundo Sardar (2010), consideram três características críticas da modernidade: **complexidade, caos e contradição**. Estas entrelaçam toda uma dimensão da existência humana, transformando-a em algo novo e desconhecido até então.

O autor conclui que os antigos métodos de solução de problemas deixam de ser válidos e confiáveis nesse novo contexto, onde a **complexidade** (discutida no Capítulo 1) é um subproduto natural do fato de que a maioria dos problemas tem uma escala global.

Sardar (2010) ainda aponta que a imprevisibilidade é algo inerente no comportamento de um complexo e interligado sistema, onde qualquer situação aparentemente insignificante pode desencadear um colapso e potenciais impactos positivos ou negativos se multiplicam em progressão geométrica, caracterizando um ambiente onde o **caos** impera.

Por fim, ele afirma que não há conquista do bem sem alguma produção do mal, identificando essa característica como **contradição**. Ou seja, não importa como se pode perceber o progresso, o quão benéfico pode-se pensar que é, sempre existem efeitos colaterais prejudiciais.

No contexto atual, a aceleração exponencial se tornou a norma. O mundo VUCA virou o novo normal. E, nesses tempos pós-normais, a flexibilidade e a adaptação a diferentes meios de comunicação e tecnologias são essenciais. E se tornarão um enorme diferencial para aqueles que entenderem as regras vigentes e, por isso, terão condições de quebrá-las.

Bauman (2007), por sua vez, ressalta a sua convicção de que a mudança é a única coisa permanente e a incerteza é a única certeza, onde os planos, as relações e o contexto escorrem por entre os dedos em uma fluidez onde tudo está propenso a mudar de uma hora para outra, de forma imprevisível.

Nesses **tempos líquidos** há uma constante ameaça de ser chutado para fora do ambiente em que se encontra, de não desenvolver as novas habilidades necessárias, em um mundo imediatista e que despreza planos no longo prazo, onde não há espaço para a preocupação com futuro.

Faz-se necessário, portanto, em um ambiente de tamanha liquidez e imprevisibilidade, questionar-se como as organizações podem se adaptar à mudança com tamanha velocidade e efetividade, para entregar valor a seu cliente final.

Aprendizagem em um processo de mudança

Como aponta Eric Ries (2012), deve-se permitir que haja um processo iterativo e de experimentação, estabelecendo um ciclo de *feedback* e **aprendizado** extremamente valioso para as organizações. Ou seja, ser capaz de falhar rápido, aprender com o erro e agir para ajustar sua solução o mais breve possível.

É possível concluir que, muito mais que seguir um plano, a definição de uma visão com objetivos ambiciosos, alavancados por *feedbacks* dos usuários que maximizam o aprendizado e com um empoderamento das pessoas, é que permitirá às empresas se adequar às mudanças e alcançar seus resultados.

Nesse sentido, não basta utilizar métodos ou abordagens para promover uma mudança estrutural, devendo se preocupar prioritariamente com uma transformação cultural e de mentalidade das pessoas, sobretudo dos líderes, para uma devida autonomia às equipes e fomento à colaboração, em busca de se extrair o melhor das pessoas.

E, falando de pessoas, é preciso considerá-las como ponto central de qualquer processo de mudança organizacional, pois elas são a origem, o objetivo final e, principalmente, o motor de todas as transformações que a sociedade e as organizações estão enfrentando.

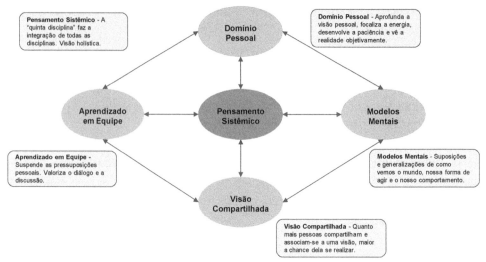

Figura 2.2. As cinco disciplinas.
Fonte: adaptado de Senge (1990).

Senge (1990) apresenta cinco disciplinas que propiciam a aprendizagem em um processo de mudança, conforme Figura 2.2, começando pelo **domínio pessoal**, onde se tem uma definição clara do estado atual e qual é o objetivo desejado, identificando o *gap* que permitirá o surgimento da tensão criativa como uma força para iniciar a mudança em si mesmo.

É preciso, portanto, que cada indivíduo seja capaz de dominar as competências necessárias para a mudança e de questionar continuamente, em um processo de reflexão sobre aquilo que está de acordo com o seu propósito, começando por aquelas mais básicas até aquelas que parecem impossíveis.

Outro ponto importante são os **modelos mentais** construídos ao longo da vida, sejam criados pela cultura da organização, sejam da sociedade, aqueles paradigmas estabelecidos que precisam ser quebrados, sobretudo os que paralisam a evolução contínua.

Isso porque eles influenciam a forma como se vê a vida e como se julgam as situações e pessoas no dia a dia conforme os preconceitos arraigados no fundo de cada indivíduo, o que pode impactar drasticamente o processo de mudança.

Em adição, é imprescindível que se estabeleça uma **visão compartilhada** (mencionada no Capítulo 1) para todos que fazem parte da equipe, e que isso seja um norte para toda a organização, uma vez que esta não sobreviverá se cada pessoa ou área quiser levá-la a um objetivo diferente.

É possível criar um sentimento de coletividade e comprometimento que direcionará as ações de cada indivíduo e de todas as áreas da organização, permeando-as de forma global e proporcionando o foco e o vigor necessários para permitir o aprendizado contínuo rumo à mudança.

Ao alcançar um nível tal de alinhamento, se possibilita o **aprendizado em equipe**, que vai além do conhecimento individual e possibilita a sinergia necessária ao conhecimento gerado pela equipe, para que o todo seja maior que a soma das partes.

Isso permite um maior alinhamento e desenvolvimento da capacidade do time, tendo por base a visão compartilhada e o domínio de cada indivíduo sobre suas competências, para que se criem os resultados desejados por ele e pela organização.

O aprendizado do grupo é possibilitado por meio de uma análise de questões complexas, canalizando o potencial individual para que seja possível tomar ações inovadoras e de forma coordenada, que terão a possibilidade de influenciar as demais equipes da organização, formando uma verdadeira onda positiva para a mudança.

Por fim, a integração dessas disciplinas é que possibilitará o **pensamento sistêmico**, o qual será abordado no capítulo seguinte, permitindo tal aprendizagem e evolução de forma contínua para que a organização sobreviva às constantes transformações.

Conclusão

A observância das características que descrevem o mundo atual (e também futuro) se torna imprescindível para que as empresas consigam lidar com a velocidade e a constância das mudanças no mercado.

Compreender esses aspectos e levá-los em consideração na formulação de suas estratégias, bem como na definição do portfólio de suas iniciativas, sejam programas, projetos ou produtos, é de fundamental importância para que as organizações alcancem o sucesso.

Principalmente no que diz respeito às pessoas como agentes de transformação, estas deverão trabalhar em escala, de forma integrada e alinhada com os objetivos da organização, do produto que está sendo desenvolvido e do time do qual elas fazem parte.

3. O pensamento sistêmico

Jacqueline Viana

> Concluindo os capítulos anteriores, é apresentado aqui o pensamento sistêmico, despertando a reflexão do leitor acerca das ações integradoras e orquestradas necessárias ao escalar o ágil.

Um dos maiores avanços na forma como entendemos e orientamos a mudança nas organizações é o *systems thinking* ou pensamento sistêmico. Peter Senge, com sua obra mencionada anteriormente, é o pensador de sistemas mais conhecido no campo do desenvolvimento organizacional, como vimos no capítulo anterior.

Na sua obra, Senge aponta a importância do trabalho ligado à aprendizagem, defendendo a ideia de "organizações que aprendem" para que possam subsistir no mundo contemporâneo. Para que isso se torne possível, ele destaca cinco disciplinas mencionadas no capítulo anterior, que são interdependentes a nível organizacional.

Para entender como a quinta disciplina (ou pensamento sistêmico) pode ajudar as organizações, primeiro devemos entender um sistema.

O que é um sistema?

Uma pilha de areia não é um sistema. Se você remover uma partícula de areia, você ainda tem uma pilha de areia. No entanto, um carro em funcionamento é um sistema. Remova o carburador e você não tem mais um carro.

Uma organização é um sistema, pois é composta por muitas funções administrativas e de gestão, produtos, serviços, grupos e indivíduos. Se uma parte do sistema for alterada, a natureza do sistema global é muitas vezes alterada.

Um sistema de alto funcionamento continuamente troca *feedback* entre suas várias partes para garantir que elas permaneçam estreitamente alinhadas e focadas em alcançar o objetivo do sistema. Se alguma das peças ou atividades no sistema parece enfraquecida ou desalinhada, o sistema faz ajustes necessários para atingir de forma mais eficaz seus objetivos.

O que é *systems thinking*?

É o campo que estuda a perspectiva de todo o sistema, seus diversos subsistemas e os padrões recorrentes nas relações entre os subsistemas.

Uma das principais ferramentas de análise de sistemas é o pensamento de sistemas. Basicamente, o pensamento de sistemas é uma maneira de ajudar uma pessoa a visualizar sistemas de uma perspectiva ampla que inclui ver estruturas globais, padrões e ciclos em sistemas, em vez de ver apenas eventos específicos no sistema.

Essa visão ampla pode ajudá-lo a identificar rapidamente as reais causas dos problemas nas organizações e saber exatamente onde trabalhar para enfrentá-los.

Ao focar em todo o sistema, os consultores podem tentar identificar soluções que resolvam o maior número possível de problemas no sistema. O efeito positivo dessas soluções alavanca a melhoria em todo o sistema. Assim, são chamados de "pontos de alavancagem" no sistema. Essa prioridade em todo o sistema e seus pontos de alavancagem são conhecidos como pensamento de sistemas inteiros.

O caráter do pensamento de sistemas torna-se extremamente eficaz nos tipos mais difíceis de resolver. Exemplos de áreas onde o pensamento de sistemas provou seu valor:

1. Problemas complexos que envolvem ajudar muitos atores a ver o "quadro geral" e não apenas sua parte.
2. Problemas recorrentes ou aqueles que foram piorados por tentativas passadas de corrigi-los.
3. Questões em que uma ação afeta (ou é afetada) pelo meio ambiente em torno do tema, seja o ambiente natural ou o ambiente competitivo.
4. Problemas cujas soluções não são óbvias.

Senge nos apresenta as leis da quinta disciplina ou pensamento sistêmico:

- ✓ Os problemas de hoje vêm das "soluções" de ontem. Soluções que simplesmente transferem problemas de uma parte de um sistema para outra muitas vezes não são detectadas porque aqueles que "resolveram" o primeiro problema são diferentes daqueles que herdam o novo problema.
- ✓ Quanto mais forte você empurrar, mais forte o sistema empurra de volta. Quando nossos esforços iniciais não conseguem produzir melhorias duradouras, nós mesmos "empurramos mais forte", fiéis ao credo de que o trabalho duro superará todos os obstáculos, o tempo todo sem enxergar que estamos contribuindo para criar obstáculos para nós mesmos.
- ✓ O comportamento melhora antes de piorar. Uma solução típica parece maravilhosa quando cura os sintomas pela primeira vez. Pode levar dois, três ou quatro anos antes do problema voltar, ou algum novo problema pior chegar.
- ✓ A saída fácil geralmente o faz dar voltas. Empurrar cada vez mais soluções familiares, enquanto problemas fundamentais persistem ou pioram, é um indicador confiável de pensamento não sistêmico.
- ✓ A cura pode ser pior que a doença. A consequência mais insidiosa da aplicação de soluções não sistêmicas a longo prazo é o aumento da necessidade cada vez maior daquela solução. É por isso que intervenções mal concebidas não são apenas ineficazes, elas são "viciantes", no sentido de promover o aumento da dependência e a diminuição das habilidades das pessoas locais para resolver seus próprios problemas.
- ✓ Mais rápido é mais lento. Quando o crescimento se torna excessivo, o próprio sistema buscará compensar desacelerando, talvez colocando em risco a sobrevivência da organização no processo.
- ✓ Causa e efeito não estão intimamente relacionados no tempo e no espaço. Há uma incompatibilidade fundamental entre a natureza da realidade em sistemas complexos e nossas formas predominantes de pensar sobre a realidade.
- ✓ Pequenas mudanças podem produzir grandes resultados, mas as áreas de maior alavancagem são muitas vezes as menos óbvias. Mudanças de alta alavancagem geralmente não são altamente óbvias para a maioria dos participantes do sistema. Elas não são "próximas no tempo e no espaço", para sintomas óbvios de problemas. Isso é o que torna a vida interessante.
- ✓ Você pode ter o seu bolo e comê-lo também, mas não de uma vez. Escolhas só aparecem como rígidas porque pensamos no que é possível em um ponto fixo no tempo. No próximo mês, pode ser verdade que devemos escolher uma ou outra, mas a verdadeira vantagem está em ver como ambas podem melhorar com o tempo.

✓ Dividir um elefante ao meio não produz dois pequenos elefantes. Sistemas vivos têm integridade. Seu caráter depende do todo; entender as questões gerenciais mais desafiadoras requer ver todo o sistema que gera as questões.

✓ Não há culpa. O pensamento sistêmico nos mostra que não há lá fora, que você e a causa de seus problemas fazem parte de um único sistema. A cura está em seu relacionamento com seu "inimigo".

Por que o agilista precisa saber sobre *systems thinking*?

O SAFe®, por exemplo, que é uma das abordagens de ágil escalado e que será explorado no Capítulo 35, demonstra de forma declarada no seu segundo princípio a necessidade de o pensamento sistêmico ser aplicado ao sistema em desenvolvimento, bem como à organização que constrói o sistema.

É um dos três corpos fundamentais que formam o SAFe®, que adota uma abordagem holística para o desenvolvimento de soluções, incorporando todos os aspectos de um sistema e seu ambiente ao design, ao desenvolvimento, à implantação e à manutenção do próprio sistema.

A aplicação de qualquer abordagem de ágil escalado utilizando o pensamento sistêmico possibilita ter a visão do "todo" em vez das "peças" separadas e permite entender o relacionamento entre eles. A compreensão desses conceitos ajuda os líderes e as equipes a navegar pela complexidade do desenvolvimento de soluções, pela organização e pelo panorama geral do tempo total de lançamento no mercado, como veremos neste livro.

4. Exponencialidade nas organizações

André Vidal

> Este capítulo ressalta a importância de saber crescer e escalar, porém sem perder a essência e a autenticidade, e os pontos de destaque para os quais é preciso atentar.

Introdução

Quando falamos em organizações exponenciais, é comum vir à mente a visão de empresas como Google, Apple, Uber, Airbnb, entre outras. Dentre as diversas semelhanças entre elas, três podem ser destacadas.

A primeira: terem produtos ou serviços totalmente digitais. Segunda: terem criado um modelo de negócio só delas, onde até então não existia nenhum parâmetro para validar se estavam certas ou erradas. E, por fim, talvez o mais relevante desses, terem um **propósito forte** de existirem. Não à toa elas são expoentes no que fazem.

Quando Salim Ismail, Michael S. Malone e Yuri Van Geest (2019) apresentaram o conceito dos 6Ds (digitalização, decepção, disrupção, desmonetização, desmaterialização e democratização), acabaram evidenciando que a inovação acontece de forma mais natural quando está orientada por esses princípios.

E não é coincidência ser esse um universo fortemente calcado em um contexto tecnológico, seja *Lean* ou *startup*. Os objetivos de todas é serem financeiramente sustentáveis e flexíveis o bastante para se fragmentarem em diferentes ecossistemas, conectando seus produtos ou serviços a um modelo de consumo recorrente; de certa forma viral.

Neste capítulo, falaremos um pouco sobre como montar empresas que estejam preparadas para ser exponenciais. Sim, você entendeu bem! Para ser exponencial é preciso se preparar para isso. Uma organização exponencial não nasce pronta e ela se faz com o tempo. É preciso garantir a gênese correta.

O resto vai depender da sua conexão com clientes, escolhas orientadas por modelos matemáticos, inserção em "ecossistemas compatíveis", para no final saber se Darwin estava certo ou não. Sem mais delongas, vamos aos *exponential facts* que vão nos guiar nessa leitura!

Exponential fact #1: produto ou projeto, eis a questão!

Tempos atrás, em uma conversa com Gino Terentim (TERENTIM; GONÇALVES, 2020) sobre *change management* e modelos de pensamento coletivos, falávamos sobre as diferenças motivacionais das empresas e seus times ao iniciar um novo empreendimento: a melhor maneira é com um novo produto ou projeto?

Quando perguntamos: "você prefere participar do desenvolvimento de um novo produto ou de um projeto?", quase todas as pessoas reagem da mesma forma a essa pergunta. E sabe por quê?

Por causa das experiências na condução de projetos. Muitas situações nos remetem a problemas crônicos e recorrentes que muitos daqueles que participaram de um projeto já viveram na pele. Quer um exemplo?

Quem já sentiu falta de informações essenciais no meio de um empreendimento e não tinha a quem recorrer? Quem já vivenciou alguma ocasião em que os custos foram mal calculados e foi preciso cancelar ou postergar entregas para o cliente? E as famigeradas "datas cravadas na pedra", quem nunca sofreu com isso? Lembra como foi o final disso tudo? É, caso tenha tido a sensação de *déjà vu*, saiba que nos solidarizamos com você!

O fato é que nem sempre o termo "projeto" traz boas recordações. Ao falarmos em "produtos" a reação é outra. Esse universo que permeia o desenvolvimento de um produto é realmente muito mais motivador e desafiador. Porém, o que ninguém diz é que, para que consigamos construir um novo produto, temos que fazê-lo por meio de um programa. Sendo programa uma forma de organização de projetos, como explicar tal dicotomia?

A resposta talvez não seja única, mas aquilo que um produto tem de sobra e de que o projeto se ressente é: a definição clara de um propósito e uma gestão essencialmente orientada a resultados rápidos e constantes! É a partir deles que impedimentos são transpassados com mais facilidade e não viram problemas incontornáveis. Já tinha pensado nisso antes?

O que o *exponential fact* #1 nos ensina?
Se durante o desenvolvimento de um projeto você tem a sensação de estar fazendo mais do mesmo, construa um produto. Isso vai exigir maior comprometimento de todos do time e de seus clientes.

Portanto, se está procurando um impulso criativo para seu negócio, eis o primeiro caminho a seguir: tenha um produto, plataforma ou serviço que possa chamar de seu! E quando tiver? Melhore continuamente!

Exponential fact #2: a inovação precede *change management* ou seria o contrário?

A inovação geralmente acontece quando está orientada à resolução de problemas reais, de pessoas e empresas reais. No entanto, muito se vê a utilização do verbo inovar como uma solução, sendo que seu significado está atrelado a uma transição que muitas organizações preferem protelar a fazer de forma efetiva.

Toda transformação geralmente é precedida por um fato que trouxe mudança no pensamento e na forma de interagir entre a empresa, seu público-alvo, clientes ou colaboradores. Em tempos de transformação digital e modelos exponenciais, precisamos falar sobre isso seriamente, ok?

Por exemplo, para Jim Highsmith, Linda Luu e David Robinson (2019) a transformação que é inovadora deve ser traçada através de um paralelo entre as visões de negócios e tecnologia, um antes e outro depois. Se antes as organizações enxergavam seus negócios sob a ótica do retorno de investimento (ROI), com um modelo transformado o valor para o cliente se torna mais importante.

De forma análoga, se antes a tecnologia tinha que ser eficiente e com custos compatíveis, nessa nova realidade adaptabilidade e velocidade são os termos mais importantes. Aí voltamos à indagação: *change management* ocorre antes ou depois da inovação?

Essa resposta está dentro da sua organização! O quanto ela é resiliente para mudar? Mudanças geralmente trazem ameaças, e o sistema imunológico corporativo cumpre seu papel de repelir qualquer tipo de mudança ou inovação na empresa. Dessa maneira, muitas organizações optam por colocar áreas de pesquisa e desenvolvimento ou inovação como uma operação externa à organização.

Para isso é necessário que antes se mostre a nova forma de trabalho, criar identidade e enfatizar o pertencimento a um novo ecossistema para, aí sim, pensar em *change management*. Toda a construção e organização dessa base de conhecimentos é o fator determinante que vai gerar o impacto que o DNA futuro da sua empresa terá dali em diante.

Modelos exponenciais são orientados por pesquisas e números sobre a sua empresa, mercado-alvo, comportamento do cliente, entre outras informações. Técnicas de design aliadas à adoção de métodos ágeis e visão *Lean startup* são as mais indicadas para essa estruturação.

A formulação de hipóteses, presentes nesses métodos, leva as equipes a trabalhar com pequenos testes. Isso definitivamente não gera conforto, principalmente se sua equipe atual está acostumada a trabalhar em um modo antigo, ou seja, cartesiano. A mentalidade exige que todos estejam abertos para testar diferentes modelos de negócios até que se consiga encontrar aquele que aumente a eficiência e gere o menor desperdício possível.

Novos processos e metodologias precisam gerar aprendizado rápido e prático, pois é a qualidade dessas informações geradas que orientarão como o DNA do seu negócio será visto daquele momento em diante. Para isso, precisamos falar sobre propósitos!

O que o *exponential fact* #2 nos ensina?
Toda transformação exponencial é feita de fora para dentro? Sim, preferencialmente! Então só faz sentido iniciar movimentos de *change management* de forma mais intensiva trazendo o novo para dentro? Faria sentido fazer o contrário?

Lembre-se: até que a liderança seja impactada positivamente, isso traga conforto e soubermos como a inovação permeará a empresa, qualquer mudança não passa de repaginação de velhos modos e hábitos corporativos – algo apenas para dar uma roupagem mais "modernosa" em vez de um compromisso real com a evolução do negócio! Aí perguntamos: faz sentido mudar sem saber aonde se quer chegar? Não, né?

Pois então, fazer uma transformação ampla (seja ela digital ou exponencial) com as mesmas peças ou adaptar a forma de pensamento para que fique o mais parecido com os moldes atuais do negócio não vale a pena!

Muitas vezes é necessário haver rupturas para conseguir integrar-se e interagir em ecossistemas. A empresa deve criar o sentimento de pertencimento a todos aqueles que fazem parte de sua cadeia de negócios, sendo este um passo importante que deve ser dado para o reposicionamento da marca no universo digital.

E atente: caso você não tenha um produto, serviço ou plataforma digital, esqueça! Não conseguirá ser exponencial, pois sempre irá esbarrar em limitações físicas e de seus próprios pensamentos. Isso não é maldizer sua organização, mas você não terá o sucesso desejado nessa empreitada e a chance de perder dinheiro é grande. Lamentamos isso!

Exponential fact #3: cada produto uma visão. Cada visão um propósito!

Você já teve a oportunidade de realizar uma sessão de *design thinking* para a definição de produtos? Caso não tenha vivenciado isso, saiba que existe uma orientação clara para a resolução de um **único** problema por vez. Sim, isso parece pouco provável quando fazemos uma declaração de escopo de projeto, mas não de um produto.

E sabe qual o motivo? É obrigatório existir uma visão comum dos participantes. Decisões sobre a criação de um produto são compartilhadas, e isso é a base para a criação de um propósito comum (que será mais bem explorado no Capítulo 9), consentido por todos. Diferentes vertentes de pensamento e pontos de vista devem ser integradas desde começo, pois isso fará total diferença e definirá o sucesso ou fracasso do seu produto, como veremos mais adiante.

Para Jurgen Appelo (2019), a visão do produto é como se fosse uma imagem mental, capaz de inspirar e conectar times, clientes e investidores acerca das definições de um propósito comum a todos. Já Roman Pichler (2020) entende que produtos são concebidos envolvendo as pessoas certas e criando comunidades de trabalho que se desenvolvem a partir da construção de modelos colaborativos, gerando resultados satisfatórios e compartilhados por todos os envolvidos.

Exponencialidade nas organizações **27**

O que poucos sabem é que a descoberta e a concepção de novos produtos devem respeitar um rito. E nesse ritual, onde todos são ouvidos, é que se constrói o verdadeiro propósito. Portanto, **visão e propósito não acontecem por acaso**. Incrível isso, né?

Saiba que é com apenas uma visão e um propósito que adentramos novos cenários e incertezas. Bem-vindo ao mundo das incertezas! E qual a melhor forma de se organizar em um ambiente desses? Boa pergunta!

Antes de mais nada, precisamos dividir o mundo em duas tribos: a dos *makers*, aqueles que fazem o novo e erram; e a dos *followers*, ou seja, que seguem e replicam o pensamento de outros, muitas vezes sem o filtro necessário para entender se aquilo que estão fazendo gera o valor esperado.

A maior dificuldade de pôr em prática visão e propósito está em fazer com que *stakeholders*, clientes e times "comprem a ideia" de que não há como predizer o comportamento de um cenário em que a incerteza faz parte do modelo. Logo, a melhor saída é aprender a lidar com situações onde não há uma única resposta certa, onde é preciso testar e validar hipóteses de forma recorrente.

A proposta *maker* se baseia no aprendizado, enquanto a do *follower* é encontrar a segurança de "atirar com a bala de prata" testada por outros. A busca por soluções milagrosas pode aumentar sensivelmente a complexidade do negócio atual e torná-lo obsoleto rapidamente. Não lhe parece inviável fazer algo sem um propósito claro?

Sendo assim, a definição de um propósito, que chame todos à ação, se torna um protocolo para a resolução de problemas que aparecerão pelo caminho. A resolução vem pela tentativa de acertar e integrar o propósito do produto à visão do cliente, movimentando-se e criando relações dentro do ecossistema, de forma integrada e aderente ao que é exigido por esse novo viés econômico da empresa. Mas e se o seu produto decolar de vez?

Primeiro, parabéns! Mas provavelmente você já tem uma estrutura mais enxuta, o que facilitará as coisas, tanto na gestão como no produto. Caso esteja fazendo algo específico, que fuja ao propósito, empresas exponenciais se escalam melhor por fragmentação.

A governança permite que novas células autônomas, já integradas à economia do ecossistema, ganhe CNPJ próprio. E por falar na economia do ecossistema, saiba que ela está baseada na racionalização dos esforços para a resolução de problemas da cadeia de valor.

Pensando em estruturas de uma mesma cadeia de valor, você precisará se guiar por números e modelos matemáticos que evidenciem se a proposta de valor do seu produto está compatível com seu fluxo de receitas ao longo do tempo! Em um modelo desse, melhor ser *maker* ou *follower*?

O que o *exponential fact* #3 nos ensina?

Fique tranquilo! Durante o caminho de uma transformação exponencial serão inúmeros os problemas que precisará resolver. E essa é a única certeza! Agora, também não tenha dúvidas de que tudo fica mais difícil sem ter algo em que todos acreditem e conecte as pessoas a um objetivo maior, um **propósito comum**.

Esse amálgama entre visão e propósito é representado por um produto! E em geral ele deverá estar integrado a sistemas muito maiores e muito mais complexos que ele. Chamamos de "ecossistema" esse novo contexto de negócios; é o habitat de organizações exponenciais, e estas impreterivelmente estão integradas a um ou mais ecossistemas.

Ser um *maker* nada mais é do que fazer, errar, aprender com o erro e se adaptar. Ou seja, ser dono de seu próprio aprendizado e ter um propósito. Já o *follower* enxerga na cópia a solução de seus problemas, o que dificilmente se encaixará nas necessidades de seu negócio ao longo do tempo, forçando-o a sempre estar em busca de algo novo.

Isso nem sempre estará alinhado a uma visão ou propósito claros, mostrando que, enquanto um está em constante movimento, o outro aposta na ideia do outro, sem a certeza se isso poderá lhe trazer benefício real em um futuro próximo. Perguntamos então: qual forma de trabalho tem maior chance de dar certo ao longo do tempo?

Exponential fact #4: integrar-se à nova economia exige uma nova forma de gestão

A reinvenção das empresas para se tornarem relevantes no contexto da nova economia exige que os modelos de gestão sejam reformulados, para que consigam se integrar às novas regras e exigências feitas pelo mercado em constante mudança.

E toda essa modernidade nada mais é que essas empresas racionalizarem seus investimentos, para que consigam se adaptar aos novos modelos de produção de forma rápida e certeira.

Vale ressaltar que, nos últimos tempos, empresas e marcas perderam (algumas até desapareceram) mercado para outras empresas menores, e isso não apenas causou prejuízos aos modelos mais tradicionais (preditivos) como forçou-os a mudar radicalmente durante momentos de crise, os mais impróprios.

Para Sunil Gupta (2019), a nova economia exige que as empresas sejam reinventadas, e para isso é necessário que estas reavaliem sua cadeia de valor, de forma a se conectar tanto aos seus clientes antigos como aos novos.

A reconstrução dessas empresas exige um conjunto maior de decisões, até por sua estrutura, para que, quando tomadas, estas estejam integradas ao formato de programas, permitindo que consigam se reposicionar nessa nova economia de forma mais orgânica, simplificada e com foco no comportamento de quem consome o produto ou serviço.

Na prática, grandes empresas sentem maior dificuldade em realizar manobras no mundo digital por não terem familiaridade com modelos de negócio baseados em mudanças contínuas. Por mais que pareça estranho, os cenários atuais funcionam com base na mudança, e, com isso, o próprio planejamento deve estar orientado a essa nova forma de atuação da corporação.

Uma das saídas para a ruptura com o modelo tradicional é orientar a mudança de um único produto ou serviço por vez. Até que se tenha um modelo transformado confiável e adaptado à "nova roupagem" da empresa no seu mercado de atuação, é comum que esse tipo de abordagem seja visto como mais eficiente. Lembre-se dos anticorpos da empresa!

Ou seja, no final temos duas opções: ou nos reestruturamos para o novo de forma consistente ou ficamos apenas "ganhando sobrevida", mesmo sabendo que de tempos em tempos outras mudanças, tão ou mais drásticas, deverão ser tomadas.

A pergunta que fica é: isso é sustentável ao longo do tempo? Parece não ser melhor opção! Mas e quando não se tem uma opção viável? Bem, então é preciso planejar uma iniciativa que tenha por objetivo o rompimento com o tradicional. Faça isso o quanto antes!

O que o *exponential fact* #4 nos ensina?
Como vimos anteriormente, é mais conveniente pensarmos em criar produtos já adaptados à realidade digital prontos para serem "exponencializados" do que adaptar os existentes a um novo modelo para esse fim.

Porém, sabemos que fazer um transatlântico dar um "cavalo de pau" é quase impossível, visto que uma lancha pode fazer isso com muito mais destreza. E é justamente isso que devemos fazer quando pensamos na construção de transatlânticos modernos: ensinar-lhes como se transformar em lanchas desde a sua gênese.

O caminho para isso passa pela reestruturação da cadeia de valor de negócios da empresa, a escolha de um produto para ser pilotado para esse novo contexto e, acima de tudo, estar ciente de que suas ações serão guiadas pelo comportamento do cliente, seu mercado de consumo e o modelo matemático que represente tudo isso, de forma consistente e confiável.

Exponential fact #5: o papel da liderança na inserção da empresa no ecossistema exponencial

Como deve ter ficado claro ao longo deste texto, os princípios exigidos para aquelas empresas que desejam ser donas de seu próprio futuro passam não apenas pelo desejo de saber como inovar constantemente, mas, acima de tudo, por conseguir se comunicar de forma eficiente junto aos seus clientes, parceiros e times de desenvolvimento.

A liderança deve promover não apenas a nova forma de pensar, mas também personificar a transição de um mundo *follower* para um *maker*, por exemplo. Olhando para o universo das organizações que desejam ter representatividade no mundo digital, a liderança deve ser guiada por alguns princípios.

Para Pedro Waengertner (2018), a liderança deve promover inovação como prática de design da própria organização para viver em ecossistemas. Ela deve ser pautada por princípios como o cliente estar no centro das ações, adotar práticas ágeis e enxutas operacionais, além de possuir a habilidade de se transformar continuamente. É como se cada empresa do ecossistema fosse um organismo autônomo e ao mesmo tempo integrado ao todo.

Através de diferentes modelos de negócio, a interação desses organismos implica diretamente na forma como o relacionamento se dá, seja com parceiros ou com colaboradores da própria empresa.

Ações conjuntas tendem a se tornar pequenos experimentos que passam a fazer parte desse ecossistema como base de aprendizado e direcionamento para ações futuras.

Com isso, esses novos produtos e serviços já estarão integrados aos novos modelos econômicos da empresa e caminhando no universo do ecossistema.

A liderança deve formar parcerias sustentáveis, uma vez que cada interação entre qualquer um dos organismos envolvidos, por terem em seu DNA a capacidade de se fragmentar e se separar do todo quando necessário, deve levar em consideração a união e a ruptura.

O fenômeno da criação de novas empresas já adaptadas ao contexto exponencial, muito mais amplo, leva a produtos que podem ser acelerados de acordo com o que o público "pede" naquele momento específico. Também deve estar prevista a morte desses produtos pelo caminho.

Mas fique tranquilo! Isso faz parte do ciclo de vida de todo e qualquer modelo desse tipo, mas isso deve estar amparado por heurística e matemática, que servirão de bússola da empresa para navegar por esse mundo exponencial.

O que o *exponential fact* #5 nos ensina?
A racionalização de investimentos em um ecossistema é factível quando realizada por abordagens enxutas e integradas mutuamente por um modelo que permita a interação fluida e transparente. Quando falamos em ecossistemas, em ser enxuto, falamos inevitavelmente do *Lean* e suas vertentes.

Essas abordagens nos ajudam a nos distanciar de atividades que não geram valor ao cliente e criam desperdícios ao longo do tempo. Em um ecossistema, desperdícios não são permitidos, pois essas organizações são sensíveis ao contexto. Para que consigam se transformar e adaptar-se aos novos cenários de negócio, eliminar "gorduras" e *buffers* é a ordem da vez!

E qual é a melhor forma de garantir a sobrevivência de empresas nos tempos atuais? 1. Pertença a um ecossistema. 2. Contribua para alavancar o negócio de terceiros que se integrem aos seu produto ou serviço. 3. Tenha o futuro na sua mão e não da de terceiros!

Conclusão

Chegamos ao final com bons *insights* de como devemos nos preparar para que nossa empresa seja uma organização exponencial. Esperamos que os ***exponential facts*** tenham cumprido o papel de mostrar que temos muitas coisas a serem olhadas para termos mais organizações exponenciais.

Mas aí você se pergunta: "ok, como organizações exponenciais podem ser escaladas?" Pois bem, eis aqui algumas ideias que podem ajudá-lo a tirar suas próprias conclusões:

- ✓ Preferimos construir produtos geridos por programas do que investir em projetos para a realização de produtos.
- ✓ A inovação deve ter liberdade para romper com modelos tradicionais, mesmo que para isso ela seja realizada de forma externa à empresa.
- ✓ O desenvolvimento de produtos é feito por erros, aprendizados, adaptações e também acertos. Escolha a primeira opção antes de copiar o que foi feito por outros.
- ✓ Os melhores transatlânticos são aqueles que podem se transformar em lanchas e salvar todos quando for preciso.
- ✓ Empresas exponenciais se escalam de forma viral, pois crescem de forma orgânica e enxuta junto com seu ecossistema. Se crescerem demais, fragmentam-se em outras.
- ✓ Relacionar-se com o ecossistema exigirá orientação a resultados claros e transparência da gestão. Sem isso não há negócio!

5. Agilidade em escala x transformação digital

Rodrigo Cabral

> O objetivo é destacar que a transformação digital não é escalada do ágil, mas pode impulsionar positivamente as empresas na hora de definir a estratégia de escalar o ágil.

Introdução

De modo geral e devido ao crescimento recente e acentuado de temas voltados à agilidade, é comum escutarmos que determinada empresa está em um processo de **transformação digital**. Contudo, ao olharmos um pouco mais de perto, observamos que não é bem isso que está acontecendo, mas, sim, uma **transformação ágil**.

É muito comum que os temas caminhem lado a lado, mas não por se tratarem da mesma coisa. O que acontece é que, para uma empresa ser ágil, ela não precisa ser digital, mas para ser digital, ela precisa ser ágil.

Complicado? Nem tanto! Nas linhas a seguir desdobramos isso para entender um pouco melhor o que cada tema abrange.

Entendendo as diferenças

Ágil escalado

Assim como pudemos acompanhar nos capítulos 1, 2 e 3 deste livro, o caminho para a adoção das primeiras iniciativas ágeis, como ferramentas, *frameworks* ou até mesmo uma simples mudança de *mindset*, é complexo, leva tempo e demanda bastante energia dos envolvidos.

34 Jornada do Ágil Escalado

Contudo, se bem orquestrada, tende a alcançar patamares mais altos, fazendo com que as necessidades de integração sejam cada vez mais altas. E é exatamente nesse ponto onde sentimos a necessidade de integrar, cada vez mais e com novas frentes do ambiente corporativo, esse novo modo de trabalho. Assim, nascem as primeiras iniciativas de escalar o ágil nas empresas.

Com o crescimento dos times ágeis (*squads*, se preferir) dentro do ambiente corporativo, aumenta junto a necessidade das áreas de negócio de se manterem atualizadas e buscando o entendimento comum do que é **valor** para a empresa. Com isso, seus *Product Owners* (ou *Product Managers*) passam a ter uma necessidade cada vez maior de envolver outras camadas da empresa.

Os times já operam bem as suas atividades, com métricas funcionando de forma a agregar maior poder de análise sobre como nos organizar cada vez melhor e de forma mais eficiente. Novos times são criados para sustentarmos diferentes partes de um mesmo produto ou até mesmo outros produtos e serviços.

As comunicações passam a ser necessárias em novos níveis, e mais do que nunca meios digitais passam a ser uma chave para que esse crescimento ocorra de forma plena, com novas ferramentas e modos de trabalho. E é exatamente nesse ponto que a transformação digital se inicia dentro do nosso cenário, como veremos mais adiante.

Com base em alguns métodos ou *frameworks*, foram criados modelos em escala, onde somos levados a novas cerimônias ou até mesmo etapas em uma linha de execução.

A exemplo disso, temos o **Scrum of Scrums**, que, de modo simples, é o ato de termos um alinhamento entre diversos times que utilizam o *framework Scrum*. Através de uma cerimônia periódica entre seus *Scrum Masters*, seus objetivos são alinhados, levando os times a trabalhar em prol de um objetivo comum (mais detalhado no Capítulo 54).

Chega um estágio em que surge, também, uma outra cerimônia: o **PO *Sync***, que é uma reunião com o propósito de dar visibilidade aos objetivos do incremento do programa.

Consegue perceber que à medida que vamos aumentando nosso grau de envolvimento com as frentes que cuidam do nosso processo de *delivery* vamos criando novas etapas, encontros e papéis? Pois bem, isso é o ágil sendo escalado!

Com o passar dos anos, tivemos contatos com inúmeras versões e *frameworks* que nos apoiam nessa escalada, como: SAFe®, *LeSS*, *Scrum@Scale*, *Nexus*, dentre outros, como poderemos ver na **Parte IV** deste livro, onde teremos um detalhamento maior sobre esses *frameworks*.

Mas, até escalar, precisamos de meios, ferramentas e políticas da própria empresa que nos permitam avançar com o tema, gerando integrações, diminuindo distâncias e facilitando a comunicação entre todas as partes envolvidas. Isso sem contarmos os meios de desenvolvimento e entrega de código em forma de produto funcional para o cliente.

Sentiu que falta algo, não é? Pois bem, é aqui que a **transformação digital** nos ajuda e ao mesmo tempo se difere da proposta do **ágil escalado ou transformação ágil**.

Transformação digital

Em uma definição muito simples e bem clara, entendemos que:

> *Transformação digital é um processo em que as empresas utilizam a tecnologia para melhorar seu desempenho, ampliar seu alcance e otimizar os resultados. Essa transformação gera uma mudança de mindset em toda a empresa, tanto internamente quanto externamente, para os clientes. (RESULTADOS DIGITAIS, 2020)*

Como podemos ver, transformações ágeis ou digitais apresentam alguns conceitos diferentes, ao mesmo tempo que elas compartilham princípios e valores. E é justamente dessas semelhanças que nascem as confusões sobre qual se está trabalhando na empresa.

Porém, ainda que semelhantes, não são iguais! E é de grande importância entendermos que a crescente busca por melhoria de performance, agilidade e eficácia é o que nos move para as grandes transformações digitais.

A transformação digital tem a tecnologia como o centro do seu processo e interfere em todas as áreas da empresa. São utilizados amplamente conceitos de metodologias ágeis, que visam a adoção de processos automatizados entre diferentes setores para a produção rápida e segura de aplicações e serviços que reduzem custos e tempo.

Porém, para que essas operações se tornem reais, as verdadeiras mudanças devem acontecer primeiramente na cultura da empresa. Durante sua transformação, toda e qualquer organização precisa apoiar e investir esforços na cultura digital.

Muitas vezes, quem dá o primeiro passo são os *early adopters*, que, aos poucos, mostram às lideranças qual o caminho que deve ser trilhado. Mas nada impede que o próprio *C-Level* entenda a necessidade de inovar antes de seus colaboradores.

O mais importante aqui é que a cultura digital seja entendida e abraçada por todos os funcionários, de modo que as equipes compartilhem informações e encontrem – muitas vezes em ferramentas digitais – formas de otimizar as entregas em prol de metas comuns.

A implementação de ferramentas para acelerar os resultados e melhorar a gestão contribui não só para diminuir o retrabalho e obter mais dados de desempenho, como também colabora significativamente para que a empresa tome decisões mais rapidamente e possa estar à frente do mercado.

Diante da transformação digital, todas as áreas são impactadas, uma vez que o movimento realizado é o de colocar o cliente em primeiro lugar. Até mesmo os setores que não mantêm relacionamento direto com o cliente necessitam de profissionais capacitados para essa nova era.

Seja a área de qualidade, para garantir que serão cumpridos os processos e o cliente ficará satisfeito com o atendimento prestado; seja o produto, que será criado com base na experiência do usuário; ou até mesmo o setor financeiro, na busca de soluções ágeis para pagamento, que reduzem os esforços do cliente e minimizam a inadimplência.

Para nos mantermos alinhados ao propósito das transformações, acabamos por criar algumas métricas (KPIs, como será visto no Capítulo 14) mapeadas de acordo com o que entendemos ser os pontos-chave para a continuidade nos negócios e crescimento corporativo, como a seguir:

- ✓ **Foco no cliente:** experiência do cliente e satisfação (*Net Promoter Score* – NPS).
- ✓ **Eficiência operacional:** produtividade, recrutamento e retenção de funcionários, custos relacionados à TI, qualidade dos processos/aplicações de desenvolvimento, alavancagem da inovação de desenvolvedores terceirizados e eficiência operacional ou de processo.
- ✓ *Business agility* **(agilidade empresarial):** tempo para tomar uma decisão ou agir sobre oportunidades, velocidade para o mercado (tempo para desenvolver, testar e lançar novos produtos).
- ✓ *Growth* **(crescimento):** crescimento da receita e novas fontes de receita, alcance digital e diferenciação competitiva.

Como geralmente os ciclos dos softwares são de apenas algumas semanas, reduzir o tempo de decisão e colocação no mercado é essencial. Após a implantação do processo de transformação digital, as empresas observam um aumento na velocidade de colocação de um produto no mercado, bem como uma diminuição do tempo necessário para tomar decisões.

Toda transformação digital se inicia por algum gatilho dentro das empresas. Os nossos exemplos levam apenas em consideração as necessidades oriundas de se adotar um método ágil, que ajuda a construir e entregar produtos de forma incremental. Estes visam entregar valor aos clientes rapidamente e manter o trabalho de desenvolvimento alinhado com as necessidades dos negócios.

Conclusão

Dados os fatos apresentados neste capítulo, fica bastante evidente que a **agilidade em escala** e a **transformação digital** coexistem em um mutualismo corporativo muito interessante, nos remetendo à frase **"você pode ser ágil sem ser digital, mas você não é digital sem ser ágil"**, que faz total sentido.

Então, que sempre procuremos operar cada vez melhor as adoções dos métodos e *frameworks* para escala do ágil, para que uma possível transformação digital, de fato, possa ocorrer.

6. Entendendo o momento de escalar

Karla Karolina Cavalcanti de Lima e Silva
Júnior Rodrigues

> O capítulo visa entender as razões e o propósito de escalar o ágil nas organizações como premissa para que todo o esforço traga um real sentido e seus benefícios, buscando avaliar o momento, o contexto, pessoas e objetivos, a fim de explorar os fatores críticos de sucesso desse movimento.

Para quem não sabe para onde vai, qualquer caminho serve. (Sêneca)

Fechando esta primeira parte do nosso livro, falaremos sobre o momento de escalar, como podemos identificar esse momento, por que e quando devemos pensar nisso, e daremos alguns *insights* sobre os próximos passos, incluindo problemas e desafios para essa escalada.

Antes de mais nada, vamos passar brevemente pelo significado de agilidade em escala.

Duarte (2019b) traz o conceito que "ágil em escala é a capacidade de gerar agilidade no nível da equipe, enquanto aplica os mesmos princípios, práticas e resultados sustentáveis em outras camadas da organização".

Também complementa que precisamos de uma transformação cultural para a escalada obter sucesso, ou seja, as pessoas precisam se comprometer e trabalhar colaborativamente para tal.

Logo mais à frente, no Capítulo 28, esse conceito será aprofundado para melhor compreensão dos nossos leitores. A seguir, apresentaremos alguns pontos importantes a serem analisados sobre a escalada ágil. Vamos lá!

Por que escalar?

Conforme o PMI (2017), o grande objetivo de escalar o ágil é a coordenação dos esforços de diferentes equipes para que seja entregue mais valor aos clientes.

Sabemos que, em muitos casos, algumas organizações tentam escalar o ágil sem um plano adequado e, infelizmente, os projetos fracassam e geram muita insatisfação com os clientes, o que, por sua vez, resulta em perda de receita, diminuição do NPS, perda de participação no mercado, desmotivação e frustração da equipe, etc.

Isso ocorre porque não são levados em consideração alguns pontos básicos para essa escalada, tais como: dependências entre equipes, foco nos objetivos de negócio e valor corretos, mitigação de riscos e rápida adaptabilidade às mudanças. É o que Krause (2020) chama de falta de escalada eficiente do ágil.

No cenário atual do nosso mercado, correr riscos desnecessários é algo inadmissível para qualquer organização. As empresas precisam se desenvolver, conquistando continuamente seus diferenciais de mercado e se mantendo competitivas a todo momento. Sendo assim, precisam investir em novos aprendizados e na aplicação de boas práticas em suas atividades e projetos internos.

Uma vez que a organização já utilize métodos ágeis e perceba que está precisando expandir em busca de novos controles e maiores resultados ao longo do processo, está na hora de começar a pensar no ágil escalado.

Benefícios e fator crítico de sucesso

Bird (2015) é categórico ao dizer que a grande vantagem do ágil escalado não é a capacidade de reagir às mudanças constantes ou, mesmo, entregar mais rápido ou mais barato. O que por si só já seriam excelentes benefícios, não é mesmo?

Ele afirma que o maior benefício da escalada é saber mais cedo se você deve continuar ou se você deve parar e fazer outra coisa em seu lugar. Isso graças aos *feedbacks* rápidos e constantes, e também à transparência pregada no modelo ágil.

Passamos a ter uma visão mais abrangente da situação real dos trabalhos e, então, podemos tomar decisões mais acuradas, parar ou continuar o trabalho da forma atual, conforme o *feedback* e a avaliação do momento.

Contexto muito bom e válido, lembrando que o ágil trabalha com empirismo e experimentações. Ou seja, significa que não tem fórmulas prontas e precisamos experimentar soluções que agreguem valor para testar nas entregas aos nossos clientes de forma antecipada.

Usando o ágil escalado, esse dogma continua sendo válido. Quanto mais rápido descobrirmos que algo não está entregando o valor esperado ao cliente, mais rápido podemos voltar e refazer de outra maneira.

Já com relação ao fator crítico de sucesso, o PMI (2017) aponta que é ter uma equipe ágil íntegra ou saudável. Também frisa que, caso uma abordagem ágil usada com uma equipe não seja bem-sucedida, devemos parar imediatamente para analisar e tratar os impedimentos que atrapalham o funcionamento das equipes de forma ágil. Somente depois dessa tratativa devemos voltar e escalar para ampliar ainda mais a adoção da agilidade.

Avaliando o melhor momento

De forma bem resumida, o melhor momento é quando os *frameworks* e métodos singulares de equipe não são mais suficientes para atender às necessidades da organização, quando precisamos de um algo a mais para o gerenciamento e controle dos resultados.

O PMI (2017) também recomenda que comecemos pequeno. Assim, aprendemos mais rápido o que pode ou não funcionar no contexto da organização e podemos alcançar, mais seguramente, resultados bem-sucedidos.

A Figura 6.1 apresenta a relação entre a cobertura do ciclo de vida e a profundidade dos detalhes da orientação para que a abordagem seja implementada na organização.

O que é essa cobertura de ciclo de vida? Xavier (2017) resume bem quando diz que é o conjunto de fases de um projeto. São partes nas quais o projeto foi dividido, a fim de facilitar o seu acompanhamento e gestão. Ou seja, todo o tempo de existência de um projeto, desde o seu nascimento até o seu término, tudo que precisará ser feito para atender à necessidade do projeto.

Além disso, conforme o PMI (2017), o ciclo de vida dos projetos pode ser preditivo (seguindo metodologias mais tradicionais, em cascata, quando o escopo é mais conhecido e previsível) ou iterativo e incremental (seguindo abordagens ágeis, que permitem ciclos repetidos e contínuos com entregas mais rápidas ao cliente). A cobertura diz respeito ao alcance do método ou *framework* com relação a esse ciclo.

E quanto à profundidade dos detalhes da orientação, o que podemos dizer? Bem, aqui o fator principal é o grau de detalhamento dos métodos de trabalho utilizados nas equipes. No caso das abordagens ágeis, algumas são mais fáceis de ser implementadas nas organizações e exigem pouco detalhamento (exemplos: *Scrum*, *Kanban*, *Lean*), e outras não são tão simples e exigem um conhecimento de detalhes e maturidade maior para que funcione corretamente (SAFe®, Ágil Disciplinado – *Disciplined Agile*).

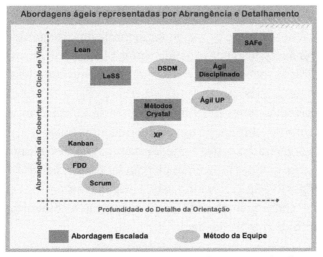

Figura 6.1. Abordagens ágeis representadas por abrangência e detalhamento.
Fonte: adaptado de PMI (2017).

Vemos os principais métodos ágeis distribuídos nessa relação de profundidade dos detalhes *versus* abrangência do ciclo de vida e notamos que, independentemente dos detalhes da orientação, quanto maior a necessidade de abrangência do ciclo de vida, mais recomendada fica a utilização de uma abordagem escalada.

Dessa forma, entendemos que a cobertura do ciclo de vida é o fator determinante para a adoção do escalonamento.

Como um ponto de observação, bem colocado por Duarte (2019b), "escalar o ágil não é fácil e não acontecerá da noite para o dia!". É algo que precisa ser feito com atenção e de forma bem planejada. Do contrário, trará mais prejuízos do que benefícios para a organização.

O autor também reforça que é preciso entender que o ágil escalado não é o objetivo final de um processo, mas, sim, apenas o meio para que o objetivo seja cumprido.

O melhor momento também pode ser visto como uma evolução do trabalho com as práticas ágeis, a partir do momento em que a agilidade estiver bem consolidada no nível mais singular, nos times.

Resumindo, então, o que consideramos importante para avaliar qual é esse melhor momento para escalar:

- ✓ Quando os métodos singulares das equipes não atendem mais às necessidades de controle e resultados das organizações.
- ✓ Quando há necessidade de maior abrangência do ciclo de vida dos projetos.
- ✓ Quando há necessidade de expandir a prática ágil para outros times e setores da organização, após estar funcionando de forma completa, consolidada e com bons resultados.
- ✓ Quando diversos times precisam trabalhar de forma integrada visando um objetivo comum: entregar mais valor aos clientes finais.
- ✓ Quando a organização deseja aumentar sua competitividade no mercado e quer trabalhar com grandes programas ou grandes projetos, pensando em produtos de alto impacto e alta relevância, o que exigirá mais pessoas envolvidas nesse trabalho e, consequentemente, mais integração e comunicação, em função do aumento da complexidade.

Como escalar?

É importante que se tenha um plano bem estruturado, pois várias atividades devem ser feitas antes de escalar.

As partes seguintes do nosso livro vão abordar "como preparar as organizações para escalar?" (Parte II) e "como preparar as pessoas para escalar?" (Parte III).

Diversos *frameworks* podem ser utilizados para escalar o trabalho em ágil nas organizações. Na Parte IV deste livro, "Como escalar o ágil?", serão abordados e explorados os principais modelos de mercado, dentre eles os mais conhecidos, que são: SAFe®, *LeSS*, *Nexus* e o mais recente DA (*Disciplined Agile* – Ágil Disciplinado).

Dificuldades e desafios para escalar

O processo de escalar o ágil nem sempre será algo simples nas organizações.

Podemos listar alguns dos principais problemas que podem causar o insucesso desse trabalho:

- ✓ Uma organização que simplesmente copia o modelo utilizado em outra organização, sem adequar à sua realidade.
- ✓ Quando há conflitos com os objetivos da organização.
- ✓ Falta de transformação cultural na organização.
- ✓ Não investir em conhecimento e na disseminação das práticas ágeis.

A Parte V deste livro trará os principais desafios ao escalar o ágil. Vale a pena conferir!

PARTE II.
COMO PREPARAR AS ORGANIZAÇÕES PARA ESCALAR?

7. Definindo uma cultura *Lean* para a estratégia da escalada

Guilherme Villanova

O capítulo aborda a importância da combinação da cultura *Lean* com o ágil para suportar a estratégia de adoção do ágil escalado nas organizações.

Lean thinking

Antes de começar a escalar a agilidade na organização, é preciso ter um meio que viabilize e suporte a estratégia da escalada. Os hábitos, valores e crenças presentes em uma organização podem dificultar a implementação de novas práticas. Conectar a filosofia do *Lean thinking* com a estratégia de adoção do ágil escalado é um excelente caminho a ser estabelecido.

O *Lean* é uma filosofia de gestão inspirada em práticas e resultados do Sistema Toyota de Produção, que tem como seu principal objetivo eliminar o desperdício, construir com qualidade, criar conhecimento, otimizar o todo, entregar rápido e respeitar as pessoas. Toda iniciativa tem o foco na criação de valor para o consumidor final. O termo *Lean* foi disseminado pelos autores James Womack, Daniel Jones e Daniel Roos, que publicaram o livro "A Máquina que Mudou o Mundo" (1992).

O *Lean* possui cinco princípios básicos: **Identificar o que é valor para o cliente, mapear o fluxo de valor e identificar o desperdício, implantar o fluxo de valor contínuo, adotar o sistema puxado e buscar a perfeição.** Em um sistema de produção enxuta, os cinco princípios são trabalhados ao mesmo tempo com o propósito de maximizar os resultados e minimizar as perdas.

Os cinco princípios do Lean thinking

Figura 7.1. Princípios do Lean thinking.
Fonte: o autor.

O *Lean thinking* é uma maneira de pensar que busca continuamente a melhoria de um ambiente produtivo. Quando se entende o que é valor para o cliente, torna-se possível identificar e eliminar os desperdícios, melhorando continuamente os processos, trazendo para a organização uma vantagem competitiva e dando dinamismo, flexibilidade, capacidade de adaptação e maior velocidade na entrega do seu serviço, produto ou no atendimento aos clientes. Destaco a seguir os princípios do *Lean thinking*:

- ✓ **1 – Identificar o que é valor para o cliente (Valor):** valor é todo produto ou serviço que atende de forma direta à necessidade do cliente e/ou consumidor. Valor percebido é quando identificamos que as necessidades e expectativas do cliente ou consumidor foram atendidas e ele se sente feliz. Dessa forma, tudo o que o cliente não está disposto a pagar pelo produto é desperdício e deve ser eliminado. Quando se trata de valor, o foco é o cliente, ele que vai definir qual é esse valor. Por isso é tão importante conhecer o cliente e suas necessidades.
- ✓ **2 – Mapear o fluxo de valor e identificar o desperdício (VSM):** fluxo de valor é o resultado da somatória de todas as ações que agregam valor ou não. Essas ações são necessárias para levar um produto por todas as etapas da cadeia de valor até o cliente, da concepção ao lançamento. É o momento de identificar as etapas que agregam valor ao produto/serviço, identificar gargalos, redefinir os processos e otimizar o fluxo, eliminando o que for desperdício e tendo uma visão sistêmica (ver Capítulo 3). A ferramenta que auxilia no mapeamento do

fluxo de valor é o VSM (*Value Stream Mapping*), uma das ferramentas mais importantes do *Lean* que tem sido muito utilizada em empresas industriais, manufatura, saúde, serviços e tecnologia. Com o VSM, você pode definir o seu fluxo e estabelecer o sistema puxado para dar vazão às suas entregas.

✓ **3 – Implantar o fluxo de valor contínuo (VSM):** uma vez mapeado o fluxo de valor e identificados os pontos que criam valor para o produto, é necessário estabelecer um fluxo contínuo (sem interrupções) para execução das atividades. A ideia é colocar o fluxo em prática e validar, ou seja, atender às necessidades do cliente de forma rápida, reduzindo etapas, esforços, tempo e eliminando custos desnecessários.

✓ **4 – Adotar sistema puxado (*Kanban*):** aplicar o conceito do *just-in-time*, ou seja, o desenvolvimento de um produto ou a prestação de serviço deve começar apenas quando o cliente solicita. O trabalho só é puxado quando existe capacidade para lidar com ele; com o sistema puxado não tem sobrecarga. O objetivo é tentar eliminar qualquer excesso ou desperdício. O método *Kanban* é muito útil nesses casos, tanto para times ágeis quanto para a gestão do portfólio.

✓ **5 – Buscar a perfeição (*Kaizen*):** a incansável busca pela excelência através da melhoria contínua (*kaizen*) de pessoas, processos e produtos para fornecer o valor na sua essência, sem nenhum desperdício. Podemos interpretar que a perfeição é obtida quando um processo proporciona valor, conforme definido pelo cliente, sem qualquer tipo de desperdício. Tudo sempre pode ser melhorado, e pequenas mudanças contínuas geram melhorias no longo prazo.

A conexão do *Lean* e do ágil para suportar o ágil escalado

Escalar a agilidade não significa ter muitas equipes ágeis. A organização pode ter muitas equipes ágeis, porém, ter uma governança engessada, com processos dependentes e onerosos, com uma hierarquia pesada que dificulta uma tomada de decisão rápida, por exemplo.

Agilidade é a capacidade de se adaptar, mover e mudar de direção de acordo com o novo contexto, e está diretamente ligada a ciclos curtos, entrega iterativa e incremental, falha rápida, obtenção de *feedback*, entrega de valor ao cliente mais cedo, colaboração, interação e pessoas.

Em resumo, se trata da capacidade de uma organização de reagir a um novo contexto. Quando tudo isso é conectado a uma filosofia *Lean*, potencializamos todo esse arsenal de ferramentas para enfrentar o desafio da adoção do ágil escalado.

Uma organização que não consegue identificar seus gargalos, gorduras, processos onerosos e dependentes não consegue reagir a tempo, dificultando e/ou inviabilizando a adoção do ágil em escala. E quando se adota o *Lean* como cultura, temos uma organização sem gordura, magra e, acima de tudo, enxuta, flexível, adaptativa, que opera com foco no cliente e no seu fluxo de valor.

Se o valor muda com o tempo, a capacidade da organização em migrar e pivotar para uma nova realidade torna-se viável, pois está mais ágil e simples. Então, devido a tudo isso, **uma organização, para escalar o ágil, precisa acima de tudo ser *Lean***, ter processos enxutos, o mínimo desperdício possível, para, aí sim, ter sua capacidade de adaptação no tempo certo.

O *Lean* e o ágil trabalham de forma complementar, impulsionando a entrega de valor contínua ao cliente. Ambos carregam valores e princípios semelhantes que giram em torno do cliente, da colaboração, adaptação e melhoria contínua. Em resumo: fazer, medir e aprender.

Conclusão

Frameworks e métodos baseados no *Lean* vieram para suportar a velocidade das mudanças no mundo da revolução digital, permitindo que as organizações se adequassem a essa nova realidade.

O *Lean thinking* coloca o cliente no centro de tudo, além de eliminar todos os desperdícios possíveis. Com menos desperdício, o trabalho é otimizado, tudo é feito com maior qualidade e rapidez, trazendo o valor que o cliente tanto deseja. A internalização de uma cultura baseada no *Lean thinking* pode contribuir para o sucesso da adoção do ágil escalado na organização.

Em resumo, para que uma organização se torne verdadeiramente ágil, podendo, assim, escalar agilidade, torna-se fundamental ter uma cultura *Lean* e os seus cinco princípios disseminados por toda a organização, buscando a integração de suas áreas, como veremos mais adiante.

8. Cultura *DevOps*

Robson Carmo
Bruno Jardim
Marcos Afonso Dias

> **O capítulo aborda a importância da cultura *DevOps* na implementação da escalada, por meio de seus aspectos culturais e tecnológicos.**

Temos por objetivo fazer uma reflexão sobre a cultura *DevOps*, a história por trás desse termo, algumas definições técnicas, níveis de maturidade e finalmente a cultura *DevOps* como estratégia para atingir a escalada do ágil.

Origem do *DevOps*

Historicamente, o foco da área de **desenvolvimento** era converter requisitos em software, ficando sob a responsabilidade de **operações** realizar a implantação dos programas. No entanto, essa forma de trabalho em partes isoladas gera uma visão fragmentada, fazendo com que cada equipe trabalhe apenas para o sucesso de suas atividades e não pelo sucesso do todo.

O nome *DevOps* surge, portanto, da junção do termo *development* com *operations*. Seu surgimento tem como propósito eliminar os silos e fazer com que a fragmentação seja substituída pela cooperação.

É importante ressaltar que o *DevOps* não reinventou a roda, apenas orquestrou as boas práticas.

Cultura e estratégias *DevOps*

A AWS nos oferece uma definição muito rica e de fácil entendimento sobre o que é *DevOps*: uma combinação de filosofias culturais, práticas e ferramentas que aumentam a capacidade de uma empresa de distribuir aplicativos e serviços em alta velocidade, otimizando e aperfeiçoando produtos em um ritmo mais rápido do que o das empresas que usam processos tradicionais de desenvolvimento de software e gerenciamento de infraestrutura.

Adicionalmente, Davis e Daniels (2016) apontam a cultura organizacional como fator chave de sucesso para escalar transformações tecnológicas e ter uma implementação bem-sucedida de *DevOps*.

Um dos principais objetivos é promover o compartilhamento de responsabilidades entre as áreas envolvidas na entrega de resultado para o negócio, como: gestão de produtos, desenvolvimento, testes, *user experience* (UX), operações, marketing e segurança da informação.

É comum observar times ágeis formados por pessoas dessas áreas e que são responsáveis por um determinado produto e possuem autonomia para decisões estratégicas, táticas e operacionais alinhadas com os objetivos estratégicos da organização.

Porém, é necessário um engajamento genuíno, transparência e compartilhamento de informação, bem como ferramentas de apoio, possibilitando a automação de atividades operacionais em ciclos curtos de publicação de software e aprendizado contínuos.

Todas essas práticas são pilares da cultura *Lean Agile*, como visto no capítulo anterior, e diversas organizações estão obtendo resultados espetaculares ao desenvolver times que compartilham fortemente a cultura *DevOps*, como pode ser visto na Figura 8.1.

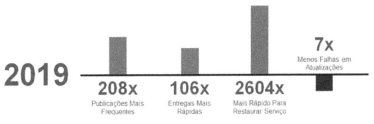

Figura 8.1. Comparação de resultado entre organizações *DevOps Elite* e *Low*.
Fonte: DORA (2019).

O ciclo *DevOps*

Em termos práticos, a implementação da estratégia *DevOps* possui as oito etapas exemplificadas na Figura 8.2 e descritas a seguir:

- ✓ **Planejar (*Plan*)**: mapeamento das fases que farão parte do projeto, times envolvidos, alocação de *budget*, previsão para início e término, definição do *roadmap* do produto e divisão dos épicos.
- ✓ **Codar (*Code*)**: codificação de requisitos em funcionalidades de software.
- ✓ **Compilar (*Build*)**: ferramentas para *Continuous Integration* (CI) farão o trabalho pesado de compilação do código. Normalmente há diversas validações, como sintaxe de código, rotinas que podem gerar *memory leak* e outras.
- ✓ **Testar (*Test*)**: ferramentas de testes automatizados farão uma grande parte do trabalho. Após os testes automatizados serem concluídos com sucesso, um time de qualidade executará os testes que não podem ser automatizados ou cujo custo para automatização é muito alto e demanda constante manutenção, como, por exemplo, testes regressivos e integração.
- ✓ **Entregar (*Release*)**: este é um marco na *delivery pipeline*. Após validação e teste, o código está pronto para ser promovido para produção. Dependendo do nível de maturidade, esta etapa pode ocorrer de forma automatizada (*continuous deployment*).
- ✓ **Implantar (*Deploy*)**: uma *build* de código (versão compilada do software) está pronta para ser lançada em produção. Há diversas ferramentas para automatizar esta etapa de forma que o ambiente de produção não sofra qualquer impacto e testes possam ser realizados a fim de verificar a nova versão do software.
- ✓ **Operar (*Operate*)**: a nova versão do software está em produção e ativa. O time de operações está acompanhando o ambiente para garantir que tudo esteja de acordo com o esperado.
- ✓ **Monitorar (*Monitor*)**: a fase *Operate* fornecerá *feedback* precioso sobre comportamento, desempenho e erros. *Product Owner* e *Product Manager* analisam essas informações junto com o time de desenvolvimento para retroalimentar o software ou o ciclo de desenvolvimento com as melhorias que forem necessárias.

Figura 8.2. Fases do ciclo *DevOps*.
Fonte: os autores.

Dessa forma, apresentamos o acrônimo CALMR na Figura 8.3, o qual consolida de forma simples e objetiva todo o contexto apresentado até aqui neste capítulo e que é imprescindível para obter os resultados esperados com sua adoção:

Cultura de compartilhamento de responsabilidades
Automação da Delivery Pipeline
Lean workflow acelerando entregas
Meça tudo que for possível
Recovery habilita publicações de baixo risco

Figura 8.3. A abordagem CALMR do SAFe® para *DevOps*.
Fonte: adaptado de Scaled Agile.

Continuous: *integration, delivery, deployment*

Continuous Integration (CI) é a integração de código criado ou alterado por vários desenvolvedores em um único repositório de software. Há diversas ferramentas que facilitam esse processo, realizando verificações como testes automatizados de qualidade de código, verificação da sintaxe, rotinas que geram *memory leak*, entre outras facilidades.

Continuous Delivery (CD) é o sequenciamento de atividades necessárias para a promoção de código até produção, de forma que apenas a etapa **publicar em produção** seja executada manualmente, para ter validação do time de *release management* e quando não possuir segurança suficiente no processo a ponto de publicar automaticamente. *Continuous Deployment* (CD) é basicamente igual ao *Continuous Delivery* (CD), exceto pela etapa de publicar em produção, que ocorre de forma automatizada, conforme pode ser observado na Figura 8.4:

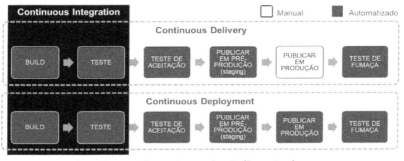

Figura 8.4. *Continuous Integration, Delivery, Deployment*.
Fonte: os autores.

As automatizações para entrega de código ao longo das etapas CI/CD não eximem as validações internas que cada organização implementa, como: aprovação de *Business System Analyst* (BSA), *Product Owner* (PO), áreas de negócio ou *Change Request* (CR). Então, é de grande importância e valor que os desenvolvedores estejam alinhados para que o ciclo de aprovações seja simplificado, facilitando a entrega contínua.

Níveis de maturidade em *DevOps*

A publicação *Accelerate State of DevOps* (DORA, 2019), referência internacional na avaliação de práticas *DevOps*, indica quatro métricas para avaliar o nível de maturidade (Tabela 8.1).

Tabela 8.1. Performance na entrega de software.
Fonte: adaptado de DORA (2019).

Aspectos sobre a performance da entrega de software	*Elite*	*High*	*Medium*	*Low*
Frequência de publicação (código publicado em produção ou liberado para usuários)	*On-demand* (múltiplos por dia)	Entre 1 por dia e 1 por semana	Entre 1 por semana e 1 por mês	Entre 1 por mês e 1 por semestre
Tempo para publicação (tempo entre o código *commited* até ser publicado em produção)	Menos de 1 hora	Entre 1 dia e 1 semana	Entre 1 semana e 1 mês	Entre 1 mês e 1 semestre
Tempo para restaurar um serviço (incidente ou defeito que afete usuários)	Menos de 1 hora	Menos de 1 dia	Menos de 1 dia	Entre 1 semana e 1 mês
Porcentagem de falhas (% de publicações em produção que resultam em degradação do serviço e exigem correção)	0 – 15%	0 – 15%	0 – 15%	46 – 60%

Na Figura 8.5, apresentamos a evolução das organizações enquadradas nas categorias *Elite*, *High*, *Medium* e *Low*. É possível observar que, em 2019, a quantidade de organizações que atingiram o status *Elite* foi três vezes maior que 2018.

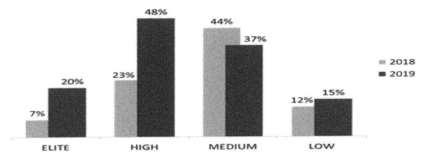

Figura 8.5. Evolução de práticas *DevOps* entre 2018 e 2019.
Fonte: os autores.

Importância do *DevOps* para escalar o ágil e alcançar *business agility*

A versão atualizada do SAFe® (*Scaled Agile*) define *business agility* como sendo a capacidade de competir e prosperar na era digital, respondendo rapidamente às mudanças do mercado e oportunidades emergentes com soluções de negócios inovadoras.

Com esta definição em mente, podemos concluir que *DevOps* é fundamental para fornecer ao negócio importantes *capabilities* (capacidades) que permeiam o status de *business agility*, como:

- ✓ Maior frequência e qualidade para as publicações.
- ✓ Redução de falhas de publicação.
- ✓ Diminuição no tempo para correções.
- ✓ Diminuição no *time-to-market* (tempo de entrada de produtos no mercado).
- ✓ Incentivar a inovação, experimentação e absorção de riscos.
- ✓ Melhorar o tempo médio de recuperação (MTTR).
- ✓ Habilitar empresas para aplicação de *frameworks* para escalar times ágeis.

Sendo assim, é possível preparar as condições necessárias, com base na cultura organizacional e na tecnologia, voltadas para permitir que a agilidade se expanda com o uso dos *frameworks* em escala.

9. A importância do propósito

Eduardo Yukio Miyake
Juan Vilaronga

> **Este capítulo traça um paralelo entre a importância do propósito e a preparação das organizações para a aplicação do ágil em escala.**

Qual é o seu propósito? Talvez em algum momento alguém tenha lhe perguntado ou certamente em breve lhe perguntarão!

Muitas vezes não temos uma resposta clara e, em geral, paramos para pensar e refletir.

Tão importante quanto encontrar o seu propósito pessoal como indivíduo é saber qual o propósito de um time ágil, auto-organizado. Porém, quando falamos de uma organização, uma empresa, ou quando falamos em transformação ágil ou adoção do ágil em escala, qual a importância do propósito?

No livro "Jornada Ágil e Digital" (MUNIZ; IRIGOYEN, 2019), a conexão do time ágil com o propósito é indicado pela busca do *Ikigai*.

O *Ikigai* (GARCÍA; FRANCESC, 2018) é definido como sendo a satisfação de fazer aquilo que ama, algo que justifique o motivo de estar vivo e sua missão de vida. Ele pode ser encontrado na interseção de quatro dimensões: paixão, vocação, diferencial e missão. Para poder ilustrar melhor essas quatro dimensões, no Capítulo 11 deste livro, a Figura 11.1 representa a "mandala" *Ikigai*, onde será possível visualizar essas interseções.

Entretanto, este capítulo irá focar na perspectiva da importância do propósito para uma empresa, para a transformação ágil ou adoção do ágil escalado, baseando-se no modelo criado por Simon Sinek denominado *Golden Circle* e como ele pode apoiar no posicionamento do propósito da organização/empresa, conectando com o "*mindset* ágil" e o "ágil em escala".

Conhecendo o modelo *Golden Circle* de Simon Sinek

Em seu portal oficial, Simon Sinek se autodefine como um otimista inabalável, que acredita em um futuro brilhante e na capacidade de construí-lo juntos.

Sinek dedica sua vida profissional a promover uma visão do mundo em que a grande maioria das pessoas acorda todas as manhãs inspiradas, seguras no seu trabalho e retornando para casa com o sentimento de dever cumprido.

Autor de diversos livros, nesse momento destacamos o que define o modelo *Golden Circle*, chamado "Comece pelo porquê".

No portal da editora Sextante, Filipe Isensee (2019) compartilha duas frases de Sinek que resumem muito bem a visão do modelo *Golden Circle*: "as pessoas não compram o que você faz. Elas compram o porquê você faz" e "faça um esforço para lembrar as histórias que fizeram diferença na sua vida. Algumas recordações podem ser especialmente relevantes, mas muitas não serão. O que importa é a qualidade da memória, os detalhes específicos dos quais você se lembra e a emoção forte que sente ao contá-la a outra pessoa".

Certamente as maiores lembranças e recordações estão relacionadas a algo que gerou uma forte emoção.

Tente pensar em um momento marcante da sua vida, um fato que ficou positivamente registrado nas suas lembranças como um momento único. Esse momento tinha um objetivo, tinha uma conexão com seus propósitos e sentimentos, ou seja, suas emoções.

Migrando para o mundo dos negócios, um exemplo típico e compartilhado por Sinek no Ted Talk *TEDxPuget Sound* (2009) era as apresentações de Steve Jobs da Apple.

A apresentação de Steve não estava focada em responder a uma sequência tradicional e linear: o que fazemos? Como fazemos? Por que fazemos?

Esse pensamento linear visa responder, por exemplo (SINEK, 2009):

- ✓ **O que fazemos?** Nós fazemos excelentes computadores.
- ✓ **Como fazemos?** Eles são lindamente projetados, fáceis de utilizar e com interface amigável.
- ✓ **Por que fazemos?** Quer comprar um?

Ao contrário, Steve criou sua oratória de maneira inspiradora, rompendo o pensamento linear e conectando com a emoção.

- ✓ **Por que fazemos?** Em tudo o que fazemos, nós acreditamos em desafiar o *status quo*. Nós acreditamos em pensar de forma diferente.
- ✓ **Como fazemos?** A forma que desafiamos o *status quo* é fazendo produtos muito bem projetados, fáceis de usar e com interface amigável.
- ✓ **O que fazemos?** Acabamos fazendo excelentes computadores. Quer comprar um?

Este é o modelo *Golden Circle*:

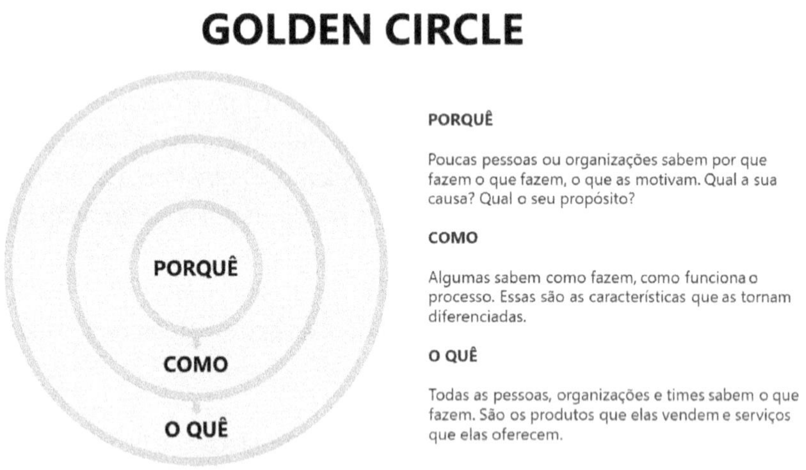

GOLDEN CIRCLE

PORQUÊ

Poucas pessoas ou organizações sabem por que fazem o que fazem, o que as motivam. Qual a sua causa? Qual o seu propósito?

COMO

Algumas sabem como fazem, como funciona o processo. Essas são as características que as tornam diferenciadas.

O QUÊ

Todas as pessoas, organizações e times sabem o que fazem. São os produtos que elas vendem e serviços que elas oferecem.

Figura 9.1. Comece pelo porquê.
Fonte: adaptado de Sinek (2018).

Sinek explica que o modelo deve ser aplicado de dentro, ou seja, do centro para fora. Neste caso, responder o "Porquê", depois o "Como", seguido do "O quê".

- ✓ **Por que fazemos?** Como comenta Sinek, o porquê não se refere a ter lucro, uma vez que seria referente a um resultado. O porquê na realidade visa buscar o **propósito**, a causa, a crença, o motivo pelo qual a organização existe, por que você sai da cama todo dia pela manhã e por que alguém deveria se importar.
- ✓ **Como fazemos?** Qual é a sua proposta de valor? Qual o seu diferencial?
- ✓ **O que fazemos?** Quais são seus produtos e o resultado tangível de sua causa?

Como impactar a transformação organizacional com o modelo *Golden Circle* para ágil em escala

Por quê?

Entendendo o conceito do *Golden Circle*, é possível ver a importância de descobrir o porquê, ou seja, o propósito das organizações para conectar colaboradores e clientes.

As organizações que melhor comunicam e se posicionam descobriram o seu "porquê", e essa mudança parte de um entendimento e transformação cultural. Entenderam que não basta ter o melhor produto, ter o melhor marketing; entenderam que ser transparente e autêntica faria total diferença.

Para seguirem por essa transformação, devem mais que descobrir sua missão ou visão, descobrir o seu propósito, algo inspirador e que deve ser levado para todas as camadas (estratégica, tática e operacional).

Aqui se conectam também os OKRs (*Objective and Key Results*). Segundo o livro "Jornada Ágil e Digital" (MUNIZ; IRIGOYEN, 2019), o OKR representa um conjunto de objetivos inter-relacionados que contribuem para os objetivos estratégicos de uma organização e deixam claro para todos os colaboradores quais entradas devem ser priorizadas e para onde direcionar seus esforços. Eles devem ser envolventes, desafiadores e inspiradores.

Muitas das vezes estão conectados com o propósito da organização, quando possuem.

No Capítulo 13 deste livro, está descrito um pouco mais sobre os OKRs, seu poder/impacto e como ele se torna um grande aliado quando falamos de ágil escalado.

Dessa forma, existe uma transformação de cultura interna por toda a organização. Todos vivem, respiram, se motivam e se conectam com a grande visão.

No portal Exame, Mariana Desidério (2016) compartilha 15 frases de grandes personalidades públicas, sendo uma delas de Simon Sinek, que diz: "100% dos clientes são pessoas. 100% dos empregadores são pessoas. Se você não entende de pessoas, você não entende de negócios".

Deixemos de pensar somente em resultado, em números, e passemos a pensar nas pessoas.

Como?

No paralelo que Sinek faz com o modelo apresentado pela Apple, são compartilhadas as propostas de valor e seus diferenciais perante a concorrência. Ou seja, como o produto pode de igual maneira conectar com o propósito e seguir encantando seus clientes.

Levando para o nível das organizações, para que o propósito siga sendo disseminado, comunicado e impactado, o time ágil tem um papel fundamental, principalmente com a evangelização do *mindset* ágil.

Nesse momento, podemos conectar o *mindset* ágil com duas visões, o *mindset* proveniente dos valores do Manifesto Ágil e o *mindset* de crescimento.

Os quatro valores que regem o Manifesto Ágil são:

- ✓ Indivíduos e interações mais que processos e ferramentas.
- ✓ Software em funcionamento mais que documentação abrangente.
- ✓ Colaboração com o cliente mais que negociação de contratos.
- ✓ Responder a mudanças mais que seguir um plano.

Ou seja, os times ágeis estão sempre em busca de aprendizado e melhoria contínua, entregas incrementais, redução do desperdício, foco no valor ao cliente, adaptação, foco nas pessoas, cocriação, etc.

Adicionalmente, e para formar o *mindset* ágil, no livro "Jornada Ágil e Digital" (MUNIZ; IRIGOYEN, 2019) é compartilhado o *mindset* de crescimento. Ele é retratado como o poder da atitude mental, onde é possível ressignificar pensamentos e comportamentos, elevando assim o autoconhecimento.

Márcio Oricolli Jr. (2019), no portal da escola Conquer, define o *mindset* de crescimento como sendo valente e esforçado. Pessoas com esse *mindset* aceitam desafios, são persistentes quando deparam com obstáculos, desenvolvem habilidades, aprendem com as falhas e se inspiram com os resultados dos demais.

Dessa forma, somando o *mindset* alinhado com os valores do Manifesto Ágil e o *mindset* de crescimento, temos uma visão do que seria o *mindset* ágil. Essa forma de pensar, em geral típica dos times ágeis, é extremamente importante quando buscamos uma transformação organizacional.

Trata-se de uma conexão perfeita com o propósito da empresa, inspirando os demais.

Não é à toa que os times ágeis, nas mais diversas posições, são parceiros da liderança na transformação cultural, apresentando novas formas de trabalhar, atuar e se posicionar.

Podemos conectar aqui o *management* 3.0 também. Muito aplicado nos times ágeis, tem como principal mentalidade ou filosofia gerenciar o sistema e não as pessoas. Para isso, é representado pelo mascote "Martie", que possui seis visões, sendo elas: energizar pessoas, empoderar times, alinhar restrições, desenvolver competências, crescer a estrutura e melhorar tudo.

Com base em diversas dinâmicas, práticas e jogos, de maneira cocriada são realizadas gestões do sistema, do ambiente envolvido e não das pessoas. Isso permite a auto--organização, o empoderamento, a inovação, a colaboração, o autoconhecimento e certamente equipes motivadas rumo ao propósito.

O *management* 3.0 também foi destaque no livro "Jornada Ágil e Digital" (MUNIZ; IRIGOYEN, 2019), que faz um paralelo da organização com uma cidade, onde você tem total liberdade para fazer o que desejar, desde que a cidade se beneficie do seu trabalho.

O quê?

Conectamos até o momento o "porquê" como propósito e o "como" alinhado com o *mindset* ágil.

No paralelo que Sinek faz com o modelo apresentado pela Apple, o "o quê?" é compartilhado como sendo o produto final, ou seja, o fato de a Apple fazer excelentes computadores.

Para o cenário das organizações, devemos pensar no que entregamos como produto final, ou, em outras palavras, o que fazemos para que o propósito e o *mindset* ágil sejam comunicados, aplicados e escalados para os níveis estratégico, tático e operacional e nos mais variados departamentos.

Nesse sentido, devemos avaliar a maturidade da organização para entender qual o nível de impacto que os times ágeis possuem na transformação ágil.

Times pontuais, ilhados ou elementos de agilidade aplicados de maneira isolada ou desconectados certamente não são suficientes.

Para que esse propósito e *mindset* seja levado adiante, o "o quê?" deve ser representado como uma jornada escalada. Para escalar a agilidade levando o propósito e o *mindset*, existem diversos *frameworks*. Podemos citar o SAFe®, *LeSS*, *Scrum@Scale* e *Nexus* como exemplos.

O ágil escalado refere-se à mesma cadeia de valor ou produto, sendo trabalhado por times ágeis de maneira colaborativa e integrada. Áreas são conectadas, conhecimentos são compartilhados, agilidade e seus conceitos e práticas são levados pelas diversas áreas internas da organização.

Na Parte IV deste livro, "Como escalar o ágil?", você poderá encontrar informações mais detalhadas desses *frameworks*, para que entenda a diferença entre eles e a melhor aplicação para o que esteja buscando.

Com isso, conectamos as três "faces" do *Golden Circle*, representando a navegação pelo propósito, pelo impacto do *mindset* ágil e pela adoção do ágil escalado.

Uma jornada que muda o posicionamento das organizações, mas que certamente traz muitos benefícios.

Agora vem a pergunta: qual é o seu propósito? Ou o da sua empresa?

10. Entendimento de suas cadeias de valor

Carlos Eduardo Caetano de Sousa
Ingrid Andrade

> O objetivo deste capítulo é garantir que existe uma correta visão das cadeias de valor da empresa, para que assim seja possível identificar a sinergia e a integração entre os objetivos dos times ágeis.

Michael Porter define **cadeia de valor** como sendo um conjunto de atividades que adicionam valor a um produto desde suas etapas iniciais até sua entrega ao consumidor final (PORTER, 1985). A definição de Porter engloba desde a relação com fornecedores, etapas produtivas, venda e distribuição dos produtos e vai até os serviços pós-venda, que mantêm ou aumentam o valor agregado ao produto.

A partir de sua definição, o autor criou o modelo representado na Figura 10.1 a seguir, uma cadeia de atividades que, segundo ele, é comum a todos os negócios.

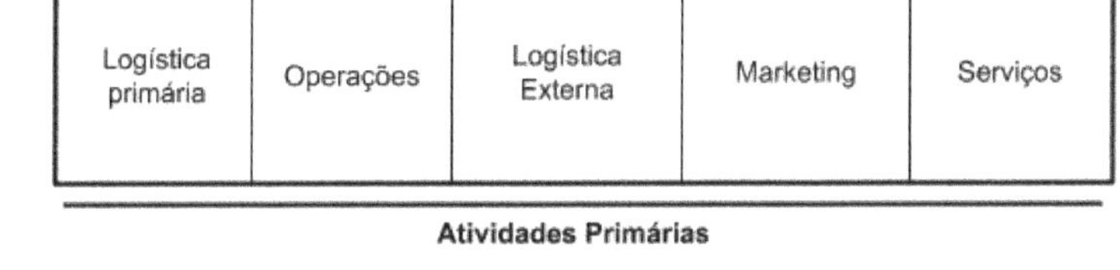

Atividades de Apoio	Infraestrutura				
	Gestão de Recursos Humanos				
	Desenvolvimento e Tecnologia				
	Compras				
	Logística primária	Operações	Logística Externa	Marketing	Serviços

Atividades Primárias

Figura 10.1. Atividades estratégicas.
Fonte: adaptado de Porter (1985).

A cadeia de valor de Porter ilustra de maneira macro as principais "atividades" estratégicas que permeiam todo o ciclo de vida de um produto ou serviço. Seja de forma explícita ou implícita, em maior ou menor escala ou mesmo com nomes distintos, todas essas "atividades" estão presentes em empresas de qualquer setor.

As atividades mencionadas não são ações ou elementos singulares, cada uma delas é na realidade composta por uma série de ações com processos independentes, porém interligados. Comumente encontramos os elementos ilustrados na cadeia de valor de Porter como nomes de áreas nas empresas em setores diversos.

Segundo Porter, a forma como as empresas realizam cada atividade em sua cadeia de valor tem efeito direto em seus custos e, consequentemente, em seus lucros. Porter ainda afirma que realizar essas atividades melhor que seus concorrentes é o que gera vantagem competitiva.

Indo além das atividades definidas por Porter e do conceito de produto físico, cadeia de valor são todas as macroetapas imprescindíveis de um negócio para a confecção e comercialização de um produto ou para a realização de um serviço. Essas etapas agrupam o conjunto de atividades essenciais para o cumprimento de cada uma delas e os resultados produzidos são insumos para etapas seguintes.

Com o passar dos anos e com a evolução tecnológica, produtos e serviços mudaram, novos elementos foram inseridos em suas cadeias de valor tradicionais, talvez não como uma etapa da cadeia, mas como uma atividade essencial dentro de uma etapa já existente. Não esperamos mais que um celular faça apenas chamadas telefônicas.

A cadeia de valor, seja ela qual for em qualquer setor, é a espinha dorsal de qualquer negócio, pois sustenta o ciclo de vida dos produtos e serviços do início ao fim. Conhecer cada etapa, suas atividades e processos e como se dá a relação entre cada elemento é fundamental para determinar quais são todos os custos diretos ou indiretos associados a um produto ou serviço.

Entender a fundo os detalhes da cadeia de valor também é fundamental para uma gestão de riscos abrangente que resguarde o negócio como um todo, possibilitando a criação de processos enxutos, eliminando desperdícios ao longo da cadeia e alicerçando melhorias e inovações de forma que efetivamente tragam algum tipo de valor para o negócio como um todo e não apenas melhorias setoriais.

Todas as atividades em uma cadeia de valor estão interligadas direta ou indiretamente. Isso significa que uma única mudança pode impactar toda a cadeia de maneira positiva ou negativa, reforçando a necessidade da visão do todo ou sistêmica (vide Capítulo 3).

O desconhecimento da cadeia de valor do negócio pode levar a análises rasas e tomada de decisões superficiais, porém com efeitos danosos para as empresas. O aprimoramento de um processo em uma etapa específica, por exemplo, sem uma visão abrangente da cadeia de valor de um produto ou negócio, pode gerar desperdício nas etapas seguintes ou mesmo demandar novos processos ou atividades ao longo da cadeia para suportá-lo.

Esses novos processos e atividades, por sua vez, se definidos da mesma forma que o anterior, pode gerar mais desperdícios e demandar mais trabalho em outras etapas. Temos então um círculo vicioso de desperdício (OHNO, 1997) que, com o passar do tempo, se espalha pela organização e pode gerar redundâncias e aumentar custos de maneira orgânica com pessoas, sistemas, licenças, manutenção, etc.

O que acontece se aumentarmos o fluxo de saída de uma das etapas da cadeia de valor e a etapa seguinte não está preparada para lidar com esse aumento de volume? Teremos certamente um acúmulo de trabalho nessa etapa, gerando a necessidade de que os processos sejam readequados ao novo volume.

Mas quanto tempo isso irá levar? Qual será o prejuízo com o aumento do trabalho em progresso (WIP – *Work in Progress*) nessa etapa? Serão necessárias horas extras para lidar com o aumento repentino de trabalho? Será necessário um galpão maior ou alugar um temporário para comportar um aumento de estoque cuja logística não está preparada para dar vazão?

Essa reflexão é apenas um exemplo simples de como o desconhecimento da cadeia de valor ou como negligenciar sua análise mais detalhada pode fazer com que a melhoria de um processo cause efeitos colaterais negativos e inesperados. Os exemplos são muitos e seus impactos ainda maiores.

Quando falamos de desenvolvimento de software não é diferente. Qualquer software desenvolvido e/ou implantado em uma empresa impactará de forma direta ou indireta algum ponto da cadeia de valor do negócio. Ao realizarmos análises de riscos e impactos no desenvolvimento ou na alteração de um software, o fazemos sob determinados aspectos. Esses aspectos estão ligados à cadeia de valor do negócio ou do produto, mesmo quando não pensamos direta ou conscientemente nela.

No método chamado "tradicional" de desenvolvimento de software, também conhecido como cascata ou *waterfall* (Figura 10.2), em sua fase conhecida como "análise" ou design, os requisitos de um software são detalhados minuciosamente antes de seu desenvolvimento e é nessa fase que se avalia como ele deve se comportar, quais sistemas serão afetados e/ou precisam de ajustes, quais áreas serão afetadas e como isso irá ocorrer.

Em outras palavras, é na fase de análise que se avalia como o software irá contribuir e afetar a cadeia de valor do produto ou negócio. A fase de análise é uma etapa isolada no método tradicional de desenvolvimento de software e pode levar semanas ou meses, dependendo da complexidade e do tamanho do desenvolvimento que se pretende realizar.

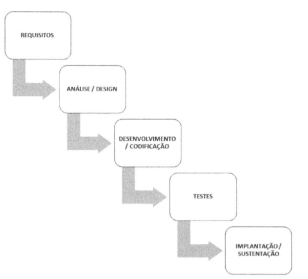

Figura 10.2. Modelo cascata ou *waterfall* de desenvolvimento de software.
Fonte: os autores.

Quando falamos de métodos ágeis de desenvolvimento de software, a análise ou o design é um processo contínuo, incremental e empírico, não existe uma fase isolada para análise ou design de todo o software para só então realizar seu desenvolvimento.

De acordo com o Manifesto Ágil, criado em fevereiro de 2001 por 17 profissionais, entre eles Jeff Sutherland e Ken Schwaber, cocriadores do *Scrum*, e Kent Beck, criador do XP (*Extreme Programming*), que já aplicavam os chamados métodos "ágeis" no desenvolvimento de software, "nossa maior prioridade é satisfazer o cliente através da entrega contínua e adiantada de software com valor agregado".

Isso significa que, se a entrega é contínua, a análise também é, pois ela é inerente ao processo de desenvolvimento de software. Por consequência, a cadeia de valor está em evidência a todo momento, mesmo que de forma implícita.

A importância do conhecimento da cadeia de valor se torna ainda maior para o desenvolvimento ágil de software, uma vez que não haverá semanas ou meses de análise, mas, sim, a análise necessária para a implementação de uma parte incremental do software.

O conhecimento da cadeia de valor permite que a análise inerente ao incremento de software desenvolvido seja mais ampla, não ficando restrita apenas aos benefícios, impactos e riscos que ele trará pontualmente, mas também o que ele pode desencadear ao longo das etapas da cadeia.

Uma das vantagens do desenvolvimento ágil de software para a cadeia de valor é que incrementos menores denotam impactos negativos menores quando ocorrem. Adicionalmente, permitem avaliar mais rapidamente e de maneira controlada se o comportamento esperado na cadeia de valor será de fato o que que foi analisado e planejado, possibilitando aplicar o modelo *Lean*, que está pautado em: construir, medir e aprender (conforme consta no Capítulo 7).

Da mesma forma que o desenvolvimento ágil de software traz vantagens para a cadeia de valor, o contrário também ocorre. O conhecimento da cadeia de valor do produto ou negócio, além de ser determinante na análise do que será desenvolvido, pode potencializar a agilidade no fluxo que compõe toda a cadeia de valor, permitir que melhores soluções sejam planejadas e que incrementos de softwares mais valorosos para o negócio sejam priorizados.

O conhecimento da cadeia de valor auxilia na tomada de decisões mais acuradas para o negócio, uma vez que permite avaliar o seu fluxo de ponta a ponta e sob diferentes aspectos, como produtividade, custos, *time-to-market*, entre outros.

O domínio da cadeia de valor em sua totalidade e de maneira detalhada associado à capacidade de olhar para o negócio de ponta a ponta e como ele se comporta ao longo dela são cruciais para escalar o ágil em uma empresa e realmente possuir métodos e práticas que tragam agilidade na escalada do negócio como um todo.

Uma empresa pode possuir diversos produtos ou serviços de natureza e finalidades distintas, logo, pode possuir diversas cadeias de valor que precisam ser levadas em consideração na escalada do ágil na organização.

Nesse caso, não estamos mais falando de uma única cadeia apenas e como seus processos de relacionam, mas de ter uma visão completa das cadeias de valor de todos os produtos e serviços de uma empresa, para que seja possível ter uma visão de todos os processos relevantes identificando redundâncias, desperdícios e sinergias entre eles. No entanto, independentemente do *framework* utilizado, haverá times ou *squads* atuando em paralelo por diversas áreas da companhia na tentativa de "entregar valor" para o negócio, que, sem o devido alinhamento de objetivos, poderá sofrer com redundâncias, conflitos entre as atividades e aos poucos surgir "o círculo vicioso" de desperdício, já mencionado neste capítulo.

É preciso entendimento abrangente e detalhado das cadeias de valor dos produtos e serviços da empresa para potencializar a escalada do ágil e os resultados dos times na organização, identificando sinergias entre seus objetivos e atividades, viabilizando a concepção de soluções que não levam em consideração apenas setores ou áreas específicas, e sim uma ou mais cadeias de valor inteiras.

Esse entendimento também permitirá avaliar como, através da escalada do ágil, é possível evoluir os processos e colher benefícios da agilidade que vão além do desenvolvimento de software.

Implementar métodos ágeis em escala sem colocar em evidência as cadeias de valor envolvidas e sem considerar seus fluxos de ponta a ponta acaba por limitar os resultados dos times a setores ou áreas, o que nem sempre é suficiente para atingir as expectativas da organização com a escalada do ágil.

Manter as cadeias de valor em evidência auxiliará na entrega de resultados para o negócio que irão além de otimizações setoriais e certamente ajudará a impulsionar a jornada de escalar o ágil na organização.

11. Adotando uma estratégia ágil

Júnior Rodrigues
Marcos Antonio Rodrigues Junior
Juan Vilaronga

> **O capítulo aborda a importância de definir uma estratégia como forma de conectar o modelo de negócio atual e futuro (três horizontes), e como isso impacta as iniciativas organizacionais.**

O planejamento estratégico, em geral, é associado a algo extenso e demorado de realizar. Isso vale tanto para a elaboração do plano em si quanto para o alcance de sua execução. É preciso, portanto, que se tenha uma estratégia adaptável, que foque na visão e não no plano, que seja capaz de dar o direcionamento claro às equipes sobre aonde se quer chegar.

Ainda mais pelo risco de que, com as rápidas e constantes transformações que enfrentamos no mercado, tudo que se planejou pode mudar em breve e boa parte ficará obsoleta rapidamente.

Principalmente nesse momento em que se fala de utilizar o ágil escalado, é preciso que o *mindset* ágil transcenda a execução e chegue até a estratégia da organização. Da mesma forma, é preciso ampliar a sua definição para além da alta gestão e da forma tradicional de se fazer o planejamento estratégico, considerando:

- ✓ **Trabalho colaborativo.** É necessário que a estratégia seja definida de maneira mais simples, adaptável e objetiva, valendo-se da colaboração e com um foco na visão da empresa. E, ainda, que se possa ter a participação de vários envolvidos, por meio da multidisciplinaridade e da cocriação, garantindo uma maior pluralidade de ideias.
- ✓ **Engajamento dos indivíduos.** Essa forma de definir a estratégia organizacional permite um maior engajamento e sensação de pertencimento das pessoas.

Com isso, pode-se alcançar um resultado superior e que reflita a forma como todos enxergam a organização, muito mais aderente à realidade.

✓ **Descarte do planejamento.** Embora possa ser radical, considere descartar parte ou totalmente o último documento, produzido após meses de análises, previsões e planejamento, pois ele pode permanecer como uma definição *top-down* e muitos pontos podem já não fazer mais sentido, uma vez que tudo muda muito rápido.

✓ **Imersão e multidisciplinaridade.** Para alcançar melhores resultados, deve-se utilizar um processo de imersão e contar com insumos de projetos, resultados e outras informações que irão embasar as definições. E, principalmente, com o maior número possível de envolvidos, buscando ao máximo ter uma representatividade equilibrada de toda a empresa.

✓ **Envolvimento de todos.** Para tentar ao máximo refletir a visão coletiva, uma alternativa é a utilização de um questionário (*on-line*, se possível) sobre alguns pontos que são mais essenciais sobre a organização, como valores compartilhados, ações identificadas e sugestões de melhorias, que formam um consenso coletivo.

✓ **Preparação do terreno.** Pode ser necessário realizar sessões de sensibilização com os colaboradores. É preciso se alinhar sobre os impactos das transformações e a necessidade de mudança, bem como apresentar o objetivo do trabalho e as suas etapas e fazer a capacitação dos líderes estratégicos e táticos.

E como começar a planejar?

A melhor forma de colocar a sua estratégia ágil em prática é por meio de uma imersão, que deve ser realizada em alguns dias inteiros e sequenciais, para focar e aprofundar os principais temas estratégicos da empresa.

Idealmente, o *timebox* dessa ***inception* estratégica** deve ser de no máximo cinco dias, mas dificilmente se conseguirá reservar a agenda da maioria dos envolvidos por tanto tempo, sobretudo se falarmos do envolvimento de um grupo de gestores e representantes de áreas diversas, já que muitos terão receio de abandonar seus postos.

Portanto, o tempo alocado deve ser o que melhor se adeque à realidade da organização, podendo ser até de um dia, desde que essa imersão seja trabalhada com foco total, sem distrações e em um lugar fora da empresa, preferencialmente. Tudo para que se tenha o máximo de foco possível, e em um ambiente neutro e inspirador, alcançando uma maior produtividade do trabalho em equipe.

Como rodar a *inception*?

Quando falamos de uma estratégia ágil, é preciso ter um *mindset* ágil no seu planejamento e execução, o que quer dizer que esta deve ter um foco na colaboração e na multidisciplinaridade da equipe.

Isso porque, com o envolvimento de diversas áreas e perfis, é possível garantir uma visão mais sistêmica e que considere toda a cadeia de valor da organização, como demonstrado no capítulo anterior.

O ponto de partida da *inception* deve ser a definição do propósito da empresa, para o qual pode ser usado o *Golden Circle*, apresentado no Capítulo 9 deste livro, e que pode ser usado em conjunto com o **Ikigai** (GARCÍA; FRANCESC, 2018), que aprofunda um pouco mais o entendimento do que consiste a organização.

Ele é a base para identificar de forma clara a identidade da organização, sendo possível deixar mais evidente o que ela é e o que ela faz (e também o que não é e o que não faz!), conforme consta na Figura 11.1.

Figura 11.1. *Ikigai*.
Fonte: adaptado de García e Francesc (2018).

Objetivos e visão

Com um entendimento comum alcançado sobre como, de fato, a organização é vista por todos os envolvidos, é possível definir mais claramente o que se pretende alcançar, sendo necessário estabelecer a **visão da organização** e os **objetivos estratégicos**.

A visão pode ser feita no formato de *elevator pitch* (discurso de venda), que ajuda a consolidar essa informação (por meio de um discurso simples) e a enxergar o que, de fato, a empresa deve ser, descrevendo qual o problema central que a organização pretende resolver e qual seu diferencial, entre outros aspectos, aplicando na prática os conceitos do *Golden Circle*.

Para os objetivos, é possível e recomendado que a empresa utilize o modelo de **OKRs** (*Objectives and Key Results*), descrito em detalhes no Capítulo 13, para definir os objetivos de forma clara, inspiradora e transparente, bem como os resultados chaves esperados.

Modelo de negócios

O **BMC** (*Business Model Canvas*) é uma ferramenta apresentada por Osterwalder e Pigneur (2011) que permite uma visualização de forma sistêmica, integrada, rápida e visual do modelo de negócios. Além de integrar percepções sobre como a empresa pode ou deve atuar, permite que o negócio seja visualizado em uma única página.

Assim, é possível a construção de um *canvas* com as principais definições acerca do modelo de negócios atual e a proposição de novos modelos, considerando melhorias e inovações na empresa na linha do tempo.

Vale ressaltar que sua definição será feita por meio de um processo interativo e colaborativo, podendo ser ajustado quando necessário e se valendo da participação de diversos envolvidos para fomentar o surgimento de novas ideias, permitindo o compartilhamento de uma visão global e o alinhamento de todos, além de possibilitar a atração de investidores.

É nesse ponto que o modelo de três horizontes pode ajudar, permitindo que se concentre energia nos aspectos necessários à longevidade da organização, com um foco estratégico no curto, médio e longo prazo, uma vez que cada horizonte requer foco diferente, gerenciamento diferente, ferramentas diferentes e objetivos diferentes.

Com isso, podemos usar o modelo em conjunto com o BMC. Pode ser definido um *canvas* para cada um dos três momentos, conforme Figura 11.2, adaptada de Blank (2015):

1. O atual, o que a empresa realiza hoje.
2. O de inovação, onde se ampliará o escopo com base no modelo atual.
3. O de disrupção, no qual serão considerados negócios não existentes atualmente.

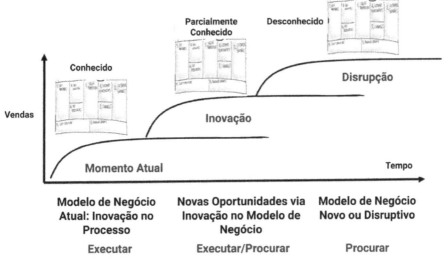

Figura 11.2. Três horizontes da inovação com BMC.
Fonte: adaptado e traduzido de Blank (2015).

Blank (2015) ainda acrescenta que o horizonte 1 está mais associado a uma gestão dos processos operacionais que existem na organização, sendo os horizontes 2 e 3 componentes do chamado **Lean Innovation Management** (gestão enxuta da inovação), que fornece as ferramentas para um gerenciamento de produtos eficaz, obtendo velocidade e urgência nas iniciativas.

Um olho dentro e outro fora

Com isso, pode-se realizar uma análise do portfólio, conforme detalhado no Capítulo 31 (*Lean Portfolio Management*), identificando se os produtos ou serviços que estão sendo oferecidos são capazes de atender às necessidades dos *stakeholders* e clientes.

74 Jornada do Ágil Escalado

Da mesma forma, uma análise do mercado pode ajudar a identificar como se está em relação à concorrência, e se o produto que está sendo oferecido possui vantagem competitiva ou está defasado. Isso pode definir com mais precisão os próximos passos.

Ainda é possível mapear as possíveis oportunidades de mercados de atuação no futuro, onde os modelos de inovação e disrupção serão executados, para avaliar como é preciso se preparar para enfrentar a provável concorrência.

Chega-se, então, ao momento do planejamento e da priorização das iniciativas organizacionais (sejam ações, projetos, criação de MVPs – mínimos produtos viáveis) de forma colaborativa e transparente, valendo-se de um quadro *Kanban* **de portfólio** (SCALED AGILE, s.d.).

De acordo com a Tabela 11.1, o quadro terá o estado atual das iniciativas, representando uma visão compartilhada da organização e permitindo a priorização daquilo que fará mais sentido rumo aos objetivos.

Tabela 11.1. Quadro *Kanban* de portfólio.
Fonte: adaptado de Scaled Agile.

FUNIL	REVISÃO	ANÁLISE	*BACKLOG*	CONSTRUÇÃO	PRONTO
Todas as grandes ideias estratégicas: Novas oportunidades. Redução de custos. Alterações no mercado. Fusões e aquisições. Problemas com soluções existentes.	Refinar a compreensão do épico. Criar a visão de hipótese épica. Priorizar ações. Limitar WIP.	Identificação e revisão de alternativas de solução. Refinar prioridades. Estimativas de custos. Definição do Mínimo Produto Viável (MVP). Criar *business case Lean*. Decisão de ir/não ir. WIP limitado.	Épicos aprovados. Revisão das prioridades. Ações aprovadas para implementação.	Construir e avaliar o MVP. Decisão de desistir ou persistir. Continuar a implementação.	Pronto. Pivotar MVPs.

Outro ponto interessante é que várias ideias ou iniciativas podem (e devem) ser apontadas ao longo da *inception*. Esse é um excelente fruto do compartilhamento de informações e trabalho colaborativo que está sendo realizado, sendo imprescindível sua análise já para inclusão ou não no *roadmap* de ações.

É importante que esse quadro *Kanban* fique permanente e seja usado posteriormente como uma ferramenta visual de avaliação e acompanhamento das iniciativas, desde sua ideação, passando pela aprovação e provisão de recursos, até a conclusão.

Com o compartilhamento único de recursos orçamentários, é fundamental que se tenha transparência sobre em qual projeto aplicar e por quê. Com isso, todos passam a se sentir parte dessa definição, tendo claramente alinhado um *roadmap* de ações que serão necessárias para alcançar os objetivos construídos de forma colaborativa.

E o que vem depois?

Com o fim da *inception* estratégica, pode-se pensar que o trabalho está concluído e que não é mais necessário atuar para garantir que as ações alcancem seus objetivos. Porém, além da atualização e do acompanhamento constantes do *Kanban* de portfólio de iniciativas, é importante que isso direcione os times de execução e demais áreas envolvidas, tornando-se mais fácil escalar as ações como foco nesses objetivos mais alinhados e claros.

E como tudo muda muito rápido, não é factível pensar que se pode valer de um plano por muito tempo, sob o risco de ele estar defasado. Por isso, é recomendável realizar rodadas estratégicas periodicamente para revisar os pontos definidos, incluindo novas necessidades e excluindo o que não valer mais.

Modelo *Agile Strategy*

Com base em todos os pontos apresentados até aqui, é possível adotar um modelo que se valha das características da agilidade: **colaboração, adaptação e imersão**. E, ainda, que se adeque às necessidades da organização e considere a complexidade do ambiente, como representado na Figura 11.3, para obter um resultado em um curto espaço de tempo, via processo imersivo.

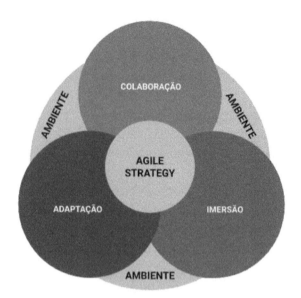

Figura 11.3. Modelo *Agile Strategy*.
Fonte: Rodrigues (2019).

Dessa forma, a organização se capacita para encarar, de forma adaptativa, os desafios desse mundo de transformações, garantindo um resultado mais próximo da realidade e com o engajamento das pessoas, que serão as responsáveis por alcançar os objetivos estratégicos e escalar suas ações de forma coordenada.

12. A3 – Integrando estratégia ao modelo de negócio

Mayla Lemos
Guilherme Santos

> Aqui são apresentados os conceitos do A3 para definir a estratégia e as ações táticas necessárias para executá-la.

Com o intuito de promover a objetividade, a integração e uma visão de negócios entre as áreas e seus processos decisórios, a Toyota Corporation idealizou um sistema de pensamento simples, que originou um relatório denominado A3.

É uma importante ferramenta utilizada periodicamente em seu sistema de gerenciamento, assim como em outras grandes indústrias que utilizam o *Lean* – gestão focada em redução de desperdícios.

O A3 possui como principais saídas a análise situacional e a solução de problemas, além de desdobrar a estratégia em níveis e direcionar o plano de ação.

O modelo é baseado no PDCA (planejar, fazer, verificar e agir) e possui essa denominação por ser desenvolvido em um formato de papel A3 (297 cm x 420 mm), com design que permite que todas as etapas da identificação do problema/oportunidade sejam documentadas em uma única folha de papel.

Sua aplicação visa apoiar todos os níveis de uma organização, promovendo uma identificação clara dos problemas e de um plano de ação para alinhamento entre a estratégia da organização e seu modo de execução (processos sistêmicos).

Imagine se todos conhecessem os principais problemas da empresa e desalinhamentos com a estratégia de negócio e tivessem a oportunidade de revisar os desvios dos objetivos que precisam cumprir. Como seriam os resultados?

Figura 12.1. Desdobramento estratégico nas organizações.
Fonte: os autores.

A chave para a elaboração do A3 é a participação de todos os envolvidos no processo, independentemente dos níveis – estratégicos, táticos ou operacionais –, e, em alguns contextos, incluindo clientes e fornecedores, complementando a *inception* estratégica do capítulo anterior.

Esse desdobramento estratégico, conhecido como modelo *catchball* no *Lean*, promove o alinhamento hierárquico, com acordos sistêmicos, transparência, clareza e de forma associativa à interligação dos seus objetivos em todos os níveis, adotando assim uma cultura de liderança compartilhada.

John Shook (2008) definiu o A3 assim: "a maneira de pensar sobre os problemas e aprender com eles para planejamento, tomada de decisão e execução mais eficazes é um dos segredos do sucesso da empresa. O processo pelo qual ela identifica, aborda e em seguida age sobre os problemas e desafios em todos os níveis, talvez, a chave para todo o seu sistema de desenvolvimento de talentos e aprofundamento contínuo de seus conhecimentos e capacidades – pode ser encontrado na estrutura de seu processo A3".

Ok, mas como a ferramenta A3 poderia ser utilizada dentro dessa estrutura *catchball*? Utilizando o método nos diferentes níveis da organização e identificando um líder que direcione para resultados, verificando se os planos e indicadores estão alinhados com os problemas identificados.

É importante ressaltar que o líder do A3 deve possuir *soft skills* de facilitação e mediação de conflitos, atuando como um orientador dos participantes.

Importante destacar itens que compreendem o cenário atual, sendo premissas para tal: compromisso da alta direção, compreensão do estado atual, compreensão do alinhamento, entendimento claro dos impactos e resultados. O fluxo de trabalho não deve ser quebrado, a verificação deve seguir a construção do relatório A3 e os desvios devem ser corrigidos através de um plano de ação apresentado ao gestor a cada ciclo, pois o relatório é vivo e deve ser atualizado.

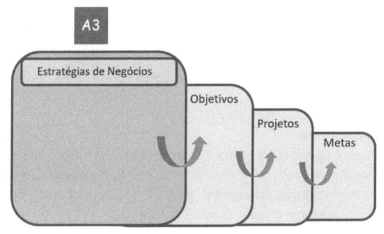

Figura 12.2. Exemplo de desdobramento utilizando o A3.
Fonte: os autores.

Como já citado, o relatório A3 é um método simples, organizado com passos predefinidos, que variam de 5 a 7, utilizando uma folha de tamanho A3 para preenchimento das questões levantadas.

Como preencher o A3

De forma simples: de cima para baixo e da esquerda para a direita. Por se tratar de uma sessão de *brainstorming* (onde acontecem divergências e convergências de opiniões), recomenda-se utilizar lápis ou *post-its*, pois se trata de um documento vivo e que está em constante atualização e transformação.

No caso da utilização em ambientes *on-line*, é importante a criação de versionamentos, com o objetivo de manter um histórico para revisitação.

O A3 precisa conter as seguintes ações, conforme exemplo da Figura 12.3:

Passo 1 – Título
Informe de qual mudança ou melhoria você está falando. Descreva objetivamente o problema.

Passo 2 – Definição do problema
Neste quadrante os participantes declaram o problema e respondem às seguintes perguntas feitas pelo líder facilitador:

1. Qual o problema do negócio que você está tentando resolver ou analisar?
2. Indique como esse problema afeta os objetivos da empresa ou como ele está relacionado aos valores do negócio.
3. Como, onde e quando o problema acontece? Quais são os afetados e o que precisa ser melhorado?

Passo 3 – Estado atual
O grupo discute os dados e informações conhecidos que melhor embasam o seu relato, deixando cada vez mais claro qual o problema identificado. O grupo pode utilizar ferramentas visuais, por exemplo: gráficos, esboços, diagramas, fluxogramas, etc. que ilustram como o atual problema acontece.

Se possível, escreva de forma simples, para que todos compreendam o problema em questão. Faça marcações de destaque nos problemas mais relevantes.

Passo 4 – Objetivo
Uma vez declarado o problema, o grupo começa a construir o objetivo, ou seja, qual será o resultado esperado. Se possível, demonstre visualmente o quanto, quando e qual o impacto. Importante citar as melhorias esperadas em termos de medida e interesse, qualitativamente e especificamente.

Segundo o *Lean*, deve-se pensar nos objetivos e visualizar o estado ideal para que não ocorram retrabalhos e novas ocorrências do problema. De uma forma mais simples, é estimular o grupo a pensar em responder a uma pergunta: como seria possível?

Defina objetivos claros, por exemplo: obter ganhos de produtividade em 35% ou diminuir horas extras em 75%. O método SMART, de Peter F. Drucker, pode ajudar a revisar os objetivos para que sejam: (S) específicos, (M) mensuráveis, (A) Alcançáveis, (R) realistas e (T) em tempo adequado.

Passo 5 – Análise

Informe a lista de problemas que podem estar gerando a questão. Neste quadrante, tanto o 5 Porquês como o diagrama de Ishikawa são grandes aliados, pois ajudam a organizar as ideias e a identificar as possíveis causas. Importante também avaliar as causas mais prováveis, analisá-las e encontrar contramedidas.

Passo 6 – Plano de ação

Uma vez identificada a causa-raiz, é necessário que o grupo construa um plano de trabalho com ações e recursos necessários para que o objetivo seja atingido. Neste quadrante iremos contra-atacar as causas levantadas.

> **Dica: A ferramenta 5W2H é um grande facilitador do processo e auxilia na construção e revisão do plano. O grupo constrói uma lista de ações, indicando o porquê, onde, quando, os responsáveis e o esforço.**

Passo 7 – Acompanhamento

Utilizando os conceitos fundamentais do *Lean*, o grupo precisa indicar quais serão as técnicas para acompanhamento de evolução do plano e, de maneira simples, identificar quais são os indicadores de sucesso.

O acompanhamento das ações é o momento de verificação – ciclo PDCA. Os resultados indicam se o que foi planejado está sendo realizado. Importante acompanhar todo o processo, reportando as evoluções do plano. As lições aprendidas tornam-se artefatos vivos para definir os próximos passos e as necessidades de alinhamentos com as demais áreas da empresa.

82 Jornada do Ágil Escalado

Título: sobre qual mudança e melhoria você está falando? **Data:** **Responsável:**

1. Contexto – sobre o que você está falando e por quê?

Qual é a necessidade do negócio para essa escolha?
Qual é a estratégia e o contexto operacional, histórico ou organizacional da situação?

2. Estado atual: como estamos agora?

Qual é o problema ou necessidade?
Comparação com o que você esperava e o que deveria estar acontecendo.
Onde e quanto? Você pode desmembrar o problema?
Quais fatos ou dados indicam que há um problema ou necessidade?
Mostre fatos e processos visualmente, usando mapas, figuras, gráficos, etc.

3. Objetivo: qual resultado específico é solicitado?

Quais melhorias específicas no desempenho você precisa alcançar?
Apresente visualmente quanto, para quando e com qual impacto.

4. Análise: por que há o problema ou a necessidade?

Qual é a causa-raiz do problema?
Selecione a ferramenta de análise de problemas e apresente a relação causa e efeito.

5. Contramedidas propostas: qual sua proposta e por quê?

Quais são as ações propostas e por que estão sendo recomendadas?
Como suas contramedidas recomendadas afetam a causa-raiz?

6. Plano: como você irá implementar?

Quais atividades serão implementadas no plano para que as metas sejam atingidas?
Quem será responsável pelo quê e quando?
Procure planejar entregas em vez de tarefas.
Quando seu processo será revisado e por quem?

7. Acompanhamento: qual sua proposta e por quê?

Como saber se as ações tomadas estão causando impacto no planejado?
Como você avaliará que atingiu as metas?
Indicadores.

Figura 12.3. Exemplo de relatório A3.
Fonte: os autores.

Concluímos que o A3 é uma referência no que diz respeito ao potencial de utilização para a organização estruturar a sua estratégia de escalada do ágil. Isso porque, além de integrar as áreas, documenta os resultados provenientes das resoluções de problemas de forma clara e concisa, criando uma linha de raciocínio eficaz, para que objetivos e resultados sejam traçados e alcançados.

13. OKRs, um grande parceiro da escalabilidade

Lucas Tito
Ronaldo Menezes
Mônica Cruz
Mayra Augusto Santos
Raphael Boldrini Dias

> **Neste capítulo debatemos o funcionamento dos OKRs e seu impacto nos níveis estratégico, tático e operacional, permeando e dando propósito para toda a empresa de forma escalada e colaborativa.**

Introdução

No mundo dos negócios, qual empresa que não quer crescer acima da média do mercado, em curto espaço de tempo? Acreditamos que nenhuma.

O que a maioria das empresas não sabe ainda é que para isso existem características que levam a esse resultado e permitem que uma organização se torne exponencial.

Esse tema é abordado no livro "Organizações Exponenciais", de Salim Ismail, Yuri Van Geest e Michael S. Malone (2019). Dentre as características apresentadas no livro, podemos destacar a necessidade de as empresas terem um propósito transformador massivo (PTM) e o produto ter a capacidade de ser inovador, disruptivo e escalável.

Essa mudança pode parecer complexa, porém, quanto mais rápido uma organização tentar e com mais frequência reavaliar suas tentativas, de forma a promover um aprendizado contínuo, mais ágil e escalável ela irá se tornar.

Nesse sentido, apresentamos as OKRs – *Objective and Key Results* (objetivos e resultados-chave) – como uma ferramenta fundamental para ajudar organizações a se tornarem exponenciais e, consequentemente, escaláveis.

Os OKRs foram aplicados pela primeira vez na Intel em 1970 por Andy Grove, justamente por buscar as características descritas. Mais de 20 anos depois, John Doerr levou essa filosofia para a Google, e atualmente inúmeras empresas de sucesso vêm aplicando esse *framework*. Alguns exemplos são: Netflix, Airbnb, Uber, Google e Tesla.

Definições

OKR é um sistema de gestão usado por empresas que buscam nortear sua estratégia por meio de dados, ciclos curtos de aprendizado e foco no valor agregado aos seus clientes.

Essa abordagem possibilita ainda **comunicação e alinhamento**, que motivam pessoas a trabalhar juntas, de forma colaborativa, concentrando esforços para fazer contribuições mensuráveis e desafiadoras para o progresso de uma organização.

Objetivos (*Objectives)* são descrições qualitativas curtas, envolventes e desafiadoras.

Resultados-chave (*Key Results*) estabelecem e monitoram COMO saber se estamos chegando no objetivo. São quantitativos, específicos e limitados no tempo. Recomenda-se que para cada objetivo existam de dois até cinco resultados-chave.

Para medirmos os resultados esperados, é necessário construir algo mensurável. Essa construção se dá por meio de iniciativas que podem ser encaradas como experimentos.

Existe um debate acerca da diferença entre objetivos e propósito, bem como KR e KPI. Sugerimos a leitura de grandes obras descritas nas referências, sobretudo o livro "OKRs and Business Strategy for Transformation: a short guide for best practices" (CHIARA, s.d.).

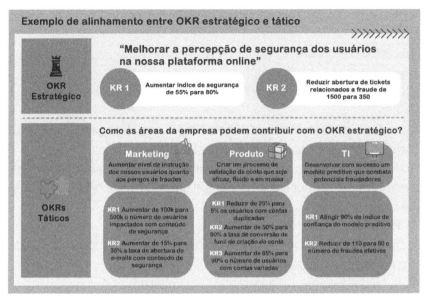

Figura 13.1. Exemplo de alinhamento entre OKR estratégico e tático.
Fonte: adaptado de Boesche (2020).

Os OKRs podem ser concebidos em três níveis:

✓ **Estratégico:** visam metas anuais da empresa, são definidos pela alta gestão e baseados nas suas diretrizes de missão, visão e propósito. Devem ser aspiracionais e de fácil entendimento para engajar e motivar os colaboradores. Possuem cadência anual.
✓ **Tático ou experimental:** são concebidos pelos times que compõem a empresa e devem estar alinhados aos objetivos estratégicos. A colaboração entre os times é fundamental. Costumam ser trimestrais.
✓ **Operacional ou individual:** são criados por cada membro da organização para se autodesafiar, inovar, reinventar, evoluir, etc. O gestor do indivíduo colabora facilitando e mentorando, nunca microgerenciando. Normalmente a cadência é mensal.

Vantagens

Com as definições apresentadas anteriormente, é fácil perceber que OKRs impactam toda a empresa, ainda que sua implementação possa ser feita de forma incremental. No final das contas, os benefícios serão estendidos para todos os níveis e em todas as direções, dentro e fora da organização.

Listamos a seguir as principais vantagens de aplicar OKRs.

✓ Trabalhar o propósito da organização e desmembrar isso em estratégias para o sucesso.
✓ Quando a estratégia está definida e visível, todos colaboram para perseguir os KRs.
✓ Gargalos ou impedimentos são identificados e qualquer ajuda será bem-vinda.
✓ Dependências são explicitadas, o que facilita a comunicação.
✓ Transparência com as prioridades, o que impacta no foco e no esforço gasto em cada item. Isso é fundamental, porque quando tudo é prioridade, na verdade nada é prioridade.
✓ Velocidade nas análises.
✓ Conduz a organização a usar uma cultura baseada em dados para a tomada de decisões no lugar de achismos.
✓ Possibilidade de pivotar a estratégia em uma cultura de experimentação.
✓ Quando essa cultura está firme, todos se empenham em tentar e não só acertar, visto que erros são bem-vindos, se forem coerentes. Errar é ótimo, se a lição aprendida for valiosa.
✓ Engajamento dos indivíduos, por estar ligado à motivação intrínseca.
✓ Engajamento dos times, por permitir que estes proponham iniciativas para alcançar os KRs propostos, valendo-se de soluções *bottom-up*.
✓ Trabalhar com pessoas apaixonadas por objetivos em comum é ótimo e deixa tudo mais leve.
✓ Deixamos claro que existe uma diferença gritante entre pessoas envolvidas e pessoas comprometidas, sendo estas últimas as que colaboram com os OKRs.
✓ *Accountability* distribuída, ou seja, agora que temos transparência todos são capazes de inspecionar e de contribuir.

Como construir o fluxo

Para ajudar na implementação dos OKRs em sua organização, a seguir indicamos um passo a passo.

1. Preparação para o *workshop* estratégico: coletar dados, relatórios, definir o público que irá participar e alinhar o entendimento sobre a estratégia da empresa.
2. Realizar *workshop* estratégico para mapear o conjunto de OKRs de alto nível.
3. Expor o resultado da etapa anterior para a organização, colher *feedback* e realizar ajustes se necessário.

OKRs, um grande parceiro da escalabilidade **87**

4. Realizar *check-in* estratégico para engajar todos os níveis da empresa e ter insumos para preparar o *workshop* de definição de OKRs táticos.
5. Preparação para o *workshop* tático: coletar dados, relatórios, definir o público que irá participar e realizar entendimento dos desafios táticos da empresa.
6. Realizar *workshop* tático para mapear o conjunto de OKRs que cada área da empresa irá realizar para contribuir com o OKR estratégico definido.
7. Definir a cadência e as cerimônias que irão ocorrer para acompanhamento, tomadas de decisão e retrospectivas. Levar os pontos a seguir em consideração:
   - OKRs estratégicos são anuais e suas reuniões de acompanhamento (*check--in*) são trimestrais.
   - OKRs táticos costumam ser trimestrais e suas reuniões de acompanhamento (*check-in*) são semanais ou quinzenais. Isso permitirá mais oportunidades de aprendizado e adaptação.
   - OKRs operacionais, quando definidos, costumam ser mensais e suas reuniões de acompanhamento (*check-in*) semanais.
   - Nas reuniões de *check-in*, devemos avaliar os KRs e nos perguntar se estamos conseguindo o que esperávamos. Se necessário, atualizá-los ou descartá--los para começar um novo ciclo, diminuindo a incerteza e aumentando a confiança.
   - Recomendamos que antes de iniciar um novo ciclo sejam analisadas as lições aprendidas por meio de retrospectivas.
8. Os OKRs táticos são bidirecionais, pois são definidos com base no OKR estratégico e permitem que cada time defina como irá contribuir com a estratégia da empresa. Por conta disso, é importante expor o mapa bidirecional de definições realizadas para toda a empresa, permitindo assim coleta de *feedback* e adaptação se necessário.
9. Preparar e colher lições aprendidas para compartilhar com o nível tático e expor questões também no nível estratégico, identificando suas correlações.
10. Definir OKRs operacionais/individuais para conectar o desenvolvimento dos colaboradores à estratégia da empresa (opcional).

Observe que é muito relevante não mudar a cadência dos OKRs, seja a nível estratégico, tático ou operacional, para facilitar sua implementação e gerar disciplina na organização.

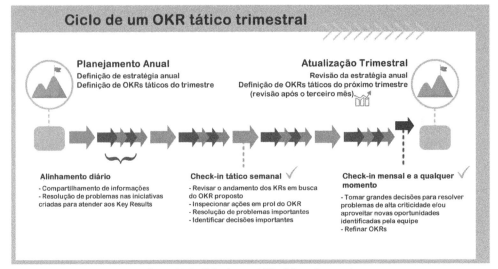

Figura 13.2. Ciclo de um OKR tático trimestral.
Fonte: adaptado de Knowles (2019).

Vale observar que, na figura anterior, os exemplos têm uma cadência determinada. Nada impede que seja adotada outra cadência, porém recomendamos que, se assim for, a cadência seja menor. Dessa forma, a empresa terá mais oportunidades de aprender com seus sucessos e erros. Quanto mais demorado um ciclo for, menor será a capacidade da organização se adaptar.

É importante destacar ainda alguns pontos de atenção na estratégia de implementação dos OKRs e evitar algumas possíveis disfunções, que estão descritas no Capítulo 55, a fim de não comprometer o alcance dos resultados.

Dessa forma, a empresa tem uma garantia maior de alinhamento entre os objetivos estratégicos e os objetivos específicos das áreas ou equipes, facilitando a realização de um trabalho colaborativo e em escala para a entrega de resultados.

14. Como estruturar métricas

Ingrid Andrade
Vitor Cardoso
Guilherme Santos

O objetivo deste capítulo é apresentar o que são métricas, seus objetivos e como é possível estruturá-las para apoiar um melhor desempenho organizacional.

Para entender o comportamento de um cenário, precisamos responder perguntas com base em dados históricos e identificar o que está acontecendo. A resposta que é expressa por essa análise de dados é o que chamamos de métricas.

Em um contexto de mudança e de tomada de decisões, precisamos a todo momento medir o que se passa em diversos âmbitos para tomar decisões acuradas, seja para a estratégia e o posicionamento dos produtos ou do próprio ambiente das equipes e da empresa, construindo um ambiente de melhoria contínua.

Agora você pode estar se questionando: o que estou medindo? Se a resposta for tudo ou nada, é provável que você esteja com um problema. O excesso de métricas pode levar a interpretações diversificadas por conta da natureza e dos diversos apontamentos diferentes. Além disso, a ausência de métricas leva a decisões equivocadas do HiPPO[1].

Então, como estruturar métricas sem pecar pelo excesso ou pela falta e ainda assim atender a um objetivo?

> *Acredito em Deus, todos os outros devem apresentar dados e fatos. (Edward Deming)*

---

[1] *Highest Paid Person's Opinion*, livremente traduzido como "opinião da pessoa mais bem paga". O HiPPO é quem toma a decisão final.

O propósito de uma métrica

No Capítulo 9 deste livro foi apresentada a importância do propósito, e talvez você se pergunte o que uma coisa tem a ver com a outra. Toda métrica precisa ter uma pergunta por trás, precisa de um contexto e de um propósito claro.

Por que medir? O que vamos obter como resultado? Assim como quando falamos de propósito associado a um objetivo precisamos validar se ele é tangível ou não, precisamos definir métricas com um propósito claro.

Antes de definir algo para medir, precisamos nos perguntar: "por que estou medindo?". Pode até continuar perguntando o "porquê" de cada resposta até chegar à raiz do problema.

Para ajudar com o entendimento do porquê, subdividimos as métricas em quatro domínios e áreas de conhecimento, sendo possível trabalhar um conjunto de métricas para cada um dos domínios a fim de atingir um propósito.

As áreas de conhecimento da agilidade e suas métricas

Os domínios a seguir existem para ajudar a visualizar e entender uma organização através de diferentes aspectos. Essa associação é uma forma de explicar os diferentes contextos em que a agilidade se aplica. De certa forma, uma parte complementa a outra, pois as ações tomadas afetam mais de um ponto da empresa.

Antes de mergulhar e definir métricas para cada uma das áreas de conhecimento, é importante lembrar a forma com que as métricas são usadas, afetando de forma direta o comportamento do ambiente e das pessoas.

Domínio cultural

As pessoas da sua empresa estão mais preocupadas em estar ocupadas ou colaborar com um resultado? Seus times estão aprendendo ou apenas criando mais do mesmo? Se as equipes estão mais preocupadas em ter trabalho do que crescer ou estão demonstrando sinais de insatisfação, pode ser interessante começar a medir o comportamento da sua empresa.

Quando falamos sobre domínio cultural, nos referimos à identidade da empresa, às suas crenças e ao valor que ela gera para os seus colaboradores e parceiros, que, por sua vez, podem se tornar promotores da marca e se engajar em alavancar os negócios.

Nessa perspectiva, temos algo muito ligado à melhoria contínua e à autonomia que é dada às equipes. E por que esse contexto cultural é tão importante quando falamos de escala? Porque as pessoas irão construir um caminho de crescimento e sucesso, dando destaque para uma inteligência coletiva, que se sobressai em relação ao controle de soluções e dependência.

No processo de mudança precisamos motivar as equipes a trabalhar de forma colaborativa com ideias de produto, processo ou ferramentas. Com uma comunicação clara sobre os objetivos da empresa e da área, compartilham-se dificuldades, elogios e reconhecimentos do trabalho que é feito. Uma cultura de *feedback* é desenvolvida para construir e sustentar a melhoria contínua.

Dentro de métricas que podem ser usadas para suportar o domínio cultural, temos: *turnover*[2], *team health check*[3], *eNPS*[4], etc. É importante lembrar que essas métricas precisam estar dentro de um contexto e devem ser usadas para desenvolver um plano com ações de melhoria.

Exemplo: o índice de contratação de uma empresa vem crescendo mês a mês e foram tomadas ações para aumentar a satisfação dos funcionários com o objetivo de evitar o *turnover,* construindo uma equipe sólida e que tem uma identificação clara com a empresa.

Essas ações foram tomadas com base nos dados anteriores e resultaram em uma melhoria contínua. Nesse cenário, existia um problema ou contexto para utilizar os indicadores e gerar ações. No caso, identificamos indicadores de crescimento de contratação e redução de *turnover*.

---

[2] Refere-se à rotatividade caracterizada pelo fluxo de entrada e saída de pessoas em uma organização.

[3] Refere-se a uma técnica de *workshop* que auxilia os times a melhorar seu trabalho e suas entregas.

[4] *Employee Net Promoter Score*. Uma forma interessante de mensurar o grau de satisfação e lealdade dos funcionários de uma empresa.

Domínio de negócio

Sua empresa tem medido a satisfação dos seus clientes? Sua empresa consegue identificar o propósito de medir a satisfação dos clientes? Sua empresa possui uma gestão de produtos ou entregas com base no ROI[5]? Como sua empresa mede a eficácia dos times? Se sua empresa não sabe como responder a essas perguntas, é possível que ela tenha dificuldades de analisar e entender o seu negócio.

O domínio de negócio trata diretamente da análise da eficácia das iniciativas e dos times. Entende-se que toda a cadeia de investimento da empresa, seja com equipe, ferramentas e outros, compõe o ROI do seu produto.

Isso porque se algo deixa de ser rentável, naturalmente torna-se insustentável, pois o valor agregado não está sendo identificado. É preciso conhecer e priorizar as iniciativas, validar hipóteses, entender o mercado e construir métricas a partir desses conceitos.

O papel do *Product Manager* ou *Product Owner* nesse cenário é muito importante, pois é preciso entender, tomar responsabilidade e empoderar-se nas decisões sobre produtos e conhecer o portfólio, para, junto com a diretoria e demais gestores da cadeia de valor, identificar quais serão as métricas utilizadas para gerir a evolução do produto e do negócio.

As métricas de negócio direcionam a tomada de decisão executiva, pois são pautadas em fatos e embasadas por análises de cenário e pesquisa. Algumas métricas que apoiam o contexto citados: NPS[6], F4P[7], *churn*[8], faturamento, etc. Além dessas, as métricas associadas a hipóteses e a pesquisas realizadas com usuários são muito importantes para auxiliar na tomada de decisão.

Algo a ser considerado ao escalar e estruturar métricas para o produto e o negócio é ter os times certos no lugar certo e no momento certo fazendo a coisa certa.

---

[5] *Return on Investment*. É uma métrica que indica o retorno obtido com um determinado investimento.

[6] *Net Promoter Score*. Busca medir a satisfação e a lealdade dos clientes no pós-venda.

[7] *Fit-for-Purpose* (ou simplesmente F4P). É um *framework* para trabalhar a eficácia do seu negócio e ajudar a trazer melhores resultados para um produto ou serviço.

[8] A taxa de rotatividade é uma medida do número de indivíduos ou itens saindo de um grupo coletivo durante um período específico.

Domínio de processo

Você sabe dizer quando um item de trabalho ficará pronto? Consegue fazer algum planejamento com base no histórico de entrega? Sabe o tempo que é gasto aguardando a resolução de algum problema ou de dependências? Se essas respostas foram negativas, é possível que você não esteja medindo a eficiência da sua equipe.

Provavelmente, quem chegou neste capítulo estaria esperando algo quase que exclusivo falando dessas métricas, que são as mais disseminadas e as mais conhecidas por agilistas quando surge o tema.

Por si só, elas não dizem nada e podem até ser apenas utilizadas como vaidade. Mas dentro de uma análise de problema e da visão sistêmica, podem ajudar a dar previsibilidade para as entregas, construir um plano e influenciar na forma como é feito o esforço dentro de um desafio.

As métricas de processos estão ligadas diretamente à eficiência das equipes e do fluxo de desenvolvimento ponta a ponta. Muitas vezes a análise de dados ligados a esse domínio precisa de um trabalho de estatística para determinar média, mediana, moda e entender o comportamento da curva a ser analisada.

Para esse domínio, temos como medir: vazão, *lead time*, *cycle time*, tempo de espera e outros. É importante trabalhar os dados extraídos para gerar essas métricas. Separar os itens por tipo de demanda e tamanho e misturar tudo em uma única análise pode apontar um falso positivo e afetar as ações a serem tomadas.

Analisando gráficos, precisamos ter cuidado para entender que nem sempre as maiores barras representam o que é o mais correto de acontecer, mas que vai ajudar a guiar a interpretação e criar o plano de entrega de determinada funcionalidade.

Com a sua base de dados, quando alguém perguntar "quando teremos a opção de pagamento por boleto?", você poderá responder: "dado o nosso histórico e dadas as nossas métricas para trabalhos desse tipo e tamanho, é provável que fique pronto em X dias".

Domínio de excelência técnica

Quantos erros são encontrados em uma nova funcionalidade? Qual a cobertura de testes unitários do código do seu produto? Qual a taxa de sucesso na integração contínua? Talvez você esteja lendo e nem saiba o quanto essas informações são importantes para a sua empresa e o seu produto.

Um paradigma a ser quebrado quando vamos começar a escalar é acreditar que a saúde do sistema deve ser apenas responsabilidade da área de desenvolvimento. Um produto construído com premissas de qualidade pode ter melhores resultados.

Ao ignorar o domínio técnico, a quantidade de débitos e a instabilidade escalam junto com o produto. Junte sua equipe de desenvolvimento, entenda com eles como estão os débitos, a segurança e a estabilidade do sistema. Ouça sua equipe e planeje junto com ela como implementar as propostas de melhoria ao longo das entregas de negócio.

Algumas métricas que podem ser usadas nessa frente são: *bugs* x quantidade de usuários afetados, saúde do código, consumo de memória e outros. Se você quer se aprofundar mais nesse assunto, sugerimos a leitura do livro "Jornada DevOps" (MUNIZ et al, 2019), que dá uma visão sobre as culturas de desenvolvimento e operações e como elas andam lado a lado.

Considerações finais

O tema é extenso e cada domínio tem literatura própria para cada uma das métricas associadas a elas. Lembre-se de que, ao medir tudo, no final das contas você pode acabar não medindo nada. Comece aos poucos e vá experimentando dentro do seu contexto e dos desafios da sua empresa na jornada.

Cuidado com as métricas da vaidade! Elas são importantes, mas provavelmente não o ajudarão a tomar uma decisão sobre o seu negócio; apenas darão a impressão de que está tudo bem. E evite comparar times: olhe para o todo e pense em como otimizá-lo de forma escalada.

15. Como estruturar indicadores

Rafael Pessoa

> **O intuito deste texto é demonstrar o que são indicadores, seus objetivos e como estruturá-los para alcançar os objetivos organizacionais.**

Indicadores, como o próprio nome já diz, têm o propósito de indicar ou demonstrar informações sobre determinado assunto. Tais informações são valiosas para auxiliar no processo de tomada de decisão. De certa forma, os indicadores "indicam" o caminho para onde seu projeto ou seu(s) time(s) está(ão) caminhando.

No caso da agilidade, um dos principais fatores a ser medido é o alto desempenho. Times ágeis e a agilidade em si são reconhecidos como algo que busca máxima eficiência através de ciclos curtos de aprendizado contínuo, e vem daí a importância de medir, por meio de indicadores, se esse aprendizado está, de fato, ocorrendo.

Antes de avançarmos com o assunto, é importante entender o que é alto desempenho. Para determinar se algo possui alto desempenho, primeiro precisamos definir o nível inicial de desempenho.

O alto desempenho pode ser encarado de diversas formas. Tudo irá depender dos objetivos que você gostaria de alcançar em seu projeto ou na organização de seus times.

Aqui estão alguns exemplos de alto desempenho comumente esperados de times e projetos ágeis:

- ✓ **Grande volume de entregas com qualidade:** não basta apenas entregar. As entregas devem possuir qualidade, atendendo às necessidades de seus usuários.
- ✓ **Entregas de valor:** fornecer a melhor solução técnica possível dentro da necessidade apresentada.

✓ **Evolução constante de desempenho:** o time deve buscar melhorar seus resultados constantemente.

✓ **Aumento do ROI (retorno sobre o investimento):** buscar soluções que tragam grande retorno com o mínimo de esforço possível.

Uma vez definido o que consideramos alto desempenho, poderemos medir se o time ou o projeto estão no caminho do alto desempenho ou não.

Como vimos no capítulo anterior, as métricas ou medidas são as ferramentas que nos ajudarão a fazer tais medições. Indicadores estão diretamente relacionados às métricas. Eles irão indicar se a métrica está boa ou ruim com base no que você definiu para o acompanhamento de seus times ou projetos.

Assim como as métricas, o primeiro passo para definir os indicadores é determinar as informações que você gostaria de apresentar. Esse é um dos principais desafios no momento da criação dos indicadores.

Você precisa entender o que gostaria de responder através dessas informações. O que você quer indicar? Como irá utilizar essas informações? Qual o propósito? O Capítulo 9 demonstra a importância de começarmos de dentro para fora. Começar pelo "porquê" facilita consideravelmente o processo de confecção de métricas e indicadores.

Outro desafio bastante comum na hora da criação de métricas e indicadores é o fato de que, em times e projetos considerados ágeis, as informações que queremos coletar são bem diferentes das coletadas em projetos considerados tradicionais. Assim como a abordagem em relação à produção de software é diferente com agilidade, suas métricas e indicadores também serão. Por isso a importância de entender primeiro o que gostaria ou precisa ser medido.

A partir daí, tendo de forma clara os objetivos que gostaríamos de alcançar através das métricas e dos indicadores, podemos avançar para o segundo passo: determinar se nossos indicadores serão do tipo **quantitativo** ou **qualitativo**.

Indicadores do tipo **quantitativo** demonstram a quantidade de vezes que determinado evento aconteceu. Imagine que você queira entender se o seu time está assíduo em relação às cerimônias do *Scrum*, por exemplo.

A métrica poderia ser quantas cerimônias o time realizou no último mês. Os indicadores poderiam ser: "quantidade de reuniões diárias", "quantidade de reuniões de retrospectiva", "quantidade de reuniões de revisão" e assim por diante.

Com essas informações em mãos e cruzando com o que você esperaria de um time rodando o *Scrum*, seria possível entender se o time está, ou não, participando das cerimônias como deveriam, se existem extensões ou diminuições no tamanho da iteração, ou, até mesmo, se houve atrasos ou desvios de *roadmap*. E tudo isso apenas com essas informações simples.

Como saber se o time está assíduo na execução do *Scrum*? Como saber se o time está seguindo o tamanho da iteração da forma correta? Como saber se houve atrasos ou desvios de *roadmap*?

Imagine que seu time possua uma iteração de 10 dias úteis de desenvolvimento. Isso significa que, em um mês, seguindo as orientações do Guia do *Scrum* e imaginando que as iterações foram executadas do início ao fim, seu time deveria ter participado de pelo menos 20 reuniões diárias, duas reuniões de planejamento, duas reuniões de revisão e duas retrospectivas.

Tendo esses números em mãos junto com os que você coletou a partir dos indicadores mencionados anteriormente, seria possível responder a todas essas perguntas.

Os indicadores qualitativos têm o propósito de demonstrar informações mais profundas sobre determinados aspectos. Eles podem ser alimentados pelos indicadores quantitativos, mas seu objetivo é mais amplo.

Quão aderentes eles estão em relação ao Manifesto Ágil e seus princípios? Como estão as entregas de valor geradas ao final de cada iteração? Como está o relacionamento entre os membros do time e de todo o projeto?

Veja que essas perguntas são um pouco mais subjetivas que as perguntas relacionadas aos indicadores quantitativos. E, por isso, exigem um pouco mais de profundidade na sua coleta e interpretação.

Utilizando o exemplo anterior, imagine que o indicador qualitativo que você esteja buscando seja para demonstrar a saúde ágil do seu projeto ou do seu time através das respostas às perguntas anteriores.

Saber quantas cerimônias foram executadas em determinado espaço de tempo não irá auxiliá-lo a entender a qualidade de tais cerimônias. Elas podem estar ocorrendo regularmente como "manda o figurino", mas podem não estar gerando valor para o projeto e para o time.

Nesse caso, poderíamos utilizar indicadores de: aumento de produtividade de uma iteração para a outra; aumento de pontos de história absorvidos pelo time; diminuição de débitos técnicos gerados durante a iteração; quantos pacotes gerados ao final de cada iteração são potenciais entregáveis em produção.

Veja que esses indicadores, apesar de poderem ser gerados através de dados quantitativos, têm um objetivo mais profundo, o de demonstrar que o time está adquirindo mais maturidade a cada iteração. Ou se o time está tendo algum tipo de disfunção a cada iteração. Os indicadores qualitativos são um tanto quanto mais profundos e subjetivos que os quantitativos.

Definidos os indicadores quantitativos e qualitativos do seu projeto ou de seus times, o foco agora é determinar o que fazer com tais informações. É importante ressaltar que as informações coletadas não servem de nada se não forem utilizadas para a tomada de decisão. Em seu livro "Agile Metrics in Action: how to measure and improve team performance", Christopher Davis (2015) cita um ciclo de quatro etapas (Figura 15.1):

- ✓ **Coleta de dados:** realizada através de métricas e indicadores definidos.
- ✓ **Análise de dados:** entender se as informações coletadas são suficientes para a tomada de decisão.
- ✓ **Planos de ação:** implementação de ajustes baseados nas análises realizadas.
- ✓ **Repita:** coletar os dados novamente a partir dos ajustes implementados, para entender se houve ou não evolução nos quesitos desejados.

Essas quatro etapas irão auxiliá-lo na condução de seus projetos e times, e o ajudarão a entender se as métricas e os indicadores que você determinou são suficientes para responder às suas necessidades.

Por último – e tão importante quanto os outros passos já citados –, é preciso definir a forma como essas informações serão apresentadas. Lembre-se de que o intuito dos indicadores é indicar. As informações precisam estar claras para serem interpretadas. Simplesmente jogar as informações em painéis no Excel pode não ser tão eficiente quanto você esperava que fosse.

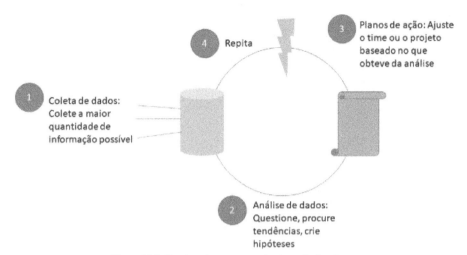

Figura 15.1. Quatro etapas para estruturar indicadores.
Fonte: adaptado de Davis (2015).

É preciso pensar em como projetar essas informações de forma transparente e objetiva. E é aqui que devemos ter cuidado também, pois algumas pessoas acham que dados considerados "ruins" podem prejudicar a imagem do projeto ou dos times e acabam deixando-os de lado.

Lembre-se de que a tomada de decisão está diretamente relacionada aos dados coletados. Descartar informações que deixam em evidência algumas fragilidades dos times ou do projeto pode comprometer o ciclo de melhoria e de ações a serem tomadas.

É importante reforçar que times e projetos ágeis são de alto desempenho, e o alto desempenho é um caminho a ser percorrido. Nesse caminho, naturalmente, teremos tropeços e iremos lidar com situações com as quais não gostaríamos. Isso faz parte do crescimento e do aprendizado de todos os envolvidos.

Por isso, não jogue "sujeira para debaixo do tapete". Encare cada adversidade como uma oportunidade de melhoria para você, para seus times e para seus projetos.

Agora que você já entendeu o que é importante considerar para a sua organização e como prepará-la para a escalada do ágil, é hora de falar do aspecto principal e imprescindível para qualquer mudança dar certo: as pessoas!

16. Avaliando maturidade ágil x performance na escalada

Marcos Venícius Araújo
Paulo Sidney Ferreira

> O objetivo é estabelecer de forma clara quais são os princípios da maturidade ágil considerando os elementos corporativos, tecnológicos, produtos e pessoas.

Evolução da agilidade empresarial

A agilidade empresarial deve ser entendida como uma solução e não como um resultado. Esse pensamento faz com que as empresas organizem suas ações por meio de três indicadores: a capacidade de gerenciar mudança de prioridade; a previsibilidade do andamento dos projetos; e a proximidade entre as áreas administrativas, tecnológica e de negócios.

A evolução da maturidade organizacional deve ser orientada pelos resultados obtidos nesses indicadores, alinhando pessoas para alcançar o sucesso da empresa (HAWKS, 2019).

Entretanto, mesmo com quase duas décadas de popularização dos métodos ágeis, tendo como referência a publicação do *Manifesto for Agile Software Development* (2001), as empresas continuam enfrentando dificuldades para adotar e evoluir com a agilidade organizacional, cujo destaque ficou, durante os primeiros dez anos, para a implementação de *Scrum* ou *Kanban*.

Nos últimos anos, o mercado mundial apresentou a tendência por modelos em escala, como será visto na Parte IV, sem necessariamente entender o raciocínio ou os objetivos por trás de suas práticas e processos.

Agilidade no mundo

O *14th Annual State of Agile Report* (2020) traz uma relevante pesquisa sobre como a agilidade vem sendo adotada, tendo o segundo semestre de 2019 como o período da coleta de informações e envolvendo mais de 40.000 executivos, profissionais e consultores de agilidade.

O relatório destaca que, no ano 2018, o percentual de organizações de software com mais de 1.000 pessoas aumentou, enquanto aquelas com 1.000 pessoas ou menos diminuíram, demonstrando o crescente interesse de empresas de maior porte.

A Tabela 16.1 apresenta o tamanho das empresas por número de pessoas, a distribuição das empresas por localização geográfica e a distribuição da utilização de modelos ágeis.

Tabela 16.1. Número de pessoas, localização das empresas e métodos mais usados. Fonte: adaptado de State of Agile (2020).

Número de pessoas por empresa		Localização de empresas no mundo		Métodos ágeis mais utilizados	
> 1.000 pessoas	41%	América do Norte	41%	*Scrum*	58%
1.001 – 5.000 pessoas	19%	Europa	31%	*ScrumBan*	10%
5.001 – 20.000 pessoas	15%	Ásia	13%	*Scrum* e XP	8%
20.001+ pessoas	25%	América do Sul	11%	*Kanban*	7%
		África	2%	Outros modelos	14%
		Austrália e Nova Zelândia	2%	Não sabem	3%

O documento destaca, ainda, que 54% dos participantes da pesquisa indicam usar alguma prática ágil, mas ainda estão em fase de amadurecimento. As mudanças em destaque são: o aumento do uso do *roadmapping* de produto – de 49% no ano de 2019 em comparação a 45% do ano de 2018 – e uma diminuição em práticas de *release planning* – de 51% no ano de 2019 em comparação a 57% no ano de 2018.

A Figura 16.1 identifica as cinco principais técnicas ágeis citadas no relatório.

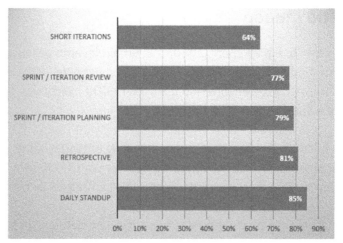

Figura 16.1. As cinco principais técnicas ágeis.
Fonte: adaptado de State of Agile (2020).

Analisando a figura, percebe-se que as principais práticas ágeis referenciadas pelas empresas entrevistadas estão com foco no nível da equipe. Embora os resultados sejam um bom progresso, podem ocorrer limitações no impacto geral da agilidade organizacional, se apenas as práticas em nível de equipe estiverem enfatizadas.

Escalando a agilidade

Uma organização estará se beneficiando cada vez mais da agilidade quanto mais suas áreas administrativas internas estiverem alinhadas para além do nível de equipes de tecnologia, possibilitando o crescimento exponencial para as empresas.

Estudo da McKinsey & Company em conjunto com o Scrum.org (AGHINA et al, 2020) constatou que quando uma organização opera com uma mentalidade ágil, os seguintes indicadores melhoram:

- ✓ O engajamento dos funcionários melhora entre 20 e 30 pontos, por perceberem missões claras e autonomia na tomada de decisão, e visualizarem entrega de valor para os clientes.
- ✓ A satisfação do cliente melhora entre 10 a 30 pontos, por obterem melhores experiências de interação com empresa.
- ✓ O desempenho financeiro melhora entre 20% a 30%, em função do melhor desempenho operacional gerado por entregas mais eficientes e maior previsibilidade nos resultados.

Portanto, ajudar o amadurecimento ágil das equipes é fundamental. Contudo, para proporcionar um impacto ainda mais significativo, é necessário implementar uma mentalidade ágil nos níveis organizacionais, gerando maiores benefícios para toda a organização.

Embora muitas organizações tenham equipes trabalhando de maneira ágil, poucas empresas conseguem implementar modelos ágeis de forma mais abrangente em toda a empresa. À medida que as empresas passam da implementação ágil de projetos individuais para portfólios para o nível estratégico, mais e mais processos organizacionais precisam ser adaptados.

A transformação ágil em uma organização não é apenas sobre tecnologia, e sim uma nova maneira de pensar: ser mais colaborativo, mais adaptativo, mais criativo e mais integrado. Pode ser pensado de maneira gradativa, como em ondas, mas sempre planejado visando a organização como um todo, e não apenas silos, um ou dois departamentos, como já visto.

Com uma forma organizada e cadenciada, as empresas podem alcançar uma transformação ágil em três níveis:

- ✓ **Nível de projeto**, que é relativamente fácil de realizar, organizando as pessoas em times.
- ✓ **Nível de portfólio**, que envolve priorização, mapeamento de dependência e orçamento, e é mais complexo por envolver negociação entre áreas diferentes.
- ✓ **Nível da organização**, que exige uma reestruturação do modelo operacional da empresa como um todo.

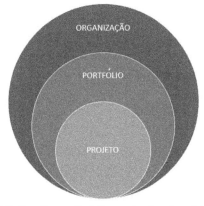

Figura 16.2. Transformação ágil organizacional em três etapas.
Fonte: adaptado de Humble, Molesky e O'Reilly (2015).

Evoluir entre essas etapas pode ser difícil para grandes organizações, mas as empresas que se adaptam mais rápido conseguem maior sucesso (HUMBLE; MOLESKY; O'REILLY, 2015). A Figura 16.2 é uma representação gráfica para as etapas sugeridas.

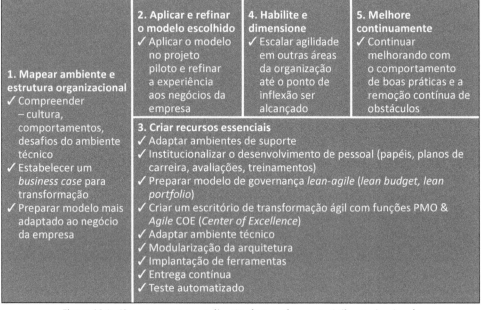

Figura 16.3. Cinco passos para realização da transformação ágil organizacional.
Fonte: os autores.

A evolução da transformação ágil de uma empresa pode levar cerca de dois a três anos para ser concluída, mas resultados significativos podem ser alcançados em menos de seis meses, dependendo do ponto de partida de uma organização e do nível de suporte interno. A Figura 16.3 representa cinco passos que podem ser realizados para aplicar a transformação ágil em uma organização.

Métricas em agilidade empresarial

Como em todo processo de mudança, ter indicadores de acompanhamento é fundamental, pois estes permitem avaliar o progresso do que está dando certo, o que precisa ser melhorado e o que deve ser implementado. Bons indicadores dão suporte para um plano de ação mais acurado, como visto nos capítulos anteriores.

A pesquisa gerada pelo *14th Annual State of Agile Report* (2020) indicou que as empresas ao redor do mundo, quando perguntadas sobre quais os principais indicadores utilizados para acompanhamento da evolução da transformação ágil, citaram a satisfação do cliente e o valor comercial como sendo fatores mais importantes do que o prazo da entrega e a produtividade. A Figura 16.4 identifica as principais métricas coletadas pelas empresas pesquisadas.

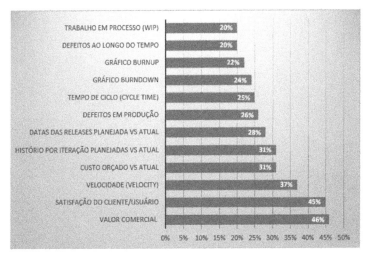

Figura 16.4. As principais métricas avaliadas na pesquisa.
Fonte: adaptado de State of Agile (2020).

Considerações e evolução

A adoção gradual e crescente da agilidade impõe a necessidade constante da avaliação e análise da jornada de transformação ágil das empresas. Para manter o esforço e o investimento nos lugares certos, é necessário definir os indicadores de avaliação, pontos de verificação e os critérios de evolução da maturidade.

Os modelos de avaliação de maturidade são diversos, os dados resultantes são irregulares e o modo de trabalho está evoluindo ao mesmo tempo em que a avaliação está ocorrendo. Consequentemente, ter um método claro, bem definido e evolutivo é fundamental para a avaliação e melhoria contínua de uma jornada ágil.

PARTE III.
COMO PREPARAR AS PESSOAS PARA ESCALAR?

17. Construindo um *mindset* para agilidade

Bruno Jardim
Karla Karolina Cavalcanti de Lima e Silva
Mayra Augusto Santos
Nelson Tadeu Diaz
Raphael Boldrini Dias

> Neste capítulo mostramos a necessidade de uma nova mentalidade (*mindset*) para implantação do ágil nas empresas.

Mentalidade de crescimento x mentalidade fixa

Mente e corpo precisam trabalhar em conjunto. Certa vez, o pugilista Muhammad Ali, eleito "o desportista do século" pela revista estadunidense *Sports Illustrated* em 1999, disse o seguinte: "eu não conto os abdominais que faço. Eu só começo a contar quando começa a doer, porque eles são os únicos que realmente importam".

Resultados de excelência são alcançados por meio de esforço e intenção concentrados. A cabeça precisa trabalhar para trilhar o caminho da evolução e encarar cada desafio como uma oportunidade de crescimento. O cérebro precisa de exercício da mesma forma que os músculos.

Segundo a psicóloga e pesquisadora Carol Dweck (2017), no que tange à maneira de encarar os desafios, podemos dividir as pessoas em dois grupos: o grupo do padrão de mentalidade de crescimento e o do padrão de mentalidade fixa.

Em resumo, conforme exemplificação da Figura 17.1, a pessoa com padrão de mentalidade fixa não sabe como reagir bem diante dos desafios. Usa experiências de fracasso do passado como gatilho para fugir dos novos problemas e assim entra no círculo vicioso da estagnação. Já a pessoa com mentalidade de crescimento enxerga a complexidade como oportunidade para o crescimento e vive em um círculo virtuoso de evolução.

Figura 17.1. Padrão de mentalidade de crescimento x padrão de mentalidade fixa.
Fonte: adaptado de Gripp (2017).

Ambiente e cultura

Ser ágil não é exclusividade de quem trabalha com inovação e tecnologia, sendo importante frisar que ter somente pessoas de tecnologia aplicando práticas ágeis não é o bastante para que toda uma organização seja ágil.

É preciso que a consciência de agilidade esteja presente no DNA de todo o ecossistema organizacional. Para tal, disseminar os valores e princípios ágeis na prática do trabalho diário é essencial. Muito mais do que formas, métodos e teorias, ser ágil tem a ver com colocar a mão na massa para expandir a cultura que está por trás de cada prática.

Ser flexível é mais importante do que seguir a rigidez de processos e planejamentos. É a mudança para a cultura ágil que possibilita mais liberdade para se adaptar às prioridades que não estavam previstas no início.

A mudança para a cultura ágil deve ocorrer de forma natural. O controle rígido cede espaço ao direcionamento. Esse cenário proporciona senso de autorresponsabilidade, onde as equipes possuem uma mesma visão de crescimento e liberdade para cobrar um aos outros, pois reconhecem que estão em um ambiente maduro e seguro.

A formação de times menores possibilita respostas imediatas perante as mudanças e a comunicação flui melhor com a quebra dos silos dentro de cada time. Assim, tudo o que venha a agregar valor é compartilhado livremente.

Equipes conectadas, sinérgicas e com um objetivo comum servem de pavimentação para a criação de uma cultura colaborativa, onde exista o engajamento do time possibilitando que todos tenham voz dentro do ambiente a fim de contribuir com conhecimento, experiências, produtividade e soluções de problemas.

O senso de pertencimento é uma das melhores maneiras de incentivar o trabalho colaborativo. Perceber que todos estão contribuindo para o sucesso da empresa faz com que o indivíduo se responsabilize pela causa, em vez de apenas cumprir uma tarefa. Além disso, com esse engajamento, o ambiente corporativo proporciona uma atmosfera de confiança onde todos podem ser flexíveis para reconhecer suas limitações e pedir ajuda.

Em adição, o foco deve estar na experiência do cliente. É a empatia pelo contexto e pela necessidade do cliente que fará com que a equipe passe a tomar as melhores decisões para o negócio.

18. *Heart of Agile*: voltando à essência

Rocío Briceño López[9]

> O texto destaca que, independentemente da escalada do ágil e do *framework* utilizado para tal, o mais importante para alcançar resultados superiores são os valores presentes na essência da agilidade, relacionados diretamente aos comportamentos das pessoas.

Quando fui convidada para escrever este capítulo em um livro que fala sobre "ágil" e "escalabilidade", minha primeira impressão foi: uau, mas nós, com o *Heart of Agile*, simplificamos e voltamos à essência... o que fazemos é "*não escalar*"! O que eu vou escrever para eles?

Na verdade, há muito a escrever sobre isso, porque com tantas certificações e tendências fica mais difícil entender custos e metodologias do que entender que produtos e projetos são desenvolvidos por seres humanos que se comunicam e se agrupam buscando propósitos compartilhados. Isso posto, as pessoas precisam perceber que realizar esforços conjuntos para alcançar metas pode ser tão simples quanto combinar um encontro com os amigos para saborear uma xícara de café ou um tratado de paz internacional.

O *Heart of Agile* começou quando um grande amigo meu e um dos signatários do Manifesto Ágil em 2001, **Alistair Cockburn**, começou a usar a abordagem que ele próprio denominava ser radicalmente mais simples e de resultados excelentes.

Posteriormente, alguns de nós, impressionados com a complexidade e confusão geradas nas organizações em torno de tantas "tonalidades de agilidade", aderimos a essa simplificação radical que, nos dias atuais, tornou-se um movimento global que continua a crescer dia após dia.

---

[9] Capítulo traduzido por Déborah Zavistanavicius Zapata.

Consiste em apenas quatro palavras, das quais muitos tópicos podem ser produzidos nas organizações para obter agilidade.

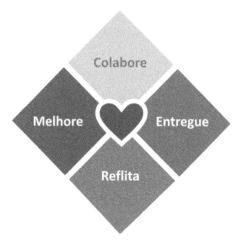

Figura 18.1. Logo traduzido e utilizado pela comunidade *Heart of Agile* no Brasil.
Fonte: Heart of Agile.

As quatro palavras são verbos conjugados no modo imperativo, ou seja, são ações a serem realizadas:

- ✓ Colabore.
- ✓ Entregue.
- ✓ Reflita.
- ✓ Melhore.

São intencionalmente no modo imperativo, pois as ações a serem realizadas em grupo devem primeiro ser assimiladas de maneira pessoal.

Cada uma dessas palavras pode ser expandida dentro do contexto organizacional em que a equipe de trabalho está inserida, mantendo-se sempre o "kokoro" ou o "coração da agilidade".

O *Heart of Agile* não julga nenhuma metodologia ou estrutura de agilidade como boa ou ruim, mas serve como um guia para não perdermos o foco ao aplicar ou desenvolver qualquer prática, lembrando-nos do essencial. Portanto, se uma organização grande está buscando escalabilidade, por exemplo, e deseja analisar sua estratégia usando o *Heart of Agile*, ela sempre descobrirá que pode simplificar, e possivelmente a conclusão será não escalar.

Colaborar

A ação de colaborar pode ser interpretada desde o envio de um e-mail até o compartilhamento de responsabilidades de acordo com a cultura organizacional em que estamos trabalhando, por isso é importante permitir o diálogo para entender o que significa colaborar com essa equipe nesse momento preciso.

A colaboração está intimamente relacionada à confiança, no entanto, todos nós temos nossas próprias experiências para confiar, nossas histórias e, às vezes, até traumas que devemos reconhecer para destruir as barreiras que nos impedem de confiar nos outros.

Da mesma forma, colaborar também tem muito a ver com motivação e com a sensação de "fazer parte". Quando há pertencimento e interesse em relação a uma equipe e segurança psicológica para expressar ideias, a colaboração flui naturalmente.

Existem dinâmicas e ferramentas para possibilitar diálogo e entendimento em torno da confiança. Podemos começar com as cartas da colaboração do *Heart of Agile* ou também com as técnicas de simulação e trabalhos curtos/menores em que um observador neutro aponta comportamentos subsequentes da equipe que podemos analisar.

Entregar

A ação de entregar relaciona-se com os famosos "produtos incrementais" em ciclos curtos; entretanto, vamos mais além, até entendermos o real conceito de valor.

Valor implica que o que estamos criando como equipe serve a "outra pessoa", entendemos quem é essa pessoa e o que necessita; em geral, essa pessoa está em um contexto externo à equipe.

Há também o entendimento de valor para a organização interna ou equipe de trabalho, para possibilitar que outras áreas possam também colaborar com um tema, uma questão de fluxo de caixa, retorno do investimento ($), dentre outras questões.

Além disso, é possível analisar questões do tipo: como vamos realizar essa entrega? Temos limitações, gargalos? O que temos e o que não temos, para gerar um compromisso real?

Refletir

A ação de refletir é uma das principais contribuições inseridas nas publicações de Alistair Cockburn para o mundo da agilidade. A mecânica das organizações e das grandes cidades raramente permite margem para pararmos.

Não é possível refletirmos bem se estamos sobrecarregados com o ruído da operação constante. Devemos criar/dar um espaço para fazermos uma pausa e observarmos o interno e o externo, observarmos individualmente e em grupo.

Quando digo "observar", refiro-me a examinar e avaliar não só informações subjetivas e objetivas, dados, resultados, *feedback*, mas também sentimentos da equipe e pessoais, critérios de clientes e beneficiários dos produtos gerados.

A reflexão é essencial para ajustarmos o caminho e tomarmos melhores decisões. Você pode começar com pequenos exercícios de reflexão usando uma folha de papel onde a equipe lista as diferentes áreas para observar e continuar a partir daí. Também podemos usar os serviços de um treinador profissional que nos apoie nessa ação aplicando o *Heart of Agile*.

Melhorar

A ação de melhorar exige entendermos para onde estamos indo e fazermos ajustes gradualmente.

Muitas vezes, em meu dia a dia nas empresas, as pessoas me procuram com perguntas para melhorar tudo de uma vez, e para ontem!

E é importante entendermos que as melhorias com as pessoas são feitas gradualmente, um passo de cada vez, pouco a pouco, todos os dias.

Melhorar é um compromisso pessoal e da equipe, entendendo que o eixo central da melhoria está sendo consistente com as decisões tomadas com base na reflexão. É claro que podemos usar ferramentas, técnicas e medidas para nos apoiar nas ações de melhoria, com entendimento de que na essência permanecem nossas decisões conjuntas de todos os dias.

Modelos organizacionais e *Heart of Agile*

Existem muitos modelos organizacionais onde métodos e artefatos de dimensionamento são aplicados, desde estruturas e hierarquias burocráticas até alterações adocráticas[10] que são criadas e destruídas à medida que os projetos aparecem. Podemos mencionar alguns métodos, *kits* de ferramentas e estruturas para dimensionamento, como SAFe®, *Disciplined Agile, Scrum@Scale, LeSS, Scrum of Scrums* e muito mais; no entanto, no *Heart of Agile* o foco não está na arquitetura de negócios ou no design da estrutura.

Qualquer estrutura funciona bem se a comunicação e a confiança dos indivíduos possibilitarem colaboração, entrega, reflexão e melhoria. A contribuição do *Heart of Agile* ocorre precisamente ao questionarmos e trabalharmos esses comportamentos humanos e culturas organizacionais.

Perguntas como:

- ✓ Essa estrutura ou método realmente melhora a colaboração entre equipes e áreas?
- ✓ O valor de suas entregas aumentará se você fizer essa alteração em sua organização?
- ✓ Você receberá informações relevantes e oportunas para refletir e entender como suas equipes estão trabalhando?
- ✓ Como possibilitar/criar as pausas para reflexão?
- ✓ Você aumentará o sentimento de "eu faço parte dessa equipe" em cada membro da organização se você fizer essa alteração?
- ✓ Qual é a menor melhoria que você pode fazer diariamente?

Uma pergunta que me fazem com frequência é: por onde começar? Minha resposta é sempre: onde quer que você veja alguma oportunidade de fazê-lo! Se você já está se questionando é porque já existe alguma iniciativa para aplicar uma mentalidade mais ágil em sua organização.

Então volte para as quatro palavras e analise o que elas significam para você e sua organização. Você perceberá que com isso já terá material suficiente para continuar a se informar. Procure outras pessoas que já percorreram esse caminho em comunidades, grupos, redes sociais, eventos e diversas outras maneiras pelas quais poderemos novamente girar o ciclo de melhoria contínua de todos e da organização.

---

[10] Sistema temporário variável e adaptativo, organizado em torno de problemas a serem resolvidos.

19. Disseminando a cultura ágil e *Lean*

Marcos Antonio Rodrigues Junior

> **O capítulo pretende apontar a importância de uma fase de sensibilização das pessoas sobre cultura ágil e *Lean*, a fim de garantir uma maior aderência delas às mudanças.**

Quando a empresa opta por promover a adoção de uma **abordagem ágil**, modelo este empírico, ideal para empresas que lidam com inovação, está buscando por uma ruptura de paradigmas, soluções centradas no ser, onde entregamos partes usáveis do projeto em prazos curtos e não um resultado completo ao final de um longo projeto.

Busca também constante melhoria por meio dos ritos de *feedback* (valorizamos muito a aprendizagem com os erros), de foco na causa-raiz dos problemas e da **cadência e do sincronismo** de esforços com visão escalada de atividades.

Para isso, é necessária uma profunda mudança cultural, onde o pensamento ágil (o tão falado *mindset*) deve ser incorporado, tanto em aspectos individuais quanto coletivos. Porém, isso deve ser feito com cautela, pois o legado cultural da organização deve ser respeitado.

O ser humano, por mais que diga ser aberto a mudanças, tem resistência por medo do novo. Esse comportamento vem desde os homens das cavernas, que eram nômades e, por isso, viam-se propensos a novos ataques a todo instante. Tinham que estar sempre alertas, pois a qualquer momento poderia surgir um predador para lhes tirar a vida.

Milhares de anos depois, repetimos esse comportamento; somos levados a procurar o nosso bem estar, que normalmente está atrelado ao conforto, a permanecermos onde estamos e fazendo aquilo que dominamos. Partir para uma nova realidade, mudar uma cultura enraizada e formada há anos, é muito difícil e desafiador.

Assim sendo, se você é o responsável pela transformação cultural organizacional, ou faz parte da equipe responsável por isso, deve agir com cautela! É importante conquistar diariamente um pouco da confiança das pessoas, usar e abusar das técnicas de mentoria e saber muito ouvir, exercitando a **empatia** por todos à sua volta e, assim, conseguir engajar as pessoas.

O ágil tem bases no *Lean*, que prega a filosofia do processo enxuto, soluções centradas no ser humano (cliente e colaborador), qualidade acima de tudo, experimentação, além de, em caso de encontrar uma inconformidade, buscar tratá-la imediatamente, visando também a eliminação sistemática de desperdícios.

Não se deve, portanto, deixar tais ações para depois, quando o custo de solução pode ser muito alto e fora de controle; deve-se valorizar a experimentação, a fim de promover inovação e, com ferramentas precisas, saber quando pivotar ou investir em algo que possibilite soluções disruptivas.

É comum que uma organização com experiência em gestão de projetos tradicionais tenha dificuldades com essa diferença, uma vez que a entrega incremental não é apenas uma forma de dividir o trabalho, mas, sim, um modo alternativo de pensar sobre ele. Fique de olho em fases renomeadas, pois é provável que elas surjam, caso você trabalhe em uma organização que tenha uma visão mais tradicional.

Importante salientar que, para promover melhoria, é preciso mudança, mas nem sempre esta leva à melhoria. Além disso, melhorar é promover impacto positivo, relevante e duradouro, produzido por mudanças realizadas de forma intencional.

Quando optamos por migrar do processo tradicional para o ágil, não há receita de bolo. Mesmo que já tenhamos em mente o *framework* que será adotado, o caminho a ser seguido dependerá das características próprias de cada ambiente. Deparamos, basicamente, com quatro categorias de obstáculos:

1. Internos à equipe.
2. Conflitos interpessoais.
3. Problemas no gerenciamento de dependências (**momento em que surge a escala**).
4. Organizacionais.

Existem inúmeras possibilidades estratégicas a serem adotadas para a mudança cultural, pois, como a filosofia ágil mesmo prega, não há amarras. Porém, **devemos**

118 Jornada do Ágil Escalado

sempre buscar a escalabilidade do trabalho e mudanças, cadência e sincronismo. Não basta um setor da organização mudar para ágil e os outros continuarem trabalhando da mesma forma. A mudança deve ser em um todo, pois tudo está interligado, como visto no Capítulo 3.

No ágil trabalhamos juntos, de forma colaborativa e escalada, em ciclos curtos, objetivando a entrega de valor antecipada e eficaz e aprendendo com os erros no caminho. Já no modelo preditivo e tradicional, as decisões e os planos estão centralizados, e a entrega de valor é tardia, correndo o risco de, quando acontecer, a necessidade não existir mais.

Afinal, por onde começar a disseminação da cultura?

Primeiro, o mais importante é a conscientização da alta gestão ou, pelo menos, do patrocinador do projeto de mudança cultural. E, no processo de convencimento, é necessário identificar a causa-raiz do problema da empresa, o que realmente está causando o descontentamento do patrocinador, e enveredar esforços para atacar a causa, e não o sintoma. Mais uma vez, a filosofia do *Lean* aparece.

Quatro passos para implantar a cultura ágil

1. Organizar o que precisa ser feito
Precisamos organizar o trabalho, estabelecer prioridades, metas, fazer o planejamento macro e dos ciclos de trabalho, planejar as metas, listar as atividades e, principalmente, **engajar a alta gestão na iniciativa**.

Temos técnicas muito eficazes para isso, como o *roadmap*, ou simplesmente roteiro, que nos mostra o plano de entrega e o sincronismo dos projetos, ou mesmo a gestão de portfólio obtida pelas técnicas de *upstream* com *Kanban*, visto no Capítulo 34.

2. Identificar fluxo de valor
Agora desenharemos o fluxo de valor da empresa e dos setores, afinal todos devem estar alinhados e **preparados para a escalabilidade dos processos** (também abordado no Capítulo 10).

Os processos devem ser desenhados em quadros visíveis a todos da organização, estabelecendo limites de execução em cada etapa, identificando gargalos, definindo o manifesto de trabalho global e por setor. Ou seja, a declaração pública de princípios e intenções da organização e de seus setores, deixando essas regras claras para todos. Isso promove a melhora na comunicação e a distribuição de tarefas, além de diminuir o estresse, a ansiedade e a desmotivação dos colaboradores.

O *Value Stream Mapping* é uma boa técnica *Lean* para análise e desenho detalhado de processos, pois captura as atividades-chave de processos e suas métricas e é centrado na eliminação de atividades que não adicionam valor ao produto ou serviço em desenvolvimento, ou entregues.

3. Ritmo ágil e verificação

Passamos a adotar **ciclos curtos de trabalho**, visando **entrega constante de valor**, validações periódicas e *feedback* constante. Isso motiva a colaboração do time e permite o ajuste da rota conforme os *frameworks* existentes, sobretudo potencializados pelas abordagens em escala mencionadas na Parte IV do livro.

Dessa forma, conseguimos acelerar a entrega de resultados, aumentamos o envolvimento das pessoas e, então, seremos mais objetivos sobre o que precisa ser feito, sempre focados na cadência e na sincronização das atividades.

4. Aprendizado e melhoria contínua

Enfim, entramos no ciclo do *Lean* em busca da melhoria contínua, sempre revisando o trabalho feito no último ciclo, ajustando o planejamento, colhendo impressões dos clientes/usuários, trazendo-os para perto, compartilhando seus anseios e responsabilidades, e identificando o que estamos fazendo bem e onde podemos melhorar. Com isso, melhoramos a qualidade, obtemos melhora nos processos, aumentamos a produtividade e economizamos tempo e dinheiro.

Conclusão

Atente para uma questão importante: no ágil não há tutorial mágico para implantação de sua cultura! O caminho trilhado dependerá das características de sua empresa e do perfil de seus colaboradores.

Haverá casos em que a maioria dos colaboradores estará totalmente aberta a mudanças. Naturalmente, então, poderá iniciar a mudança de estrutura e nas equipes imediatamente, como, por exemplo, dividindo os colaboradores em times, definindo os *Product Owners* e realizando, enfim, uma implantação de forma avassaladora.

120 Jornada do Ágil Escalado

Em outros, terá que implantar de forma sutil, conquistando um pouquinho a cada dia, sem que percebam que estão usando o modelo ágil e evitando resistências.

Assim, implante os eventos de *feedback*, defina a visão, metas e objetivos com a participação de todos, estabeleça a cadência e o sincronismo, e vá desenvolvendo o *mindset* um pouco a cada dia.

De todo modo, será preciso investir muito em treinamento e incentivar que todos busquem conhecimentos, da diretoria ao chão de fábrica. Todos os colaboradores devem conhecer ao máximo abordagens, ferramentas e técnicas como: *Design Thinking, Lean Startup, Lean Inception, Management* 3.0, OKR, *Scrum, Kanban, Jira* e/ ou Trello, métodos de escala do ágil, etc. (o que auxiliará na disseminação da cultura).

Quanto aos líderes, é importante que modifiquem sua forma de atuar junto às equipes, conforme veremos no Capítulo 23. O compartilhamento de ideias, a visão da empresa, o sincronismo de ações e os esforços voltados para o mesmo foco são alguns dos aspectos a serem defendidos e difundidos por eles junto a seus times.

Enfim, a cultura deverá entrar na mente das pessoas e mudar o seu comportamento, sempre lembrando que tudo está interligado. A concorrência deve ser somente a externa: para a inovação ser constante, silos corporativos não são admitidos.

> *As empresas fracassam na criação do futuro não porque são incapazes de predizê--lo, mas porque não conseguem imaginá-lo. Carecem de criatividade e curiosidade, não de perspicácia. O segredo do sucesso é experimentação com um bom planejamento estratégico! (HAMEL; BREEN, 2007)*

Lembre-se: um bom processo é aquele em que as pessoas têm facilidade de fazer as coisas certas e dificuldade de cometer erros, seja no fluxo de trabalho individual ou global, em que aparece a escalada das atividades.

20. O protagonismo do RH na escalada do ágil

Regiane Moura Mendonça
Robertha Magalhães Rodrigues

> O texto demonstra que o RH precisa entender do negócio para assumir um protagonismo na escalada do ágil e como este colabora para que seja um processo sustentável.

O RH passa a ser o guardião da cultura ágil e de seus desdobramentos. Ágil é cultura, e não se muda cultura sem mudar as ferramentas, os processos e as metodologias. (Andre Bocater)

A escalada do ágil mostra uma grande necessidade de incorporação dos princípios de agilidade à cultura da empresa. E essa necessidade se reflete diretamente na área de recursos humanos, que é a responsável por disseminar e guardar a cultura da organização.

Por essa razão, torna-se imprescindível o total envolvimento do RH nesse processo, assumindo sua posição de protagonista e envolvendo, conquistando e integrando os colaboradores na cultura ágil.

Cultura organizacional ágil

Como visto no capítulo anterior, quando a empresa decide adotar práticas ágeis, deve retrabalhar o aculturamento com os seus colaboradores, criando uma cultura organizacional ágil, mantendo a ideia do negócio, mas assumindo uma nova forma de pensar e agir.

A cultura deve, portanto, estar baseada no Manifesto Ágil e considerar os seguintes pontos:

- ✓ A prioridade é satisfazer o cliente, tanto interno como externo. O cliente externo é a carteira de clientes da organização, enquanto os clientes internos são os seus colaboradores e demais *stakeholders*.
- ✓ A área de recursos humanos assume a maior parte da satisfação dos clientes internos, sendo necessário, por isso, entender e atender às necessidades e expectativas dos seus colaboradores.
- ✓ Desenvolver a cultura de colaboração, estando abertos a mudanças necessárias e flexibilidade em adaptações.
- ✓ Alinhamento da cultura ao negócio, proporcionando motivação e satisfação aos colaboradores. Equipe motivada e alinhada é mais confiante, mais produtiva e auto-organizada.
- ✓ Times ágeis precisam ter autonomia e as habilidades necessárias para o trabalho, além de uma liderança participativa e apoiadora.

Também não podemos esquecer da necessidade de seus membros serem experientes, multifuncionais e possuírem algumas *soft skills*, como: sentimento de dono, automotivação e visão de inovação.

No ágil escalado, não há muita diferença do ágil adotado em nível de times no que diz respeito ao RH, precisando que este tenha em mente a expansão do conceito e a exposição mais abrangente. Na Figura 20.1, vemos isso a partir da integração entre objetivos estratégicos, indicadores de gestão e valores da cultura ágil.

Figura 20.1. Integração objetivos x indicadores de gestão x valores = cultura.
Fonte: adaptado de LeMay (2019).

O *Lean* e o *Design Thinking* entram no movimento junto com o ágil. A ideia do *Lean* trabalha a minimização de desperdícios, considerando tudo o que não contribui para o resultado (vide Capítulo 7). Já o *Design Thinking*, por ser centrado nas pessoas, integra as necessidades delas à tecnologia e aos requisitos para o sucesso.

RH como responsável pela cultura

O RH, que é o responsável pela cultura, assim como sua disseminação, precisa estar preparado para diversas formas de colocar em prática os valores.

> *Quando abordamos o Agile como um movimento orientado por valores e princípios, estamos insistindo que há também espaço para nós descobrirmos qual a melhor maneira de colocar esses valores e princípios em prática, de modo a atender às necessidades de nossas equipes e de nossas empresas em particular.* (LEMAY, 2019)

A fala de Matt LeMay nos mostra que, para o sucesso do ágil, precisamos atender a uma mudança de cultura, descobrindo qual a mais adequada e disseminando-a.

O uso das terminologias do ágil não garante sua cultura, assim como se prender aos *frameworks*. Torna-se imprescindível entender os motivos e objetivos de utilizar as práticas ágeis. Ou seja, descobrir o propósito de realizar tal ação.

Ao praticar o aculturamento, o RH expande os processos mentais dos colaboradores da empresa, adquirindo, com isso, resultados positivos organizacionais e individuais. E, com o tempo, o alcance dos objetivos torna-se cíclico, conforme Figura 20.2.

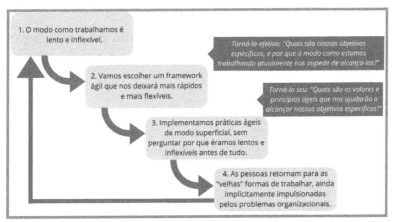

Figura 20.2. O porquê das práticas ágeis.
Fonte: adaptado de LeMay (2019).

O RH ágil

Quando falamos do modelo de RH ágil, falamos de implementação de estratégias com foco em *feedbacks* contínuos, mudança de *mindset* e desempenho colaborativo.

O modelo de RH ágil sai da visão criada em cima de regras e padrões, passando a ser direcionado pelos resultados esperados. Por isso, é considerada a prática do: pensar, criar e compartilhar.

A gestão de talentos passa por intensas mudanças na forma de trabalhar a gestão de desempenho e performance, inserindo a figura do *coach* e atualizando o processo de recrutar, selecionar, remunerar e desenvolver.

Porém, para dar certo, precisamos entender que o uso de metodologias e práticas ágeis não é mudança operacional, de processo, e sim mudança cultural. Também não ocorre apenas com uma mudança na estrutura organizacional, pois é preciso trazer uma colaboração multifuncional, através de abertura, vulnerabilidade, disposição e busca de competências mais dinâmicas.

Muitas vezes o RH precisa ser o mais claro possível para que a empresa possa entender que o princípio dessa colaboração deve fazer parte da rotina de todos, independentemente de cargos e funções.

Para obter um melhor resultado, é importante definir metas e as equipes responsáveis pela busca destas. Também deve-se ajudar a organizar as cerimônias das práticas ágeis e a determinar o método que irá nortear os trabalhos das equipes.

O RH ágil atua como facilitador desses princípios junto aos colaboradores da empresa, pois seu foco é no desenvolvimento destes, e não em atividades operacionais, buscando agregar competências estratégicas.

O processo de recrutamento e seleção passa a ocupar a posição de processo-chave dentro do modelo ágil. Isso porque pode permitir uma sinergia maior entre pessoas e processos. Ainda, a escalada do ágil torna esse momento mais relevante e dinâmico, acompanhando a mudança de objetivos e buscando seus elementos-chave.

Para que seja possível disseminar a cultura e escalar o ágil, é necessário que o RH assuma uma postura mais aderente a essa necessidade, envolvendo-se nas práticas antes de atuar como guardião e propagador do ágil.

O RH na escalada do ágil

Primeiramente, é necessário entender quais os conceitos de rapidez e flexibilidade que a empresa está usando na escalada do ágil. Assim, será possível determinar o foco da escalada.

Também é preciso realizar um diagnóstico para saber o que está dando certo e que será expandido, e o que não está dando certo. Nesse momento, o RH precisa identificar as competências dos times para uni-las às necessárias e identificar quais precisam de desenvolvimento.

LeMay (2019) destaca três perguntas para serem feitas na implementação:

- ✓ Qual é o estado que desejamos no futuro para a nossa equipe ou empresa?
- ✓ Qual é o estado em que se encontra nossa equipe ou empresa no momento?
- ✓ Por que acreditamos que temos sido incapazes de alcançar o estado desejado no futuro para a nossa equipe ou empresa?

As respostas a essas perguntas podem mostrar empolgação, mas também resistência às mudanças. E então são descobertas algumas inconsistências que poderão prejudicar a aceitação da escalada do ágil, entre as quais a estrutura hierárquica, a existência de silos (áreas isoladas) e políticas.

Outro ponto importante no ágil escalado está situado no *feedback* contínuo. Um *feedback* efetivo não precisa ser solicitado e, sim, espontâneo. O RH deve incluir a cultura de *feedback*, que poderá ser formal ou informal, dependendo do grau de relacionamento e maturidade do time. Isso requer um compromisso maior da liderança, como pode ser visto no Capítulo 23.

Entretanto, para ter resultados positivos, é importante que cada pessoa saiba as expectativas depositadas nela, assim como o porquê dessas expectativas. Nesse modelo, o RH passa a se basear nas competências dos seus colaboradores, conforme será mais detalhado no Capítulo 21.

O MJV Team (2018) descreve a seguir as características necessárias às equipes:

> *Uma equipe de trabalho engajada, experiente e autogerenciável torna-se mais empenhada em achar soluções direcionadas e fazer entregas minimizando desperdícios e impedimentos. Isso só é possível quando o sentimento de parceria*

> *é sentido pela organização como um todo e possibilita que os erros possam ser compartilhados, sem temores de corte.*

O RH, ao assumir sua posição dentro do ágil escalado, precisa fazer as pessoas entenderem que a prática ágil não é apenas seguir certas atividades como um roteiro. Trata-se de entender a necessidade de mudar e trabalhar a resistência natural dos colaboradores, esclarecendo os benefícios dessa mudança de paradigmas.

É comum as pessoas utilizarem o RH como exemplo. Por isso, como tal, deverá fazer uso das práticas ágeis desde o primeiro contato com um possível candidato, focando no *employee experience*, ou seja, na experiência do colaborador.

Sendo assim, ressaltamos que o RH deverá criar uma nova forma de pensar as metodologias de trabalho dentro da empresa, reduzindo processos burocráticos e destacando a praticidade, mas sem esquecer de manter o engajamento. Essa cultura será o DNA dessa nova empresa que surgirá, tornando o RH o protagonista na escalada do ágil!

21. Cargos e papéis para criar uma escalada sustentável

Paulo Emílio Alves dos Santos

> **O objetivo do capítulo é ampliar a compreensão do leitor sobre cargos e papéis e sua relação com o desenho da estratégia.**

Vamos ser práticos. Dado o crescimento da empresa, precisamos criar alguns cargos. Sentamos com o requisitante da vaga e fazemos seu perfil: tarefas, autoridade, responsabilidade. A seguir, uma pesquisa na internet, no CBO (Classificação Brasileira de Ocupações), e quiçá verificamos também a concorrência. Esperamos fazer um belo trabalho sendo minuciosos na descrição. Enfim, acho que estamos prontos para buscar candidatos no mercado.

Eis um relato fictício que um profissional de remuneração, na área de RH, faria quando deparado com a requisição de novos cargos na empresa, os quais alavancariam a estratégia da empresa.

O problema é que essa maneira de pensar e agir é anacrônica. Não deve fazer parte do receituário de gestão de pessoas inventariar listas de atributos no conteúdo de cargos. Afinal, o papel aceita tudo.

> **Nesse sentido, o objetivo aqui é ampliar a compreensão sobre cargos e papéis e sua relação com o desenho da estratégia.**

A perspectiva histórica será nossa ferramenta para materializar tal objetivo.

Foco no cargo

Aparentemente, desenhar cargos não pensando em fulano A ou B seria uma ótima medida de gestão. Tal isenção na descrição dos atributos afastaria a subjetividade nas decisões. Impessoalidade é sempre necessária, diria qualquer gestor.

Mas há problemas aí... e sérios! O pensador de administração Charles Handy (2003) ilustra as limitações do planejamento de cargos ao relatar sua experiência como jovem executivo de uma multinacional do petróleo:

> *No passado empregos costumavam ser voltados às tarefas, certamente nos níveis mais detalhados, porque mais liberdade significa incerteza. Um dos meus primeiros empregos tinha o título refinado de Coordenador Regional de Marketing (Óleo) da Região Mediterrânea. Meus amigos estavam impressionados, mas não conheciam a realidade. Esta era uma descrição de cargos de três páginas, ressaltando minhas tarefas. Mas a dura realidade estava contida no parágrafo final: "Autoridade para gastar apenas 10 libras". (...) Aquela maneira de organização não tinha surpresas. Tudo era previsível, planejado e controlado. Era também frustrante, sem espaço para autoexpressão e para fazer a diferença. Minhas responsabilidades vinham do meu cargo – MK/32 – não de mim. Eu era meramente um ocupante temporário e me sentia como uma capa de chuva vazia.*

Passagem ilustrativa que mostra o cargo como núcleo de uma concepção de gestão de pessoas. Se fosse bem desenhado e descrito, assim como um mecanismo de precisão, eficiência e êxito nos objetivos organizacionais ocorreriam naturalmente. Mas essa ideia começou a fazer água no início dos anos 70, como mostra Handy.

Não fazia mais sentido ter um cargo desenhado minuciosamente simplesmente por dois motivos: a) nenhum ocupante do cargo desempenhava o que estava planejado nas descrições; e b) o ambiente mudava, mas não só isso, transformava-se cada vez mais rapidamente, o que fazia impossível qualquer prescrição.

Papéis como coadjuvantes

O escape para tanta rigidez foi o exercício de papéis. Mas é equivocado pensar em papel como atribuição de tarefas, autoridade e responsabilidades. Rigorosamente, essas coisas pertencem ao domínio do cargo.

Papéis implicam em comportamentos nascidos da informalidade e personalidade, e por isso mesmo são objetos de estudo da psicologia social e da sociologia (SOTO, 2002). Para ser sintético, são maneiras de flexibilização do cargo.

Um porteiro de prédio, à guisa de exemplo, tem suas atribuições, autoridade e responsabilidade registradas em ata pelo síndico. Mas a maneira como cada porteiro exercita essa posição é diferente. Um porteiro pode agir informalmente, alegre e cuidador. Outro mostra-se discreto, distante e respeitoso. O cargo é apenas um, os papéis são muitos.

Essa informalidade dos papéis nunca foi considerada nos formuladores de cargos, já que não se podia controlar. Mas sabemos que ela sempre fez diferença, principalmente no alavancamento dos objetivos organizacionais. Não por acaso, as empresas foram instadas a mudar seu foco não mais para <u>um mero ocupante de cargo, e sim um indivíduo com competências</u>.

Competências – Foco no indivíduo

Se o foco no cargo não estava funcionando mais, por conta das mudanças incessantes no ambiente, qual opção restava?

Uma luz para esse problema ocorreu com uma experiência vivida por David Mc-Clelland, um eminente pesquisador. No artigo seminal "Testing for Competence Rather than for "Intelligence"" (1973), descreve:

> *A secretaria de relações exteriores dos EUA contava com um rigoroso processo seletivo, incluindo amplo arsenal de testes, principalmente aqueles de QI (Quociente de Inteligência). Isso garantiria o rigor científico e isenção na escolha dos melhores, sempre lembrando da descrição minuciosa do cargo. Mas a história foi outra. Embora muitos indivíduos tenham mostrado performance brilhante em tais testes, seu desempenho no mundo real, em consulados americanos espalhados pelo mundo, era sofrível.*

O cientista fez uso da observação daquelas pessoas com desempenho superior, competentes no que faziam. A seguir, categorizou tais observações em Conhecimentos, Habilidades e Atitudes (CHA) e as denominou "competências". Ou, dito de outra forma, por meio de uma equação: o que você precisa SABER + o que precisa FAZER + qual sua atitude – QUERER = COMPETÊNCIA.

Gestão por competências

Recrutar, selecionar, treinar e avaliar, atividades inerentes ao RH, baseavam-se em procedimentos e regras pensadas para o cargo, o que as tornavam inócuas e mecanizadas.

Ao substituir a antiga noção centrada no cargo por aquela focada no indivíduo, um alento soprou na área de recursos humanos, pois trouxe inteligibilidade e clareza na geração de valor para a organização. A clássica definição de competência como desempenho superior pôde, enfim, ser colocada em prática.

A estratégia da empresa poderia, enfim, ser alavancada por conhecimentos, habilidades e atitudes, levando em conta competências como autonomia, criatividade e atuação em equipe.

O desafio que enfrentamos em um novo cenário

Duas grandes correntes teóricas tratam da noção de competências de maneira distinta (RUAS, 2001): a norte-americana e a francesa.

Os autores norte-americanos entendem competências como um conjunto de conhecimentos, habilidades e atitudes que, de alguma forma, podem ser estocadas em cada indivíduo.

Nessa concepção, poderíamos identificar quais elementos de CHA (conhecimentos, habilidades e atitudes) o indivíduo possui e os complementaríamos com as competências faltantes para os objetivos estratégicos. Trata-se do denominado "*gap* de competências" ou qualificação.

Qual o problema dessa abordagem? Simplesmente não acompanha a dinâmica da realidade. Está sempre defasada. E pior, sua implementação e operação são frequentemente tratadas de forma superficial e mecanizada. Pesquisa de Dutra (2004) mostra o predomínio de empresas profissionalizadas atuantes no país que adotam tal abordagem.

Por sua vez, a corrente representada especialmente por autores franceses associa o termo "competência" à capacidade de produzir, de realizar. O que significa muitas coisas: capacidade de combinar e mobilizar adequadamente recursos conforme a situação, situação esta mutável e complexa. Acrescentem-se ainda nessa concepção francesa iniciativa, mobilização e inteligência prática.

Fleury (2002), seguidora dessa linha francesa, considera que não basta o indivíduo possuir um estoque de conhecimentos e habilidades e atitudes, pois, para ser considerado competente, é preciso existir ação, interatividade. Estamos nos referindo, em suma, a uma inteligência social e prática que se apoia em conhecimentos adquiridos.

Dessa forma, a autora formula uma definição de competência amplamente aceita: trata-se de "um saber agir responsável e reconhecido que implica mobilizar, integrar, transferir conhecimentos, recursos, habilidades, que agreguem valor econômico à organização e valor social ao indivíduo".

Definição esta que será desenvolvida e contextualizada para o ambiente dos métodos ágeis.

O que vem a seguir

A etiqueta de um bom capítulo recomenda que na sua última parte resgate-se o objetivo, faça-se uma breve recapitulação dos tópicos estudados e apresentem-se proposições.

Ampliar a compreensão do leitor sobre cargos e papéis e sua relação com o desenho da estratégia – este é o objetivo. No percurso da revisão da literatura, mostrou-se que a noção de cargos e papéis foi substituída por aquela de foco no indivíduo, portador de competências.

Mas não paramos por aí, pois salientamos que na gestão dessas competências encontramos divergências. O gestor de pessoas faria seu planejamento considerando que competências poderiam ser adquiridas e estocadas, tiradas do bolso do colete para uso no momento adequado pelo colaborador. Algo do tipo: "vamos treinar as pessoas em resolução de problemas, pois sabemos que em algum momento poderão fazer uso de tal competência". É o que se chama de estoque ou *gap* de competências, com sua infindável lista de itens.

Evidentemente, esta constitui uma visão estática de competências. Afinal, quase nunca sabemos, em um ambiente complexo, se essas coisas serão necessárias e com quais situações o profissional vai deparar.

A alternativa parece ser a concepção francesa, baseada na iniciativa, na mobilização e na inteligência prática.

132 Jornada do Ágil Escalado

É justamente nessa perspectiva de gestão de competências que podemos encontrar um diálogo com os princípios do Manifesto Ágil e seus valores. Definitivamente, noção de cargos não dá liga.

Dessa forma, damos contexto e ao mesmo tempo formulamos proposições de competência, no tocante à prática do profissional de métodos ágeis, na Tabela 21.1:

Tabela 21.1. Competências que dialogam com métodos ágeis.
Fonte: adaptado de Fleury (2002).

Saber agir	Dado um ambiente de complexidade e diversidade de um projeto, quase nunca se sabe o momento certo para agir. Por exemplo, uma demanda de um *Product Owner* não precisaria ser respondida de imediato, pois deveria ser priorizada e/ou amadurecida. Estamos nos referindo a conseguir discriminar a situação para poder agir (antecipar-se, protelar, aguardar são possibilidades).
Saber mobilizar	Ser possuidor de certificados de cursos e creditação não garante que a pessoa consiga resolver problemas ou fazer transformações. É preciso entender e saber utilizar diferentes formas de recursos (financeiros, humanos, informacionais, etc.). Recursos tangíveis e intangíveis, permanentes ou temporários.
Saber comunicar	É fato que em um ambiente com muitas partes interessadas é preciso saber se comunicar. Isso quer dizer conhecer a linguagem de negócios e dos mercados. Saber ouvir e comunicar-se eficientemente com *stakeholders*.
Saber aprender	Esta ideia refere-se ao célebre "aprender a aprender". Em um ambiente de turbulências, a obsolescência de conhecimento é a regra. Linguagens de programação e recursos de hardware são datados em curto período de tempo, perdem a validade. Dessa forma, permanecer passivo aguardando a aprovação do próximo curso não nos leva longe, e muito provavelmente nos leva à estagnação.
Assumir responsabilidades	Saber avaliar as consequências das decisões, tanto no plano interno da empresa quanto no nível externo da sociedade. Estamos nos referindo à qualidade das decisões.
Visão estratégica	Conhecer e entender profundamente o negócio da organização e seu ambiente identificando vantagens competitivas e oportunidades.

22. *Skills* para a escalada do ágil

Flaviane M. Francisco Separovic
Valéria A. Generosa

> **Aqui é demonstrado que o sucesso de uma escalada do ágil depende da compreensão dos *skills* necessários aos seus papéis, os quais precisam ser desenvolvidos de forma adequada às mudanças.**

Durante anos, muitos profissionais cresceram sob a cultura tradicional de gerenciamento de projetos. Porém, nesse momento atual, onde as organizações atuam cada vez em um ambiente ágil, é necessária a criação de um plano para a evolução de *skills* para o desenvolvimento das entregas.

O sucesso da escalada do ágil depende, portanto, da compreensão dos diversos novos *skills* necessários para os papéis envolvidos nesse processo e como desenvolvê-los com mentoria, lideranças preparadas e trabalho em parceria com o RH para criação de uma trilha de capacitação adequada, muito em linha com o capítulo anterior.

Mas afinal o que são *skills*?

Se traduzirmos do inglês a palavra significa habilidades, ou seja, são as aptidões de um indivíduo. Os *skills* são compostos por basicamente dois tipos: *hard skills* e *soft skills*. Mas qual a diferença entre eles?

Os *hard skills* são mais fáceis de mensurar – a maioria das vezes, através de certificados ou diplomas. São as habilidades aprendidas, capacitações e conhecimentos técnicos do indivíduo.

Os *soft skills* são as habilidades pessoais e sociocomportamentais identificadas através de convivência, entrevista ou testes psicológicos e comportamentais, portanto são mais difíceis de identificar.

134 Jornada do Ágil Escalado

Os dois tipos são passíveis de desenvolvimento e aprendizagem.

Para falarmos de *skills* para a escalada do ágil, é importante deixarmos claro que estes devem compor os perfis profissionais em todos os níveis da organização: no operacional, tático e estratégico. Assim, de maneira geral, vamos esclarecer quais *skills* seriam e o que é esperado em cada nível.

Nível estratégico

É composto por pessoas que irão inspirar e influenciar as demais através de padrões e comportamentos. Dessa maneira, estas devem ser as primeiras a internalizar e modelar seus comportamentos e as novas mentalidades necessárias.

Conforme descrito pelo *Scaled Agile*, os *soft skills* das lideranças são compostos de três dimensões:

Liderança pelo exemplo
- ✓ **Autenticidade:** é ter equilíbrio, falar e fazer o que pensa e acredita, assumir bônus e ônus das escolhas.
- ✓ **Inteligência emocional:** capacidade de entender e lidar com seus próprios sentimentos bem como os dos outros.
- ✓ **Aprendizado contínuo:** estar sempre em constante aprendizado, melhoria das habilidades.
- ✓ **Formação de pessoas:** é a gestão de talentos. Definir mecanismos para formar sucessores, seja formação técnica ou comportamental, via *mentoring*, por exemplo.
- ✓ **Descentralização de informações e/ou decisões:** esclarecer para todos os níveis as informações necessárias para que o trabalho seja realizado. A tomada de decisão deve ser realizada por quem tem mais profundidade e conhecimento no assunto.

Mentalidades e princípios
- ✓ **Complexidade (tudo é incerto):** temos diversas conexões e interdependências que muitas vezes geram falta de previsibilidade dos eventos.
- ✓ **Acreditar nas pessoas:** é genuinamente saber que as pessoas são o coração de qualquer negócio ou empresa, são elas que de fato fazem acontecer.
- ✓ **Proatividade (melhoria contínua):** estar sempre em busca de evolução e melhoria.

Liderança das mudanças
- ✓ **Visão:** clareza do que fazemos, aonde queremos chegar e o que faremos para chegar até lá.
- ✓ **Influência:** conforme o dicionário, é exercer uma ação psicológica sobre alguém. É inspirar as melhores atitudes e ações das pessoas.
- ✓ **Alianças:** é a união de forças para um mesmo objetivo, compartilhando riscos e benefícios.
- ✓ **Segurança psicológica:** é composto de *feedbacks* sinceros, ambiente seguro onde as pessoas possam admitir seus erros abertamente e todos possam aprender uns com os outros.

E quanto aos *hard skills*, podemos destacar:

- ✓ **Estratégia:** planos de negócios efetivos, clareza da situação atual e perspectivas de futuro, alinhados a uma gestão de capital e de pessoas.
- ✓ **Mercado:** é estar atento às necessidades dos clientes, aos concorrentes e trabalhar com antecipações.
- ✓ **Estruturas da organização:** conhecer muito bem a empresa, as estruturas organizacionais e utilizá-las da melhor forma.

Nível tático

É o nível intermediário, que possui visão da operação, informações e insumos para a estratégia. Assim, suportará e apoiará o nível acima e direcionará o abaixo. Nesse nível, podemos destacar os papéis de gestores generalistas e de especialistas, cada um com sua contribuição.

Normalmente, no nível tático temos os perfis Y e W.

No perfil Y, o profissional faz opta por uma dessas vertentes, onde a diferença entre perfil especialista e de gestão está bem definida. Já no perfil W, o profissional pode ser um técnico especialista e assumir posições de gestão e liderança, o que exige muita auto-organização para equilibrar as diferentes responsabilidades.

Como *soft skills*, podemos destacar:

- ✓ **Colaboração:** duas ou mais pessoas trabalhando juntas para atingir um objetivo.
- ✓ **Resolução de conflitos:** é a maneira formal, ou informal, em que duas ou mais pessoas encontram uma solução pacífica para determinada situação.

✓ **Facilitação:** a arte de organizar formas de trabalho, práticas e trocas de ideias de maneira mais engajadora.

✓ **Mentoria:** é a orientação direta de um líder com determinada experiência a uma pessoa ou grupo de pessoas, visando ajudá-los na conquista de seus objetivos de carreira.

✓ *Coaching*: é uma forma de desenvolvimento que busca transformação de crenças e desenvolvimento de novas capacidades com base na situação atual (onde está agora), na situação desejada (aonde se quer chegar) e ações (o que é necessário para isso).

✓ **Autenticidade:** ter autoconhecimento, saber das suas fraquezas e fortalezas e, com isso, agir de acordo com suas convicções.

✓ **Comunicação:** compartilhar informações por meio de diversas formas: oral, visual, etc. Abertura e voz ativa, seja com a liderança ou com os liderados.

✓ **Motivação:** para esse *skill* ser bem executado, talvez precise que os demais, descritos anteriormente, estejam bem desenvolvidos. Afinal, a arte de motivar vem do reconhecimento, de ser ouvido e de fazer parte de algo maior.

E quanto aos *hard skills*, elencamos:

✓ **Gestão de pessoas:** buscar maximizar o desempenho das pessoas, desenvolvendo suas melhores capacidades em busca de um objetivo.

✓ **Conhecimentos técnicos especializados:** ter um conhecimento aprofundado dos temas técnicos que envolvem a atuação no dia a dia, buscando sempre a eficiência, e eficácia, de ações e resultados.

✓ **Visão sistêmica:** ter um conhecimento amplo, entendendo o todo. Buscar a origem dos problemas, melhorar o fluxo inteiro de uma cadeia ou processo, sem precisar entrar em detalhes ou especificidades (conforme visto no Capítulo 3).

Nível operacional

Neste nível, temos os profissionais que são o "motor" da agilidade em escala. Eles são os responsáveis pelo ritmo e pela cadência das entregas. São os que fazem acontecer no dia a dia, com o suporte e direcionamento dos demais níveis.

Conforme destaca Dextra (2018), é nesse nível que temos a oportunidade de realizar experimentações, avaliar processos, novas rotinas, novas formas de trabalhar. É aqui que começa a verificação se as ações e os resultados estão agregando valor às pessoas, aos usuários finais e ao produto.

Destacamos os principais *soft skills*:

- ✓ **Trabalho em equipe:** todos trabalhando juntos com um mesmo propósito em busca de um mesmo objetivo.
- ✓ **Organização:** definição de uma agenda para planejar os dias, ter a visibilidade e o controle das tarefas, ter clareza da priorização e foco.
- ✓ **Adaptabilidade:** a capacidade de adaptação a diferentes cenários e condições; de mudar de posição caso surja um cenário melhor.
- ✓ **Manter as coisas simples:** simplicidade é uma virtude, pois traz resultados mais rápidos e evita desperdícios.
- ✓ **Comprometimento:** é se esforçar para manter o combinado, caso se comprometa com algo; é ter a responsabilidade de cumprir ou renegociar com antecedência.
- ✓ **Solucionadores de problemas:** são tomadores de decisões, executores e/ou adaptadores de cenários, visando um resultado comum para a resolução de problemas.
- ✓ **Capacidade analítica:** gerar informações e conhecimento a partir da análise e do tratamento de dados.

E como *hard skills*, é necessário conhecer diversas abordagens, como:

- ✓ **Uso de *frameworks*:** *Scrum*, SAFe®, *Nexus*, XP, FDD, etc.
- ✓ **Uso de ferramentas e técnicas:** *Management* 3.0, *Lean Inception*, *Design Sprint*, etc.

Alguns desses *hard skills* possuem um detalhamento nos capítulos da Parte IV deste livro. Outros estão no livro "Jornada Ágil e Digital" (MUNIZ; IRIGOYEN, 2019), que também faz parte da coleção Jornada Colaborativa.

Também existem alguns *skills* que podem transcender os níveis organizacionais, mas em cada nível é composto por uma visão e evolução. Alguns exemplos serão demonstrados na Tabela 22.1.

Outra visão proposta é agrupar os conhecimentos e as habilidades, ou seja, os *hard skills* e *soft skills* por categorias, conforme mostrado na Figura 22.1.

Cada líder, empresa ou organização precisa avaliar quais *skills* poderão ser mais adequados de acordo com a estratégia e o cenário atual. Neste capítulo, trouxemos algumas visões, embora esse seja um tema amplo e com diversas variações. Assim, ratificamos a importância de você avaliar o seu cenário, desenvolvendo e utilizando os *skills* que fizerem sentido.

**Tabela 22.1. Elementos comuns e o que os diferencia em cada nível.
Fonte: adaptado de Adaptworks.**

Elementos	Operacional	Tático	Estratégico
Gestão/Direção	Voltado a resultado.	Visão (propósito compartilhado).	Missão.
Comunicação	Com foco em resultado.	Diálogos de direcionamento e compartilhamento.	Autenticidade e clareza.
Atitude	Boa vontade.	Todos ganham.	Toda a cadeia da empresa ganha.
Atuação	Participação.	Comprometimento – decisão.	Lealdade.
Conexão	Cooperação.	Colaboração.	Influência.
Identidade	Membro do time.	Integrador.	Orientação, mostra o rumo.

Figura 22.1. Resumo dos principais *skills*.
Fonte: os autores.

Durante este capítulo, tentamos dividir os *skills* para mostrar os níveis de evolução. No entanto, nada é estático. Como vemos normalmente em times ágeis, os mesmos *skills* podem ser desenvolvidos em qualquer um dos três níveis.

Esperamos que esse conteúdo tenha despertado em você a importância de desenvolver e possuir os *skills* certos em cada nível da corporação, e plantado uma sementinha para ajudá-lo a florescer o seu negócio, a organização de times e a escalar o ágil.

23. O papel da liderança para escalar o ágil

Marcos Antonio Rodrigues Junior

> Destaca-se a liderança como um dos habilitadores para escalar o ágil, buscando motivar, engajar e transformar a média gestão em um parceiro estratégico nessa jornada.

Como vimos, a **abordagem ágil** surgiu da necessidade de atender às solicitações de clientes com dinamismo, produtividade e flexibilidade. Surgiu como uma alternativa para combater os obstáculos que o desenvolvimento de software enfrentava com o uso das técnicas de gestão tradicionais, o famoso modelo cascata, e hoje não está confinada apenas no mundo da tecnologia. Diversas indústrias e empresas dos mais variados setores perceberam que isso não é só coisa de TI, mas deles também.

No entanto, no ágil, a abordagem de gerenciamento é totalmente iterativa, passando por curtas etapas de planejamento e desenvolvimento. Além disso, trata a mudança organizacional como algo nada fácil e que não acontece imediatamente.

Figura 23.1. O papel da liderança para escalar o ágil.
Fonte: adaptado de Sobral e Peci (2008).

140 Jornada do Ágil Escalado

Conforme vemos na Figura 23.1, a organização é dividida em **três camadas**. No entanto, a interação entre elas normalmente fica assim:

- ✓ O **estratégico** detém o conhecimento das decisões e dos rumos que tomaremos; onde estão o presidente, diretores e sócios da empresa.
- ✓ O **tático** recebe as informações da camada estratégica com a missão de dar ritmo, realizar a gestão, avaliar e possibilitar o cumprimento das metas estabelecidas pela camada superior, sendo composto por gerência, coordenação e supervisão.
- ✓ No **operacional** estão todos os executores da empresa, quem de fato põe a mão na massa, embora muitas vezes não cheguem até esta camada informações importantes de o porquê executar ou aonde se quer chegar. São os que vivem os problemas da organização.

Quando adotamos modelos **ágeis**, o que se pretende é eliminar a forma de trabalho em silos e compartilhar a maior quantidade de informações, possibilitando que todos possuam a mesma visão e trabalhem orientados a uma mesma direção.

Dessa forma, permite-se que inclusive a camada operacional possa se auto-organizar de acordo com o ritmo necessário e na melhor forma de trabalho possível para alcançar os objetivos estratégicos determinados.

Quando há a necessidade de realização de trabalhos em escala, deve-se redobrar a atenção à cadência e sincronização (Capítulo 30), orientando-se pela cadeia de valor global da organização e quebrando os silos, trazendo o sentimento de pertencimento a todos os envolvidos no trabalho executado.

Independentemente da estratégia adotada para implementação do ágil, seja uma mudança global imediata ou a partir de um projeto piloto inicial, **toda a liderança deve ser treinada, engajada e estar ciente das mudanças**.

Em uma empresa onde acompanhei a migração para o ágil a decisão foi de partir para um projeto piloto. Foi montada uma equipe que representava bem a empresa, com pessoas brilhantes e colaborativas, outras difíceis de trabalhar, desafiadoras e que odiavam mudança. Enfim, a opção era ter um time que representasse todos os perfis de colaboradores.

Foi desafiador, mas a coisa estava fluindo bem até aparecer um impedimento que necessitava do auxílio de outro setor que ainda não trabalhava com abordagens ágeis.

Nesse caso, o *Scrum Master* (a equipe usava o *framework Scrum*) foi conversar com o gerente do setor em questão, informando que precisavam daquela atividade para prosseguir no trabalho da *Sprint* e que aquilo estava impedindo a implantação de uma solução disruptiva, a qual iria gerar um aumento de receita mensal de R$ 1 milhão para a empresa.

O gerente disse que colocaria a atividade na fila, pois tinha outra prioridade, que estava atendendo ao pedido de um dos diretores e que não moveria o seu pessoal para a outra atividade que, agora, se apresentava como prioritária.

Aqui temos com um exemplo do que não deve acontecer de forma alguma. **Os líderes agora precisam ser maestros, servidores e incentivadores justamente do trabalho contínuo, fluido e escalado.** Todos da organização devem estar voltados para o resultado e foco comum de gerar o maior valor percebido para o seu cliente.

Normalmente, é mais fácil os times operacionais absorverem mais rápido as mudanças e estarem mais aptos a abandonar o modelo tradicional pelo modelo ágil. Porém, não é raro depararmos com gerentes experientes que, muitas vezes, chegaram a um ponto de estagnação, estão acostumados a fazer o seu trabalho do mesmo jeito há anos e normalmente têm uma maior resistência inicial em mudar.

Todas as camadas da organização devem ser conduzidas ao entendimento da nova forma de trabalho e pensamento. Entretanto, **os líderes são os que deverão mudar primeiro o seu *mindset***, devendo evoluir para serem de fato os líderes que os times precisam, e não mais exercer o papel de "chefe".

Agora eles passam a atuar mais como líderes servidores, sejam coordenadores, gerentes, diretores ou presidentes, uma vez que são parte da engrenagem organizacional. Esse perfil de líder ágil é detalhado em outro livro da Jornada Colaborativa, o "Jornada Ágil de Liderança".

Para isso, os líderes deverão entender e incentivar que todos tenham consciência de como o trabalho poderá ser escalado. Independentemente do porte da sua empresa, devemos atentar para o sincronismo e a cadência das atividades, e isso reflete-se muito além das fronteiras departamentais.

O fluxo de valor, que é base para a filosofia *Lean* e do universo onde está inserido o ágil, dará a exata percepção de integração e escalabilidade das atividades, como visto no Capítulo 10.

E o líder deverá desenvolver características como capacidade de persuasão, empatia, escuta ativa, negociação, humildade e confiança, que darão subsídios para, de fato, mentorar seus times.

A mudança com a forma de implementação do novo modelo de trabalho será obtida através do novo *mindset*, e cabe aos líderes incentivar que a operação e a nova forma de pensar sejam difundidas pela organização. Em adição, metodologias e *frameworks* ágeis são capazes de refletir diretamente nas entregas e nos rumos da empresa.

Seus problemas com prazos, manutenção de requisitos de diferentes produtos e uma possível falta de integração entre os times serão mais facilmente resolvidos com essa abordagem e forte atuação da liderança, que, além de tudo, deve se preocupar em gerar novos líderes para isso.

Para o sucesso do trabalho do time, os seguintes valores são imprescindíveis, e o líder deve refletir todos eles e ser o seu agente disseminador:

1. **Confiança.** Deve-se estabelecer um ambiente de confiança, onde as pessoas possam confiar umas nas outras e o líder deve transparecer isso, inspirando o time. Quando há crise de confiança, tudo desmorona.
2. **Respeito.** Somos seres sociais, e seja com o trabalho remoto ou presencial, precisamos conviver com outras pessoas. Para isso, devemos respeitar as diferenças, saber ouvir e refletir sobre as divergências de opinião. O líder deve respeitar a individualidade de cada integrante do time, suas particularidades e não pensar que conduzirá uma gestão linear.
3. **Transparência.** Não pode haver conversas paralelas e informações escondidas. O líder não pode esconder o "jogo". Isso evita má interpretações e fofocas que levariam à constituição de silos. Quanto maior a transparência na comunicação, melhor.
4. **Integridade.** Faça e pratique o que fala! Integridade é a palavra de ordem para todos do time e, para o líder, condição principal para desempenhar o seu papel. Pessoas e times nos quais se pode confiar trazem e conquistam a segurança e a confiança necessárias para o sucesso.
5. **Autonomia.** A autonomia está muito ligada à liberdade na maneira de se expressar, expondo sua opinião, propondo soluções, errando e incentivando a evolução. Para ter liberdade, o líder deve dar autonomia para as pessoas que estão envolvidas no processo.

Com o posicionamento adequado e forte atuação da liderança, sua organização só tem a ganhar, **trabalhando uniformemente com as atividades escaladas, sincronizadas, bem cadenciadas e com foco único.**

Assim, chegamos ao seguinte quadro que resume bem o papel da liderança no esquema de trabalho de empresas ágeis, conforme Figura 23.2:

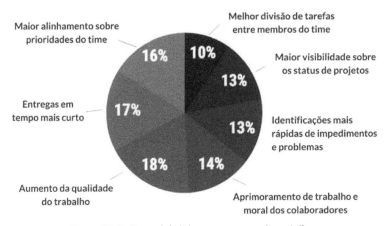

Figura 23.2. O papel da liderança para escalar o ágil.
Fonte: adaptado de Arbex.

Dessa forma, vemos a importância do líder na adoção e disseminação dessas práticas, sobretudo em pavimentar o caminho para que as pessoas alcancem um desempenho superior e dando o direcionamento às equipes (tanto técnico quanto estratégico), garantindo o alinhamento necessário para a atuação com times em escala.

24. A jornada colaborativa

Regiane Moura Mendonça
Nelson Tadeu Diaz

> **O objetivo do texto é destacar a necessidade de entendimento por parte do colaborador de qual é o seu papel dentro do time e na escalada do ágil.**

Estimativas ágeis são baseadas em outros princípios importantes. O primeiro é que não existe uma pessoa que, de forma centralizadora, faça as estimativas pelo time. Estimativas são feitas pelas pessoas que construirão o produto. O segundo princípio é que estimativas não são documentos assinados em cartório. (Robson Camargo e Thomaz Ribas)

Quando falamos de empresas ágeis, não tem como não falar em colaboração e flexibilidade com mudanças.

Essas premissas já surgem a partir do Manifesto Ágil (2001), que começa com interação e envolve a colaboração. Por isso, ao falar do ágil escalado, igualmente é necessário que já exista um ambiente colaborativo e integrado.

Em adição, as mudanças que eventualmente irão ocorrer estão relacionadas ao princípio de que nada começa totalmente planejado, sendo necessário ir adaptando e flexibilizando a execução conforme o andamento.

Times colaborativos

As práticas ágeis, através de seus *frameworks*, dão certo quando os times atuam de forma colaborativa, auto-organizada e autogerenciada.

Times colaborativos possuem foco na melhoria da eficiência do time, de forma generalizada, como um todo, onde todos os membros se envolvem em todas as etapas, desde o planejamento até a execução e distribuição de tarefas.

Além disso, o próprio time define suas metas, as quais precisam ser atingíveis e reais, sendo necessário sempre considerar o fator humano dos membros dos times.

Estes precisam estar engajados, desenvolvendo o sentimento de pertencimento.

Lankhorst e Van Eck (2018) explicam o fator humano nos times colaborativos ágeis:

> *Pense sobre honestidade, confiança, o balanço entre a individualidade do membro da equipe versus a equipe como uma unidade, coragem, determinação, intuição, liderança, desenvolvimento, aprendizado a partir dos erros, gerenciamento de mudanças, motivação, pressão dos pares e por aí vai. Todas estas coisas serão vivenciadas de forma diferente por cada membro da equipe, e isso terá impacto no sucesso da equipe. Estes fatores humanos são absolutamente críticos para uma implementação bem-sucedida de métodos ágeis. A experiência nos ensina que dentro dos frameworks ágeis é imprescindível prestar atenção na, e estimular a, colaboração, a crítica construtiva e a melhoria contínua, para garantir a colaboração bem-sucedida ao longo das sprints.*

Trabalhar o fator humano, portanto, é o que dará estrutura para desenvolver os times para o ágil escalado, como dito no Capítulo 18.

Cocriação

Ao falar da colaboração mais do que negociação, como consta no Manifesto Ágil (2001), envolvemos tanto o cliente interno quanto o externo. E a colaboração leva à cocriação.

A cocriação surge de uma concepção compartilhada e traz uma proposta de envolvimento de todos os membros da equipe.

Podemos falar que a cocriação é uma ferramenta para a inovação. O seu uso de forma estratégica favorece a colaboração e abre espaço para novos agentes, que irão fomentar a escalada de resultados.

Camargo (2019) explica os pilares que sustentam a cocriação:

✓ Acesso a recursos e informações por ambas as partes.
✓ Diálogo entre as partes para alcançar os objetivos traçados.
✓ Compreensão não só dos benefícios, mas dos riscos da estratégia.
✓ Transparência em todas as ações.

Mapa das mudanças

Na escalada do ágil, é importante mapear os colaboradores em relação ao seu perfil, para identificar o tipo de colaboração que cada um poderá ter e possíveis resistências às mudanças.

Com isso, cria-se um mapa das mudanças, com os apoiadores e os sabotadores. Além de definir o time que irá suportar toda a mudança.

A ideia é transformar os sabotadores em apoiadores, entendendo o motivo da resistência e, principalmente, o papel que o colaborador poderá ter durante o processo de escalada.

Dentro de times ágeis temos vários papéis, e é importante identificar o papel que cada membro da equipe poderá exercer na escalada, ajudando a construir o ambiente de colaboração.

Como visto no Capítulo 21, papéis são maneiras de flexibilização das atribuições originárias do cargo e que podem ser muitos, exercidos por indivíduos de acordo com suas competências para alavancar os resultados.

Com isso, ter a capacidade de agir, mobilizar, comunicar, aprender, assumir responsabilidades e ter uma visão estratégica garantirá ao indivíduo a condição para "jogar em diversas posições" durante sua jornada na escalada do ágil.

O colaborador no time escalando o ágil

A escalada do ágil ocorre quando surge a necessidade de trabalhar com múltiplos times focados em um objetivo único, existindo riscos de conflitos e integrações ineficientes. Quando a escalada ocorre para o nível organizacional, o risco é maior.

Primeiro, é necessário que todos os times entendam os objetivos do projeto/programa e/ou estratégicos e saibam aonde precisam chegar, gerando um alinhamento entre todos os membros de todos os times.

O planejamento da escalada do ágil envolve o que é chamado de "plano mestre", onde há a convergência dos objetivos dos times e todos combinam a direção do projeto.

Um planejamento dentro do ágil escalado, além do plano mestre, envolve outras etapas, sendo, basicamente, conforme Jepsen (2018) afirma: "1. quebra de requisitos; 2. plano mestre; 3. *big room planning*; 4. planejamento da *Sprint*".

No plano mestre, constam os papéis de todos os times, em concordância, evitando assim perda de tempo na busca de objetivos individuais.

As estimativas definidas pelos times facilitam o entendimento e tornam mais claros esses objetivos, da mesma forma que os membros precisam conhecer seus papéis e estar alinhados com os demais times para o atingimento do objetivo geral.

O ágil em escala se configura pelo compartilhamento e pela colaboração dos times em busca de um único propósito. Por isso, o alinhamento entre os times deve ser muito grande, juntamente com o esclarecimento dos papéis de cada membro de cada equipe.

Ele propõe uma mudança cultural que envolve pessoas, ferramentas e práticas em busca da colaboração para atingir as estratégias.

Escalando resultados

A utilização de práticas ágeis e o desenvolvimento de times colaborativos nos levam a conquistar maior produtividade. Esse é um dos maiores motivos da valorização das práticas ágeis.

A prática de *feedbacks* contínuos também garante o sucesso, pois o ambiente de confiança favorece a discussão dos problemas e suas melhorias, bem como o alinhamento sobre a expectativa quanto aos papéis exercidos pelos colaboradores e os objetivos alcançados.

Ao incentivar e preparar um ambiente de colaboração e também de abertura às mudanças, os resultados se tornam mais claros e evidentes.

Concluindo, podemos falar que o primeiro princípio para o ágil escalado dar certo é desenvolver os membros dos times para entender a necessidade de alinhamento e espírito de colaboração, sabendo qual seu papel esperado em toda essa jornada.

25. *Team building*: a importância de envolver o time na estratégia da empresa

Paulo Emílio Alves dos Santos
Lucas Tito
Karla Karolina Cavalcanti de Lima e Silva
Fernando Cunha Siqueira Filho

> **Este capítulo aborda o envolvimento do time com a estratégia e a construção da visão do time com base na confiança, na complementaridade, no desenvolvimento e no gerenciamento de expectativas.**

Os estudos científicos sobre grupos já contabilizam mais de 122 anos. Estamos nos referindo aqui a um largo espectro de tempo que se inicia com o Taylorismo (por volta de 1900), passando pela Escola de Relações Humanas, Funcionalismo, Estruturalismo, Reengenharia e Movimento da Qualidade (Toyotismo).

Um *continuum* no qual as equipes foram adquirindo cada vez mais importância. Em todo esse período, a mais relevante das lições é a de que precisamos preparar e acompanhar os times no seu desenvolvimento.

O pressuposto de que um grupo de trabalho já nasce pronto, bastando apenas prover objetivos, recursos, *frameworks* e tecnologias de compartilhamento e de comunicação, é falho por ignorar mais de um século de estudos científicos.

Uma equipe só pode dar resultados efetivos após algumas etapas de transformação, por meio de suas dinâmicas internas. Eis aqui o tema central do nosso capítulo, por ser extremamente relevante para aqueles que pensam no engajamento estratégico desses grupos.

Devemos deixar claras as diferenças conceituais entre grupos e equipes. Para Katzenbach e Smith (2015), grupo é o coletivo de indivíduo, cujo resultado de seu trabalho é a **soma de esforços**, podendo apresentar, ou não, um propósito em comum.

Uma equipe ou time, por sua vez, tem como resultado de seu trabalho não somente a soma de esforços, mas a **sinergia**. Isso se dá porque o time é constituído por membros com habilidades complementares, alinhados por um propósito único e, dessa forma, motivados.

Infelizmente, nem todo grupo pode ser transformado em um time, visto que isso requer um desenvolvimento cognitivo e psicológico. Quer dizer, um propósito em comum, senso de colaboração e engajamento dos membros da equipe. Podemos arriscar dizer que quanto maior a maturidade mais altos serão os voos, engajando-se na estratégia da organização.

> *Nós, os autores*
>
> *Decidimos propor algo diferente neste capítulo. Quase que fazendo uso de metalinguagem, mostramos nossos debates internos. Um pouco de nossa cozinha para visitação está disposto em boxes no decorrer do texto. O objetivo é convidar o leitor para uma reflexão sobre as teorias apresentadas.*

Teorias de desenvolvimento de equipes

A seguir, descrevemos três teorias de desenvolvimento de equipes que são aceitas na gestão de projetos, produtos ou serviços (MAXIMIANO, 2017).

1. Teoria dos Estágios de Desenvolvimento de Tuckman

Essa teoria indica as etapas que um time trilha durante sua história, iniciando pela sua criação até sua dissolução.

- ✓ **Forming**: é o estágio inicial de formação, quando os membros estão começando a interagir. Caracteriza-se pela incerteza sobre os propósitos do grupo, sua estrutura e liderança. Depende bastante do líder para obter respostas.

> *Parece-nos que a liderança nesta etapa é de fundamental importância. Isso lembra a teoria Management 3.0, que destaca a maestria, a autonomia e o empoderamento do time.*

- ✓ **Storming**: é o momento onde os membros mostram suas habilidades, conhecimentos e personalidades. Como essas inevitavelmente coincidem ou se diferenciam, o atrito, a dita tormenta, sempre é esperado. Se na fase anterior havia desconfiança sobre tudo, aqui há estranhamento, principalmente contra os outros membros. Conflitos de toda ordem podem emergir.
- ✓ **Norming**: é o momento onde, superada a fase mais crítica, normas, procedimentos e valores são acordados e aceitos. É neste momento que emerge a coesão do grupo, já que as pessoas se reconhecem como membros da equipe. Ações e decisões começam a fluir, dado que já encontramos padronização e coordenação nos comportamentos.
- ✓ **Performing**: é a etapa que ocorre após um processo de maturação; o time consegue atuar de forma coordenada, adaptar-se aos obstáculos internos e externos, obter resultados e planejar o futuro.

> *Para alguns gestores, a equipe se encontra neste estágio no início de um projeto. Mera ilusão! Afinal de contas, os grupos de trabalho não nascem prontos.*

- ✓ **Adjourning**: é a última etapa de um time e ocorre quando ele é desfeito por qualquer motivo. Com o anúncio da interrupção das atividades da equipe, sentimentos conflitantes, como luto, perda, alívio ou desânimo, emergem.

> *A princípio, tiraríamos o Adjourning do texto. Por quê?*
>
> *É que não se aplica muito à realidade da TI, sobretudo quando pensamos em agilidade e em times de produto, visto que o esperado é que o time permaneça vivo. Se o propósito tiver que mudar, que o time seja o mesmo com um novo propósito e novo objetivo. Dessa maneira, evitamos voltar para a etapa de forming novamente.*
>
> *No entanto, temos consciência de que em muitos lugares a realidade não é bem essa. Em uma montadora com a qual temos contato, por exemplo, os times são multifuncionais para atuar em projetos temporários. Além disso, é estimulado que os funcionários façam rodízio entre os projetos e que o trabalho seja parcial, porque a outra parte de seu tempo será gasta com sua unidade de negócio particular e não com projetos.*

2. *Punctuated Equilibrium*

Connie Gersick (1988) elaborou a **Teoria do *Punctuated Equilibrium*** (Equilíbrio Pontuado), bastante mencionada nos manuais de projetos mais atualizados, cuja inspiração é o modelo evolucionista de Darwin. Implica em dizer que, assim como seres vivos, os grupos se transformam não por pequenas progressões, mas por saltos, que servem para restabelecer o equilíbrio. A seguir, a Figura 25.1 demonstra tal dinâmica:

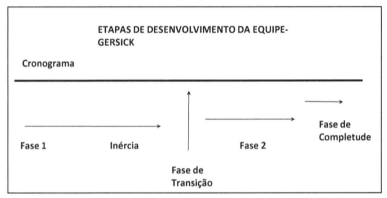

Figura 25.1. Fases de transformação da equipe.
Fonte: os autores.

Essencialmente, o desenvolvimento de um grupo adapta-se à linha de tempo de um projeto.

Na **fase 1**, o grupo recebe sua encomenda de projeto (*assignment*), recursos, membros e opta por uma abordagem.

Em seguida, a ação começa e juntamente uma fase de **inércia** na comunicação, resultando no decréscimo na coordenação de esforços.

Na metade do prazo estipulado pelo cronograma (**fase de transição**), algum membro alerta o grupo disso. O time se assusta, se reúne novamente e, por não lembrarem claramente o que foi deliberado no primeiro encontro, tomam novas decisões.

Segue mais um período de inércia sem comunicação (**fase 2 de inércia**) e, por fim, ocorre mais um encontro para arrematar o final do projeto (**fase de completude**).

Essa teoria é inspirada na teoria evolucionista da seleção natural, na qual as mutações dos seres vivos se dão por acumulações e saltos.

> *Essa abordagem é para projetos e não produtos ou serviços, visto que indica que há um início, meio e fim.*
>
> *A teoria se refere à construção de um grupo e não de um time. Os comportamentos descritos são consequência do cenário.*
>
> *Durante as fases de inércia, é possível que um líder, ou outro papel que se importe com a fluidez do fluxo de trabalho, aplique dinâmicas para minimizar os impactos negativos e promover algo similar a uma formação de time, buscando maximizar a performance do grupo.*

3. CAS (*Complex Adaptive System*)

De acordo com o CAS, mencionado no Capítulo 1, os times podem ser considerados em si um sistema complexo, e, dessa forma, o desenvolvimento das equipes se dá em três estágios: **formação, operação e metamorfose.**

É algo bem parecido na essência com a teoria de Tuckman. Mas o que diferencia uma teoria da outra é justamente sua inserção no ambiente e, principalmente, ordens de complexidade.

Note que grupos ou times com pouca diversidade de membros, projetos, ferramentas, recursos, normas e relações são definitivamente menos complexos, quando analisados de maneira isolada.

Estratégia e escalabilidade

Agora que trilhamos as teorias de desenvolvimento de grupos ou times, iremos debater sobre a implementação da escalabilidade nas organizações, bem como o engajamento em nível estratégico.

A noção de propósito é fundamental para isso (veja no Capítulo 9). Nesse sentido, a organização deve ter uma maneira de transmitir o seu propósito para os times, de forma que todos trabalhem por um objetivo em comum, facilitando a agilidade e o engajamento dos times na estratégia da empresa.

154 Jornada do Ágil Escalado

Isso só será possível se for promovido um alto grau de transparência e visibilidade. Para entender um pouco mais sobre a importância disso, indicamos a leitura do Capítulo 13, que trata dos OKRs (*Objectives and Key Results*).

Além disso, na Parte IV deste livro são apresentados vários *frameworks* para aplicar a agilidade de maneira escalável. Boa parte desses *frameworks* depende da atuação de times de forma conjunta, por exemplo, em ritos e cerimônias.

A partir dessa informação, precisamos ressaltar para os líderes e *coaches* que existe uma necessidade intrínseca de aceitar, respeitar e estimular a troca entre os times de maneira segura, sem que laços sejam rompidos nem silos sejam criados, além de não incentivar a competitividade tóxica.

Nesse sentido, é de extrema importância trabalharmos a transparência e a visibilidade, a fim de mantermos uma comunicação clara na relação desses times. Estamos falando aqui de *feedback* ou conversas pessoais.

Entretanto, é preciso entender que nem todo *feedback* é bem-vindo em qualquer momento. Por isso, invista em técnicas de gestão do clima e faça as pessoas se conhecerem.

Uma falha crítica em qualquer um dos aspectos apresentados na coordenação e manutenção da relação entre os times pode fazer com que ocorra uma regressão aos estágios anteriores (vide a teoria de Tuckman, por exemplo).

Para concluir, é preciso ter em mente que a escalabilidade com times é algo implementável, desde que não nos esqueçamos jamais de um dos principais valores do Manifesto Ágil: indivíduos e interações mais que processos e ferramentas.

26. Gestão do conhecimento para perpetuar o ágil como cultura

Regiane Moura Mendonça

> O intuito do capítulo é demonstrar a interação e integração da gestão de competências, processos e capital intelectual com a gestão estratégica e a escalada do ágil na organização.

> *(...) o melhor modo de escalar o Agile em uma empresa é encontrar uma equipe que já esteja se comportando de modo ágil – mesmo que ela não esteja se referindo a si mesma dessa forma – e trabalhar com essa equipe a fim de documentar e compartilhar as práticas que ela vem usando. (Matt LeMay)*

A escalada do ágil não segue processos fixos; tudo começa a partir da necessidade da organização. É necessário partir de um processo real na empresa e então perpetuar essa cultura, criando os princípios e processos próprios para a organização.

Para isso, é preciso um intercâmbio de informações na organização, iniciando um processo de gestão do conhecimento, onde haverá troca e compartilhamento de dados e informações que garantam uma escalada ágil eficiente.

Essa interação e troca de conhecimentos tem seu primeiro estágio acontecendo no nível dos times, podendo alcançar a organização como um todo a partir da integração entre os times, sobretudo quando estes trabalham em um objetivo em comum.

Gestão da cultura ágil

A implantação do ágil deve surgir do desejo de satisfazer o cliente, que é um dos seus princípios. Entretanto, ao falarmos dessa satisfação, é com o intuito de oferecer soluções para as suas necessidades.

A cultura ágil nasce da priorização do cliente, ou seja, da missão da organização focada nele. O alinhamento da cultura organizacional com as práticas ágeis, seguindo as estratégias de negócios, é o primeiro passo para o desenvolvimento da gestão do conhecimento na organização.

Gestão do conhecimento

Do inglês *Knowledge Management* (KM), gestão do conhecimento envolve várias áreas, como gestão estratégica, sistema de informação, sociologia, psicologia, entre outras.

Apesar desse termo ter sido conhecido em 1993, em conferência da Ernest & Young em Boston, em 1990, o vice-presidente do *Canadian Imperial Bank of Commerce* (CIBC), Hubert Saint-Onge, desenvolveu um modelo chamado Estrutura dos Ativos do Conhecimento em suas pesquisas sobre gerenciamento do conhecimento.

Também merece destaque o modelo SECI, desenvolvido por Nonaka e Takeuchi em 1990, que apresentou o ciclo da transformação do conhecimento, que descreve o conhecimento tácito (não formalizado) e o conhecimento explícito (formalizado), e sua transformação em conhecimento organizacional.

Atualmente, entendemos que o conhecimento deriva das experiências e informações de todas as pessoas, o que leva à necessidade do seu gerenciamento, conectando todas as fontes do conhecimento.

Conforme Rebouças (2014),

> *O conhecimento, além de suportes, necessita de gestão, processo de armazenagem, zelo na guarda de suas informações, gerenciamento e canais para a sua disseminação. O conhecimento abrange o capital intelectual, o capital humano, a capacidade de pesquisar e inovar e a inteligência empresarial.*

A gestão do conhecimento garante a sinergia entre toda a empresa na escalada do ágil e facilita o acesso às informações para melhor utilização e desenvolvimento dos talentos da empresa, contribuindo para as tomadas de decisão e proporcionando melhorias na produção e na prestação de serviços.

A gestão do conhecimento no mundo ágil

Na aplicação dos conceitos de agilidade, surgem algumas dificuldades, como, por exemplo, a rotina dos processos. Essa rotina torna possível a gestão do conhecimento, com trocas entre os membros, colaboração e foco.

Os métodos ágeis proporcionam um processo público de entregas, sobre as quais todo o time tem conhecimento, o que facilita as interações entre as atividades, engajando o time e buscando comprometimento dos seus membros.

Um detalhe importante é que times ágeis precisam continuamente rever os processos em busca da melhoria contínua, uma característica da prática ágil. Para isso, é necessário o pleno conhecimento do processo de trabalho, pois para aprimorar um processo é necessário conhecê-lo.

Todas essas informações possuem o lado de tecnologia e o lado de negócios. As tribos, que são junções de *squads* dentro de áreas e/ou projetos em comum, precisam compartilhar essas informações dentro de sua área de expertise e adaptá-las ao negócio e/ou à tecnologia, sempre mantendo a cultura e o DNA da empresa, obviamente.

Fernandes (2019) apresenta quatro objetivos da gestão do conhecimento totalmente utilizáveis nas práticas ágeis:

> *Capturar o conhecimento: esse objetivo pode ser alcançado ao criar repositórios de informações estruturadas em documentos, memorandos, relatórios, apresentações, manuais e artigos, que possam ser facilmente resgatados conforme a demanda;*
>
> *Melhorar o acesso ao conhecimento: esse propósito depende da facilitação do seu acesso e da transferência entre as pessoas;*
>
> *Aprimorar o ambiente organizacional: criando políticas de incentivo ao compartilhamento do conhecimento entre as pessoas;*
>
> *Valorizar o conhecimento disponível: algumas organizações estão incluindo o capital intelectual em seus balanços, enquanto outras aproveitam o ativo para gerar novas formas de receitas, reduzir custos e inovar.*

Nas organizações, a utilização de práticas de educação corporativa é uma das formas de evoluir o conhecimento nas organizações. O uso dessa prática está relacionado ao oferecimento de ações de treinamento e desenvolvimento, estimulando o aprendizado e focando na aquisição e troca de conhecimento. Com a educação corporativa, as organizações podem ampliar a memória organizacional e a inteligência coletiva.

A memória organizacional pode ser explicada como as informações armazenadas e compartilhadas da organização. Envolve processos e operações antigas que poderão ser utilizados em processos e operações futuras.

A inteligência coletiva nas organizações é o conjunto das inteligências individuais através das quais ocorre o compartilhamento da memória e dos conhecimentos.

Entretanto, é necessária uma cultura organizacional que fortaleça a troca e o compartilhamento do conhecimento, onde todo o conhecimento gerado é considerado ativo corporativo.

Alguns fatores precisam ser considerados junto com a cultura para implantar a gestão do conhecimento. São eles: pessoas, processos, conteúdos e tecnologia. Esses fatores também são imprescindíveis para as práticas ágeis.

A gestão do conhecimento no mundo ágil faz um intercâmbio entre o capital humano, o capital estrutural e os clientes. Esse intercâmbio fortalece a cultura ágil e proporciona a dinâmica necessária para as práticas ágeis.

Podemos concluir, portanto, que a gestão do conhecimento é parte obrigatória para as empresas escalarem o ágil, considerando que ele possibilita o intercâmbio de informações entre os times, construindo o conhecimento e disseminando, assim, as melhores práticas.

27. Case Jornada Colaborativa

Júnior Rodrigues

> Propósito, colaboração e escala. Três pilares que balizam os resultados alcançados por essa comunidade e que explicam a proporção que tudo isso acabou tomando. Acompanhe neste capítulo.

O início

No dia 06 de junho de 2019, essa jornada começava a tomar forma, com o lançamento oficial do primogênito dessa grande família: o livro "Jornada DevOps" (MUNIZ et al, 2019)!

O que era pra ser a concretização de um sonho que começou solitário com o seu idealizador, Antonio Muniz, acabou se tornando um grande experimento, um MVP para tudo o que viria depois.

O livro se tornou realidade graças à participação de 32 excelentes profissionais do mercado, que abraçaram esse sonho e, sem atentarem para os impactos daquilo que estavam realizando, criaram as bases para uma das comunidades mais relevantes do país.

Nascia a Jornada Colaborativa!

A partir de então, mais e mais pessoas se uniam ao grupo, com a mente audaciosa do Muniz bolando novas ideias e sendo alimentada por uma galera com vontade de fazer acontecer, surgindo mais dois novos integrantes: "Jornada Ágil de Qualidade" e "Jornada Ágil e Digital" (onde fiz o meu *début* na comunidade).

O sucesso dessas duas grandes obras, juntamente com seu lançamento nos eventos realizados no fim de 2019, fez com que o *roadmap* de livros da comunidade crescesse exponencialmente.

De lá pra cá, vários novos temas foram surgindo, outros filhos foram nascendo (até o momento, já foram publicados o "Jornada Saudável" e o "Jornada Ágil de Produto") e alguns estão na fase de gestação, uns mais avançados, outros ainda no início.

Não posso deixar de mencionar um dos grandes feitos da comunidade, do qual tive a honra de participar da curadoria: o "Jornada Ágil de Liderança". Com ele, pudemos trazer uma experiência transmídia, ferramentas e entrevistas com grandes líderes.

O ponto alto dessa obra, que extrapolou o limite de suas páginas, como uma criatura se libertando de seu criador tomando vida própria, é o Manifesto da Liderança Ágil na Era Digital. Trata-se de um documento cocriado por 32 mentes brilhantes e outorgado por 12 líderes. Acesse o QR *Code*:

Figura 27.1. QR *Code* Manifesto da Liderança Ágil na Era Digital.

Essa experiência incrível me deu o *insight* e a confiança necessários para propor e liderar a união de todo esse conteúdo que está nessas páginas, formando o "Jornada do Ágil Escalado"! A repercussão foi tão grande, com a adesão de tantas pessoas, que eu e o Muniz tivemos a certeza de que foi uma escolha acertada.

Formado o timaço na curadoria, com Ana, Alex, Débora e Guilherme, estava dado o desafio de apoiar a escrita dos mais de 60 coautores nessa jornada que se propõe a ajudar o leitor a escalar o ágil em sua organização.

E o *roadmap* de livros, onde foi parar? Até a última contagem, tínhamos mais de 30 títulos no total, sendo a meta publicar mais alguns em 2020 até chegar ao montante de 15 publicações! Um desafio de respeito!

PARTE IV.
COMO ESCALAR O ÁGIL?

28. Uma agilidade coordenada tem mais chance de sucesso

Claudio Mattos
Silvio Eutímio

> O objetivo este capítulo é explicar como coordenar os esforços da organização para escalar o ágil.

Em um primeiro momento, muitas pessoas pensam que agilidade em escala é ter muitas equipes ágeis, e a coisa que mais vem à mente quando se pensa em agilidade em escala é: como será realizada a coordenação entre os times ágeis?

Nesse contexto, estamos olhando apenas para o alinhamento horizontal, porém não basta olhar apenas para essa dimensão. É de extrema importância que, além de termos times coordenados, esses times estejam alinhados à estratégia da organização, ou seja, que exista o alinhamento vertical (como consta na Figura 28.1).

Dessa forma, será possível responder às mudanças rapidamente, como foi o caso, por exemplo, da pandemia causada pelo COVID-19 e ocorrida em 2020, que mudou completamente o cenário mundial, exigindo que muitas empresas realizassem uma mudança de estratégia.

Dito isso, responder às mudanças, conseguir redirecionar toda a organização rapidamente para uma nova realidade e realizar entregas de produtos/serviços que façam sentido e que gerem valor ao cliente não pode ser esquecido. Se entregarmos de forma dessincronizada podemos deixar de priorizar o que de fato gera valor.

Uma agilidade coordenada tem mais chance de sucesso

Figura 28.1. Alinhamento vertical e horizontal.
Fonte: adaptado de Argento (2020).

Falando de agilidade de maneira geral nas empresas, ela surge de forma orgânica e dispersa (Figura 28.2), abaixo do radar da alta gestão. Até é possível gerar times produtivos, porém isso não se traduz em resultados amplos, fazendo-se necessária a adoção de práticas de agilidade em escala (Figura 28.2).

Muito se discute quais metodologias e *frameworks* devem ser adotados para essa migração. Porém, o mais importante é o processo de definição, planejamento e as ações para que essa mudança ocorra.

Figura 28.2. Caos e agilidade em escala.
Fonte: adaptado da Broadcom (2017).

Frameworks para escalada do ágil

Somente com a adoção de práticas de agilidade em escala será possível atingir um sistema otimizado e não local, uma agilidade focada no resultado do negócio, coordenada, com visão holística, disruptiva, organizacional, escalável e alinhada.

Existem diversos *frameworks* que serão explorados ao longo desta parte do livro.

Importante frisar que os *frameworks* não devem ser encarados como uma receita de bolo que deve ser seguida cegamente; eles são uma base de conhecimento com princípios, práticas e competências comprovadas dentro de determinados ambientes. Entretanto, a adoção de um desses *frameworks* é de suma importância para evitar o trabalho desnecessário e focar naquilo que realmente é importante, economizando tempo.

A organização deve adotar práticas, papéis e cerimônias que façam sentido para ela, a despeito do *framework* a ser usado. Uma vez que papéis e cerimônias tenham sido escolhidos, é de grande importância que todos entendam e saibam o motivo da adoção, para evitar que se faça algo apenas por estar escrito no manual, pois uma execução disciplinada do processo irá atingir centenas ou milhares de pessoas.

A frequência distinta das equipes no uso de *frameworks* ou metodologias não deve ser de forma prescritiva quanto ao formato, mas, sim, adequada aos fluxos de trabalho, à cultura e aos princípios da organização, que é viva e pode mudar de acordo com o momento.

A cadência das cerimônias e papéis busca garantir a coordenação dos diversos pontos para atingir os objetivos. A observação do fluxo de trabalho, o planejamento do que será entregue com revisões globais e a revisão da capacidade e suas dependências das atividades devem ser constantes, independentemente do tipo de *framework* ou metodologia.

Dito isso, é importante que as cadências estejam sincronizadas e que o planejamento e as revisões ocorram de forma simultânea entre todos os times, pois somente dessa forma será possível evitar que um determinado time seja parado no meio de uma execução.

Assim, o trabalho é feito de forma coordenada, com os objetivos nas entregas contínuas de valor aos clientes, com equipes que buscam a evolução da maturidade continuamente e se tornam times de alto desempenho, que respondam às mudanças rapidamente de forma organizada e garantindo a produtividade e a qualidade.

Um ponto importante a ressaltar é que, independentemente do *framework* escolhido, o que todos possuem em comum são: valores, princípios, práticas e métodos.

Quando pensamos em valores é possível citar como exemplo o alinhamento. Todos os times devem estar alinhados com a estratégia da empresa (SCALED AGILE, s.d.). Um outro valor-chave de agilidade é a transparência, que deve ser feita no seu limite máximo, dando espaço seguro para que as opiniões possam ser dadas de tal forma que não exista retaliação.

Não podemos deixar de comentar sobre a qualidade, e nesse contexto vale a pena citar uma frase que está no SAFe®: "**You can't scale crappy code**", ou seja, "**você não pode escalar códigos ruins**".

O que essa frase quer dizer na prática é que não dá para escalar produtos ruins, porque o preço será cobrado no futuro de forma muito rápida, com o surgimento de *bugs* e retrabalho, afetando a capacidade de gerar melhorias nos produtos e criar inovações.

Quanto aos princípios, vale a pena mencionar o pensamento sistêmico (vide Capítulo 3). A ideia central nesse princípio é que precisamos compreender o sistema como um todo para que seja possível otimizar todos os componentes inter-relacionados, e não apenas um componente.

É claro que, a depender do *framework* analisado, eles possuem diferentes valores/princípios, mas todos convergem na mesma linha, que é ter o cliente como foco central.

As práticas e métodos servem para roteirizar o que deve ser feito, não obrigando, mas sim fornecendo uma biblioteca do que pode ser realizado. Essas práticas já foram testadas com centenas de *cases* e compiladas em *frameworks*, guias, métodos. O importante é ter em mente que essa escolha poderá facilitar a jornada.

Conclusão

Para o sucesso de uma agilidade em escala é preciso existir alinhamento vertical e horizontal, adoção de práticas de agilidade em escala e um *framework* que faça sentido para a empresa e que seja de fato seguido por todos.

29. Escalando ágil com *data driven engineering*

Guilherme Santos

> O intuito aqui é apresentar o que é *data driven engineering* e como ele pode alavancar uma implantação de ágil escalado.

A estratégia de dados e o mundo VUCA

Não há dúvidas de que em um mundo cada vez mais VUCA a estratégia orientada a dados tem sido a mais buscada pelos executivos. Isso porque as empresas começam a trabalhar cada vez mais com o cliente no centro. E trabalhar com esse foco está revolucionando a nossa forma de pensar, desenhar, prever, desenvolver e controlar sistemas complexos.

Até o final da década passada, a tomada de decisão era muito baseada em suposições, e seus produtos e serviços partiam de processos internos, ou seja, de dentro da empresa, conforme ilustrado na Figura 29.1. A imagem a seguir nos leva a uma reflexão clara do quão distante o processo das empresas estava da experiência do cliente.

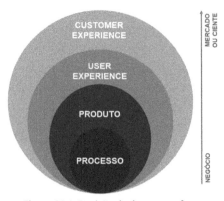

Figura 29.1. Decisão de dentro pra fora.
Fonte: o autor.

Ao longo dos anos, houve uma mudança significativa na maneira como as empresas tomam decisões de negócios. As suposições tradicionais deram lugar à tomada de decisão baseada em fatos e orientada a dados (*data driven*).

A adoção de soluções *data driven* inverteu totalmente a cadeia de valor. A partir de então, a experiência do cliente passou a ter mais relevância dentro das empresas, conforme Figura 29.2.

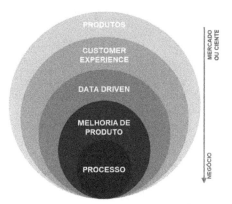

Figura 29.2. Decisão orientada a dados.
Fonte: o autor.

À medida que as empresas reconheceram as vantagens de tomar as decisões a partir dos dados de experiência dos clientes, muitos dos desafios associados à agilidade começaram a ser vencidos. Um deles é o empoderamento dos times ágeis de desenvolvimento, e como estes começam a utilizar dados para construir e refinar o *backlog* do produto.

A utilização dos dados para definir a estratégia da escalada

A orientação de dados se tornou um caminho confiável para os altos executivos, C-*Levels* e investidores. Utilizando uma abordagem de dados, a empresa começa a trilhar um caminho da escalabilidade cada vez mais sustentável, pois está baseada em uma visão que independe de *frameworks*, métodos ou práticas de mercado.

Com base nos dados, a estratégia de escalada é construída e constituída para atender à necessidade de cada empresa. Esse é um grande exemplo do conhecido "modelo" Spotify. A Figura 29.3 reflete a aplicação do conceito de escalada a partir de dados.

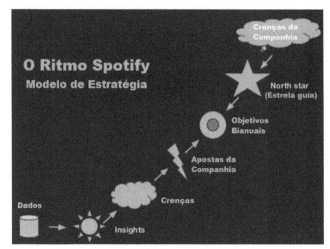

Figura 29.3. Modelo de estratégia do Spotify.
Fonte: traduzido e adaptado de Antman (2016).

Compreender o real motivo do desenvolvimento exponencial de empresas como Spotify nos leva a um entendimento claro de dois fatores que motivam erros ou falhas na implantação da escalabilidade:

1. O plano de escalabilidade está se baseando no que deu certo para o Spotify, por exemplo, e não no racional utilizado. O pano de fundo do crescimento exponencial da empresa não está pautado em *frameworks* como SAFe®, LeSS, Scrum@Scale, DA ou outros.
2. Existe um modelo de planejamento estratégico claro e tudo parte desse planejamento, onde são definidos objetivos de dois anos e apostas estratégicas da empresa.

A incorporação de utilização dos dados para definir a estratégia da escalada passa a dar direcionamentos claros para as áreas da empresa, estimulando a adoção entre os gestores e resolvendo divergências na tomada de decisão sobre o melhor caminho a seguir.

Em um futuro próximo, é muito provável que os conceitos de inteligência de negócios e *data driven* tornem-se um só, onde estratégia organizacional e dados sejam premissas para definir planos de escalada do ágil.

Crie um ambiente de aprendizado para trabalhar com *data driven*

Um dos grandes desafios dos times ágeis é trabalhar com inteligência de dados. Você precisa criar um ambiente de aprendizado ou de mudanças organizacionais que esteja conectado com as estratégias do *data driven*, criando um modelo seguro e realmente escalável.

Para construir uma estratégia realmente sustentável, é necessário ter uma consciência clara das estratégias do *data driven* com foco na escalada do ágil:

1. **Coleta de conhecimento:** defina e construa uma estrutura de trabalho onde seja possível trabalhar com centenas de milhões de dados, que podem ser coletados, tratados e interpretados para gerar *insights* valiosos.
2. **Compreensão:** entenda como os *insights* de produtos e as oportunidades de mercado estão aderentes às estratégias organizacionais.
3. **Aplicação:** defina os critérios de aplicabilidade que tornam os dados realmente essenciais e agregam valor para a tomada de decisão.
4. **Síntese:** defina o modelo de inter-relação dos elementos analíticos e *dashboards* com indicadores que demonstram entrega de valor.
5. **Avaliação:** avalie constantemente e colete *feedback* de todos os níveis da escalada (estratégico, tático e operacional).

O monitoramento de toda a estratégia deve ser realizado trimestralmente entre os times estratégicos e a cada seis semanas entre os times técnicos de produtos. É de grande valia realizar encontros de *checkpoint* mensais para entender os avanços dos times, os dados gerados, os principais *insights* e, mais ainda, se os times estão no caminho certo para alcançar os objetivos do trimestre.

Considere também uma análise crítica sobre o que foi feito, o que será feito e quais os resultados dos esforços. Pense em uma gestão de *releases* com base em dados que tornam a empresa mais competitiva e proativa, permitido que os dados dos consumidores estejam no centro das decisões.

Com a tecnologia subjacente a quase todos os aspectos do seu negócio, você pode usar os dados gerados para ver exatamente o que está acontecendo em sua organização e usar as informações para tornar seu negócio mais ágil, testando diferentes cenários e seu sucesso.

Você não precisa necessariamente ser um cientista de dados para colher os frutos. Existem algumas etapas simples que você pode seguir para tornar suas decisões de negócios mais orientadas a dados.

Escalar o ágil nas empresas é uma missão extremamente complexa, e todo o processo de escalada precisa estar apoiado em fatos, fornecendo argumentos sólidos e embasados para que se tenha uma maior chance de sucesso nessa empreitada.

30. Cadência e sincronização

Alexsandro T. de Carvalho

> O texto destaca a importância de estar sincronizado e ter a mesma cadência nas equipes, que é um dos grandes desafios para escalar ágil. Não adianta ter cadência e não estar sincronizado.

A importância de estar sincronizado e ter a mesma "velocidade" (cadência) nas equipes é um dos grandes desafios para escalar ágil. Não adianta ter cadência e não estar sincronizado, como diz uma frase célebre dentro do mundo do SAFe®: "cadência não é nada sem sincronização".

E esse é um ponto de extrema importância quando estamos buscando ter um fluxo harmônico, porque limita o acúmulo de variações. Mas o que significa cada um desses termos dentro do mundo ágil?

A cadência é o ritmo em que uma equipe faz entregas sucessivas. Por exemplo, uma equipe que entrega, mais ou menos, 20 pontos de histórias a cada *Sprint* tem uma cadência. Os benefícios da cadência são:

- ✓ Converte eventos imprevisíveis em eventos previsíveis e ajuda a baixar o custo.
- ✓ Permite prever tempos de espera e transformá-los em tempo útil.
- ✓ Suporta o planejamento regular e permite coordenação entre equipes.
- ✓ Limita o tamanho do *batch* (lote).

Já a sincronização pode ser representada pelos seguintes pontos:

- ✓ Ajuda que múltiplos eventos aconteçam ao mesmo tempo.
- ✓ Permite a troca ou intercâmbio entre equipes diferentes.
- ✓ Permite gerenciar rotinas dependentes.

Por isso se diz que existe uma real necessidade de sincronização, principalmente quando trabalhamos com múltiplos times em paralelo.

Quem já fez planejamento com times ágeis sabe que é necessário, e muito importante, o sequenciamento de histórias, além de identificar as dependências entre elas. Isso quer dizer que não dá para começar uma atividade B que depende de outra atividade A sem que esta tenha terminado. Por isso a sincronização é importante.

Vamos analisar o seguinte cenário:

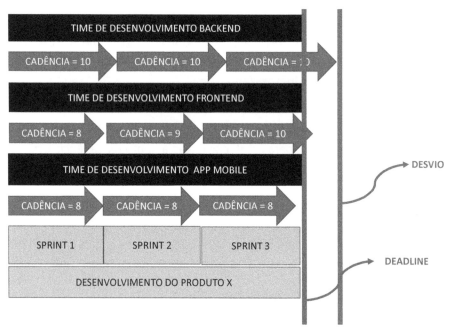

Figura 30.1. Exemplo de cadência sem sincronização.
Fonte: o autor.

São três equipes trabalhando simultaneamente em diferentes pontos de desenvolvimento de um mesmo produto. O time do *back end* precisa terminar seu trabalho dentro do tempo planejado, pois os demais times dependem dele para realizar os testes integrados e validar a solução.

Acontece que, seja pelo motivo que for, o time de *back end*, já na primeira *Sprint*, não entrega todas as histórias necessárias para alimentar as *Sprints* das demais equipes.

Temos aqui um grande problema, pois ambas as equipes dependentes vão ter que esperar para realizar os testes integrados. E isso fatalmente irá postergar o prazo final de entrega do produto, como podemos ver a seguir:

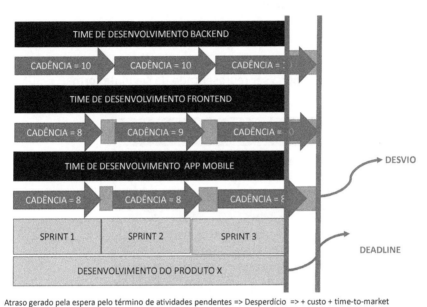

Figura 30.2. Problemas da cadência sem sincronização.
Fonte: o autor.

Isso é um verdadeiro desastre para o time de negócios, que tem um *time-to-market* para cumprir ou outro produto similar será lançado antes, fazendo-o perder mercado.

Agora imagine várias equipes trabalhando simultaneamente em várias funcionalidades, com várias dependências e objetivando a entrega de um ou vários *value streams*, ou partes de um produto. Se não houver uma orquestração perfeita (cadência e sincronização), você terá grandes problemas.

Imaginemos um time recém contratado e treinado, prestes a começar sua *Sprint*, mas o time predecessor não terminou, por exemplo, o *back end*. Complicado, não é? Você terá um time parado, gerando custos e agregando zero valor ao negócio. Isso precisa ser evitado. Por isso a cadência e a sincronização são tão importantes.

Quando estamos dentro do cenário de ágil em escala, esse assunto é ainda mais importante e complexo. Vamos pensar no seguinte cenário: como ter sincronização com um grupo de 10 times? Um *Scrum Master* cuidando de cada time? Quem vê o todo?

Em *frameworks* de ágil em escala, entram papéis do tipo *Scrum* de *Scrums*, *Release Train Engineer* etc. (como veremos nos capítulos a seguir). Este é o "Scrum Master Master", que cuida para que todos os times, cada um com seu *Scrum Master*, tenham cadência e estejam sincronizados.

Existem cerimônias específicas para garantir essa sincronia e é super importante que todos, todos mesmo, de todos os times, saibam a direção a seguir. Um mundo ideal para o ágil em escala poderia ser representado da seguinte forma:

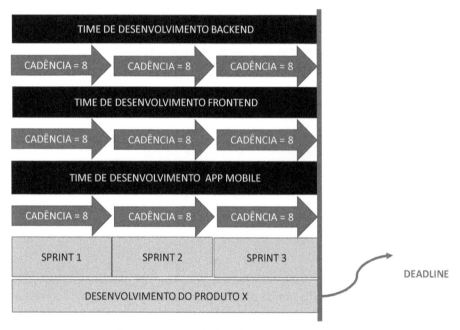

Figura 30.3. Exemplo de cadência com sincronização.
Fonte: o autor.

Por isso o replanejamento constante é importante. Se você tentar realizar um só planejamento para 10 times trabalharem por 10 *Sprints*, não vai funcionar. Os desvios fazem parte do dia a dia. Para isso, temos um replanejamento que deve ser feito a cada X *Sprints*, o que ajuda os times desviados a voltar aos trilhos.

E, claro, ao final de cada *Sprint* também deve ser feita essa validação: tudo foi terminado? Sim. Excelente. Não há impactos. Algo passou para a *Sprint* seguinte? Temos um problema que afetará o planejamento como um todo. Temos que atuar imediatamente e tomar as ações necessárias de correção de rumo!

O responsável pela equipe de *Scrum Masters* é quem tem o papel de cuidar da sincronia entre os times, garantindo a entrega do incremento do produto.

E onde fica a cadência? Parece que começamos a falar da sincronização e esquecemos de voltar na cadência, certo? Errado. É muito difícil ter sincronização se não houver cadência nos times. É necessário medir essa cadência para garantir que cada qual inicia e termina (com um *buffer*) dentro de um *timebox*, para não afetar os demais times.

Caso haja um problema que afete as entregas, entra em cena o perfil que coordena os *Scrum Masters* para cuidar de realizar os ajustes necessários (passar uma história para outra *Sprint*, outra *release*, puxar uma *feature*, eliminar histórias etc. etc.). É o replanejamento entrando em cena.

O mais importante para se ter em conta é que cada time entregue sua *release* testada e com valor a cada incremento de produto. Se houver falhas, isso impacta toda a *release*, e estamos falando de vários times trabalhando em simultâneo. Sim, é bem complexo, mas calma: dá pra fazer!

Para que todas essas engrenagens, e olha que só falamos de algumas, funcionem em perfeita sincronia, é muito importante ter as reuniões de planejamento para os incrementos do produto, para assegurar colaboração, alinhamento e adaptação rápida.

Todos saem dessas cerimônias conhecendo o rumo da empresa, em consenso sobre o que vão entregar, em quanto tempo vão entregar e qual o impacto disso para o negócio. Bom, nem preciso citar a importância do *DevOps*, certo? Sem ele nada disso faz sentido (vide Capítulo 8).

Se queremos realizar entregas rápidas, com valor agregado e de alta qualidade, é necessário pensar no *continuous delivery pipeline*. Realizar entregas contínuas é tão importante quanto ter cadência e estar sincronizado. Afinal, o que o negócio vai validar são as entregas com valor agregado e alta qualidade que os times em escala irão realizar.

31. *Lean Portfolio Management*

Wesley de Sá Teles
Rafael Gomes dos Santos
Fernando Hannaka
Roberto Caldas
Guilherme Santos
Marcos Afonso Dias
Alexsandro T. Carvalho

O objetivo deste capítulo é apresentar uma visão geral sobre a gestão de portfólio de forma enxuta como base para a escalada do ágil.

Contexto

Já pensou como seria se uníssemos os melhores métodos de produção em série, testados em vários segmentos de mercado e empresas ao redor do mundo, em um *framework* para gestão de programas e projetos ágeis? Essa é a proposta do *Lean Portfolio Management* (Gerenciamento Enxuto do Portfólio)!

A gestão de portfólio tradicional baseia-se no financiamento por projetos, na organização de equipes temporárias, em orçamentos anuais baseados em métricas, estimativas e planejamento em marcos predefinidos. Esse tipo de prática funciona bem em ambientes estáveis e previsíveis. Hoje vivemos tempos incertos, em uma economia globalizada altamente volátil, com transformações que só aumentam o grau de incerteza.

Após a Segunda Grande Guerra, era justamente esse o cenário que a Toyota vivia no Japão. Um cenário incerto, que exigia o uso adequado dos recursos disponíveis para produzir. Assim surgiu o que hoje conceituamos como *Lean Manufacturing*.

Os conceitos *Lean* (alguns inclusive chamam de filosofia *Lean*) saíram das linhas de produção automotivas e foram aplicados em vários outros segmentos de mercado.

Lean Manufacturing e Lean Startup

Se você não vem do segmento industrial, talvez não tenha vivenciado o *Lean manufacturing* e o impacto que ele causou na indústria mundial desde os anos 50-60. Entretanto, deve conhecer muito bem alguns princípios, pois alguns deles estão nos fundamentos do Manifesto Ágil.

Esses princípios foram idealizados nas linhas de produção da Toyota pelo Engenheiro Taiichi Ohno e deram origem ao Sistema de Produção Toyota. Mas o termo *Lean* se originou e se popularizou a partir de 1990. Conhecê-lo fará você entender muitas ações por trás do conceito de agilidade, e por isso reforçamos aqui:

1. **Valor.** Quem define o preço? Quem desenvolve o produto ou quem compra o produto? Excelente pergunta, não é mesmo? Se eliminarmos as atividades desnecessárias e otimizarmos aquelas que agregam valor para o cliente, aumentamos o nosso lucro (uma vez que o preço é definido ou pelo cliente ou pelo mercado)!
2. **Fluxo de valor.** Qual o melhor fluxo ou aquele que agrega mais valor? Outro excelente questionamento! O fluxo de valor é aquele que possui justamente o menor número de etapas no processo para produzir valor! Uma história interessante sobre este princípio é a do JEEP (*Just Enough Essential Parts*), que construiu um modelo icônico com somente as peças essenciais.
3. **Fluxo contínuo.** Se sabemos o que gera "valor" e criamos o melhor "fluxo de valor", o que falta para aumentarmos a nossa produtividade? Fazer tudo isso no menor tempo possível! Qualquer semelhança com *Continuous Delivery/ Continuous Integration* (CD/CI) não é mera coincidência.
4. **Produção puxada.** Posso me antecipar e gerar esse valor antes que o cliente me solicite? A resposta correta é que a produção deveria ser puxada pelos pedidos dos clientes. Entende agora o porquê da importância de um *product backlog* priorizado antes do início de uma *Sprint* ou do fluxo *Kanban* das atividades?
5. **Melhoria contínua.** Um dos mais famosos princípios. Sempre é possível fazer melhor e mais rápido, sem desperdício.

Eric Ries (2012) cunhou a expressão *Lean Startup* para designar os passos que os jovens empreendedores trilhavam para lançar produtos inovadores no mercado usando os poucos recursos (daí o termo enxuto) disponíveis em cinco etapas:

1. Reduzir ao máximo o tempo de criação de um produto, focando no desenvolvimento do chamado "Produto Mínimo Viável".

2. Aprimorar constantemente o produto conforme os resultados obtidos, reduzindo os ciclos de desenvolvimento.
3. Testar continuamente o produto junto aos usuários, coletando métricas para auxiliar no aprimoramento.
4. Consumir o mínimo de recursos até encontrar o produto que se encaixa às necessidades do mercado.
5. Pivotar seu produto ou modelo de negócio radicalmente se não tiver aceitação.

Portfólio enxuto

Agora que temos os conceitos de gestão de portfólios e *Lean* alinhados, podemos introduzir os conceitos do *Lean Portfolio Management* (LPM), o qual visa tornar o gerenciamento do portfólio um processo mais flexível, para possibilitar entregas com maior agilidade e valor para o cliente.

Sua diferença mais relevante consiste na entrega de valor ao cliente, sendo também a sua principal métrica para priorização de soluções de alto impacto, que agreguem valor no momento certo. Isso só é possível com um modo de pensar enxuto e ágil.

Com base nesse *mindset*, a principal preocupação no gerenciamento de portfólios é evitar desperdícios. Isso se aplica tanto para recursos financeiros como para a questão de utilização do tempo, condução de processos e gestão do conhecimento.

O sonho das corporações é administrar um "portfólio enxuto"!

Um portfólio pode ser administrado de várias formas nas empresas. O objetivo em comum é a habilidade de financiar projetos e produtos alinhados com as estratégias empresariais. Mas o foco ou a abordagem da administração pode ser diferente.

Alguns exemplos de gestão de portfólios são:

1. **Negócios.** Um conjunto de áreas de negócio distintas agrupadas por uma administração central.
2. **Produto.** Um conjunto ou linhas de produtos que a empresa administra para aumentar a sua participação no mercado.
3. **Projeto.** Um conjunto de projetos ou programas com objetivos de aumentar o faturamento, reduzir custos ou simplesmente para organizar as equipes em torno de um objetivo comum.

4. **Inovação.** Um conjunto de iniciativas com o objetivo de introduzir novos produtos, métodos de trabalho ou novos mercados de atuação.
5. **Investimentos.** Também conhecido como "carteira", está relacionado com a diversificação de investimentos financeiros.

Um portfólio enxuto busca justamente focar em um conjunto de metas estratégicas de negócios que se desdobram em projetos, que visam criar produtos inovadores, otimizando os investimentos.

Gestão de portfólios

Existem inúmeros *frameworks* ágeis na atualidade, e cada um vai propor uma linha de raciocínio para definir o que seria um portfólio enxuto. Aqui procuramos nos distanciar de qualquer limite preestabelecido por um *framework* para focarmos na essência do termo!

Assim, independentemente do *framework* que você escolher para trabalhar ou se especializar, você terá os subsídios necessários para criar e administrar o seu portfólio, com base nos fundamentos do *Lean* e da Gestão de Portfólios (Figura 31.1).

Lean Portfolio Management na visão da Jornada Colaborativa

Backlog
O backlog é composto por tarefas que estão alinhadas com a estratégia da empresa.

Escala
A base para o ágil escalado: entrega de valor continua para o cliente, em ciclos cada vez menores e de maior valor.

Equipe Engajada
A equipe sabe que pode trabalhar focada nas tarefas do backlog. Todo trabalho realizado vai agregar valor ao cliente.

Cliente
O Cliente é quem define o valor. Ele é o foco do nosso portfólio.

Indicadores
Os indicadores são baseados na geração de valor e não na quantidade de tarefas.

Valor
O valor é gerado após a realização de cada tarefa. Pequenas tarefas geram valor para o cliente.

Estratégia
Somente o que vai gerar valor para o cliente é priorizado.

Figura 31.1. *Lean Portfolio Management* na visão da Jornada Colaborativa.
Fonte: os autores.

Para gerenciar um portfólio com efetividade, é preciso entender que há inúmeras diferenças entre a gestão de portfólios e a gestão de projetos. Os projetos estão mais ligados ao dia a dia operacional, e o portfólio está mais ligado com o futuro e a estratégia.

Um portfólio saudável é pautado pelo alcance dos resultados individuais dos projetos! E por ter uma visão do futuro, a gestão do portfólio exige antecipação às tendências e aos riscos, para que a tomada de decisões possa ocorrer antes que determinados eventos ocorram.

Nesse cenário a estratégia tem um papel fundamental para manter o portfólio enxuto. Assim, questionamentos como os listados a seguir devem ser constantes para o gestor do portfólio:

✓ A expectativa do cliente é a mesma desde o início do projeto?
✓ O MVP (Mínimo Produto Viável) ou POC (Prova de Conceitos) entregue ao cliente indica que estamos no caminho certo ou devemos alterar a rota?
✓ Detectamos alguma outra oportunidade de negócio ou produto através da interação com nosso cliente?
✓ Os indicadores de desempenho mostram qual tendência de desempenho futuro?

Um gestor de portfólios precisa lidar diariamente com uma infinidade de variáveis e riscos que se alteram a todo momento, controlar diversos prazos e custos de projetos diferentes, e manter a integração entre todos os envolvidos.

Esses elementos podem tirar a atenção do gestor do portfólio com atividades rotineiras e desviar sua atenção ao longo do tempo. Assim, também se faz necessário manter somente os principais indicadores de monitoramento e controle ativos, para que o foco na estratégia não seja disperso.

Vantagens da gestão do portfólio enxuto

1. **Agilidade na tomada de decisão.** Pelo fato de o portfólio conter somente os projetos ou produtos essenciais para a organização, a tomada de decisão é facilitada. Os estágios de decisão são minimizados, pois tem-se a certeza de que os projetos e produtos priorizados atendem aos objetivos estratégicos da companhia e aos anseios dos clientes.
2. **Alinhamento estratégico.** Um portfólio enxuto traz efetividade à gestão financeira da organização como um todo. Tem-se a certeza de que os processos, projetos e produtos estão alinhados com os objetivos da alta direção e entregando valor para os clientes (princípios ágeis). Caso esse alinhamento ainda não exista, esse é o momento certo para utilizar técnicas como "pivotar" para alinhar os projetos e produtos.

3. **Comunicação efetiva.** Se estamos trabalhando somente com o que é essencial, focados na entrega de valor ao cliente e alinhados com a estratégia da organização, o que flui nas reuniões e troca de e-mails? Justamente os pontos de conflito ou decisão que precisam ser tratados. O restante flui através dos times auto-organizados em *Sprints* ou *releases* predefinidas com objetivos claros de entrega.

4. **Otimização dos recursos.** Um portfólio enxuto pressupõe recursos limitados, justo o necessário. Esta é uma das melhores estratégias para não inchar a equipe e manter todos com foco nas entregas de valor aos clientes. A organização também tem a certeza de que, com o aumento de demanda, novas contratações devem ser realizadas, pois os times atuais estão focados nas próximas entregas.

Como implementar a gestão do portfólio enxuto?

Não é uma tarefa fácil abordar esse tema nas organizações. E existem várias razões para que isso ocorra:

1. O alinhamento da alta direção e da organização como um todo com relação ao termo "valor", principalmente com o "valor definido pelo cliente".

2. O processo de mudança cultural exigido para implantar um portfólio enxuto, como descartar ideias ou produtos que aparentemente têm "valor".

3. A tênue linha do risco *versus* oportunidade. Um portfólio enxuto deve administrar os principais riscos ao "valor". Mas alcançar esse ponto de equilíbrio é uma tarefa árdua.

Para abordar o tema na sua organização estude e aplique as técnicas e ferramentas da gestão de mudanças e de cultura organizacional (um conjunto de práticas e estratégias com o objetivo de promover uma transição na organização). Diferentemente da gestão tradicional, onde os times se formam em torno de projetos, em portfólios enxutos a organização das equipes é realizada em torno do valor.

Trata-se de um processo em que os gestores, junto com as equipes, procuram vivenciar as transformações (tangíveis ou não) de modo a extrair delas o máximo de oportunidades possível.

Outra abordagem está ligada à gestão dos investimentos. As perguntas poderosas que só o dinheiro pode responder:

1. Quem está financiando o portfólio?
2. Qual retorno é esperado desse financiamento?
3. Se reduzirmos 10% do nosso portfólio atual, nosso lucro aumentaria ou diminuiria?
4. Se aumentarmos 10% do nosso portfólio atual, nosso lucro aumentaria ou diminuiria?

A implementação de um portfólio enxuto está mais ligada a fatores culturais, organizacionais e financeiros do que relacionados com a gestão de portfólios ou *Lean Manufacturing*.

Conclusão

A "gestão do portfólio enxuto" engloba os princípios do *Lean Manufacturing*, amplamente utilizados por vários segmentos do mercado, alinhados com as melhores práticas e ferramentas da gestão de portfólios.

No segmento das *startups*, Eric Ries criou a expressão *Lean Startup* para designar os passos que os empreendedores trilham para lançar produtos inovadores no mercado, usando poucos recursos.

Um portfólio enxuto aumenta a entrega de valor, reduz o tempo para o valor chegar ao cliente e garante que todos estejam trabalhando naquilo que gera esse valor, mesmo que ele mude com o tempo.

Esse modo de pensar nos leva para um fluxo contínuo de entrega, servindo como base para escalar a abordagem ágil em toda a empresa. Nesse modelo, as equipes têm a certeza de que trabalhar limitando o WIP (*Work in Progress*) é mais importante do que iniciar várias frentes de trabalho.

Trabalhar uma única tarefa com foco total é um grande desafio nas equipes ágeis, principalmente quando o *backlog* é grande. Mas dentro de um portfólio enxuto os membros das equipes conseguem se concentrar na geração de valor e não na simples execução de tarefas.

Gerar valor é mais importante do que concluir mais tarefas, sendo que as tarefas que estão no *backlog* são "enxutas" e estão alinhadas com a estratégia da empresa. Se você está vivendo o desafio de escalar o ágil na sua empresa, um bom ponto de partida é criar um portfólio enxuto!

32. *Disciplined Agile*

Anderson Sales
Gustavo Rates
Rosiana da Silva Bertolazi
Déborah Zavistanavicius Zapata
Ricardo Dias de Cantuária Faria
Paulo Alves

Neste capítulo são apresentados os conceitos, papéis e responsabilidades, a estrutura dos *blades* e como se valer de um *kit* de ferramentas existentes para a entrega contínua de valor com o uso do *Disciplined Agile* (DA).

Introdução

Desde 2001, ano que marcou o lançamento do Manifesto para Desenvolvimento Ágil de Software, popularmente conhecido como Manifesto Ágil, temos acompanhado uma grande transformação e constante evolução na forma de desenvolver produtos e gerir projetos.

Faz parte dessa evolução a conclusão de que não basta apenas produtos e projetos serem desenvolvidos de forma ágil se toda a organização e se todas as interfaces dos negócios também não estiverem no mesmo ritmo, comprometidos e trabalhando com uma visão comum.

De acordo com a pesquisa *Pulse of the Profession* 2020, realizada pelo *Project Management Institute* (PMI), a agilidade organizacional ou *business agility* foi eleita pela maioria dos líderes executivos pesquisados como fator mais importante para alcançar o sucesso no futuro que está começando.

A proposta do DA – *Disciplined Agile* – é apoiar pessoas, equipes e organizações na escolha da sua melhor forma de trabalhar, fugindo de uma predisposição recorrente nas ofertas ágeis de que *one size fits all*, ou seja, um modelo serve para todos.

O DA é um *kit* de ferramentas que tem como princípio a sensibilidade ao contexto (*context count*) e que oferece estratégias e práticas ágeis que podem ser compostas e combinadas com qualquer método ou *framework* ágil (*Scrum*, XP, *Kanban*, SAFe®, *LeSS* e muitas outras) de maneira personalizada e escalável.

O *Disciplined Agile* foi desenvolvido originalmente na IBM por Scott Ambler e Mark Lines entre 2009 e 2012, a partir de observações empíricas sobre o que realmente estava ocorrendo na prática, o quanto estava funcionando e em que situações funcionava.

Essas informações foram organizadas e consolidadas posteriormente no livro *Disciplined Agile Delivery: a practitioner's guide to agile software*, lançado em 2012 e com a fundação do *Disciplined Agile Consortium*.

Em agosto de 2019 o PMI adquiriu os direitos do *Disciplined Agile*, mantendo a liderança de seus fundadores e promovendo uma nova estratégia de disseminação de conhecimento, com treinamentos, livros, conteúdo digital, trilhas de certificações, entre outras ações.

Estrutura do *Disciplined Agile*

O DA está estruturado em *layers* (camadas) e *process blades* (lâminas de processo).

O *toolkit* do DA suporta ambos os tipos de ágil em escala:

- ✓ **Tático:** junto à camada dos times, visa aplicar e endereçar todos ou a maior parte dos fatores para escala, tais como: tamanho do time, distribuição geográfica, distribuição organizacional, domínio da complexidade, complexidade técnica e a parte de *compliance* de forma apropriada.
- ✓ **Estratégico:** junto ao nível organizacional, visa aplicar estratégias *Lean* e ágeis por toda a organização, não somente na área de TI.

O DA abrange, portanto, uma ampla coleção de opções de processos, incluindo práticas, estratégias e fluxos de trabalho que devem ser escolhidos e aplicados de maneira sensível ao contexto. Dentro de cada *layer*, temos *process blades* específicas que têm como objetivo tratar de uma parte da organização, como finanças, gerenciamento de pessoas, gerenciamento de dados, entrega de soluções ágeis, compras e muito mais, conforme será demonstrado na Figura 32.1 e nos tópicos a seguir.

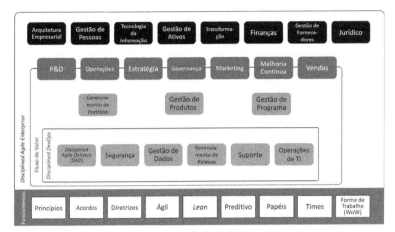

Figura 32.1. Esturuta do DA.
Fonte: adaptado de PMI.

Fundamentos

São guiados pelo *mindset* que está detalhado e organizado em três temas: princípios, acordos e diretrizes.

Princípios

Os princípios do DA foram definidos com base no trabalho desenvolvido por renomadas autoridades da agilidade em todo o mundo. Eles fornecem uma base filosófica para a agilidade organizacional. São esses os oito princípios fundamentais:

Figura 32.2. Os oito princípios do DA.
Fonte: adaptado de PMI.

- ✓ **Encantar o cliente.** Precisamos ir além da satisfação das necessidades de nossos clientes, além de atender às suas expectativas. Se não o fizermos, alguém os encantará e os roubará de nós. Isso se aplica tanto a clientes externos quanto a clientes internos.
- ✓ **Contexto importa.** Toda pessoa, toda equipe, toda organização, é singular. Enfrentamos situações únicas que evoluem com o tempo. A implicação é que devemos escolher nossa maneira de trabalhar (*way of working* – WoW) para refletir o contexto que enfrentamos e depois evoluí-la conforme a situação.
- ✓ **Ser incrível.** Devemos sempre nos esforçar para sermos o melhor que pudermos e sempre melhorarmos. Quem não gostaria de trabalhar com pessoas incríveis, em uma equipe incrível, para uma organização incrível?
- ✓ **Pragmatismo.** Nosso objetivo não é ser "ágil", é ser o mais eficaz possível e melhorar a partir daí. Para fazer isso, precisamos ser pragmáticos e adotar estratégias ágeis, enxutas ou mesmo tradicionais quando elas fizerem mais sentido para o nosso contexto. No passado, chamamos esse princípio de "pragmatismo".
- ✓ **Escolher é bom.** Para escolher nosso WoW de maneira pragmática e orientada ao contexto, precisamos selecionar a técnica mais adequada à nossa situação. Ter escolhas e conhecer as vantagens e desvantagens associadas a essas escolhas é essencial para escolher o WoW que seja mais adequado para o nosso contexto.
- ✓ **Otimizar o fluxo.** Queremos otimizar o fluxo de valor do qual fazemos parte e, melhor ainda, em nossa organização, e não apenas otimizar localmente nosso WoW em nossa equipe. Às vezes, isso será um pouco inconveniente para nós, mas no geral seremos capazes de responder com mais eficiência aos nossos clientes.
- ✓ **Organizar em torno de produtos/serviços.** Para encantar nossos clientes, precisamos nos organizar para desenvolver ofertas, produtos e serviços que eles precisam. Na verdade, estamos organizando em torno de fluxos de valor, porque os fluxos de valor produzem valor para os clientes, externos e internos, na forma de produtos e serviços.
- ✓ **Consciência empresarial.** *Disciplined agilists* olham além das necessidades de sua equipe para levar em consideração as necessidades de longo prazo de sua organização. Eles adotam diretrizes organizacionais e às vezes as ajustam. Eles seguem planejamentos organizacionais e fornecem *feedback* também. Eles alavancam os ativos organizacionais e, às vezes, o aprimoram. Em resumo, eles fazem o que é melhor para a organização e não apenas o que é conveniente para eles.

Acordos

- ✓ Criar segurança psicológica e abraçar a diversidade.
- ✓ Acelerar a realização de valor.
- ✓ Colaborar de forma proativa.
- ✓ Tornar visível todo o trabalho e processos.
- ✓ Melhorar a previsibilidade.
- ✓ Manter a carga de trabalho dentro da capacidade.
- ✓ Praticar a melhoria contínua.

Diretrizes

- ✓ Validar nossos aprendizados.
- ✓ Aplicar o *Design Thinking*.
- ✓ Ficar atento aos relacionamentos através do fluxo de valor.
- ✓ Criar ambientes eficazes que promovam a alegria.
- ✓ Alterar a cultura melhorando o sistema.
- ✓ Criar equipes semiautônomas e auto-organizadas.
- ✓ Adotar medidas para melhorar os resultados.
- ✓ Alavancar e aprimorar os ativos organizacionais.

Agile, *Lean* e preditivo

Seguindo a camada **Fundamentos** conforme Figura 32.1, *Agile*, *Lean* e preditivo são a base para a construção dos ciclos de vida descritos mais adiante no capítulo.

Papéis

O *Disciplined Agile* nos apresenta cinco papéis primários:

- ✓ **Líder do time/*Team lead***: exerce uma liderança servidora que apoia e facilita o sucesso do time. Tem papel similar ao do *Scrum Master*.
- ✓ **Dono do produto/*Product Owner***: atua como "a voz do cliente", sendo o principal responsável pela interlocução com as partes interessadas (cliente) na identificação e priorização do trabalho a ser realizado.
- ✓ **Membro do time/*Team member***: é responsável por realizar o trabalho que produzirá as soluções. Idealmente trata-se de uma equipe multidisciplinar que possui vasto conhecimento do produto ou da solução em desenvolvimento.

✓ **Dono da arquitetura/*Architecture Owner***: atua como "a voz do design", sendo o principal responsável pelas decisões de arquitetura para o time. Normalmente esse papel pode ser desempenhado por um desenvolvedor sênior do time, mas também pode ser exercido por um arquiteto técnico ou de soluções, desde que possua sólido conhecimento, formação técnica e entendimento do fluxo comercial.

✓ **Partes interessadas/*Stakeholders***: são pessoas, áreas, organizações, grupos, etc. que são ou julgam ser afetados pelo trabalho do time. Em muitas situações esse papel é desempenhado diretamente pelo cliente.

Times

Cada time é único! Eles podem variar de acordo com o contexto organizacional no qual estão inseridos.

A transparência para a inspeção e adaptação é fundamental para os times, bem como os acordos externos (como interagem com as outras áreas ou através de SLAs – *Service Level Agreements* –, por exemplo) e internos, que os guiam no entendimento de como seguirão a execução de seu trabalho (**WoW** – *Way of Working*).

Devemos ainda observar que temos que escolher como os times estarão alocados, se serão times dedicados a um projeto ou se serão times de longa duração que poderão estar mais focados em uma visão mais direcionada a produtos/serviços.

Forma de trabalho (*way of working* – WoW)

O contexto importa

Empresas estão trabalhando fortemente para serem bem-sucedidas com métodos ágeis. A maioria delas escolhe começar com *Scrum*, outras com *Kanban* ou outros métodos. O DA não restringe a utilização de nenhum método ou *framework* ágil, muito pelo contrário.

Acontece que algumas dessas implementações não são bem-sucedidas ou poderiam trazer melhores resultados. Isso porque, para escolher qual prática usar, é necessário avaliar o contexto e trabalhar com as práticas em conjunto.

Inúmeras perguntas podem ser feitas para entender o contexto em que se aplica um método:

✓ O produto que pretendo desenvolver necessita de experimentação?

✓ Dentro do seu fluxo de valor (*value stream*) existem novos itens de negócio ou sustentação de *bugs* emergenciais?

✓ O seu cliente necessita de entrega contínua, ou *releases* programadas fazem mais sentido?

Avaliar o contexto e ser pragmático na solução são características marcantes no DA. Para isso o *toolkit* traz um conjunto de seis ciclos de vida que podem ser utilizados.

DAE (*Disciplined Agile Enterprise*)

1. **Arquitetura empresarial:** coleção de estruturas e processos flexíveis, ampliados e facilmente evoluídos nos quais sua organização é construída.
2. **Gestão de pessoas:** retenção de talentos e formação de times de alta performance.
3. **Tecnologia da informação:** estratégias de coordenação e organização da TI.
4. **Gestão de ativos:** criação ou recuperação, gerenciamento, suporte e governança de ativos reutilizáveis.
5. **Transformação:** monitora e orienta as equipes ajudando-as a alcançar a excelência mitigando ou reduzindo obstáculos que elas possam enfrentar.
6. **Finanças:** nos guia para gerir metas potencialmente concorrentes, como garantir o fluxo de caixa em sua organização, garantir que seu dinheiro seja bem gasto, que os impostos sejam minimizados, que os gastos sejam adequadamente rastreados e registrados e que os relatórios financeiros legais sejam executados adequadamente.
7. **Gestão de fornecedores:** ajuda na gestão de produtos e serviços entre sua organização e seus parceiros de negócio.
8. **Jurídico:** garante que a organização funcione dentro das leis de qualquer estado, cidade ou país em que opere.

Fluxo de valor (*Value stream*)

Fluxo de valor é um conjunto de ações que visam adicionar valor ao cliente. Começa com um conceito inicial, passa por vários estágios para um ou mais times de desenvolvimento (onde os métodos ágeis começam) e continua até a entrega e suporte finais.

Sobrepostas ao DAE, temos as seguintes *process blades*:

1. **P&D:** organiza as atividades de exploração de ideias para novos produtos e serviços.
2. **Operações:** focam nas atividades necessárias para fornecer serviços aos clientes e prover suporte aos seus produtos.
3. **Estratégia:** fornece estratégias para organizar as atividades em torno da identificação, medição, evolução e comunicação dos resultados desejados de um empreendimento.
4. **Governança:** apresenta estratégias para monitorar e guiar os times, permitindo que eles sejam bem-sucedidos ao remover ou ao menos reduzir quaisquer barreiras que possam enfrentar.
5. **Marketing:** garante interações bem-sucedidas entre sua organização e o mundo exterior.
6. **Melhoria contínua:** permite que as pessoas da organização compartilhem facilmente seus conhecimentos de melhoria de forma sistêmica.
7. **Vendas:** ajuda a obter as melhores estratégias de vendas de suas organizações para seus clientes.

A seguir temos as *process blades* exclusivas da camada de fluxo de valor:

1. **Gerenciamento de portfólio:** apresenta estratégias para a identificação, priorização, organização e governança dos diversos esforços.
2. **Gestão de produtos:** expõe atos e processos que visam a evolução da visão de negócios dentro da organização, para identificar, priorizar e desenvolver os potenciais produtos e serviços que sustentam essa visão.
3. **Gestão de programa:** descreve estratégias voltadas para a organização de um grande time de times.

DA *Flex Life Cycle*

A camada fluxo de valor descrita no *Disciplined Agile Flow for Enterprise Transformation* (DA *Flex*) é uma abordagem baseada no *Lean Thinking* e nos padrões de processo que melhoram a capacidade de uma organização para alcançar o *Business Agility*.

O ciclo de vida DA *Flex* tem início e fim nos clientes (internos e externos) e passa pelas *process blades* das camadas fluxo de valor e *Disciplined DevOps*.

Disciplined DevOps

1. **Disciplined Agile Delivery (DAD):** onde encontram-se os ciclos de vida que serão utilizados para entrega dos resultados e serão detalhados mais adiante no capítulo.
2. **Segurança:** tem como objetivo descrever os padrões de segurança da organização em relação a ameaças físicas/virtuais e de informações.
3. **Gestão de dados:** cuida da execução e supervisão de planos, políticas, programas e práticas de controle, proteção e evolução do valor dos ativos de dados e informações.
4. **Gerenciamento de *release*:** responsável por controlar todo o planejamento das *releases*.
5. **Suporte:** ajuda usuários finais a trabalhar com as soluções produzidas e implementadas por suas equipes de entrega.
6. **Operações de TI:** responsável por executar um ecossistema de TI confiável.

DAD (*Disciplined Agile Delivery*)

O DAD (*Disciplined Agile Delivery*) é a estrutura que trata a entrega dentro do DA. Um dos aspectos principais do DAD é que ele promove um ciclo de vida completo, do início ao fim, da solução.

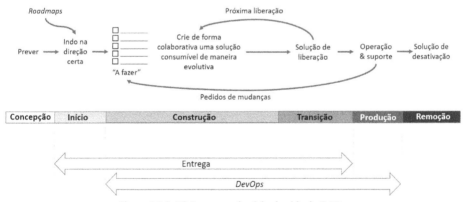

Figura 32.3. Visão macro do ciclo de vida do DAD.
Fonte: adaptado de PMI.

O *Disciplined Agile* não prescreve um único ciclo de vida, como o *Scrum*, por exemplo. No DAD focamos em seis ciclos de vida, sendo os mais comuns: ciclo de vida na versão ágil (baseado em *Scrum*/XP) e enxuto (baseado em *Kanban*).

196 Jornada do Ágil Escalado

Além desses, existem outros quatro ciclos de vida, dois suportando entrega contínua, um ciclo de vida exploratório (*Lean Startup*) e um ciclo de vida do programa (equipe de equipes ou ágil escalado), que serão mostrados nas tabelas a seguir.

O ponto é que todas as equipes não estão em uma situação única. Portanto, para que o *kit* de ferramentas do DA seja eficaz, ele deve ser flexível o suficiente para suportar várias versões de um ciclo de vida.

Um ciclo de vida de produto completo vai desde a concepção inicial do produto até a entrega, a operação e o suporte.

Tabela 32.1. DA *Agile Lifecycle* (*Scrum-Based*).
Fonte: adaptado de PMI.

Ciclo de vida DA *Agile*	
	Aspectos:
Baseia-se no *Scrum*/XP com um conjunto de iterações com tempo definido. Neste ciclo de vida a solução é construída de forma incremental e pontual. O ciclo de vida ágil no DAD transita entre as fases de: *inception, construction* e *transition*.	• O trabalho geralmente é desenvolver novas funcionalidades. • Inclui marcos sugeridos para as entregas, aspecto importante para a governança ágil. • É aberto ao uso de terminologias (podendo ou não usar as do *Scrum*). • O trabalho pode ser identificado, priorizado e estimado no início. • A equipe geralmente trabalha em um produto ou projeto. • Uma boa escolha para novas equipes ágeis (familiarizadas com *Scrum*/XP).

Tabela 32.2. DA *Lean Lifecycle* (*Kanban-Based*).
Fonte: adaptado de PMI.

Ciclo de vida DA *Lean*	
	Aspectos:
Este ciclo de vida promove princípios *Lean*, como reduzir o WIP, maximizar o fluxo, reduzir gargalos e utilizar um fluxo contínuo de trabalho (em vez de iterações fixas). O ciclo de vida *Lean* do DAD transita entre as fases de: *inception, construction* e *transition*.	• Pode ser utilizado para equipes que atendem a novas *features*, itens de sustentação, itens prioritários (*expedite*). • Suporta o fluxo contínuo de desenvolvimento. • Um novo trabalho é retirado do *pool* de itens de trabalho quando a equipe tem capacidade. • Não prescreve um conjunto de cerimônias, nem a cadência que existe no *Scrum*, por isso requer um grau maior de disciplina e autoconsciência.

Tabela 32.3. DA *Exploratory* (*Lean Startup*) *Lifecycle*.
Fonte: adaptado de PMI.

Ciclo de vida DA *Exploratory*	
	Aspectos:
O ciclo de vida exploratório no DA é baseado nos princípios do *Lean Startup*, defendidos por Eric Ries e aprimorados com estratégias do modelo de sistemas adaptativos complexos do *Cynefin*. Existem seis atividades neste ciclo de vida: visualize, construa algo para testar sua hipótese, implante, meça e observe, cancele se necessário, produza.	• A solução aborda casos de alta incerteza, como um novo mercado inexplorado ou um novo produto. • Minimiza o investimento inicial em soluções através de pequenos experimentos que são validados no mercado. • A equipe de entrega tem a oportunidade de entregar o que é realmente necessário, com base no *feedback* do uso real do produto. • Você experimenta e evolui sua ideia com base em seus aprendizados.

Tabela 32.4. DA *Continuous Delivery*: *Lean Lifecycle*.
Fonte: adaptado de PMI.

Ciclo de vida DA *Lean* (*Continuous Delivery*)	
	Aspectos:
O ciclo de vida DA *Lean* (entrega contínua) é basicamente uma versão mais enxuta do ciclo de vida anterior, onde o produto é enviado para a produção ou para o mercado regularmente. Isso pode ser frequentemente no dia, na semana ou no próprio mês.	• Pode ser utilizado por equipes que possuem um conjunto maduro de práticas em torno da integração contínua, implantação contínua, entre outras estratégias abordadas no DA *DevOps*. • Suporta o objetivo de fornecer incrementos da solução de maneira mais frequente do que os outros ciclos de vida. • Mais adequado em organizações com práticas e procedimentos de implantação simplificados. • Muito aderente a times que trabalham com evolução do produto e sustentação diária, com opção de entregas imediatas.

Tabela 32.5. DA *Continuous Delivery*: *Agile Lifecycle*.
Fonte: adaptado de PMI.

Ciclo de vida DA *Agile* (*Continuous Delivery*)	
	Aspectos:
O ciclo de vida ágil com entrega contínua é uma progressão natural do ciclo de vida ágil, geralmente usando períodos de iteração de uma semana ou menos. A principal diferença entre este e o ciclo de vida ágil é que o ciclo de vida de entrega contínua resulta sempre em uma liberação de nova funcionalidade ao final de cada iteração e não após um conjunto de iterações.	• Equipes neste ciclo de vida exigem um conjunto de práticas maduras de integração contínua e implantação, entre outras estratégias citadas no DA *DevOps*. • Soluções podem ser entregues aos *stakeholders* de maneira frequente e incremental. • O trabalho permanece estável, com a equipe trabalhando em diversos lançamentos ao longo do tempo.

**Tabela 32.5. DA *Program Lifecycle* (*Team of Teams*).
Fonte: adaptado de PMI.**

Ciclo de vida DA *Program*	
	Aspectos:
O ciclo de vida do programa do DA aborda como organizar uma equipe de equipes. Quando temos um grande time é necessário utilizar essa abordagem. Muito parecido com situações onde SAFe®, *Nexus* e *LeSS* são aplicados. Dentro do ciclo DA *Program* existem os "subtimes" ou esquadrões. Eles podem escolher os seus próprios ciclos de vida de trabalho e suas práticas. Equipes evoluem o seu WoW (*way of working*).	• Existem equipes que trabalham nas verticais de funcionalidade, implementando uma nova história para uma solução final. Ou equipes de componentes que trabalham especificamente em determinadas tecnologias. Ambos têm o seu lugar e é necessário analisar o contexto. • A coordenação ocorre em três níveis: do trabalho a ser realizado, dos itens técnicos e da liderança de times. A integração e o teste do sistema ocorrem de forma paralela. • Um "subtime" deve ser o mais completo possível e pode trabalhar com a integração contínua e a implantação contínua: CI e CD. • Podemos implantar quando quisermos, sem ter a necessidade de implantar uma *release* trimestralmente.

As 21 metas de processo (*process goals*)

Dentro de cada *process blade* descrito anteriormente, temos ações que podem ser utilizadas para alcançarmos os objetivos da organização, os quais são chamados de metas de processos.

As práticas a seguir demonstram os detalhes do processo com opções para tomada de decisão, auxiliando a coesão do time em seu modo de trabalho.

Mais uma vez, deixamos claro que é um guia para que o time possa "desenhar" e "escalar" sua forma de trabalho dentro da estratégia e dos contextos em que se encontram. Muitas vezes são chamados de "capacidade do processo".

Uma vez identificado o contexto, as práticas são escolhidas de acordo com o diagrama de objetivos, conforme Figura 32.5 mostrada no exemplo de avaliação de contexto mais à frente. A seguir encontram-se as 21 metas de processos mencionadas:

Tabela 32.6. 21 metas de processos (*process goals*).
Fonte: adaptado de PMI.

INCEPTION	***CONSTRUCTION***
Formar o time	Provar a arquitetura cedo
Alinhar com a direção corporativa	Endereçar mudanças das necessidades das partes
Explorar o escopo	interessadas
Identificar a estratégia da arquitetura	Produzir uma solução potencialmente consumível
Desenvolver um plano de *release*	Melhorar a qualidade
Desenvolver estratégia de testes	Acelerar a entrega de valor
Desenvolver visão comum	
Assegurar financiamentos	
TRANSITION	***ONGOING***
Garantir a prontidão da produção	Desenvolver membros do time
Implantar a solução	Evoluir seu WoW
	Coordenar as atividades
	Alavancar e melhorar a infraestrutura existente
	Endereçar riscos
	Gerenciar o time de entrega

Avaliação de contexto

Como já abordado, o contexto é o direcionador de toda tomada de decisão e, a partir de cada item levantado, norteará os possíveis caminhos.

Para ilustrar, vamos apresentar um exemplo da aplicação do DA com a análise de contexto e a seleção do melhor caminho para o time de projetos de melhoria ligado à diretoria de distribuição de um grupo do segmento de distribuição de energia elétrica presente em diversos estados do Brasil.

Para realizar o diagnóstico e o mapeamento do ambiente, vamos utilizar o Diagrama com Fatores Táticos de Escala apresentado na Figura 32.4, a partir de seis fatores: tamanho do time, distribuição geográfica, distribuição organizacional, conformidade, complexidade de domínio e complexidade técnica.

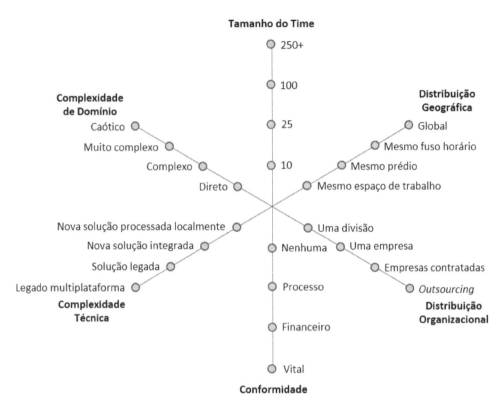

Figura 32.4. Diagrama com Fatores Táticos de Escala.
Fonte: adaptado de PMI.

Diferentes times com diferentes contextos exigem um caminho diferente de trabalho, ou, como o DA preconiza, uma forma de trabalho própria – Own **"way of working (WoW)"**. Quanto mais distante do centro, mais complexo será o esforço para liderar esses times, e, obviamente, serão necessários ferramentas e *frameworks* diferentes para cada situação.

Ao marcarmos os pontos no Diagrama com Fatores Táticos de Escala, construímos a Figura 32.5, que representa o contexto avaliado e que nos auxiliará a encontrar o melhor caminho a adotar nos projetos, conforme detalhado a seguir:

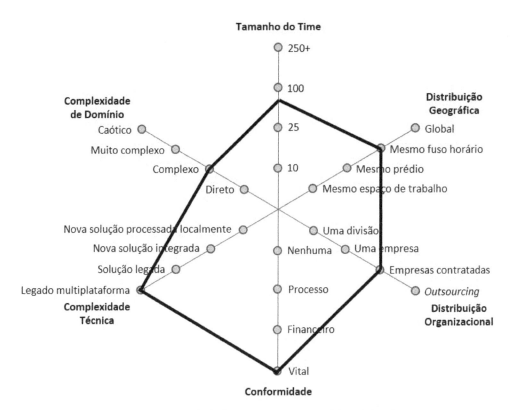

Figura 32.5. Exemplo de diagrama com Fatores Táticos de Escala.
Fonte: adaptado de PMI.

1. **Tamanho do time (*Team size*):** no nosso caso, o time possui 75 colaboradores distribuídos nas áreas de negócio (Gestão de Pessoas, Financeiro, Planejamento e Controle e Regulação). Quanto maior a equipe, mais riscos, mais complexidade e mais canais de comunicação.
2. **Distribuição geográfica (*Geographic distribution*):** os times estão no mesmo prédio ou em sites diferentes? No mesmo fuso horário? Nesse caso, há equipes em mais de uma cidade e estado, mas no mesmo fuso horário. Portanto, há a necessidade de softwares de comunicação, como e-mail, Zoom, Teams, etc. e de gerenciamento, como Trello, Jira, etc. Assim, classificamos como "Mesmo fuso horário".
3. **Distribuição organizacional (*Organizational distribution*):** neste fator é avaliado se a organização mantém apenas times próprios ou se empresas contratadas participam dos projetos, como consultorias, ou, no limite, equipes em *outsourcing*. Nesse caso, há empresas contratadas prestando serviços para os projetos em andamento, portanto, classificação de "Empresas contratadas".

4. **Conformidade (*Compliance*)**: este fator leva em consideração o grau de aderência a práticas, políticas, processos e procedimentos da organização. Nossa empresa pertence a um segmento muito regulado, tendo que seguir as normas da Aneel, agência reguladora do setor elétrico. Além de novas exigências operacionais que todo ano são demandadas pela agência, há também os indicadores para os quais a Aneel exige acompanhamento e atingimento de metas, visando a melhoria dos serviços prestados como um todo. A classificação aqui é "Vital".

5. **Complexidade Técnica (*Technical Complexity*)**: a complexidade técnica é o fator que nos leva a avaliar o ambiente de soluções tecnológicas que dão suporte à operação da empresa. No caso, há uma grande complexidade, pois trata-se de uma empresa fundada há décadas e que atualmente é uma concessão de uma antiga estatal, com diversos sistemas legados convivendo e integrando-se com as soluções mais modernas. Portanto, temos uma complexidade técnica "Legado Multiplataforma".

6. **Complexidade de Domínio (*Domain Complexity*)**: para este fator, é importante avaliar o grau de complexidade dos projetos. Sendo assim, pelo fato de a empresa estar em um ambiente muito regulado, a maioria dos projetos tem escopo conhecido. Mas alguns, principalmente em relação a desenvolvimento de software e projetos de melhoria, demandam inovação e adaptação, através de *feedbacks* constantes. Nesse caso, o fator é "Complexo".

A próxima etapa é definir os ciclos de vida que serão adotados pelas equipes, que podem variar entre ágil, *lean*, exploratório, programa, tradicional ou entrega contínua (*lean* ou ágil).

Definição do ciclo de vida

Agora vamos utilizar a técnica da **árvore de decisão** para escolher o melhor caminho a seguir: o ciclo de vida mais adequado para cada time. Note que será escolhido o melhor caminho inicial, o que não impede uma mudança futura, sempre com o foco na melhoria contínua.

Conforme já foi descrito anteriormente, existem ao todo seis ciclos de vida descritos no *Disciplined Agile Delivery*, cada um com suas características. Porém, poderá ser adotado ainda o ciclo de vida chamado tradicional ou preditivo.

O time de projetos de melhoria da diretoria de distribuição desenvolve diversos projetos com temas e áreas diferentes, o que requer participação de colaboradores de outras unidades, que podem estar no mesmo prédio, em outra cidade do estado ou em outros estados onde o grupo atua.

Vamos ver qual é o melhor caminho encontrado para esse time, que pode ser identificado pela sequência das setas hachuradas na árvore de decisão representada pela Figura 32.6:

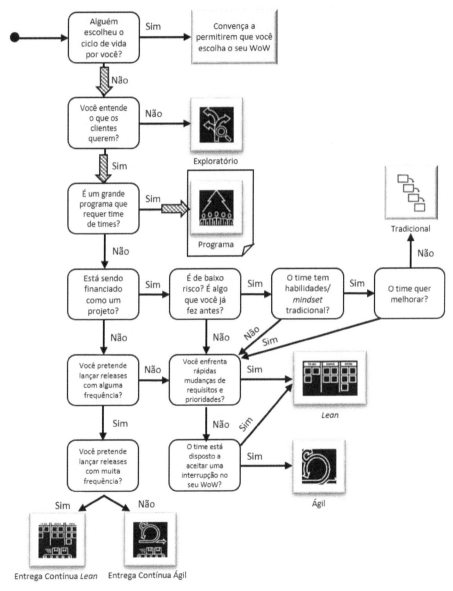

Figura 32.6. Árvore de decisão do time de projetos de melhoria.
Fonte: adaptado de PMI.

A árvore de decisão do exemplo indicou que, por se tratar de um grande time, o melhor é utilizar o ciclo de vida DA *Program*, como mostra a Tabela 32.5.

Porém, dentro do DA *Program* há vários subtimes, e para estes faremos também a análise através da árvore de decisão para identificar o melhor caminho (o ciclo de vida mais adequado). Assim, podemos ver pela sequência das setas hachuradas qual o melhor caminho para esses subtimes:

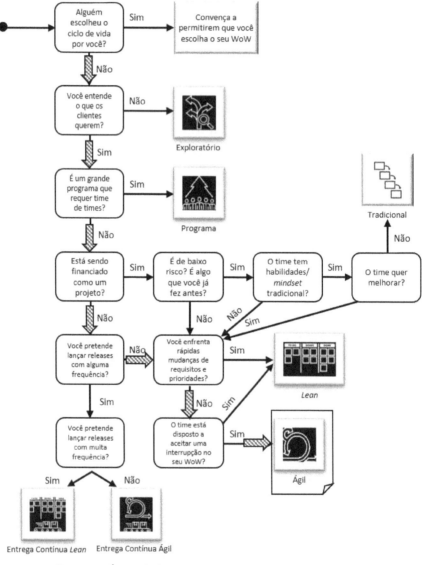

Figura 32.7. Árvore de decisão dos subtimes de projetos de melhoria.
Fonte: adaptado de PMI.

A árvore de decisão do exemplo indicou que, para os subtimes, o melhor é utilizar as práticas ágeis, conforme ciclo de vida DA *Agile*, como mostra a Tabela 32.1.

Conclusão

O DA não é um *framework* ou método que servirá como fórmula base para agilidade organizacional ou *business agility* de sua organização. O DA é um mapa (*toolkit*) que fornece instruções, diretrizes e ferramentas para guiá-lo nessa jornada de escalar o ágil.

Use sem restrições o *Disciplined Agile* como seu guia, material de apoio e base para criação de novos aprendizados e ferramentas que levarão você, seus times e sua organização a um novo patamar de negócios e relações com seus clientes, parceiros e colaboradores.

Ele nos mostra que devemos conhecer as diversas formas de fazer, mas o "como" fazer dependerá de seu conhecimento e direcionamento. Abra sua mente, ajuste seu *mindset* e desprenda-se de "fórmulas mágicas", pois elas não existem. Use e abuse de pragmatismo e empirismo, colha as métricas, reavalie e tome as decisões necessárias para a melhoria de todo o processo organizacional.

33. PRINCE2 *Agile*®

Luiz Guilherme Carvalho
Karla Karolina Cavalcanti de Lima e Silva

> Neste capítulo, para o bom entendimento do PRINCE2 *Agile*® são aborda-dos os elementos integrantes do PRINCE2® e os conceitos essenciais de um modelo ágil rodando dentro dessa estrutura.

Pense em um modelo híbrido de gestão de projetos onde seja possível unir as forças tanto do modelo tradicional (*waterfall*) quanto do ágil, e mantendo as funções desses dois modelos. Se você se perguntou se isso é possível, a resposta é sim, através do método PRINCE2 *Agile*®.

O método PRINCE2® traz algumas características do ágil. Podemos, por exemplo, fazer uma analogia das *Sprints* do *Scrum* com os estágios que temos no PRINCE2®. Ou seja, em um projeto PRINCE2® as entregas são divididas por estágios, e em cada final de estágio temos avaliações, assim como ocorre no *Scrum*, com as reuniões de revisões e retrospectivas.

Nesse ponto podemos fazer um *link* com o segundo princípio do PRINCE2® – aprender com a experiência. Estes são apenas alguns exemplos.

O PRINCE2®

Para uma melhor compreensão do PRINCE2 *Agile*®, se faz necessário ter um enten-dimento dos principais conceitos do PRINCE2®.

O PRINCE2® possui os seguintes elementos integrantes: temas, princípios, processos e ambiente do projeto, que podem ser vistos na Figura 33.1.

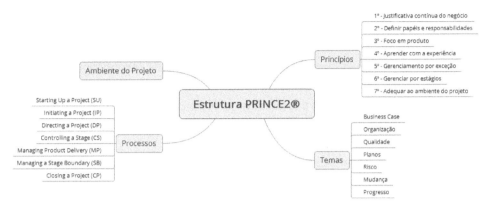

Figura 33.1. Mapa mental da estrutura PRINCE2®.
Fonte: adaptado de AXELOS (2009).

Temas

Quanto aos temas, poderíamos fazer uma analogia com as áreas de conhecimento do *PMBOK® Guide – Project Management Body of Knowledge* – do PMI. São eles:

- ✓ **Business Case**: responde às perguntas "por que estamos fazendo este projeto?", "é viável?", "é realizável?" e "trará benefícios para a organização?".
- ✓ **Organização**: responde quais serão as pessoas envolvidas no projeto, com a definição de papéis e responsabilidades.
- ✓ **Qualidade:** responde o que será entregue no projeto, incluindo critérios de qualidade, aceitação e quem o fará.
- ✓ **Planos:** responde às perguntas "quando?", "quanto"? e "como?".
- ✓ **Risco:** responde à pergunta "e se?". Projetos possuem incertezas e precisam ser gerenciados de modo que o *Business Case* possa continuar viável por todo o ciclo de vida do projeto.
- ✓ **Mudança:** responde à pergunta "qual será o impacto?". Mudanças são comuns em projetos e precisam ser controladas.
- ✓ **Progresso:** responde às perguntas "onde estamos?", "para onde vamos?" e "o projeto continua viável para prosseguirmos ou precisamos parar agora?".

Princípios

Já os princípios são os alicerces de projetos dentro do PRINCE2®. Qualquer um dos demais elementos do PRINCE2® pode ser adaptado, com exceção dos princípios, que veremos a seguir:

✓ **1º princípio – Justificativa contínua do negócio:** ao longo da vida do projeto, a sua justificativa deverá permanecer viável, alcançável e seus benefícios ainda realizáveis.

✓ **2º princípio – Definir papéis e responsabilidades:** logo no início do projeto serão definidas as pessoas alocadas e quais as suas responsabilidades, e ao final do projeto a equipe será desfeita.

✓ **3º princípio – Foco em produto:** uma descrição do produto, contendo suas funcionalidades e critérios de qualidade, de modo mensurável. Evita ambiguidade em relação ao produto.

✓ **4º princípio – Aprender com a experiência:** coletar lições de projetos passados, o que foi ruim, o que foi bom e o que precisa ser melhorado. Assim, as lições poderiam ser aplicadas às práticas do próximo estágio ou até mesmo ser repassadas para aprimoramento em outros projetos dentro da organização.

✓ **5º princípio – Gerenciamento por exceção:** a estrutura organizacional do PRINCE2® está dividida em quatro níveis: gerência corporativa e de programa, comitê diretor, gerência de projeto e entrega. Com exceção da gerência corporativa e de programa, os demais níveis fazem parte da equipe de gerenciamento de projetos. O gerenciamento por exceção descreve que cada nível tem autonomia para tomada de decisão e tolerâncias sobre os seis objetivos dos projetos: benefício, custo, prazo, escopo, qualidade e risco. A gerência corporativa define a tolerância do projeto para o comitê diretor, o comitê diretor define a tolerância para cada estágio, e o gerente de projetos define a tolerância para a camada de entrega, na qual o PRINCE2® define pacote de trabalho para a camada de entrega. O gerenciamento por exceção faz com que o nível gerencial acima gerencie o nível gerencial abaixo por tolerâncias, o que faz diminuir o tempo alocado no projeto. Na Figura 33.2 é possível verificar como são distribuídas as funções por cada camada de gestão.

Figura 33.2. Estrutura organizacional PRINCE2®.
Fonte: os autores.

✓ **6º princípio – Gerenciar por estágios:** o planejamento de um projeto tende a ficar obsoleto à medida que o projeto avança, uma vez que mudanças serão requeridas, prazos e custos extras ocorrerão e riscos se materializarão. Fazer um planejamento em alto nível do projeto e fazer um planejamento mais detalhado para cada estágio é o mais sensato.

✓ **7º princípio – Adequar ao ambiente do projeto:** cada empresa possui sua cultura e padrão organizacional e não será possível adotar o PRINCE2® de forma integral. A parte de documentação, processos, funções pode ser adaptada de acordo com a cultura organizacional.

Processos

O PRINCE2® possui sete processos:

✓ *Starting Up a Project* **(SU):** o principal objetivo deste processo é responder se há um projeto viável e que valha a pena. Neste processo, a gerência corporativa e de programa emite um documento chamado Proposição do Projeto e define o executivo do projeto. O gerente do projeto e o restante da equipe de gerenciamento são designados.

✓ *Initiating a Project* **(IP):** este processo estabelece os fundamentos sólidos e necessários para entendimento de todo o trabalho que precisa ser realizado. É neste processo que um planejamento massivo é realizado pelo gerente de projetos, incluindo o planejamento do primeiro estágio de entrega, com apoio e supervisão do comitê diretor e/ou garantia do projeto que o comitê diretor pode designar.

✓ *Directing a Project* **(DP):** este processo faz parte do comitê diretor do projeto (executivo, usuário(s) principal(is) e fornecedor(es) principal(is)) com as decisões no nível do projeto e delega autoridade ao gerente do projeto através de tolerâncias. Está alinhado ao 5º princípio (gerenciamento por exceção).

✓ *Controlling a Stage* **(CS):** é o processo onde o gerente de projetos faz o monitoramento do estágio, faz relatórios para o comitê diretor, toma ações corretivas que estejam dentro da sua tolerância e autoridade, autoriza o pacote de trabalho para o gerente de equipe especialista ou time, escala *issues* para o comitê diretor, recebe pacotes de trabalhos concluídos e coleta lições aprendidas. É um processo do dia a dia do gerente de projetos.

✓ *Managing Product Delivery* **(MP):** este é um processo que faz o *link* entre o gerente de projetos e o gerente da equipe especialista ou o time. Neste processo, o pacote de trabalho é aceito e o produto que consta dentro do pacote de trabalho é desenvolvido e depois devolvido ao gerente de projetos.

✓ **Managing a Stage Boundary (SB):** o objetivo deste processo é municiar o comitê diretor do projeto para a tomada de decisão dentro do processo DP. Perto de finalizar um estágio, com exceção do último estágio, o gerente de projetos deve atualizar as documentações para que o comitê diretor possa autorizar o início do próximo estágio.

✓ **Closing a Project (CP):** neste processo, os produtos recebem o aceite final e o gerente de projetos deve garantir que todas as aceitações de todos os produtos foram obtidas. Ainda neste processo, o gerente de projetos deve atualizar todas as documentações e preparar o relatório final do projeto, além de também garantir que o Plano de Revisão de Benefícios está atualizado e com o aceite do(s) usuário(s) principal(is).

A Figura 33.3 ilustra os processos dentro do PRINCE2®.

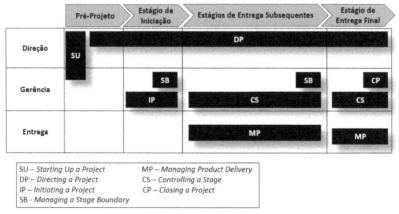

Figura 33.3. Processos PRINCE2®.
Fonte: adaptado de AXELOS (2009).

O PRINCE2 *Agile*®

Dada a base do método PRINCE2®, que se fazia necessária, agora podemos aprofundar mais sobre o PRINCE2 *Agile*®, o qual provê governança, estrutura e controles na medida certa para trabalhar com métodos e técnicas ágeis.

Estrutura do PRINCE2 *Agile*®

Basicamente, a estrutura do PRINCE2 *Agile*® é composta pela mesma estrutura do PRINCE2®, com a adição de comportamentos, áreas de foco, técnicas, conceitos ágeis e *frameworks*, como mostrado na Figura 33.4.

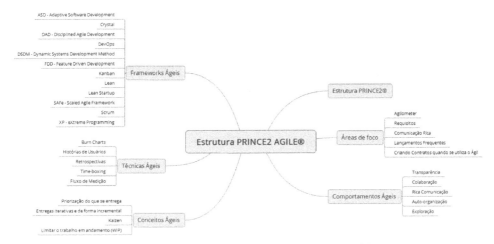

Figura 33.4. Mapa mental da estrutura PRINCE2 Agile®.
Fonte: adaptado de AXELOS (2015).

Comportamentos ágeis

Os comportamentos ágeis (*Agile behaviours*) são:

- ✓ **Transparência:** quanto mais informações disponíveis, melhor será a maneira ágil de se trabalhar.
- ✓ **Colaboração:** se houver uma equipe motivada e respeitosa, as chances de colaboração mútua são maiores.
- ✓ **Rica comunicação:** é mais importante a interação "cara a cara" entre as pessoas do que trocas de mensagens.
- ✓ **Auto-organização:** as pessoas mais próximas do trabalho saberão, sozinhas entre si, como conduzir o trabalho e ajudar um ao outro, aumentando a produtividade.
- ✓ **Exploração:** a exploração com a interação frequente e os *loops* de *feedback* rápido oferecem uma oportunidade de aprendizado.

É altamente recomendado que se monte um painel para monitorar os comportamentos ágeis.

Conceitos ágeis

Os conceitos ágeis (*Agile concepts*) do PRINCE2® *Guide* recomendam utilizar a priorização do que será entregue, entregas iterativas e de forma incremental, *Kaizen* e limitação do trabalho em andamento (WIP).

Técnicas ágeis

Em relação às técnicas ágeis (*Agile techniques*), é recomendada a utilização de *burn charts*, histórias de usuários, retrospectivas, *time-boxing* e fluxo de medição.

Frameworks ágeis

Os *frameworks* ágeis (*Agile frameworks*) do PRINCE2 *Agile*® usam em abundância o *Scrum*, porém outros *frameworks* também podem ser aplicados, como: ASD (*Adaptive Software Development*), *Crystal*, DAD (*Disciplined Agile Delivery*), *DevOps*, DSDM (*Dynamic Systems Development Method*), FDD (*Feature Driven Development*), *Kanban*, *Lean*, *Lean Startup*, SAFe® (*Scaled Agile Framework*) e XP (*eXtreme Programming*).

Áreas de foco

O PRINCE2 *Agile*® possui cinco áreas de foco: *Agilometer*, requisitos, comunicação rica, lançamentos frequentes e criando contratos quando se utiliza o ágil.

O *Agilometer*

O objetivo é avaliar o ambiente ágil para adaptar o PRINCE2® de forma mais eficaz. O *Agilometer* é composto de seis áreas: flexibilidade no que será entregue, nível de colaboração, facilidade de comunicação, habilidade em trabalhar iterativamente e entregar incrementalmente, condições ambientais vantajosas e aceitação do ágil.

Ele deve ser usado como uma ferramenta de tomada de decisão e para mapear riscos dentro de um ambiente ágil. A Figura 33.5 mostra como é a parte visual do *Agilometer* e a sua escala.

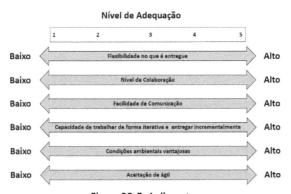

Figura 33.5. *Agilometer*.
Fonte: adaptado de AXELOS (2015).

Requisitos

O objetivo é definir e priorizar requisitos que podem estar na forma de descrição do produto ou histórias de usuários para trabalhar em um ambiente ágil. A Figura 33.6 demonstra a descrição do produto do projeto e que é decomposta em história de usuário.

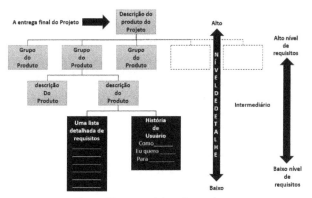

Figura 33.6. Requisitos do produto.
Fonte: adaptado de AXELOS (2015).

Os métodos de priorização podem ser uma escala do tipo 1, 2, 3... ou a técnica MoSCoW (*Must have* – deve ter; *Should have* – deveria ter; *Could have* – poderia ter; *Won't have* – não terá).

Comunicação rica

O objetivo é evitar os muitos problemas que ocorrem em projetos em relação à comunicação entre as partes interessadas. A comunicação mais eficaz se faz quando as pessoas conversam entre si de forma direta, cara a cara, seguido por voz em uma conferência ou telefonema, e por último por texto, como, por exemplo, e-mail.

Quanto maior a interação entre as pessoas, melhor é a comunicação (Figura 33.7).

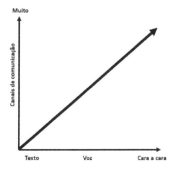

Figura 33.7. Canais de comunicação.
Fonte: adaptado de AXELOS (2015).

Lançamentos frequentes

O objetivo é descrever a importância dos lançamentos na utilização do ágil. As vantagens de realizar entregas frequentes são: entrega antecipada de benefícios ao cliente, permitir *feedback*, redução do risco de entregar o produto errado e confiança entre as partes.

Criando contratos quando se utiliza o ágil

Muitos dos conceitos fundamentais de ágil não se adequam facilmente à forma como os contratos entre um cliente e um fornecedor normalmente são estruturados. Ágil é uma colaboração onde um cliente e um fornecedor trabalham juntos e compartilham o risco.

Quando ser fixo e flexível no PRINCE2 *Agile*®

Dentre as ideias, conceitos e técnicas existentes no PRINCE2 *Agile*®, uma das mais importantes é flexibilizar o que está sendo entregue, em vez de flexibilizar o prazo e o custo, como ocorre no PRINCE2®. No PRINCE2 *Agile*®, há o propósito de flexibilizar o que será entregue usando algumas das técnicas de priorização.

Na Figura 33.8 é feita a demonstração do que pode e do que não pode ser flexibilizado entre os seis objetivos do projeto.

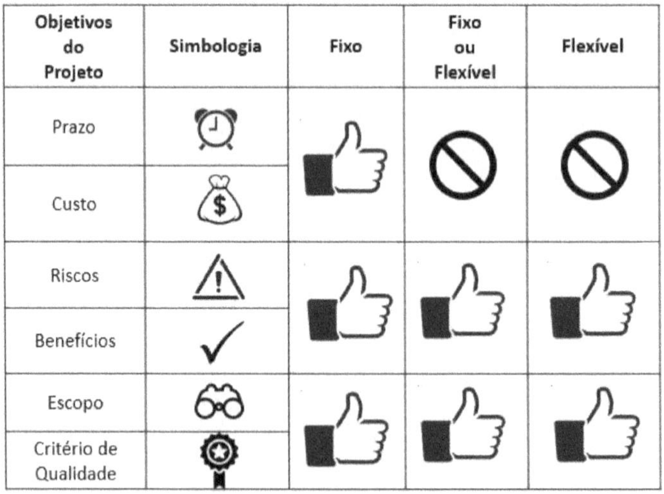

Figura 33.8. Fixo ou flexível.
Fonte: os autores.

Os cinco objetivos por trás da flexibilização do que é entregue

- ✓ **Estar no prazo e atingir as metas:** em qualquer projeto, estar dentro do prazo é desejável. Porém, cumprir as metas mesmo que alguma entrega não seja possível é mais importante do que estar dentro do prazo. Quando essas decisões são tomadas em conjunto, isso deve ser visto como essencial, ao contrário de apenas desejável.
- ✓ **Protegendo o nível da qualidade:** o conceito de flexibilização do que está sendo entregue garante que a ênfase seja em oferecer menos escopo ou usar critérios de qualidade de menor prioridade, ao contrário de comprometer o nível geral de qualidade do produto final. O PRINCE2 *Agile*® protege o nível de qualidade e garante que os prazos sejam cumpridos, reduzindo a quantidade entregue pelo projeto, mas não reduzindo as atividades que garantem que o nível de qualidade seja atingido.
- ✓ **Abraçando a mudança:** a mudança pode ser inevitável em ambientes de projetos. Mudança pode assumir a forma de uma nova ideia que não tenha sido pensada ou um mal-entendido onde uma suposição revela-se incorreta. A mudança deve ser vista como positiva porque é provável que seja desenvolvido um produto final mais preciso.
- ✓ **Mantendo os times estáveis:** evitar adicionar novos membros no time. Uma resposta tradicional para o atraso seria considerar a opção de aumentar o número das pessoas envolvidas para acelerar o progresso. Em circunstâncias nas quais o trabalho a ser realizado é razoavelmente direto, isso pode resolver o problema. No entanto, quando o trabalho é mais desafiador, provavelmente não vai dar certo, particularmente no curto prazo.
- ✓ **Precisamos de tudo que solicitamos:** normalmente não, embora o cliente não perceba isso no início de um projeto. Este ponto pode ser facilmente demonstrado pela análise de produtos que usamos com frequência e analisamos quantas funções e características nós raramente ou nunca usamos.

Na Tabela 33.1 é feito um resumo pelo *PRINCE2*® *Study Guide* dos cinco objetivos.

**Tabela 33.1. Cinco objetivos por trás da flexibilização da entrega.
Fonte: adaptado de AXELOS (2015).**

Objetivos	Descrição
Estar no prazo e cumprir as metas	Há muitas vantagens em estar no prazo e cumprir as metas.
Proteger o nível da qualidade	Assegurar que o nível da qualidade está protegido é considerado de vital importância para o projeto. Isso levará a um menor custo de propriedade através do ciclo de vida do produto final.
Abraçar a mudança	Abraçar a mudança pode ser uma influência positiva em um projeto, permitindo um produto final mais preciso.
Manter times estáveis, não adicionar novos membros com a finalidade de ser mais rápido	Manter um time estável a curto prazo remove a tentação de adicionar pessoas ao time com a finalidade de recuperar o atraso no trabalho, quando é mais provável que isso tenha pouco ou nenhum efeito.
Aceitar que o cliente não precisa de tudo	Aceitar a premissa de que nem tudo que foi definido nos estágios iniciais do projeto deve ser entregue é sensato. Inevitavelmente, muitas coisas não agregam valor suficiente para atrasar o projeto por causa delas.

Estágios – *Releases* – *Sprints*

Nas seções iniciais deste capítulo, vimos que o PRINCE2® possui quatro níveis de gestão (gerência corporativa e de programa, comitê diretor, gerência de projetos e entrega), e é na camada de entrega que as *releases* e *Sprints* rodam, conforme é demonstrado na Figura 33.9.

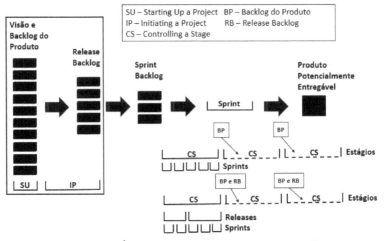

Figura 33.9. Ágil rodando dentro do processo PRINCE2®.
Fonte: adaptado de AXELOS (2015).

É possível pensar que um modelo escalado do PRINCE2® seria o PRINCE2 *Agile*®, utilizando *releases*, *Sprints* e *daily meeting* na camada de entrega, como visualizado na Figura 33.9.

34. *Kanban* em escala

Ana G. Soares

> Este capítulo explica como funciona o método *Kanban* de forma escalada, apresentando seus princípios e valores, além da visão *upstream* e *downstream* e como elas podem se conectar utilizando a visão sistêmica do todo.

Você tem permissão para usar o Kanban, modificar o seu processo e ser diferente. (David J. Anderson)

Muitas pessoas confundem o método *Kanban* criado por David J. Anderson com o *Kanban* do Sistema Toyota de Produção.

Contudo, o sistema *Kanban* do David Anderson foi assim nomeado em 2007 após a apresentação da abordagem de gestão que ele estava usando na Microsoft (ANDERSON, 2011) e na Corbis.

Esse método alivia a sobrecarga ao limitar o trabalho em progresso (WIP – *Work In Progress*), diminuindo a pressão sobre uma equipe ou indivíduo e permitindo que a equipe continue focada. Como resultado, temos o aumento da qualidade e, ao reduzir o retrabalho, consequentemente mais felicidade no trabalho.

Agora, se você já conhece o método, imagine-o funcionando em uma equipe e pense que cada uma já possui um sistema *Kanban* com suas atividades em andamento, em um fluxo contínuo. A diferença é que existem múltiplas iniciativas acontecendo ao mesmo tempo na empresa, com diversas dependências entre os times e datas fixas para entrega.

Grandes projetos apresentam desafios consideráveis, principalmente na parte de entrega de itens em um mesmo prazo, além de dependências entre atividades de diferentes equipes. São necessários alguns meses e muitos alinhamentos até que uma entrega seja realizada com sucesso, com inúmeros trabalhos acontecendo em paralelo. Além disso, partes significativas de trabalho precisam ser integradas antes de uma *release* ser entregue (ANDERSON, 2011).

Muitos profissionais aplicam o *Kanban* físico com papéis autocolantes (*post-its*) em quadros na parede, embora existam muitas ferramentas *on-line* disponíveis na internet para gerenciar o fluxo de trabalho virtualmente.

Os princípios básicos do *Kanban*

Existem seis princípios fundamentais do *Kanban*: três princípios de gerenciamento de mudanças e três princípios de entrega. Segundo David Anderson (2011), os indivíduos estão psicologicamente e sociologicamente conectados para resistir à mudança. Por esta razão, o *Kanban* cobre esses aspectos humanos com três princípios de gerenciamento de mudanças:

1. Comece com o que você faz agora: entender os processos atuais, como eles são realmente praticados, e respeitando funções, responsabilidades e cargos existentes.
2. Concorde em buscar melhorias por meio de mudanças evolucionárias.
3. Incentive atos de liderança em todos os níveis – desde o colaborador individual até a gerência sênior.

O autor complementa que existem duas razões principais para os itens citados: 1) minimizar a resistência à mudança (respeitando as práticas e os praticantes atuais) é crucial para engajar todos no enfrentamento dos desafios do futuro; e 2) os processos atuais, juntamente com suas deficiências óbvias, contêm sabedoria e resiliência que podem não ser apreciadas completamente. Como a mudança é essencial, não devemos impor soluções de diferentes contextos, mas concordar em buscar uma melhoria evolutiva em todos os níveis da organização.

Quando o trabalho em si e o fluxo de valor para os clientes que ele representa não são claramente visíveis, segundo Anderson e Carmichael (2016), as organizações geralmente se concentram no que é visível, nas pessoas que trabalham no serviço. Para isso, aplicam-se os princípios de entrega de serviços:

1. Entender e focar nas necessidades e expectativas dos clientes.
2. Gerenciar o trabalho; deixe as pessoas se auto-organizarem em torno dele.
3. Desenvolver políticas para melhorar os resultados dos clientes e dos negócios.

Esses princípios estão alinhados à agenda de orientação ao serviço e ao valor do foco no cliente (ANDERSON; CARMICHAEL, 2016).

O *Kanban* usa cinco propriedades fundamentais, que são práticas estabelecidas como condições iniciais para poder estimular um conjunto de comportamentos do *Lean*. David Anderson (2011) observou cinco principais propriedades, são elas:

✓ Visualize o fluxo de trabalho
✓ Limite o trabalho em progresso
✓ Meça e gerencie o fluxo
✓ Torne as políticas do processo explicitas
✓ Use modelos para reconhecer oportunidades de melhoria

Escalando o *Kanban*

Devido ao aumento de complexidade, a partir daqui será considerado que você já tenha vivenciado o *Kanban* para um melhor aproveitamento do conteúdo.

Imagine o método *Kanban* funcionando em uma equipe dentro de uma empresa, e cada equipe dessa área já possui um sistema *Kanban* rodando, com atividades em andamento em um fluxo contínuo. Os times também fazem o uso de métricas e tomam decisões orientadas a dados.

A grande diferença no *Kanban* escalado é que ele atende à demanda de múltiplas iniciativas acontecendo ao mesmo tempo na empresa, com diversas dependências entre os times, podendo ter ou não datas fixas para a entrega de valor.

Grandes projetos apresentam desafios consideráveis, principalmente na parte de entrega de itens em um mesmo prazo, além de dependências entre atividades de diferentes equipes. São necessários alguns meses e reuniões de alinhamentos até que uma entrega seja realizada com sucesso. Inúmeros trabalhos acontecem em paralelo; além disso, partes significativas do trabalho precisam ser integradas antes de uma *release* ser entregue.

Para isso, David Anderson (2011) recomenda olhar para os princípios básicos do *Kanban* antes de escalar. O primeiro princípio é limitar o trabalho em progresso e puxar o trabalho usando um sistema visual de sinalização quando há capacidade para se fazer isso. O sistema puxado é fundamental para que o método *Kanban* seja escalado – ele precisa continuar protegendo as pessoas e garantir o *slack* (folga no sistema) para que as pessoas tenham tempo necessário para sugerir melhorias.

Se o trabalho em progresso não é controlado em nível de equipe, dificilmente você conseguirá fazer isso em nível escalado. Por isso, é necessário implementar a mudança aos poucos, pois exige tempo.

Também é preciso entregar pequenos lotes, priorizar por valor, gerenciar risco, realizar progresso com informações imperfeitas, construir uma cultura de alta confiança e responder rapidamente às mudanças que chegam durante o projeto.

Para tudo isso ter sinergia David J. Anderson traz uma regra geral que é uma cadência maior, ou seja, reuniões mais frequentes. Segundo o dicionário *on-line* da língua portuguesa Dicio, o termo "cadência" significa ritmo ou sequência encadeada e regular de sons e movimentos.

Depois disso, Anderson (2011) recomenda olhar para os princípios novamente. Em seguida, você deverá entrar em acordo em relação aos limites de WIP; os princípios para se fazer isso não mudam.

Cadências *Kanban*

Os ciclos de *feedback* são necessários para entrega coordenada e melhoria da entrega de seus serviços. São essenciais para dimensionar e melhorar a prestação de serviços. Fortalecem as capacidades de aprendizagem da organização e sua evolução por meio de experimentos gerenciados.

O *Kanban* separa suas cadências em dois conjuntos: as de **entrega de serviço**, utilizadas em nível de equipes para coordenar a entrega diária do serviço; e as de **melhoria no serviço**, para revisar e melhorar, mais utilizadas em nível estratégico.

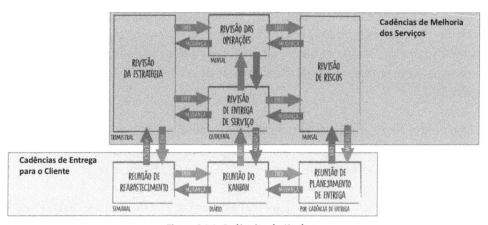

Figura 34.1. Cadências do *Kanban*.
Fonte: adaptado de Anderson (2011).

Objetivo das cadências e sugestões de frequência

- ✓ **Reunião do *Kanban* (diária):** acompanhar o status do trabalho em andamento, observar o fluxo de trabalho e dar mais atenção aos itens bloqueados/impedidos e mais à direita (mais próximos de serem entregues).
- ✓ **Reunião de reabastecimento (semanal):** é o momento em que o sistema é reabastecido. Deve-se planejar o que entrará no *backlog* do time a partir de um conjunto de opções.
- ✓ **Reunião de planejamento de entrega (por entrega):** planejar a entrega ao final do fluxo de trabalho.
- ✓ **Revisão de entrega de serviço (quinzenal):** revisa a parte do sistema responsável pela entrega ao cliente. Observam-se as métricas para tomar decisões de melhoria, sem causar grandes mudanças. Observa-se a expectativa do cliente, procura-se equilibrar a demanda em relação à capacidade e se está devidamente seguro contra os riscos mapeados.
- ✓ **Revisão de operações (mensal):** revisa o sistema de forma geral. Observam-se as dependências e a capacidade de cada sistema.
- ✓ **Revisão de riscos (mensal):** revisa os riscos dos serviços *Kanban*. Observam-se os problemas que colocam a capacidade de entrega em risco tornando o sistema frágil.
- ✓ **Revisão da estratégia (trimestral):** destinada a validar se esta é a área de negócio desejada e se possui capacidade para estar no negócio. É importante observar o produto, a velocidade de entrega e verificar se está de acordo com os valores esperados do negócio.

Embora o *Kanban* defina essas cadências, isso não significa que elas devam ser adicionadas às já existentes em uma organização. A abordagem correta é descobrir como os tópicos abordados se encaixam melhor no conjunto de reuniões de gerenciamento da organização. Em vez de tentar implementar tudo de uma só vez, vá alterando aos poucos.

É importante verificar os custos de transação e coordenação ao realizar uma reunião com a equipe de marketing ou donos do negócio, para entrar em acordo sobre os próximos itens do *backlog*.

Fornecer uma cadência constante para reabastecimento de fila reduz o custo de coordenação de se fazer a reunião e fornece certeza e confiança para o relacionamento entre o negócio e a equipe de desenvolvimento de software.

Já perto de entregar o projeto (a parte mais à direita do *Kanban*) existem muitas integrações ou pontos de sincronização convergindo para uma *release* do que apenas um único ponto de *release*; novamente, uma maior frequência é melhor. Faça a pergunta: "quem está envolvido em reuniões com pessoas do negócio para demonstrar trabalho recente e então integrá-lo a fim de que ele se torne uma *release* pronta?".

Com *Scrum*, as equipes primeiramente se reúnem e então delegam ao *Scrum* de *Scrums* a coordenação de um programa ou projeto grande. Com *Kanban* o comportamento é inverso – a reunião no nível de programa acontece primeiramente.

Daniel Vacanti liderou uma *startup* bem-sucedida com mais de 50 pessoas em um projeto na Corbis em 2007 onde, apesar do grande tamanho da equipe, a reunião era finalizada em 10 minutos toda manhã.

À medida que a organização amadurece, os ciclos de *feedback* podem e devem amadurecer também. Construa as cadências gradualmente, permitindo aprendizado e *insights* na organização.

A visão *upstream*

Através da visão *upstream* (*discovery*) *Kanban* é possível encontrar um caminho para igualar a velocidade da demanda com a velocidade de entrega. O *upstream* foi projetado para se ter uma escolha ideal entre as solicitações recebidas.

Nem sempre as demandas escolhidas são as mais acertadas, e consequentemente isso afeta todo o *downstream* (*delivery*) do sistema *Kanban*, ao cancelar demandas que já estavam em desenvolvimento.

Uma visão mais simples do *upstream* juntamente com o *downstream* é a possibilidade de usar o *Kanban* em duas camadas, sendo possível visualizar os dois níveis de requisitos para acompanhar o andamento.

Dessa forma, pode-se obter uma visão mais macro no nível de *features* ou épicos mais à esquerda, e, na hora de priorizar e se comprometer com a demanda, quebrar em nível de histórias, conforme a Figura 34.2.

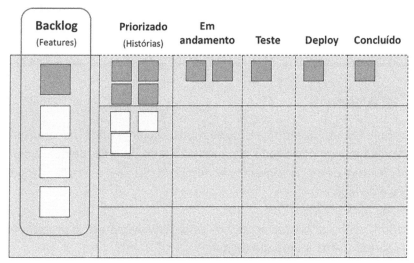

Figura 34.2. *Board Kanban* em duas camadas.
Fonte: a autora.

Com isso, é possível utilizar o método *Kanban* para alcançar a escalada do ágil na organização, por meio de um sistema puxado e de um alinhamento no nível de programa, para que as equipes possam entregar cada vez mais valor em seus resultados.

35. SAFe®

Alexsandro T. de Carvalho

> Neste capítulo apresentamos o *framework* de escalada ágil chamado SAFe® e algumas das suas principais cerimônias e papéis. Será apresentado também um resumo dos passos de implantação do *framework*.

SAFe® *overview*

Vivemos hoje em um mundo que muda muito rápido e onde a economia digital está crescendo em um ritmo cada vez mais acelerado. As áreas de negócio precisam responder à altura desse crescimento, e demorar para reagir às mudanças pode tirar seu negócio do jogo.

Assim sendo, melhorar nossos processos de desenvolvimento do produto é fundamental, sobretudo em um mundo digital.

Mas por que o *Scaled Agile Framework* (ou SAFe®, como é mais conhecido) é bom para os negócios?

SAFe® é um dos *frameworks* de escalada ágil mais utilizados no mundo. E, como tal, promete entregar números muito audaciosos e que eu, particularmente, já o vi entregar. Esses números podem ser consultados em vários *cases* de sucesso no site da *Scaled Agile*, como: John Deere, SEI Investments, Boing, CSG International, Elektra, CA Technologies, Lego, Intel, Globo (o Capítulo 39 fala sobre este *case*), Santander, Oi, Banco Itaú, Localiza, dentre vários outros.

Eis aqui os números: as equipes estão entre 10% e 50% mais felizes e mais engajadas. Como sabemos, as pessoas são a base da nossa pirâmide. Não dá para fazer nada sem elas. Portanto, esse número é importantíssimo.

O *time-to-market* melhora entre 30% e 75%. Se considerarmos que entregar um produto ao mercado rapidamente é um super diferencial, então esses números também são impressionantes.

A produtividade cresce entre 20% e 50%. Esses números são mais óbvios, já que preciso ser mais produtivo para melhorar meu tempo de entrega. E os defeitos encontrados reduzem entre 25% e 75%. Reduzir defeitos é super importante, porque o tempo gasto para correção se transforma em tempo produtivo.

O SAFe® é baseado no desenvolvimento ágil (*Scrum, Kanban*), usa o conceito de *System Thinking* e se apoia no processo de desenvolvimento de produto *Lean Manufacturing*. Embora tenhamos falado sobre esses termos separadamente, aqui vamos entender como tudo isso funciona junto e entrega esses n úmeros mágicos.

O SAFe® tem tido muito sucesso porque ajuda o desenvolvimento do produto a alinhar a estratégia organizacional e os objetivos estratégicos de negócio. Ele cria barreiras que ajudam a manter o desenvolvimento dentro dos parâmetros organizacionais. Além disso, fomenta a agilidade organizacional com foco no desenvolvimento ágil dos produtos.

SAFe® é um *framework* escalável e configurável, e, como você poderá observar no *link* da Figura 35.1 (chamado *big picture*), são várias configurações possíveis. Cada uma delas se adequa ao tamanho e à complexidade do portfólio da empresa.

Escaneie esse código para acessar o *SAFe® For Lean Enterprises* e conhecer melhor seu conteúdo:

Figura 35.1. QR *Code SAFe® For Lean Enterprises*.

226 Jornada do Ágil Escalado

Os dez princípios do SAFe®

Antes de iniciar vamos falar rapidamente dos dez princípios do SAFe®. São eles:

- ✓ **Tenha uma visão econômica:** significa que precisamos entregar um produto de máximo valor para o negócio com o menor custo e a melhor qualidade possíveis.
- ✓ **Aplique o pensamento sistêmico:** soluções complexas têm inúmeros componentes conectados, portanto ter uma visão mais ampla sobre todos esses componentes é fundamental. Para isso, o SAFe® recomenda pensar na solução propriamente dita, e em como esta se encaixa no contexto da empresa e na cadeia de valor à qual pertence.
- ✓ **Assuma a variabilidade preservando opções:** desenvolver solução é algo complexo, sendo que o melhor a fazer são incrementos na solução. Portanto, mantenha vivas as opções de desenho da sua solução. Não as descarte por haver escolhido uma que parecia melhor naquele momento. Assim, no caso do desenho escolhido não se mostrar realmente viável ou se mudanças forem necessárias, isso irá acelerar as mudanças de rumo. Do contrário, seria necessário parar tudo para voltar aos moldes e pensar novas opções de design, com o desenvolvimento parado à espera das novas definições.
- ✓ **Construa de maneira incremental, com ciclos de aprendizagem rápidos:** construa e entregue pequenos incrementos de produto a cada *sprint*. Colete o *feedback* do cliente, aprenda e mude rapidamente, se for necessário.
- ✓ **Baseie os marcos na avaliação dos objetivos dos sistemas de trabalho:** melhor do que apresentar especificações complexas e que ninguém lê realmente como marcos de avanço no desenvolvimento de uma solução, melhor é apresentar pequenos incrementos do produto funcional para seus clientes avaliarem. Isso ajuda a garantir que o produto entregará o valor planejado.
- ✓ **Visualize e gerencie o trabalho em andamento (WIP), reduza o tamanho dos lotes e gerencie o tamanho das filas:** o maior inimigo da eficiência é o excesso de trabalho. Toda equipe tem uma capacidade limite e esse limite deve ser observado. Não se deve permitir o excesso de trabalho, pois isso vai gerar uma fila de espera e haverá uma expectativa pela entrega que não será atendida.
- ✓ **Aplique cadência e sincronização:** muito alinhado com os princípios ágeis, ter cadência não serve para nada se não houver sincronização, principalmente em equipes grandes (vários trens ou ART[11]). Se não houver sincronização, vai haver perda no processo, pois teremos equipes paradas esperando outras equipes terminarem trabalhos que são dependentes.

---

[11] *Agile Release Train*, que será explicado mais adiante.

✓ **Desbloqueie a motivação intrínseca dos profissionais:** precisamos de profissionais motivados e engajados. Não vamos conseguir isso sem dar propósito, autonomia e domínio a eles. É preciso compensar os profissionais pelo seu trabalho excepcional. Isso, além do reconhecimento necessário, vai motivar os demais. Também é preciso que o ambiente de trabalho seja prazeroso. Passamos mais tempo acordados no trabalho do que com as nossas famílias. E precisamos que as pessoas que mais conhecem um assunto tomem as decisões a respeito dele. Não faz sentido eu esperar um líder tomar uma decisão se eu sou a pessoa que mais conhece aquele assunto.

✓ **Descentralize o processo de tomada de decisões:** puxando o gancho do princípio anterior, quem deve tomar decisões é o time – é quem mais conhece. Você não pode gerar um gargalo na tomada de decisões e impactar todo o fluxo de trabalho. Não faz sentido. A decisão precisa estar distribuída entre os conhecedores. Você como líder deve tomar as decisões estratégicas. Todas as demais, delegue!

✓ **Organize-se com base no valor:** todos os esforços para o desenvolvimento do produto devem estar alinhados com o fluxo de valor. No final, o que toda organização quer é gerar valor para os seus clientes internos e externos. Por isso, não faz sentido que haja algo diferente do que entrega de valor, que é o objetivo máximo do desenvolvimento de produtos. É importante notar que, normalmente, empresas são orientadas a projetos, ou seja, seu modelo de orçamento é por projetos. SAFe® orienta as empresas a alocar seus orçamentos por cadeias de valor (*value streams*).

Os papéis (*roles*) dentro do SAFe®

É importante conhecer os vários papéis que serão citados durante a descrição das configurações do *framework*. A seguir vamos descrevê-los de forma sintetizada, focando nos principais pontos, mas aconselho uma leitura mais aprofundada no site da Scaled Agile.

✓ *Essential* SAFe®
  - *Scrum Master*: responsável por remover os impedimentos durante a execução das *Sprints*. É um líder servidor que visa habilitar os times para a auto-organização, o autogerenciamento e para realizar as entregas de acordo com as práticas *Lean-Agile*. Dentro do SAFe®, é o líder dos times sob os trens. É ele quem lidera o time em busca da melhoria implacável e busca criar times de alta performance. Suporta o PO e coordena temas entre os times.

- **Product Owner (PO)**: responsável pelo *backlog* do time e por escrever as histórias. É ele quem busca maximizar o valor gerado pelo time e cuida para que as histórias entreguem as necessidades do usuário, de acordo com o que foi solicitado. Dentro do SAFe® ele ajuda na preparação e participa do PI *Planning*.
- **Release Train Engineer (RTE)**: o RTE é um líder servidor e atua como *Agile Coach* para o ART. Ele é o facilitador dos eventos no ART e assiste ao time na entrega de valor. Ele se comunica com os *stakeholders*, escala impedimentos, ajuda na gestão dos riscos e dirige a equipe para a melhoria implacável. Ele também gerencia e otimiza o fluxo de valor do ART. É o facilitador da PI *Planning* e participa do entendimento e da operação do *Lean Budget*.
- **Product Manager**: de forma mais abrangente, ele é o responsável por entender as necessidades dos clientes e suportar os times para que a solução seja entregue gerando resultados positivos. Também é o responsável pela visão do programa e pelo *roadmap* e quem define e permite que os produtos sejam os desejados, factíveis, viáveis e sustentáveis, atendendo às necessidades dos clientes. É sua responsabilidade alcançar os objetivos de negócio e ajudar o RTE a construir as funcionalidades solicitadas. Colabora garantindo que as soluções estarão disponíveis para os usuários internos e externos, buscando um fluxo contínuo de valor.
- **System Architect/Engineer**: são os responsáveis por definir e comunicar a visão técnica e de arquitetura para o ART (*Agile Release Train*), para que as soluções atendam ao propósito definido. Eles definem o design em alto nível e participam ativamente do processo de Exploração Contínua (*Continuous Exploration*), principalmente em termos de funcionalidades habilitadoras (*enablers*). Definem os requisitos não funcionais, sendo participantes importantes da PI *Planning*, como uns dos idealizadores do *Solution Intent* (conjuntos de requisitos e hipóteses da solução). São definidores da arquitetura base que suportará a implementação das funcionalidades e também trabalham no *cross-solution* para garantir que os pontos de interseção e/ou dependência não gerem impacto no todo. Fomentam a construção com a qualidade e a agilidade dos times.
- **Business Owner**: eles são os donos do produto, assim como os POs, mas a um nível mais macro. Enquanto os POs focam em *stories*, os BOs focam nas *features*. Eles geram itens para o *backlog* e trabalham no refinamento das *features*. Participam da pré PI-*Planning* e têm a responsabilidade de garantir que os objetivos de negócio sejam entendidos. Durante a PI *Planning*, eles são a fonte de informação sobre o negócio, apresentam a visão e atribuem os valores de negócio para cada *feature*. Ajudam na identifica-

ção das dependências e acordos externos (na *Solution* estão trabalhando em vários trens) e circulam durante toda a PI *Planning* para comunicar as prioridades do negócio a cada time, buscando o alinhamento de negócio entre eles. Eles participam da revisão e solução de problemas necessários para ajustar o escopo, quando necessário. Como têm papel relevante na PI *Planning*, também participam da pré e da pós PI *Planning*, para garantir os alinhamentos prévios necessários. É um dos papéis que deve trabalhar na quebra dos silos e na adoção da cultura *DevSecOps*.

✓ *Large Solution*
- **Solution Train Engineer**: têm os mesmos papéis do RTE, mas a nível de solução. São eles que descrevem a intenção e o contexto da solução, analisam acordos técnicos e cuidam da colaboração entre os times da solução. Cuidam dos requisitos não funcionais e dos habilitadores da solução, além das funções já descritas para o RTE.
- **Solution Manager**: têm as mesmas funções do *Product Manager*, só que a nível de solução. Nessa configuração, o foco está nas *capabilities*. Ajudam os demais papéis a entender as necessidades e priorizar o *solution backlog*. São responsáveis pelo sucesso da solução, juntamente com o *Solution Train Engineer* e o *Solution Architect/Engineer*. Como sua responsabilidade está no nível de solução, têm papel importante nas definições durante a pré e a pós PI *Planning*. Também são cruciais durante as sessões de *Inspect and Adapt* (retrospectiva no nível de solução).
- **Solution Architect/Engineer**: têm as mesmas atribuições da configuração *Essential* SAFe®. A diferença é que, nesta configuração, são os responsáveis por definir e comunicar a visão técnica e de arquitetura para o trem de solução (*Solution Train*), para que as soluções atendam ao propósito.

✓ *Portfolio*
- **Epic Owners**: podemos dizer que são os POs no nível estratégico. Eles definem, refinam, priorizam no nível de épicos e, logo, ajudam na sua decomposição em *capabilities* e *features*, para evitar que, durante a decomposição, os objetivos se percam. Participam da criação e aprovação do *business case*, e trabalham na sua implementação. Ao definirem as hipóteses, os épicos e o orçamento, estão ajudando a definir o caminho que a empresa vai seguir, do ponto de vista do negócio. Auxiliam os times na definição das estimativas de alto nível usadas na composição do orçamento.
- **Enterprise Architect**: é um dos papéis técnicos e estratégicos mais importantes de todo o portfólio porque são os profissionais que vão definir a estratégia tecnológica que irá suportar não só as implementações atuais do portfólio, como todas as futuras implementações. Eles assistem ao

Agile PMO e ao LACE[12] na identificação e no desenho para os *value streams*. Eles entendem e comunicam todos os aspectos técnicos estratégicos que impactam a arquitetura para os *System* e *Solution Architects*. Influenciam técnicas de desenho, modelagem e desenvolvimento, assim como componentização, reutilização e padrões de código. Toda a parte de qualidade e segurança dos dados é sincronizada por eles, assim como a infraestrutura produtiva e os requisitos não funcionais no nível da empresa.

Implementando o SAFe®

Implementar o SAFe® da maneira correta é um fator crucial do sucesso.

Existe um *roadmap* que pode ser visualizado no site da Scaled Agile e é muito recomendado segui-lo à risca. Escaneie este código da Figura 35.2 para acessar e checar todos os recursos disponibilizados no site:

Figura 35.2. QR *Code Scaled Agile*.

Uma das coisas que o SAFe® leva em consideração, diferentemente dos demais *frameworks* de escalada ágil, é a forma como ele horizontaliza a entrega de valor na organização, permeando todas as áreas para que essa entrega de valor ao negócio seja maximizada.

O *roadmap* de implementação define o passo a passo para ter o SAFe® na sua empresa. Esse passo a passo detalhado contém tudo o que é necessário para ter sucesso nesse processo de implementação.

Começa pelos treinamentos que são necessários até os perfis profissionais que precisam ser envolvidos – e, é importante lembrar, transformados. SAFe® não estrutura

---

[12] *Lean-Agile Center of Excellence*, que será explicado mais adiante.

os times de maneira vertical, mas horizontal. Isso reflete em mudanças de perfis e empoderamento geral.

O *roadmap* é composto de 12 partes que descrevem de forma muito clara todas as necessidades e em que ordem de execução devem ocorrer. É muito importante seguir esses passos para poder chegar a uma implementação de sucesso.

SAFe® *Implementation Roadmap* (o passo a passo para implementar)

O *framework* define 12 passos para uma implementação bem-sucedida:

1. **Alcançando o ponto de inflexão (*Reaching the Tipping Point*):** pessoas são naturalmente resistentes à mudança. Isto é um fato e contra ele não há argumento. O primeiro passo é justamente atingir o ponto onde a necessidade de mudança prevalece sobre os sentimentos de resistência. A necessidade básica neste momento é rever hábitos e cultura, sendo imprescindível que haja a vontade de mudar. Aqui o treinamento recomendado é o *Leading* SAFe®, pois explica o *framework* de maneira bem completa, do ponto de vista de quem vai receber a implementação.

2. **Treinar os agentes de mudança (*Train Lean-Agile Change Agents*):** precisamos de um grupo de pessoas com propósito, que acredite na mudança como algo positivo e que seja capacitado. Esse grupo precisa ter senso de urgência. A eles caberá preparar todo e qualquer material, insumo e ferramenta necessários à implementação do *framework*, pois são os responsáveis por comunicar a mudança. Esse grupo deve ser composto por líderes de fato, uma vez que eles vão guiar a jornada da mudança. O treinamento para eles é o *Implementing* SAFe®, e esses profissionais serão os implementadores do *framework*.

3. **Treinar executivos, gerentes e líderes (*Train Executives, Managers, and Leaders*):** já ouviu falar que a adequada adoção do *framework* deve vir *top-down* (de cima pra baixo)? Isso não quer dizer "goela abaixo" ou "à força". Quer dizer que os líderes devem liderar (ainda que pareça redundante) a mudança. Devem acreditar e ser os *sponsors* dela. Para isso, eles precisam de treinamento adequado, afinal ninguém quer ser liderado por alguém que não conheça o caminho. Em adição, o *framework* propõe o empoderamento das equipes e que os trens sejam construídos ao redor das cadeias de valor, e os que vão empoderar são os executivos, gerentes e líderes. Essa mudança de paradigma de área para cadeia de valor também requer que as pessoas estejam preparadas e comecem

a trabalhar com essa orientação. Caso contrário, haverá uma quebra conceitual mais à frente, sendo, portanto, muito importante o treinamento deles, que é o *Leading* SAFe®, para que entendam o que precisa ser mudado.

4. **Criar um centro de excelência *Lean-Agile* (*Create a Lean-Agile Center of Excellence*):** toda nova metodologia, *framework* ou visão gera resistência, pois a tendência sempre é tentar manter nossas formas de trabalho (manter o *status quo*). Para que o novo não seja um problema e sim uma solução, mas também para garantir a adoção e o seguimento das novas formas de trabalhar, se recomenda, neste momento, formar o LACE (*Lean-Agile Center of Excelente*). Ele é o guardião do *framework* e sua função é treinar constantemente toda a empresa para que a adoção seja mais fácil. O treinamento recomendado aqui é o *Lean Portfolio Management* (LPM).

5. **Identificar as cadeias de valor e os ARTs (*Identify Value Streams and ARTs*):** como dito anteriormente, o *framework* define que a empresa se oriente por cadeias de valor. Assim, chega o momento de identificá-las, bem como o ART que se ocupará de cada cadeia de valor. Alinhar por cadeias de valor é uma mudança gigantesca, principalmente se a organização for complexa; entretanto, é muito necessária, pois é a forma de otimizar o fluxo de valor dentro da organização.

6. **Criar o plano de implementação (*Create the Implementation Plan*):** parafraseando Leffingwell (2018), "pense e planeje simples, em pequenas iterações, senão o tempo necessário para fazer será muito longo". O *framework* define o *roadmap*, mas você precisa desenhar o plano de implementação. Planeje iniciar com uma cadeia de valor e um trem, aprenda com isso e logo incremente. E tenha em mente que possuir um plano e medir o andamento constantemente é importante para evitar desvios.

7. **Prepare o lançamento do ART (*Prepare for ART Launch*):** atenção para a importância de realizar o primeiro lançamento adequadamente. Acontecerão erros, o que é inerente ao processo, mas o cuidado é ainda mais importante, pois será a construção da base de confiança para toda a mudança que está por vir. Nesse momento, é preciso haver treinado os líderes do ART e os interessados (*stakeholders*), ter definido e treinado o time ágil, *Product Owners* e *Product Managers*, *Scrum Masters* e *System Architects/Engineers*. Também é necessário definir e preparar nosso *Release Train Engineer* (RTE), pois ele é quem lidera os vários *Scrum Masters*. Também é necessário ter o *backlog* do programa devidamente pronto. Os treinamentos recomendados aqui são: SAFe® *Agilist* (SA), SAFe® *Product Owner/Product Manager* (POPM), SAFe® *Scrum Master* (SSM) e SAFe® *For Architects* (ARCH).

8. **Treine os times e lance o ART (*Train Teams and Launch the ART*):** fazendo um *checkpoint*, neste momento, os *stakeholders*-chave estão treinados e prontos

para começar, e o LACE e os SPCs[13] prontos para apoiar a jornada. Assim, chega a hora de treinar toda a equipe. É recomendado treinar um número grande de profissionais ao mesmo tempo para tirar proveito de dúvidas e dificuldades entre eles. Tudo preparado, é hora de lançar o ART, preparar a PI *Planning*, colocar "a mão na massa" e começar a desenvolver o produto (seu primeiro incremento). Treinamento recomentado: SAFe® *for Teams* (SAFe® *Practitioner* – SP).

9. **Faça *coach* na execução do ART (*Coach ART Execution*):** ainda que todos estejam treinados, é papel do LACE e dos consultores (SPCs) fazer o *coach* do ART recém-lançado. Lembre-se de que as pessoas estão recém-formadas. Erros, dificuldades e coisas inesperadas poderão ocorrer, afinal é o primeiro ART da empresa. Também não vamos esquecer que a aprendizagem deve ser contínua (*lifelong learning*). Com o ART lançado e os times ganhando confiança e proficiência em suas novas funções e eventos, é hora de aproveitar o primeiro evento, *Innovation and Planning* (IP), que é a última *Sprint* da PI, para treiná-los no SAFe® *Agile Software Engineering* (ASE) e no SAFe® *DevOps* (SDP). Esses treinamentos os ajudarão a conhecer as práticas *Lean-Agile* e *DevOps*, e a implementar dentro do ART. Também é essencial aproveitar o evento para exercer, com ainda mais foco, o papel de *coach* na identificação dos *gaps* e no planejamento das melhorias.

10. **Lance mais ARTs e cadeias de valor (*Launch More ARTs and Value Streams*):** chegou a hora de escalar ainda mais, de lançar novas cadeias de valor e mais ARTs. Para conquistar este nível, será preciso adicionar novos papéis, como os *Solution Train Engineer* (STE), *Solution Manager* e *Solution Architect/Engineering*. A partir daqui, também é necessário definir a visão de solução, intenção (*Solution Intent*), *roadmap* e as métricas. Com mais ARTs, temos uma coordenação a nível de *capabilities*, e o *backlog* agora é da solução. Também precisamos começar a trabalhar as Pré e Pós PI, que são eventos de sincronização dos ARTs no nível de programa. Neste nível, poderão existir fornecedores externos que também devem ser treinados e incluídos no planejamento e nos eventos. Recomenda-se, portanto, formar mais SPCs através do treinamento *Implementing* SAFe®.

11. **Crescer o portfólio (*Extend to the Portfolio*):** agora que já temos os profissionais treinados, lançamos várias cadeias de valor e seus ARTs, e chegamos ao nível de solução, é hora de pensar em como trabalhar o portfólio. Em uma organização com várias cadeias de valor, é necessário tê-las mapeadas, definir o orçamento e ter um plano de acompanhamento. Para isso, o SAFe® apresenta o *Lean Portfolio Management* (LPM). Além disso, as coisas podem mudar da noite

---

[13] SAFe® *Program Consultants* – consultores do programa SAFe®.

para o dia, os objetivos estratégicos podem ser impactados por tais mudanças e isso gera um efeito cascata que chega até os ARTs e times. Outro ponto importante é não deixar de validar em curtos espaços de tempo a execução dos ARTs e os resultados (valor) entregues. Para isso, o LPM define processos de maturidade para garantir que as entregas de valor dos ARTs continuam alinhadas com os objetivos estratégicos ou com as mudanças ocorridas neles. Também controla o WIP para evitar ter muita demanda estratégica e pouca capacidade de entrega, ou seja, age como um funil que controla demanda *versus* capacidade, priorizando aquilo que entrega mais valor. Recomenda-se ter mais profissionais capacitados em *Lean Portfolio Management* através do treinamento SAFe® LPM.

12. **Acelerar (*Accelerate*):** chegamos no topo da implementação. Já temos treinados e lançados times, ARTs, *Solutions* e portfólio. Também já aprendemos muito durante essa jornada. Só que um dos princípios do SAFe® (melhoria implacável) nos diz que precisamos continuar melhorando sempre. Segundo Tom Peters comenta (SCALED AGILE, s.d.), "as grandes organizações não acreditam na excelência – somente na melhoria e em mudanças constantes". Assim, passamos a medir a performance do portfólio, reforçar os conceitos, aprender com os erros, ancorar os novos comportamentos culturais e aplicar lições aprendidas ao longo da organização. Com isso, vamos identificar mais *gaps* que precisam ser tratados em busca da maestria na organização. E essa busca será constante, não duvide disso. O próprio *framework* hoje já está na versão 5.0, e isso nada mais é do que aprendizagem constante e melhoria implacável. Para acelerar adequadamente, recomenda-se ter mais *Release Train Engineers* treinados através do SAFe® *Release Train Engineer* e *Scrum Masters* ainda mais capacitados através do treinamento SAFe® *Advanced Scrum Master*.

Agora que entendemos o *roadmap* de implementação, é hora de entender todas as configurações do *framework*.

As configurações do SAFe®

O SAFe® tem algumas configurações que podem ser utilizadas de acordo com a necessidade da sua empresa. Para escolher qual configuração utilizar você deve, primeiro, entender qual é a complexidade do seu portfólio, a quantidade de sistemas envolvidos e o número de programas, bem como identificar as cadeias de valor do seu negócio. Vamos utilizar alguns exemplos e descrever cada uma dessas configurações e os papéis necessários para rodá-las.

O SAFe® 5.0 traz quatro configurações possíveis: *Essential* SAFe®, *Large Solution*, *Portfolio* SAFe® e *Full* SAFe®. Observe que, em todas as configurações, sempre vamos ter os componentes, as cerimônias e os papéis do *Essential* SAFe®, pois esta é a configuração básica. As demais configurações acrescentam novos recursos do *framework* (papéis, cerimônias etc.) para ajudar as organizações mais complexas.

O encadeamento dos times, trabalhando nos mesmos objetivos estratégicos, é estruturado nas três principais configurações: estratégico (*Portfolio*), tático (*Large Solution*) e operacional (*Essential*).

Outro ponto importante é que, em todas as configurações, temos a ideia de *customer centricity*, pois o *framework* trabalha com o cliente sempre no centro da organização e com todos os resultados (*outcomes*) direcionados a entregar valor de fato ao cliente. E o *design thinking* é a técnica empregada para capturar as dores, trabalhá-las, entendê-las e gerar as possíveis soluções e, logo, colocá-las dentro das esteiras para serem desenvolvidas.

Também aparece em todas as configurações o *Continuous Delivery Pipeline*, sendo outro dos pontos importantes do SAFe®. O *framework* sugere que as organizações trabalhem em ciclos contínuos de **exploração** (para buscar novas ideias), **integração** (para construir, integrar, testar e validar as soluções), *deployment* (para que todo o valor gerado seja colocado à disposição de quem o solicitou o mais rápido possível, verificado, monitorado e com respostas rápidas à mudança) e *release on demand* (porque, mesmo colocando as soluções à disposição rapidamente, quem decide quando elas vão para as mãos do cliente final – usuários – é o negócio).

Acredito que seja interessante entender preliminarmente que o SAFe® trabalha desmembrando uma ideia ou objetivo estratégico da seguinte forma:

- ✓ *Strategic Themes*: são objetivos de negócio diferenciados que conectam a estratégia da empresa ao portfólio. Aqui estamos no nível de ideias e objetivos. É um nível onde ainda não é possível entender o seu tamanho e abrangência.
- ✓ *Epic*: podemos dizer que é um conjunto de iniciativas de desenvolvimento, que têm escopo e impacto significativos no negócio e, por isso, devem ter um MVP e aprovação prévia para execução. Ainda estamos falando de um nível alto de ideia ou objetivo, mas agora ele já pode ser endereçado às cadeias de valor. É importante conceituar que afetam uma ou mais cadeias de valor (são horizontais) e levam alguns PIs (*Program Increment*) para serem desenvolvidos.

236 Jornada do Ágil Escalado

✓ **Capability**: é uma visão ainda de alto nível, mas agora estamos falando dos comportamentos da solução. É distribuída a vários ARTs. Sua execução deve caber dentro de um único PI.

✓ **Feature**: não confunda com funcionalidade de um sistema. Ainda estamos falando de um alto nível conceitual. Uma *feature* preenche uma necessidade de um *stakeholder*. É a quebra dos comportamentos em unidades menores, mas ainda não se pode desenvolver a partir delas. Cada uma delas já possui uma hipótese e um critério de aceitação definidos. São dimensionadas ou quebradas para serem atribuídas a um único ART e serem executadas dentro de um único PI.

✓ **Story**: bom, como é um conceito já amplamente discutido no livro, não vou detalhar muito. Basta saber que é a unidade mais básica da ideia e neste nível podemos atribuí-las a times para o seu desenvolvimento.

Vale ressaltar que *epics*, *capabilities* e *features* podem ter habilitadoras (*enablers*), ou seja, funcionalidades que necessitam ser implementadas (mas que não geram valor diretamente), para permitir que outras funcionalidades que geram valor diretamente (*epic*, *capability* ou *feature*) possam ser implementadas.

Dito isso, vamos agora explicar de maneira rápida cada uma das configurações, iniciando pelo *Essential* SAFe®.

Essential SAFe®

Para implementar SAFe® ou qualquer método de escalada ágil, você precisa se assegurar de algo bem básico: seu time já deve rodar ágil muito bem (*Scrum*, *Kanban*, ter um *mindset* ágil etc.). Rodar o ágil na sua essência é o primeiro degrau para a escalada ágil, pois não se deve escalar o caos.

E vamos ter em mente que trabalhamos sempre com a ideia de construir um produto (mas também poderia ser um serviço), e que este será feito de forma iterativa e incremental, como manda a boa prática do ágil.

Partindo desse princípio, você já tem um *story board* (SAFe® recomenda iniciar com a *PI Planning*, a qual vamos detalhar mais adiante).

Se você precisa escalar, então você já tem vários times executando *Scrum/Kanban* ou outro *framework*, ou você precisa adicionar mais times. Esse conceito de times trabalhando juntos em um mesmo produto, no nível de equipes, é o que chamamos de Trem ou ART (*Agile Release Train*).

Para ter vários times trabalhando juntos, partindo do princípio de que todos dominam ágil, você vai precisar, dentre outras coisas, de cuidar da cadência e da sincronização (ver o Capítulo 30). Ressaltando também que é muito importante identificar as cadeias de valor, que devem estar alinhadas com a estratégia do negócio.

Para que o *Essential* SAFe® funcione, é preciso estar muito atento aos princípios do SAFe® e cuidar muito das pessoas dos times. A grande sacada do SAFe® está na sua estrutura.

Vamos considerar como exemplo o Banco SF. A partir de sessões de *design thinking* foi identificada uma necessidade: se aproximar mais do público jovem. A partir deste objetivo, é identificada uma cadeia de valor associada que é ter um cartão de crédito exclusivo com um programa de *cashback*. A seguir a esta definição, identificamos quais soluções necessitam ser criadas/alteradas para atender a essa necessidade. A solução escolhida, depois de passar por sessões de exploração (*Continous Exploration*), é ter um cartão de crédito digital. Com isso, identifica-se a necessidade de se ter um Trem com quatro times (cada um deles trabalhando uma *feature*), sendo: Time A vai construir o novo canal digital no formato de um *app* para Android; Time B vai construir o canal para iOS; Time C vai cuidar da camada de integrações; e vamos ter um Time D que vai cuidar do *backoffice* (sistemas base onde as informações estão armazenadas e onde ocorre o processamento principal. Poderia ser um *mainframe*, por exemplo).

Temos uma (mas poderiam ser mais) cadeia de valor com um Trem (que poderiam ser mais) rodando quatro times simultâneos. Observe que os quatro times precisam entregar juntos a solução. De nada adianta entregar o *app* para iOS (Time B) se o Time D não entregar seu trabalho (sincronização), pois teríamos a capa (*app*), mas ela não poderia processar nada por falta do *backoffice*.

As *features* podem ser denominadas como comportamentos de um sistema no nível mais amplo. A quebra das *features* nos leva às *stories*, que são os menores componentes e são tratados dentro das *Sprints* e organizados no *Sprint Backlog*. *Features* são entregues pelos Trens e são organizadas no *Program Backlog*.

O Trem (*Agile Release Train*)

O Trem ou ART é montado com equipes que formam um montante de 50 a 125 pessoas. Esse time é composto por profissionais com todos os *skills* necessários para executar de maneira autônoma todo o trabalho necessário para entregar valor ao cliente, ou seja, desde definir novas funcionalidades, implementar, testar até disponibilizar a(s) nova(s) solução(ões). Este time trabalha em ciclos de incremento do produto dentro de um PI, que tem duração de 8-12 semanas, mas realizando entregas de valor a cada duas semanas (*Sprint*).

É importante mencionar que o Trem ou ART é um time de entrega contínua, ou seja, perpétuo no tempo, buscando sempre a melhoria contínua do produto.

Backlog do programa (*Program Backlog*)

Os ARTs se guiam pelo *backlog* do programa. Nele, estão priorizadas e sequenciadas todas as funcionalidades que devem ser implementadas. Alguns itens deste *backlog* podem ser habilitadores. Os habilitadores são fundamentais, pois garantem que a arquitetura suporte todas as implementações futuras. São como a base de uma construção.

Para priorizar as funcionalidades, o *framework* usa o WSJF (*Weighted Shortest Job First*). Esta técnica visa organizar a prioridade buscando entregar os *quick wins* primeiro, já que entregam mais valor com menor esforço, antes de funcionalidades mais complexas e que requerem um esforço maior de implementação.

O objetivo principal da priorização é executar o trabalho certo na sequência ideal para gerar o maior benefício econômico possível.

Dentro do *Essential SAFe®*, assim como em todas as demais configurações, existem *checkpoints* e cerimônias para ajudar no sincronismo dos times. Não vou entrar aqui nos detalhes das cerimônias e cadências do *Scrum* e *Kanban*, pois em outros capítulos do livro elas estão muito bem descritas. Vou falar apenas das que são inerentes ao *framework* SAFe®.

A primeira delas, e, na minha opinião, a mais importante de todas, é a PI *Planning*, explicada em seguida.

PI *Planning (Product Increment Planning)*

Esta cerimônia tem como objetivo o alinhamento entre todos os envolvidos na construção de um produto. Nela são detalhadas todas as histórias e são feitas todas as quebras possíveis, antes de entrar na esteira de desenvolvimento. O *Business Owner* explica em detalhes todas as necessidades do negócio e características do produto, além de alinhar os objetivos estratégicos para a PI que está iniciando. Os *System Architects/Engineers* detalham os desafios técnicos, além de validar se as necessidades de negócio estão aderentes à arquitetura definida. Eles podem apontar riscos identificados e aproveitam a cerimônia para detalhar os requisitos não funcionais (NFRs) para os times ágeis e sanar dúvidas que apareçam.

Em conjunto, os times validam os itens do *Program Backlog*, e o *Business Owner*, juntamente com os *Product Owners*, realiza a priorização. A ideia é sair da PI *Planning* com os itens priorizados para serem implementados nos próximos 2-3 meses. Talvez o maior objetivo da PI *Planning* seja sair com todos os envolvidos comprometidos e alinhados com os objetivos do PI.

Na minha humilde opinião, este é o principal fator de sucesso do SAFe®. Executar corretamente a *PI Planning* e conseguir que todos participem é um desafio enorme, principalmente em momentos como o que passamos, com uma pandemia mundial (COVID-19) e todos trabalhando de suas casas. Além do *Business Owner*, outro papel importante nesse evento é o *Release Train Engineer* (RTE), que é quem facilita esse evento e deve buscar garantir o alinhamento de todas as equipes do seu Trem ou ART.

É nesta sessão que todos compartilham conhecimentos, preocupações, soluções e identificam dependências. E, principalmente, é quando absolutamente todos os envolvidos no processo de desenvolvimento de um produto entendem e discutem os objetivos que devem ser alcançados para o incremento desse produto.

Segundo Knaster e Leffingwell (2018): "as tarefas futuras de desenvolvimento de produtos não podem ser predeterminadas. Distribua o planejamento e o controle para que os envolvidos possam entender e reagir aos resultados". Assim sendo, é preciso aproveitar esse evento para identificar tudo o que for possível e minimizar impactos futuros.

Nesse evento, deve ser observado o *Work In Progress* (WIP), e qualquer excesso deverá ser eliminado para garantir o fluxo de trabalho. É um momento importante para conhecer todos os envolvidos que estarão presentes, pois geralmente é difícil interagir com alguém que não tivemos a oportunidade de conhecer pessoalmente. Dessa forma, o cara a cara, mesmo que virtual, pode ajudar na aproximação dos componentes dos times.

Nesse evento, os arquitetos poderão ajudar a criticar implementações complexas e, principalmente, alinhar o desenvolvimento com os objetivos do negócio. É o momento de dizer não, se ele for necessário.

São dois dias de evento com agenda predefinida e é muito importante para o sucesso do time sair dessa reunião com:

- ✓ conjunto de objetivos SMART para cada time, alinhados com os objetivos do negócio;
- ✓ *program board* com todas as principais funcionalidades, dependências e datas.

IP (*Innovation and Planning*)

Parafraseando Geoffrey Moore, "a inércia, se não for gerenciada, consome os recursos necessários para financiar a inovação da próxima geração" (LEFFINGWELL; MARTENS; ZAMORA; 2008).

Innovation and Planning é uma iteração que deveria fazer parte de todos os *frameworks* de escalada ágil. Isso mesmo! É uma iteração, ou seja, uma *Sprint* completa é dedicada a ela, sendo realizada na última *Sprint* de uma PI.

É difícil convencer os "chefes" a destinar um tempo a algo que não seja desenvolvimento propriamente dito, mas o IP acaba gerando, ironicamente, muito valor ao desenvolvimento. Segundo Leffingwell (2018), "time 100% alocado leva à imprevisibilidade".

Se o seu time não tem tempo para pensar em como melhorar o nível técnico, inovar e conhecer novas tecnologias, recursos de infraestrutura, ferramentas e treinamentos, ele vai continuar desenvolvendo as funcionalidades da mesma forma e nunca vai mudar, inovar e melhorar. E isso não é nada bom para o negócio.

Esse espaço de tempo na *Sprint* também pode e deve ser usado como um *buffer*. Caso as coisas não saiam conforme o planejado, parte desse tempo poderá ser utilizado para finalizar o trabalho.

Também pode ser usado para fomentar a aprendizagem contínua, outro fator importantíssimo atualmente, ou para focar nos testes integrados, na documentação ou em testar novos *frameworks* ou tecnologias.

I&A (*Inspect and Adapt*)

O que buscamos com as sessões de I&A? Como toda sessão de *review* e retrospectiva, o que todos queremos é identificar e eliminar desperdícios, garantir que o fluxo de valor (*flow*) esteja otimizado, identificar dívidas técnicas e melhorar o time como um todo (comunicação, comportamento, técnico etc.).

Logo que realizar essa inspeção, é necessário planejar ações de curto e médio prazo para melhorar continuamente (adaptar). No SAFe®, o termo usado é melhoria implacável, como já mencionado.

Quem tem o papel fundamental neste ciclo, além do *Scrum Master*, é o RTE (*Release Train Engineer*). Ele deve ver o desenho completo, tendo em vista que a melhoria deve impactar os ARTs, fazendo com que o resultado impacte o produto.

Saímos dessa retrospectiva com uma lista de ações que deve ser revisitada no próximo I&A para checar se foram executadas, surtiram ou não efeito e mudar (buscar opções), caso nossas hipóteses não tenham se confirmado. Ela servirá de entrada para a próxima sessão de I&A.

Além dos papéis e cerimônias previstas dentro do *Essential* SAFe®, o *framework* provê algumas abordagens centradas no cliente, na alta performance, no alinhamento, na qualidade e no propósito. Vamos falar deles em seguida.

Agile Product Delivery

O *Agile Product Delivery* atende a uma das sete competências *core* do *Lean Enterprise* centrado em alcançar a agilidade organizacional (*Business Agility*).

Para alcançar essa agilidade, as empresas precisam aumentar rapidamente a sua habilidade de entregar produtos e serviços inovadores para conseguir a solução correta para o cliente correto, no tempo certo.

242 Jornada do Ágil Escalado

Para isso, o *Agile Product Delivery* trata de garantir a **exploração contínua**, **integração contínua** e **entrega contínua** – e, com isso, manter o foco no cliente, pois é preciso entender suas dores de forma empática para entregar soluções que agregam valor aos clientes.

A forma como o *Agile Product Delivery* entrega este valor é usando o *design thinking* para entender a dor do cliente (*Continuous Exploration*), desenhar a melhor solução para atender àquela dor, construir um MVP para validar as hipóteses (*Continuous Integration*) e logo lançar os ARTs para incrementar continuamente essa entrega de valor ao cliente (*Continuous Deployment*).

Team and Technical Agility

> *A excelência técnica e de design fomenta a agilidade.*
>
> *Agile Manifesto (2001)*

Esta nova competência, antes inexistente na versão 4, busca habilitar times de alta performance que entregam produto de alta qualidade aos clientes.

Um dos objetivos de termos times ágeis e de alta performance vem da necessidade de alcançar os objetivos de negócio de maneira confiável. Isso somente se torna possível construindo times com alta maturidade e que conseguem entregar soluções para as dores do negócio com alta velocidade, alto nível técnico e alta qualidade, que são necessidades da era digital.

Visão (*Vision*)

Segundo Daniel Pink, "os profissionais estão sedentos de contexto, ansiosos para saber que o trabalho deles contribui para um bem maior" (SCALED AGILE, s.d.). Isso é propósito. É para isso que existe a visão. Ela é o estado futuro da solução que está sendo construída e que reflete as necessidades do cliente e demais interessados. Ela deve ser aspiracional e alcançável. A visão, na verdade, é aplicável a todas as configurações do *framework*, mas na base, que é onde estão os times de desenvolvimento, é onde acredito que ela impacta mais positivamente. No meu ponto de vista, dar a visão a todos os membros do time destrava os profissionais que trabalham com inteligência e ajuda a dar propósito ao trabalho. Além disso, atende ao oitavo princípio do SAFe® (*Unlock the Intrinsic Motivation of Knowledge Workers*).

Roadmap

Precisamos de um caminho para alcançar esses objetivos. Para isso é preciso um *roadmap* para orientar as equipes a chegar ao final da jornada.

Segundo Niels Bohr, "predição é algo altamente difícil, principalmente se estamos tentando ver algo muito distante no futuro" (SCALED AGILE, s.d.). Para ajudar na clareza, assim como os faróis no mar ajudam os marinheiros a não se chocarem com gigantescas pedras e ilhas, o *roadmap* é um planejamento de eventos e objetivos que ajuda a visualizar os momentos de entrega da solução. O *roadmap* liga a camada estratégica à tática provendo uma visão clara dos objetivos de entrega no curto, médio e longo prazo. A visão de curto/médio prazo é entregue pelo *roadmap* do PI e abrange de um a três PIs, enquanto a visão de longo prazo é dada pelo *roadmap* da solução, que abrange os dois anos seguintes. E o portfólio traz a visão pelos anos seguintes, normalmente cinco anos. Veja que existe mais de um *roadmap*, cada um deles observado de pontos diferentes da organização. Tudo isso é para garantir o alinhamento em todos os níveis da empresa.

System Team

Como dizia Aristóteles, "o todo é maior que a soma de suas partes". Quando temos times rodando várias *Sprints* em paralelo, surgem algumas necessidades que não podem ser tratadas pelos times. São necessidades que transcendem os times e afetam o ART como um todo. É para atender a essas necessidades que são criados os *System Teams*. Estes são times especializados que apoiam todos os demais times de desenvolvimento. Alguns exemplos de como esses times apoiam: manutenção das ferramentas, *pipeline* de entrega contínua, integração contínua dos *assets* dos times, *release*, infraestrutura etc. Os *System Teams* podem apoiar um ou mais ARTs. Além de ajudar nos testes *end-to-end*, esses times também participam das *System* e/ou *Solution Demos* no final de cada PI.

Large Solution

Agora que já entendemos a configuração mais básica, vamos começar a escalar um pouco mais?

Assim, seguindo o nosso exemplo, vamos considerar, agora, que o Banco SF resolveu atacar não somente um, mas dois objetivos estratégicos ao mesmo tempo. Esses objetivos estão no *Solution Intent* (vamos falar sobre ele mais à frente). Eles acreditam que, além de se aproximar mais do público jovem, eles também precisam facilitar a vida dos seus clientes da terceira idade. São objetivos bem diferentes e que não poderiam ser atacados com as mesmas soluções. Portanto, agora vamos trabalhar em mais de uma cadeia de valor e lançar mais um ART. Esse novo ART criará uma solução que permitirá que seus clientes não necessitem ir ao caixa (lembrando que é um costume entre os mais idosos não usar banco via *web* ou via celular), mas tenham um canal exclusivo pra eles com instruções fáceis, onde eles possam pagar suas contas no banco sem precisar pegar filas com os demais clientes. A partir dessa nova definição, vamos identificar quais soluções necessitam ser criadas/alteradas para atender a essa necessidade. Agora foi escolhida a solução de totem. Para isso, vamos necessitar de mais três ARTs com dois times cada. Esses times vão trabalhar simultaneamente no *backoffice* (isso pode conflitar com o ART do primeiro exemplo) e na solução para os totens. Com isso, vamos entrar na configuração de *Large Solution*. A característica dessa configuração é ter uma ou mais cadeias de valor sendo trabalhadas ao mesmo tempo.

Nessa configuração se trabalha o nível de programa, onde podemos ter muitas cadeias de valor e, portanto, vários ARTs rodando em paralelo. Isso agrega complexidade – e, para lidar com ela, necessitamos de alguns mecanismos adicionais de controle, apoio e visibilidade.

Antes de entrar na descrição dessa configuração e suas necessidades, preciso comentar que tudo que foi discutido anteriormente se aplica a ela, pois ela nada mais é do que a escalada do *Essential* SAFe® (poderíamos dizer que são vários *Essentials* rodando em paralelo) a um nível de programa ou solução. Contudo, ela tem as suas particularidades que merecem a sua atenção.

Enquanto a nível de times tratamos de *stories* e a nível de programa tratamos de *features*, neste nível de configuração tratamos de *capabilities*.

Para toda solução existe, dentro do SAFe®, o *Solution Intent*. O *Solution Intent* captura e elabora as *capabilities* que serão tratadas no nível do *Solution Train*. Elas representam os comportamentos da solução em alto nível. Uma *capability* pode ser explodida em vários ARTs. Nesse nível de configuração também é provável que entrem fornecedores externos, além dos times internos de outras áreas das empresas.

As *capabilities* são organizadas no *Solution Backlog*, e, assim como quebramos as *features* em *stories*, quebramos *capabilities* em *features*.

Solution Intent

É uma base de conhecimentos onde "o que precisa ser construído" é definido, armazenado, gerenciado e comunicado. Pode-se dizer que é o repositório das ideias de negócio priorizadas. O *Solution Intent* guarda o estado atual (descrevendo a histórico do que o sistema faz até aquele momento) e futuro (descrevendo quais as intenções de mudança para o sistema), tudo isso em nível de teste e requisitos funcionais e não funcionais, modelos de design e soluções, especificações das *capabilities*, *features*, *stories*, NFRs e padrões. O *Solution Intent* visa dar rastreabilidade da implementação do programa ou solução.

Ele é dividido em fixo (que são os comportamentos fixos e, possivelmente, não negociáveis do sistema) e variável (permite ao time explorar as possibilidades para cada necessidade e as alternativas de design).

Vamos dizer que ele é a base central de conhecimento das soluções. E é a fonte de ideia para o nível de solução.

ART PI *Planning*

Como foi dito, nesta configuração temos aspectos específicos, sendo um deles a preparação prévia e pós para a reunião de PI no nível de solução.

Nada mais é que a própria PI *Planning* descrita anteriormente neste capítulo. Como esta é uma reunião que dura dois dias e pode reunir cerca de 150 pessoas, a sua organização é bastante complexa. Por isso existem duas outras cerimônias, concomitantes com a PI *Planning* e que servem de preparação para ela e para se organizar após ela. São elas a Pré PI e a Pós PI.

No início da Pré PI é importante já termos as agendas de todos os participantes da PI *Planning* reservadas, que todos os materiais estejam prontos e consolidados, que as descobertas de solução tenham sido realizadas e seus objetivos macro identificados.

Na Pré PI *Planning*, os *Product Managers* revisam os planos iniciais e fazem os ajustes necessários para levá-los à PI *Planning*. A Pré PI também ajuda o *Product Manager*, o RTE e o *System Architect* a ter uma melhor compreensão do *Solution Train*, e a se preparar melhor para a reunião.

Nesses eventos também é revisado e priorizado o *Solution Backlog*. Usar a Pré PI para construção do contexto da solução com os ARTs e fornecedores (caso existam) é muito importante, porque após essa reunião eles vão iniciar as suas PI *Plannings* individuais. Para isso, é muito importante que os times estejam alinhados, pensando e agindo para alcançar os mesmos objetivos estratégicos, através de iniciativas desenvolvidas em cada ART.

Após executar a PI *Planning* com todos os ARTs, temos a Pós PI *Planning*. O objetivo dessa reunião é criar o plano conjunto de solução e o *roadmap* do incremento do produto. Lembre-se de que cada ART trabalhou isoladamente nos seus objetivos, então é necessário um alinhamento após para vislumbrar os riscos e planos e retrabalhá-los, caso haja alguma inconsistência como solução. A palavra de ordem da PI *Planning* é comprometimento (*commitment*). Se não houver alinhamento, não haverá comprometimento. As pessoas só colocam esforço verdadeiro e se comprometem com aquilo que acreditam. Também é realizada uma sessão de retrospectiva da Pré e da Pós PI *Planning* em busca da melhoria implacável.

Enterprise Solution Delivery

É outra das competências *core* do *Large Solution*. A necessidade desta competência é bastante simples. Para tornar sonhos realidade, precisamos de inovação, experimentação e conhecimentos oriundos de diversas disciplinas.

Contudo, para entregar isso, muitas vezes o esforço é muito grande. Podem ser centenas ou milhares de engenheiros para alcançar esses objetivos. A complexidade também é enorme. Há a necessidade de integração e atendimento às normas e regulações. Para orquestrar tudo isso entra o *Enterprise Solution Delivery*. O objetivo maior é manter tudo dentro dos parâmetros necessários, para que tudo seja integrado e o valor entregue nas mãos do cliente, mantendo o *pipeline* de entregas trabalhando de maneira contínua. Tudo isso sem deixar de seguir padrões, regulações e normas – e, principalmente, sem perder o alinhamento entre os times da solução.

Milestones

A ideia de *milestones* (marcos) no SAFe® é um pouco diferente da tradicional. Elas são divididas em três categorias: *milestones* do PI, *milestones* com data fixa e *milestones* de aprendizagem.

As *milestones* de PI visam garantir que os objetivos traçados na PI *Planning* estejam sendo monitorados constantemente para evitar que, ao final do período, se descubra que existe um desvio não identificado. Assim são gerenciadas e qualquer necessidade de correção de rumo é tomada imediatamente, e não depois de meses.

Mesmo estando trabalhando em uma organização ágil, não podemos esperar que todos os componentes também sejam ágeis. Um bom exemplo disso são os fornecedores externos. Muitas das vezes, as entregas por eles planejadas vão seguir *milestones* fixos, ou seja, uma data de entrega fixa, mas que não deve impactar os demais times ágeis.

Como sabemos, trabalhamos sempre em constante aprendizagem. Existem hipóteses que assumimos e que, talvez, seja preciso realizar uma troca de opção em algum momento. Também existem oportunidades constantes de melhoria, planejadas ou não, ou necessidades de validar uma nova hipótese ou nova definição de usabilidade, por exemplo. Muitas das vezes, iniciamos um PI com essas premissas. O problema é que se não houver seguimento e validação, pode ser que certas premissas não tragam o resultado esperado, e isso não pode acontecer no final. Precisamos monitorar a execução do PI, novamente para evitar surpresas e para que correções necessárias sejam executadas no momento certo. Para isso é que servem os *milestones* de aprendizagem.

Shared services (serviços compartilhados)

Existem decisões que podem afetar todo um ART, bem como necessidades pontuais em cada um dos times. Isso não deve gerar subutilização, esforço demais nem custos adicionais. Parte disso é controle de WIP. Para isso foram criados os *shared services*. São times compartilhados com todos os ARTs e que possuem papéis em tarefas que afetam todo o conjunto de soluções.

São papéis comuns nos *shared services*: *agile coaches*, gerentes de configuração, engenheiros de dados (e vários outros papéis relacionados a dados), arquiteto empresarial, de informação e de segurança etc. Todas as tarefas que afetam vários times e que necessitam de um papel exclusivo para serem executadas são colocadas nesses grupos de profissionais. E eles tomam decisões que afetam vários times, pois são definições organizacionais, ou seja, atendem a aspectos além dos técnicos ou de negócios. Um bom exemplo para o nosso caso relatado são as definições dos órgãos que regulam os bancos (CMN, BACEN). Não seguir essas formulações pode levar a multas e penalidades bastante sérias.

Comunidades de práticas (*Communities of Practice* – CoP)

Outro grupo importante e que busca fomentar a expansão dos conhecimentos são os CoPs. Esses comitês de práticas são montados de forma proativa pelos membros de um determinado perfil, por exemplo, *Scrum Master*, *Product Owner*, *Release Train Engineer*, e por *skill* técnico, como microsserviços, *cloud*, etc. Através desses grupos, profissionais mais experientes ajudam os menos experientes, além de buscarem trazer aos ARTs soluções, plataformas, tecnologia e *frameworks* inovadores, tudo em prol de entregar valor e de trazer mais velocidade, qualidade e organização.

Lean UX

A equipe de *Lean* UX ou Experiência do Usuário apoia o desenvolvimento das soluções. Quem nunca deparou com um software, página web ou um eletrodoméstico que não é fácil de usar e que requer vários minutos para entender como funciona? Onde eu clico? Onde está o botão de salvar ou ligar? Os profissionais de UX são os que garantem a percepção da solução do ponto de vista do cliente ou usuário.

Para garantir esse processo, utilizam-se desde simples observações até pesquisas com usuários, passando por análises de dados complexas e testes em produção para um grupo dos usuários; tudo isso para identificar a melhor usabilidade da solução.

Esses profissionais vão definir a usabilidade, os desenhos e os padrões que serão utilizados durante o desenvolvimento das soluções, objetivando a melhor interface para o cliente final.

Metrics (Métricas)

Métrica é outro assunto muito importante. Como disse Peter Drucker (2017), "não podemos gerenciar o que não podemos medir". É simples assim! Para saber se o navio está no rumo certo, precisamos ter instrumentos para isso, automatizados ou não, mas precisamos deles. Assim também é com os ARTs. Precisamos saber de onde partimos, onde estamos e aonde vamos chegar se continuarmos nesse caminho. Podem ser desde métricas de equipe e produto até OKRs que buscam medir a aderência com os objetivos estratégicos. Existem métricas de time, programa, solução, portfólio etc. E não é porque estão sendo abordadas neste tópico que não devem ser usadas também dentro do *Essential* SAFe®. Devemos ter métricas em todos os níveis, mas elas precisam conversar entre si para trazer uma visão mais completa.

Medir é fundamental para entender e tomar ações rápidas. Para isso, as métricas devem ser bem definidas e fazer sentido, além de ser úteis para validar as hipóteses do negócio em todos os níveis.

Portfolio SAFe®

Seguindo a nossa escalada, vamos incrementar nosso exemplo: pensemos agora que nosso Banco SF resolveu tratar, de uma única vez, todos os seus objetivos estratégicos. Além dos dois tratados inicialmente (se aproximar do público jovem e atender melhor aos seus clientes da terceira idade), eles querem crescer 30% nos próximos três anos, reduzir custos em 15% e se tornar *top* 20 no GPTW (*Great Place to Work*). Todos esses objetivos estratégicos compõem a lista de *Strategic Themes*.

Para isso, é necessário trabalhar todo um portfólio de iniciativas e, consequentemente, todas as cadeias de valor. Para isso, agora vamos precisar de 80 times rodando dentro de 10 ARTs para entregar valor e atender aos objetivos estratégicos nos próximos três anos. Com isso, vamos precisar da configuração *Portfolio* SAFe®.

O objetivo dessa configuração é alinhar a estratégia com a execução, além de garantir que as soluções estão com foco nas cadeias de valor. É neste nível que são definidos o orçamento (*budget*) e limites para cada cadeia de valor, além da governança.

No *Portfolio* SAFe®, quem cuida do alinhamento de negócio é o *Epic Owner*. Ele acompanha, junto aos executivos, a visão do portfólio (*Portfolio Backlog*), que é onde estão organizados e priorizados todos os objetivos estratégicos da organização. Um dos pontos mais importantes deste nível é o *Lean Portfolio Management*. Nele está toda a governança de orçamentos, normas, validação constante da estratégia etc. Isso garante que, a cada período, a estratégia seja revalidada e ajustes sejam feitos a fim de corrigir, se necessário, o rumo do "navio". Os responsáveis são os principais executivos da organização, ao menos um representante de cada cadeia de valor, arquitetos empresariais, o time do APMO[14]/LACE, o time do RTE e o *Scrum Master*. Esse grupo de profissionais define o rumo que a empresa vai tomar, garante que todos sejam treinados constantemente e avaliam a estratégia constantemente. Podemos dizer que são os capitães do navio, que manejam o leme para levar a organização ao atingimento dos objetivos estratégicos.

---

[14] *Agile Program Management Office* (escritório ágil de gerenciamento de programas).

As definições tomadas no nível do portfólio cascateiam até os times, impactando os desenvolvimentos atuais e afetando *backlogs* de solução, programa e dos times.

Dentro do *Lean Portfolio Management* temos o APMO, que é o responsável por realizar o seguimento das métricas, garantir que nos demais níveis (*Solution*, *Program* etc.) o alinhamento com a estratégia não se perca, coordenar as cadeias de valor, suportando a execução dos programas e fomentando sempre a excelência organizacional. Dentro dele ou separado, temos o *Lean Agile Center of Excelente* (LACE), que busca estruturar, treinar e garantir que todos entendam que a cultura adotada é muito importante. E é um trabalho que deve ser constante, pois garante que o conhecimento esteja distribuído e enraizado em todos os níveis organizacionais. Também ajuda a garantir que a estratégia será revisada conforme planejado, explora soluções entre as cadeias de valor a fim de buscar eficiência e otimização e gerencia as dependências.

Organizational Agility

É muito importante entender que de nada adianta ter times ágeis rodando se a organização não for ágil. Segundo Jim Highsmith (2009), "agilidade é a habilidade de adaptar e responder às mudanças (...) organizações ágeis veem a mudança como oportunidade e não como ameaça". Além disso, **agilidade organizacional** é uma das competências do *Portfolio* SAFe®.

Na economia digital, a velocidade das organizações em responder às necessidades dos seus clientes é a sua maior força competitiva. Para isso, é preciso entregar valor no mais curto espaço de tempo possível, tendo agilidade na organização como um todo. Não adianta a equipe de desenvolvimento entregar rápido se outras áreas *core* da empresa são lentas em identificar necessidades e responder a elas.

Um dos erros que vemos nas organizações e que impede essa agilidade são os silos. Poucas empresas trabalham com foco na cadeia de valor, pois normalmente trabalham por objetivos de áreas. Isso é contraprodutivo.

Continuous Learning Culture (cultura de aprendizagem contínua)

Novamente citando o mundo VUCA, estamos em constante processo de mudanças. Heráclito de Éfeso já dizia que "a única constante é a mudança". E, como foi visto durante todo o capítulo, é necessário aprender constantemente.

E isso nunca fez tanto sentido como nos tempos atuais. Um bom exemplo foi a pandemia do COVID-19, que gerou o *home office* à força e todos tiveram que se adequar. Eu sempre digo que não podemos esperar a mudança para nos preparar para ela. Uma cultura de aprendizagem contínua é a única forma de estar um pouco mais bem preparado para esse mundo em constante mudança.

Dentro das metodologias ágeis temos vários eventos e cerimônias que fomentam essa aprendizagem contínua. As retrospectivas têm alto valor e objetivam melhorar sempre e continuamente experimentar coisas novas em pequenas doses para validar a sua eficiência. No SAFe® não seria diferente. Um dos valores é poder errar sem ter que pedir perdão ou ser punido por isso.

Para isso temos os *milestones* para avaliar, a cada curto espaço de tempo, se estamos na direção certa. Cerimônias como *Inspect and Adapt* avaliam e adaptam rapidamente o trabalho para apoiar as organizações com o *mindset* de inovação e melhoria implacável.

Full SAFe®

Bom, chegamos na configuração mais completa do *framework*. E você vai notar que na configuração *Full* não existem muitas mudanças significativas. É a forma de coordenar, organizar e dar visibilidade que muda.

Essa configuração suporta organizações bastante complexas, que desenvolvem muitas soluções integradas e contam com milhares de profissionais distribuídos em suas cadeias de valor.

Um bom exemplo que gosto de usar para ilustrar essa configuração é uma fábrica de automóveis. Para construir um automóvel, temos vários sistemas complexos (ignição, escape, elétrico, combustão, amortecimento etc. – são inúmeros sistemas) que precisam trabalhar juntos para que o produto (o automóvel) possa ser entregue nas mãos dos clientes. Se qualquer desses sistemas falhar, o produto falha. E uma fábrica não produz um só tipo ou modelo. São vários, e cada grupo ou modelo tem a sua cadeia de valor e público-alvo.

Como nosso exemplo inicial não foi um automóvel, e sim o Banco SF, vamos seguir com ele.

252 Jornada do Ágil Escalado

Agora nosso Banco SF quer se transformar digitalmente. Ele precisa competir com os novos bancos digitais ou terá que fechar as portas. Aí estamos falando de mudar praticamente tudo, desde a cultura organizacional até sistemas de contas bancárias, empréstimos, transferências, seguros, atendimento, criar novos produtos, mudar produtos existentes, desativar alguns produtos etc. Vamos considerar, para fins de facilitar o entendimento, que cada um dos itens citados é uma cadeia de valor. Cada uma dessas cadeias de valor vai, sem sombra de dúvidas, derivar vários ARTs, e cada ART terá vários times, sem falar que temos vários times *cross* (*System Teams*). E tudo deve estar perfeitamente sincronizado. Afinal, não podemos contar com erros como o dinheiro sair da conta pessoa física X e não chegar na conta pessoa jurídica Y, porque ela tem agendada uma aplicação Z em um fundo de investimentos W. Entende a complexidade de tudo isso?

Bom, sabemos que realizar esse nível de mudanças não é fácil e jamais vai acontecer de uma só vez, mas é só um exemplo. Para garantir um índice baixo de problemas, a sincronização deve ser implacável, assim como a visibilidade e a organização.

Enterprise Solution Delivery

Desenvolver um sistema não tem propriamente um fim. O negócio evolui, e junto com ele os sistemas. Os clientes têm novas necessidades e com elas vêm novos sistemas, processos, produtos ou mudanças nos atuais.

Como estamos falando de um nível altamente complexo, que envolve um conjunto grande de cadeias de valor, são necessários cuidados adicionais, como padrões de codificação, padrões de testes, automação de testes, segurança, inserção de novidades tecnológicas, *DevSecOps*, ambientes virtualizados, arquiteturas de alto padrão e alta disponibilidade, monitoramento etc. E é preciso ter muita flexibilidade mesmo nesse cenário de complexidade, bem como estar seguro de que mudanças em um ponto do complexo sistema não terá efeitos colaterais. E se isso acontecer, localizar os problemas também precisa ser rápido, assim como restabelecer um sistema após uma falha.

Sem falar que vamos ter, também, fornecedores externos à organização, e deixá-los de fora do ciclo seria um erro grave.

Quando o ambiente sistêmico é complexo, um bom alinhamento em boas práticas de desenvolvimento, segurança e ambiente é necessário. E o *Enterprise Solution*

Delivery cuida de manter esse alinhamento e de oferecer soluções mais flexíveis para os problemas. Afinal, é preciso responder rápido às mudanças, mas sem falhar.

O *Enterprise Solution Delivery* é mais uma das competências do *Lean Enterprise*.

Conclusão

Trabalhar com SAFe® não é uma mudança simples. Não basta estudar, se certificar e achar que somente isso fará com que você tenha sucesso no uso deste ou de qualquer outro *framework* de escalada ágil.

É muito importante a empresa abraçar, literalmente, os conceitos e princípios do *Lean-Agile*, definir as cadeias de valor da empresa, organizar os ARTs, organizar as necessidades da empresa no portfólio *Lean-Agile* e implementar a cultura de *DevSecOps*.

Importante reforçar que a empresa precisa começar a se orientar por cadeia de valor, já que o *framework* trabalha com essa orientação. Tudo isso é base para ter todos os benefícios desse *framework* de escala ágil e sucesso na sua empresa, entregando mais valor para o negócio sempre. Comece pequeno, mas pense grande!

36. *Scrum@Scale – Agile Organization Design*

Gisele Botelho
Adriana Simão

> Este capítulo apresenta como o *Scrum@Scale* amplia a estrutura central do *Scrum* para fornecer resultados hiperprodutivos em todos os setores e disciplinas, com habilidades para escalar.

Muitas empresas estão familiarizadas com as chamadas "equipes de inovação" ou times ágeis. Geralmente esses pequenos grupos são formados para ficar mais próximos de seus clientes, adaptando-se mais rápido às condições do mercado.

Quando são implementadas corretamente, na maioria das vezes resultam em uma produtividade maior, entregas em tempo menor, melhoram qualidade e moral das equipes. Mas será que escalar o ágil melhoraria o desempenho corporativo, assim como a formação dessas equipes melhora o desempenho de cada uma?

Vivemos uma década onde o mercado está muito tumultuoso. Empresas renomadas que atuam há décadas lutam com concorrentes iniciantes. A perspectiva de uma organização adaptativa e veloz é, sem dúvida, altamente atraente. Mesmo sendo muito estimulante, fica claro que os desafios para torná-la mais adaptativa são enormes.

É muito comum ver empresas lançando centenas de novas "equipes de inovação/ equipes ágeis" e ao mesmo tempo afundando em burocracias e lentidão, já conhecidas nas organizações.

Segundo o *The Scrum@Scale Guide*, o *Scrum* foi criado para atingir o resultado otimizado de um único time mantendo-se um ritmo sustentável.

A necessidade de crescimento de maneira determinada e organizada levou à criação do *Scrum@Scale*, a partir da utilização de uma arquitetura de rede livre de escala, onde ela pode crescer organicamente, tomando como base suas necessidades únicas e em um ritmo de mudança sustentável, que pode ser aceito pelo grupos de indivíduos que compõem a organização.

Segundo o *The Scrum@Scale Guide*, "a simplicidade do modelo *Scrum@Scale* é essencial para uma arquitetura de escala livre e evita cuidadosamente a introdução de complexidade que causa a queda de produtividade por time, à medida que mais times forem criados".

O *Scrum@Scale* permite que as redes de times *Scrum* operem conforme o Guia do *Scrum*, podendo abordar problemas adaptativos complexos, enquanto entregam criativamente produtos do mais alto valor possível.

Esse *framework* pode ser utilizado por toda a organização, pois ele amplia a estrutura central do *Scrum* para fornecer resultados hiperprodutivos em todos os setores e disciplinas, incluindo software, hardware, serviços, operações, pesquisa e desenvolvimento, etc.

Transformação orientada à liderança

Juntamente com as muitas histórias de sucesso, há decepções também. Os estudos apresentados pela *Harvard Business Review* (RIGBY; SUTHERLAND; NOBLE, 2018) mostram que as empresas podem aumentar o volume de times ágeis atuando em seus negócios e que isso gera benefícios substanciais.

De qualquer forma, quando você inicia o processo de trabalho com dezenas ou centenas de equipes ágeis, não pode deixar de fora as outras partes do negócio, senão suas unidades "recém-ágeis" serão constantemente frustradas por falta de colaboração entre si ou excesso de burocracia. Isso pode levar a colapsos e a resultados ruins. Por isso, são necessárias mudanças em toda a cadeia para garantir o resultado final que será entregue ao cliente.

Temos que considerar que, quando os próprios líderes não entendem e adotam abordagens ágeis, eles podem tentar aumentar a agilidade da maneira como atacaram outras iniciativas de mudança: por meio de planos e diretrizes de cima para baixo.

Segundo os estudos de empresas que tiveram sucesso com escala, é melhor quando os líderes se comportam como um time ágil, sendo seu papel fundamental para que todo o processo dê certo, como visto no Capítulo 23.

256 Jornada do Ágil Escalado

A transformação de uma organização gigante com 390.000 funcionários espalhados por 60 países é um exemplo de como a escala transformou uma multinacional em uma empresa ágil e responsiva ao mercado (*case* completo disponível na página do *Scrum@Scale – Case Study Library*).

Quando os líderes dessa organização começaram a ver que o gerenciamento tradicional de cima para baixo não era mais eficaz em um mundo em rápida evolução, a empresa se tornou uma das primeiras a adotar métodos ágeis. No entanto, algumas áreas de negócios exigiram abordagens diferentes.

A primeira tentativa da empresa foi implementar o que chamou de "organização dupla", onde os novos e mais inovadores negócios eram administrados com equipes ágeis, enquanto as funções tradicionais eram deixadas de fora da ação. Com esse movimento tiveram diversas dificuldades.

No ano seguinte, os membros do conselho de administração, liderados pelo CEO, decidiram construir uma abordagem mais unificada para as equipes ágeis, onde os executivos davam o exemplo, formando entre eles próprios uma equipe ágil completa, com um *Product Owner* e um *Scrum Master*.

Então, a partir daí, não estavam mais sentados atrás de uma mesa só ouvindo apresentações. Em vez disso, ficavam em pé, conversando e usando paredes visíveis de planejamento. Em outras palavras, os relatórios de status foram substituídos por colaboração e *feedback* rápido.

No início, o comitê esperava gerenciar a tarefa da mesma maneira que a organização gerenciava a maioria dos projetos: com data de conclusão, metas e relatórios regulares de status. Mas esse modelo aparentava ser inconsistente com os princípios ágeis, e então a equipe mudou de marcha. "O comitê de direção se transformou em um comitê de trabalho", onde as discussões ficaram muito mais interativas e as melhorias ficaram mais evidentes.

Ordenaram uma lista de prioridades corporativas atualizada regularmente e se concentraram em remover constantemente os impedimentos da empresa, ganhando maior agilidade.

Essa organização opera com uma mistura de equipes ágeis e unidades tradicionalmente estruturadas, e relata que quase todas as áreas adotaram valores ágeis, colaborando de forma eficaz e se adaptando mais rapidamente a mercados cada vez mais dinâmicos.

Modelo de governança ágil

O *Scrum@Scale* baseia-se no conceito de *Scrum* fractal. Portanto, o *Scrum* pode ser escalado naturalmente, sem a necessidade de criação de novos papéis ou estruturas. É possível escalar os artefatos e os papéis já existentes: *Scrum Master*, Dono do Produto, Time de Desenvolvimento, *Backlog* do Produto, Incremento do Produto, etc.

O *framework* do *Scrum@Scale* escala papéis, artefatos e eventos do *Scrum*, o que se diferencia quando escalamos usando outras metodologias, como por exemplo o *LeSS*, que visa escalar o produto.

O *Scrum@Scale* possui dois ciclos em sua escala: o ciclo do *Scrum Master*, que cuida de melhoria de processo (*kaizen*), incluindo a comunicação interna e dependência; e o ciclo do Dono do Produto (*Product Owner*), que avalia a escala no parâmetro do que precisa ser construído, até a estratégia organizacional. Veja mais na Figura 36.1:

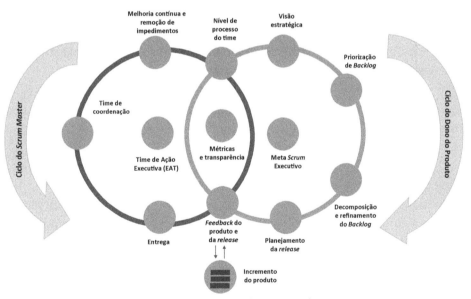

Figura 36.1. *Framework Scrum@Scale*.
Fonte: adaptado de Scrum@Scale.

- ✓ **Ciclo do Dono do Produto (*Product Owner*)**: o ciclo do Dono do Produto inicia em um encontro chamado Meta *Scrum*, realizado pelos Donos dos Produtos. Esse grupo coordena o que os times *Scrum* precisam fazer.
- ✓ **Meta *Scrum* Executivo (EMS)**: O Meta *Scrum* para toda a organização é o Meta *Scrum* Executivo ou *Executive Meta Scrum* (EMS). O EMS é o dono da

visão organizacional e estabelece a estratégia e as prioridades para toda a organização, alinhando todas as equipes.

✓ **Ciclo do *Scrum Master***: O *Scrums of Scrums* é um "time de times", que realiza o evento *Scaled Daily Scrum* (SDS) com um representante de cada equipe. O *Scaled Daily Scrum* (SDS) é importante para coordenar equipes e remover impedimentos para entregar valor.

✓ **Time de Ação Executiva (EAT):** O *Scrum of Scrums* (SoS) para toda a organização é a Equipe de Ação Executiva (*Executive Action Team* – EAT). O EAT é o último ponto para chegada de impedimentos que não puderam ser removidos pelo time SoS. A principal função do EAT é coordenar múltiplos SoS (ou SoSoS). O EAT deve ser composto por indivíduos com poderes políticos e financeiros dentro da organização. Como qualquer equipe *Scrum*, o EAT também precisa de um *Product Owner* e de um *Scrum Master*.

Conclusão

Expandir o número de equipes ágeis é uma etapa importante para aumentar a agilidade dos negócios, embora seja igualmente importante estruturar e avaliar constantemente como essas equipes interagem com o resto da organização.

As empresas buscam um modelo de governança ágil que funcione. Em função dessa demanda, o *Scrum@Scale* vem ganhando força no mercado, por ser fractal de modo que o *framework Scrum* seja escalado naturalmente.

O *case* citado neste capítulo ilustra que o sucesso é obtido quando os líderes dessa multinacional gigante desenvolveram novos princípios de liderança e os espalharam por toda a empresa, difundindo que as coisas seriam diferentes e que a agilidade estaria nas decisões e no dia a dia da empresa.

A Equipe de Ação Executiva (EAT) então formada colocou os executivos como protagonistas na disseminação do *mindset* ágil em toda a organização, colaborando ativamente para a mudança cultural dessa tradicional organização.

Empresas que iniciam a transformação estrategicamente a partir da liderança executiva obtêm sucesso com mais rapidez. Uma equipe de liderança que deseja ampliar o ágil precisa introduzir esses valores e princípios em toda a empresa, incluindo as partes que não se organizam originalmente em equipes ágeis.

37. LeSS

Alexsandro T. de Carvalho

> Este capítulo foca em descrever o *Scrum* de forma escalada, sem alterações no *Scrum Guide* ou criação de novas regras e papéis. O simples é começar com o que já se tem.

Quando você já está utilizando o *Scrum* em um determinado time, mas atua em uma organização com mais de dois times, como organizá-los para que atuem em um único macro objetivo e possuam a sinergia necessária para que as entregas fluam para um produto em específico?

O *LeSS* (*Large-Scale Scrum* ou *Scrum* em Larga Escala) é um *framework* que traz soluções para esse contexto.

Após a disseminação do *Scrum* em 2001, a comunidade e as empresas de software se questionaram sobre como aplicar o método em larga escala. Após várias reflexões e melhorias, em 2005 Craig Larman e Bas Vodde juntaram-se para criar o *framework LeSS*, o qual possui o propósito de trabalhar com clientes para entregar valor ao produto final.

O *LeSS* possui 10 princípios-chave para sua aplicação, conforme detalhado na Figura 37.1:

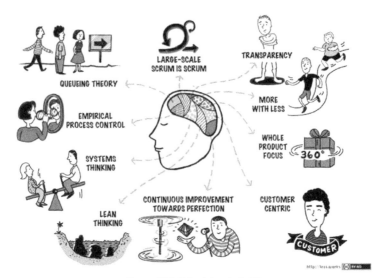

Figura 37.1. Princípios do *LeSS*.
Fonte: LeSS sob licença *Creative Commons*.

1. *Large-scale Scrum is Scrum* (**Scrum em larga escala é *Scrum***): *LeSS* é uma forma de aplicar o *Scrum* em larga escala. Alguns livros o abordam como um *Scrum* melhorado. Contudo, este não é seu objetivo.
2. *Transparency* (**Transparência**): a transparência é base para a criação de todo relacionamento humano e entre time. Como esse *framework* lida com atuação de múltiplos times para um propósito comum, a transparência se faz parte essencial.
3. *More with less* (**Mais com menos**): os fundamentos do *Lean* estão presentes nesse *framework*, como: desenvolver e gerar adaptações sem despender muito, avaliar o trabalho realizado e prover melhorias, bem como menos documentações e mais software funcionando.
4. *Whole product focus* (**Foco em todo o produto**): o ponto-chave do *framework* é a entrega de um produto. Toda a estrutura foi pensada e criada para que esse objetivo principal seja atingido.
5. *Customer centric* (**Centrado no cliente**): atuar com base na priorização e nas necessidades do seu cliente final.
6. *Continuous improvement towards perfection* (**Melhoria contínua rumo à perfeição**): O *kaizen* (prática que incide sobre a melhoria contínua) está presente no *LeSS* também.
7. *Lean thinking* (**Pensamento enxuto**): ter um sistema e um pensamento enxuto, atuando para realizar implantações de uma versão inicial e realizar incrementos baseados nos *feedbacks* recebidos e na análise dos dados analíticos.

8. **Systems thinking (Pensamento sistêmico):** ter uma visão sistêmica e um pensamento crítico sobre a eficiência e eficácia do produto.
9. **Empirical process control (Controle de processos empíricos):** inspeção, adaptação e medição dos processos refletem uma parte fundamental de seus requisitos.
10. **Queueing theory (Teoria das filas):** ter o entendimento dos gargalos existentes no desenvolvimento do todo.

Como a quantidade de pessoas em um time impacta a quantidade de canais de comunicação, bem como a forma de trabalho, os criadores do *framework* exploraram duas ramificações, as quais são divididas em:

✓ **LeSS**: de dois a oito times.
✓ **LeSS Huge**: mais de oito times.

Cerimônias do *LeSS*

Para dar sustentação aos princípios, foram criados os ritos da Figura 37.2:

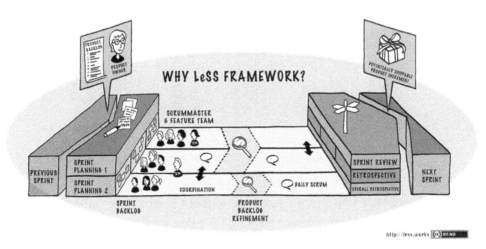

Figura 37.2. O *framework LeSS*.
Fonte: LeSS sob licença Creative Commons.

Sprint Planning (Planejamento da *Sprint*) 1 e 2

No primeiro passo desse rito, os *Product Owners* dos times juntam-se e mostram os itens que estão *ready* (prontos) para serem iniciados na *Sprint*. No segundo passo,

262 Jornada do Ágil Escalado

todos do time se unem para montar um plano de trabalho com prioridade e lista de dependências, bem como discutindo sobre quais histórias necessitam de atuação de qual time.

Vale lembrar que não adianta você colocar 70 pessoas em uma sala para fazer esse rito e definir o plano. A quantidade de pessoas dispostas em uma sala é duplamente proporcional à quantidade de canais de comunicação e à dificuldade de trafegar a mesma informação pela sala toda. Isso poderá trazer prejuízo e falta de foco para o ponto principal.

Coloque no rito as pessoas essenciais. O responsável por apresentar os itens e as suas prioridades é o *Product Owner* de cada equipe, conforme Figura 37.3:

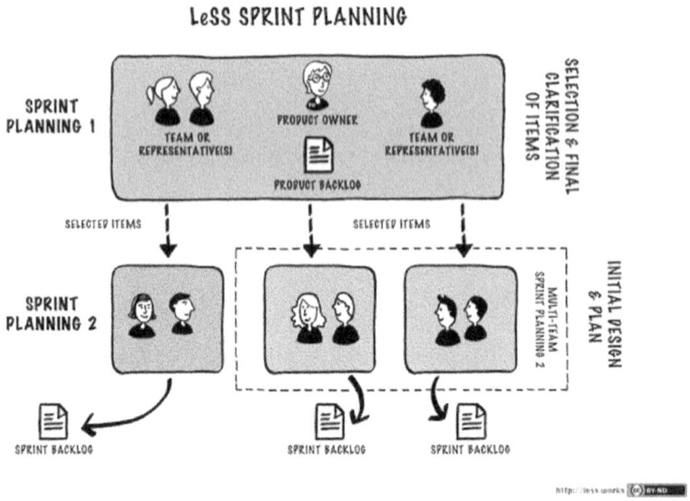

Figura 37.3. *Sprint Planning*.
Fonte: LeSS sob licença *Creative Commons*.

No segundo passo, é importante destacar também que os times atuam como um planejamento de uma *Sprint* de um time só. Os times avaliam as histórias e atuam, se necessário, em sincronia e mutuamente para atingir o objetivo único da *Sprint* do todo. Nesse momento as interdependências são entendidas e as dúvidas são sanadas.

Daily Scrum

A *daily* é executada por cada equipe independentemente e tem duração de 15 minutos. Durante esse tempo as equipes respondem a três perguntas: o que eu fiz ontem? O que farei hoje? Quais os meus impedimentos? É uma reunião para a equipe e permite que seus membros criem uma responsabilidade compartilhada, ou seja, todos devem trabalhar para remover os bloqueios e liberar o fluxo de trabalho.

Uma particularidade, no *LeSS*, é que um membro de uma equipe pode participar da *daily* de outras equipes como observador. Isso permite coordenar entre as equipes, já que o *backlog* é comum a todas elas e podem ocorrer interdependências.

Coordination (Coordenação)

O objetivo desta cerimônia é aumentar a iteração e o compartilhamento. Para isso, a equipe ou um representante rotativo da equipe mantém um espaço aberto para realização dessas cerimônias. O objetivo principal é compartilhar informação.

> **Existe uma reunião opcional conduzida pelo PO, que se encarrega de refinar o *backlog* do produto e decidir quais equipes vão implementar quais itens. Também é uma oportunidade para gerar alinhamento entre equipes e PO. A saída dessa reunião alimenta a reunião de refinamento do *backlog* do produto, explicada a seguir.**

Product Backlog Refinement (Refinamento do *backlog* do produto)

No *LeSS*, é exigido que se faça um refinamento do *backlog* para cada equipe, individualmente, mas é comum que isso seja feito com duas ou mais equipes reunidas no mesmo espaço. Acredita-se que, assim, haverá mais compartilhamento de informações, fomentando mais aprendizagem e coordenação. Nessa cerimônia é feito o refinamento para deixar os itens preparados para as *Sprints* futuras. As principais ações desta reunião são: dividir itens grandes em partes menores; detalhar os itens; e estimar. O refinamento é feito por toda a equipe e não somente pelos POs.

Sprint Review (Revisão da *Sprint*)

Esta cerimônia envolve toda a equipe: POs, clientes, usuários, etc. (ou seja, todos os *stakeholders* possíveis). É o momento de inspecionar o incremento do produto, e todas as partes interessadas precisam estar presentes. Deve ser realizada em uma grande sala onde as equipes apresentam aos interessados os incrementos de produto entregues naquela *Sprint* para serem validados.

É uma oportunidade de colaboração entre todos os membros das equipes. Deve-se usar o padrão de divergência-convergência. Durante os períodos de divergência, o ideal é usar o espaço amplo e dividir as equipes em grupos para apresentar aos interessados os itens desenvolvidos e discuti-los.

Durante os períodos de convergência, as partes interessadas emitem sua opinião sobre o que foi apresentado. Também pode ser usado um projetor para inspecionar um subconjunto de itens.

Podemos ter vários ciclos de divergência-convergência, e também se espera que as observações feitas pelas partes interessadas sejam usadas para a adaptação do processo.

Retrospective (Retrospectiva)

No final de cada *Sprint*, são realizadas as retrospectivas individuais para cada equipe, as quais acontecem no final do dia e onde participam os times *Scrum*. São debatidos aspectos que tangem à equipe, mas também impactos no todo, ou seja, nas demais equipes.

Todos os pontos levantados durante esta cerimônia são registrados no *backlog* de melhoria organizacional e devem servir de insumo para implementação de melhorias no processo.

Overall Retrospective (Retrospectiva geral)

Ocorrendo após a retrospectiva das equipes, esta cerimônia semanal tem cerca de 45 minutos e é destinada a uma inspeção geral do sistema, conforme consta na Figura 37.4:

Figura 37.4. *Sprint Review & Retrospective*.
Fonte: LeSS sob licença *Creative Commons*.

Como ela é realizada após a retrospectiva das equipes, pode haver um certo cansaço, pois a das equipes ocorre no final do dia. Para evitar esse esgotamento das equipes, ela pode ser movida para o início da próxima *Sprint*.

O objetivo é avaliar a *Sprint* anterior a partir da perspectiva do produto. Participam desta reunião o *Product Owner* (PO), o *Scrum Master* e representantes das equipes. Opcionalmente, podem estar presentes os gestores.

Durante a reunião são exploradas questões sobre o sistema e a organização. Ela não é realizada por equipe, pois tem o objetivo de explorar a melhoria do sistema como um todo. Todas as equipes são convidadas.

Alguns tópicos que podem ser discutidos nesta reunião:

- ✓ O trabalho conjunto das equipes está bom?
- ✓ Comunidades de prática estão funcionando?
- ✓ A equipe fez algo bom ou ruim que deve ser compartilhado como aprendizado?
- ✓ As equipes estão aprendendo juntas?
- ✓ As equipes estão próximas dos clientes?
- ✓ Existem questões organizacionais ou sistêmicas que impactam a execução das atividades pelas equipes?
- ✓ O PO está indo bem?

Uma ferramenta importante para ser utilizada na retrospectiva geral é o diagrama de causa e efeito (diagrama de Ishikawa ou espinha de peixe). O método de identificação de problema, exploração e busca por soluções leva a *insights* muito interessantes e pode ajudar muito no processo.

Concluindo, o *framework LeSS* é uma versão escalada de uma única equipe *Scrum*. E todos os seus elementos estão focados em direcionar a atenção de todas as equipes para todo o produto e não para uma pequena parte dele, tendo um só *backlog* do produto, uma única definição de pronto para as equipes e um único incremento de produto ao final de cada *Sprint* (não por equipe, e sim por produto).

38. *Nexus*

Marcelo Beiral

> Este capítulo apresenta um *framework* que consiste de regras, eventos, artefatos e papéis bem semelhantes aos previstos no *Scrum*, sendo uma estrutura criada para suportar de três a nove times, com mais atenção às dependências e ao sincronismo dos times envolvidos.

O *framework Nexus* foi idealizado por Ken Schwaber, um dos criadores do *Scrum* e fundador da Scrum.org, para resolver problemas complexos através do desenvolvimento e da sustentação de produtos em projetos escalados, integrando o trabalho de três a nove equipes *Scrum*, com o objetivo de produzir um incremento integrado pronto ao final de cada *Sprint*.

Nexus tem como base o *Scrum*, herdando seus eventos, papéis, artefatos, regras, princípios, valores e pilares. Modificações ocorrem nos eventos para suportar o projeto em escala e um novo papel surge, o Time de Integração *Nexus* (TIN), o qual é responsável por garantir que um incremento integrado pronto seja produzido ao final de cada *Sprint*.

Nexus é marca registrada da Scrum.org e a certificação SPS (*Scaled Professional Scrum*) é concedida aos que são aprovados na aplicação desse *framework*.

Papéis

Os papéis no *Nexus* se mantêm assim como no *Scrum* (*Product Owner, Scrum Master* e Equipe de Desenvolvimento). Surge o TIN, formado pelo *Product Owner*, um *Scrum Master* e membros de equipe, os quais podem ser exclusivos desse comitê ou oriundos das outras equipes *Scrum* que participam do projeto.

O TIN é responsável pela definição de pronto (*Definition of Done* – DoD) para os incrementos. Essa definição de pronto pode ser mais elaborada (mais rigorosa) por cada time *Scrum*, mas sempre tendo como base o que foi definido pelo TIN.

Uma das principais funções do TIN é ser um ponto focal para quaisquer questões sobre integração que surjam durante as *Sprints*, sejam questões de integração do produto/incremento sendo desenvolvido ou questões de interação entre os times.

Também é função do TIN proporcionar *coaching* aos colaboradores do projeto e disseminar o *Nexus* dentro da organização. Caso necessário, até mesmo construir código pode ser feito pelo TIN, para integrar os incrementos de várias equipes.

O *Product Owner* continua sendo a única pessoa responsável pela elaboração e manutenção de um único *Product Backlog*, mas dada a complexidade em colaborar com vários times *Scrum*, esse *Product Owner* pode delegar tarefas para outros membros dentro do *Nexus*, sendo sempre responsável (*accountable*) pelas decisões referentes ao *backlog*.

O *Nexus* pode ter de três a nove times *Scrum* que interagem durante as *Sprints*. Cada time, assim como no *Scrum*, é formado por três a nove desenvolvedores, além do *Scrum Master* e do *Product Owner*.

Esse *Product Owner*, conforme já mencionado, é único para todo o *Nexus*, mas, no caso do *Scrum Master*, pode ser um para cada time ou ser compartilhado entre os times de acordo com a estratégia da organização.

Tanto a composição dos membros do TIN quanto dos membros dos times *Scrum* pode variar de uma *Sprint* para outra, de acordo com a necessidade do negócio, mas provavelmente ocorrendo impacto na velocidade/produtividade dos times.

Montagem das equipes

As equipes de desenvolvimento no *Nexus* podem ser designadas pela organização ou então podem ser compostas através de um processo de autosseleção. Nesse processo os membros de reúnem por empatia e seguem algumas regras definidas. Por exemplo, para cada equipe de nove colaboradores pode haver apenas um com perfil principal de DBA e apenas um com perfil principal de Qualidade.

Assim sendo, é evitado que pessoas de mesmo perfil específico sejam agrupadas em um mesmo time apenas pela empatia. Ainda nesse exemplo, a organização pode definir várias rodadas de montagem de equipe para chegar ao agrupamento mais desejável. Lembrando que as equipes devem sempre perseguir a auto-organização e a multifuncionalidade.

A quantidade de times *Scrum* também será definida pela organização, e geralmente é uma boa estratégia começar o projeto com poucos times nas primeiras *Sprints*, para, por exemplo, focar na elaboração da arquitetura do software a ser desenvolvido. Então, à medida que a arquitetura for evoluindo, os times podem ser divididos e novos membros adicionados, assim o conhecimento é disseminado gradativamente.

Outra técnica também utilizada é o "intercâmbio" de membros dos times, ou seja, quando um membro de equipe possui um conhecimento específico, seja técnico ou de negócio, ele pode ser migrado para uma outra equipe que vá precisar desse conhecimento em uma próxima *Sprint*.

Por fim, à medida que o *product backlog* vai sendo refinado, questões referentes aos requisitos do produto/software, técnicas e de integração surgem, as quais irão impactar diretamente na composição das equipes de desenvolvimento.

Uma equipe pode ser formada com foco em componente/técnico ou com foco funcional/negócio ou ambos. Por exemplo, para desenvolver a *cyber security* de uma aplicação web, seria recomendada uma equipe por componente e para um módulo de "vendas" dessa mesma aplicação, uma equipe funcional que conheça o negócio.

Eventos

Refinamento

O refinamento do *Product Backlog* no *Nexus*, ao contrário da atividade de refinamento no *Scrum*, passa a ser um evento obrigatório e não tem um limite de esforço e nem de frequência durante a *Sprint*.

É extremamente importante detalhar ao máximo o *Product Backlog* para que as interdependências entre os itens sejam minimizadas e para que os times consigam prever quais itens irão selecionar durante a *Nexus Sprint Planning*.

Nexus Sprint Planning

Na *Nexus Sprint Planning*, o *Nexus GOAL* para a *Sprint* é definido pelo *Product Owner*, juntamente com os representantes das equipes, os quais se reúnem para selecionar os itens do *Product Backlog* que deverão ser desenvolvidos por cada time. Importante que esses itens já tenham sido refinados anteriormente durante o evento de refinamento do *Product Backlog*.

Então, os representantes retornam às suas equipes originais para elaborar o *Sprint Backlog* de cada equipe. Ao final do evento, será apresentado um único *Nexus Sprint Backlog*, o qual é composto por todos os *Sprint Backlogs* individuais de cada equipe.

Sprint

A *Sprint* no *Nexus* é um contêiner para todos os outros eventos do *framework* e onde ocorrem todas as *Sprints* individuais de cada Time *Scrum*. Estes devem coexistir em um ambiente de total colaboração e integração, onde cada incremento pronto de cada time deve ser integrado com os incrementos prontos dos outros times para produzir, ao final da *Nexus Sprint*, um **único incremento integrado pronto**.

Assim como no *Scrum*, o *time box* da *Nexus Sprint* pode variar de duas a quatro semanas, dependendo da estratégia da organização.

Nexus Daily

A *Nexus Daily* ocorre antes da *daily* individual de cada time e tem a participação de membros indicados por cada time, sendo também utilizada para atualizar o *Nexus Sprint Backlog*.

O objetivo da *Nexus Daily* é identificar itens/impedimentos relevantes que sejam de interesse de todos os times e que possam estar impactando o atingimento do *Nexus GOAL* da *Sprint*. Esses itens/impedimentos são então levados à *daily* individual de cada time.

Nexus Review

A *Nexus Review* é o único evento que substitui completamente o evento correspondente no *Scrum*, pois apenas um evento ocorre com todos os envolvidos no projeto (transparência), tanto todos os membros de todas as equipes quanto os *stakeholders*.

Neste evento, o *Product Owner* apresenta o incremento integrado pronto aos *stakeholders* (inspeção), e então o *feedback* destes é colhido e o *Product Backlog* atualizado (adaptação).

Nexus Retrospective

A retrospectiva no *Nexus* é o único evento que é dividido em três partes. Na primeira parte membros indicados pelos times se reúnem para discutir sobre itens específicos que ocasionaram impacto comum a todos. Depois, esses membros retornam aos seus times originais e realizam a retrospectiva individual de cada time levando em consideração o que foi discutido anteriormente.

Finalmente, os membros indicados se reúnem novamente para elaborar um plano de ação de melhoria contínua para o que foi discutido, o qual deve ser incluído no próximo *Nexus Sprint Backlog*.

Fluxo de trabalho

O processo em uma *Sprint* para o desenvolvimento do incremento integrado pronto no *Nexus* começa com a *Nexus Sprint Planning*, onde são gerados o *Nexus GOAL* e o *Nexus Sprint Backlog*.

Finalizada a *Planning*, se inicia a *Nexus Sprint*, que pode durar até quatro semanas envolvendo o trabalho de até nove times *Scrum*, incluindo também o refinamento do *Product Backlog*. Esses times devem se reunir diariamente na *Nexus Daily* e na *Scrum Daily*.

Ao final da *Sprint*, um incremento integrado pronto deverá ser produzido e então apresentado na *Nexus Review* para coletar *feedback* dos *stakeholders*. Finalmente, após este evento os times se reúnem na *Nexus Retrospective*, objetivando ações para melhoria contínua dentro do processo do *Nexus*. Veja o *framework* completo na Figura 38.1:

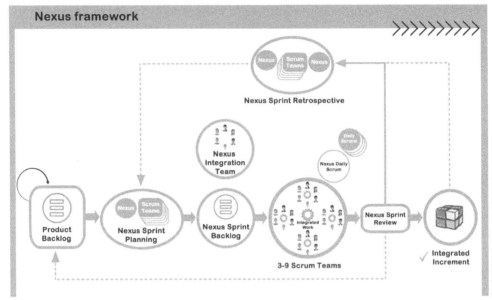

Figura 38.1. *Framework Nexus*.
Fonte: adaptado de Scrum.org.

Semelhante ao *Scrum*, os artefatos obrigatórios no *Nexus* são o *Product Backlog*, o *Nexus Sprint Backlog* e o incremento integrado pronto. Qualquer outro artefato não é obrigatório, mas pode ser usado dentro do *Nexus* de acordo com a estratégia da organização para o projeto, como ferramentas de gestão, de monitoramento, de controle, de indicadores, etc.

Portanto, o *Nexus* se apresenta como uma opção viável para a escalada em ambientes onde o *Scrum* já está implementando, facilitando o caminho para o alinhamento dos times em prol de um resultado único.

39. *Case* TV Globo: uma jornada ágil

Carlos Tristacci

> O capítulo apresenta um *case* real de implementação do *framework* SAFe®
> que se tornou referência para a América Latina e para a indústria de mídia.

Você não pode fazer o trabalho de hoje com os métodos de ontem se pretende estar no mercado amanhã. (Jack Welch)

Vivemos em um mundo complexo e dinâmico, cada vez mais conectado, em que as mudanças ocorrem com uma crescente velocidade. Para se manter relevante é preciso se adaptar, se transformar, e essa transformação faz parte de uma jornada que envolve uma nova forma de trabalhar e novas competências.

A TV Globo, uma empresa com mais de 12 mil colaboradores, presente nas diversas telas de milhões de brasileiros, fala com mais de 100 milhões de pessoas todos os dias no Brasil e em mais de 130 países. Produz informação e entretenimento com suas novelas, séries, *realities*, jornais, programas esportivos e muito mais.

E como muitas outras empresas, por muitos anos, a TV Globo usou a abordagem *waterfall*. Diferentemente das *startups* e outras empresas nativas digitais, possuía um enorme legado de software. Um ambiente extremamente complexo que precisava ser revisado para refletir a rápida digitalização da indústria de mídia.

Então iniciamos a jornada ágil da TV Globo com um projeto piloto de desenvolvimento de software com o intuito de testar as práticas ágeis e entender de que forma essa nova abordagem se conectaria à empresa.

Para esse piloto foi selecionado o *Scrum*, pois era fácil para as pessoas, habituadas a atuar em projetos, entenderem a dinâmica das *Sprints* do *framework*, onde cada *Sprint*

274 Jornada do Ágil Escalado

era considerada um "miniprojeto", com início, meio e fim. Definimos uma nova forma de especificar os requisitos, utilizando *epics*[15], *features*[16] e *user stories*[17]. Essa nova forma de especificar os requisitos orientou uma nova forma de desenvolver software com testes automatizados desde o início, utilizando *Behavior Driven Development* (BDD)[18], que também ajudou a aproximar negócio e tecnologia por meio de uma linguagem comum, ubíqua, reduzindo lacunas entre o que o negócio imaginava e o que de fato deveria ser entregue, e *Test-Driven Development* (TDD)[19], quando, por qualquer motivo, o BDD não era aplicável, como, por exemplo, no desenvolvimento de microsserviços.

Além disso, começamos a redesenhar a arquitetura das aplicações legadas de uma arquitetura monolítica para microsserviços, permitindo que aplicações legadas interagissem com aplicações digitais.

Após dois meses, foi possível entender o que era necessário para implementar o ágil em uma grande empresa como a Globo. Ficou clara a necessidade de expandir a implementação do ágil para toda a diretoria de TI e obter a adesão do C-*Level* para envolver outras divisões da empresa para remover impedimentos corporativos, o que não seria possível sem a colaboração entre as divisões. Além disso, aprendemos outras lições:

- ✓ **É fácil criar uma equipe ágil**, não é fácil construir uma **empresa ágil**.
- ✓ **Não evite discussões difíceis**, elas são importantes para mapear e resolver os impedimentos para a adoção do ágil na empresa.
- ✓ **A primeira equipe ágil deve começar imediatamente**, para que a abordagem possa ser testada na prática e os problemas possam ser resolvidos.

Com essas lições aprendidas e a decisão de expandir o ágil para diferentes áreas e níveis organizacionais, ficou evidente a necessidade de termos práticas ágeis em

---

[15] *Epic* é um contêiner para uma iniciativa significativa de desenvolvimento de soluções que captura os investimentos mais substanciais que ocorrem em um portfólio (<https://www.scaledagileframework.com/epic/>).

[16] *Feature* descreve uma hipótese de benefício e critérios de aceitação (<https://www.scaledagileframework.com/features-and-capabilities/>).

[17] *User story* é uma breve descrição de uma pequena parte da funcionalidade desejada, escrita na linguagem do usuário (<https://www.scaledagileframework.com/story/>).

[18] BDD oferece orientação precisa sobre a organização da conversa entre desenvolvedores, testadores e especialistas em domínio (<https://www.agilealliance.org/glossary/bdd>).

[19] TDD refere-se a um estilo de programação no qual três atividades estão intimamente entrelaçadas: codificação, teste (na forma de testes unitários) e design (na forma de refatoração) (<https://www.agilealliance.org/glossary/tdd>).

escala. Selecionamos o *Scaled Agile Framework* (SAFe®) por ser a melhor opção, naquele momento, para guiar a adoção e oferecer práticas para a gestão de produto, de soluções e de portfólio.

Roadmap

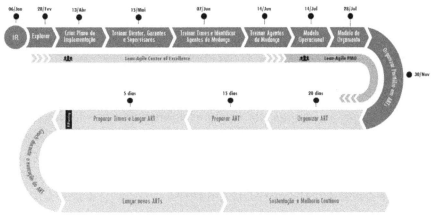

Figura 39.1. *Roadmap* de implementação do SAFe®.
Fonte: adaptado de Scaled Agile.

Após obtermos a adesão e o patrocínio do *C-Level*, definimos o roadmap de dois anos da jornada ágil (Figura 39.1) com base no SAFe® *Implementation Roadmap* da Scaled Agile, o qual você pode acessar pelo código da Figura 39.2 a seguir:

Figura 39.2. QR *Code* do *Implementation Roadmap* do SAFe®.

Começamos explorando o contexto organizacional, avaliando cultura, políticas, processos, funções e tentativas anteriores de implementar o ágil na empresa. Foi um passo importante para a descoberta de mitos, possíveis resistências e percepções sobre a mudança, o que orientou o plano de transformação, com o propósito de ter um modelo integrado de gestão, inovação e evolução das aplicações que servisse como viabilizador para acelerar a estratégia de transformação digital na produção de conteúdo.

Depois, foi organizado um evento para comunicar o propósito e o que foi descoberto durante a exploração. Isso foi importante para falar dos mitos e desmistificá-los, além de gerar consciência de que a mudança seria positiva, e que o ágil era a melhor abordagem para desbloquear o futuro da empresa na direção de uma empresa ágil e digital.

A partir desse evento, começamos a treinar as pessoas para que elas tivessem conhecimento das práticas que pretendíamos adotar. Começamos pela liderança, para que estivessem capacitados a apoiar as pessoas durante a transição para o novo modo de trabalho, liderando a mudança.

Depois treinamos as equipes, para que pudessem participar das iniciativas piloto que seriam lançadas mais tarde. Durante a dinâmica do treinamento, o instrutor observou o comportamento dos participantes para identificar as pessoas com o perfil para serem agentes de mudança – pessoas com senso crítico e que demonstraram habilidades de liderança situacional e influência.

As pessoas selecionadas como agentes da mudança foram treinadas para serem facilitadoras da jornada de transformação, pois elas iriam conseguir traduzir os anseios dos times em importantes entradas para que o plano de mudança pudesse responder a essas necessidades e às demandas da Globo.

Para garantir um movimento corporativo em direção a essa nova forma de trabalhar, foi criado um centro de excelência em práticas *Lean-Agile* (LACE[20]) com profissionais dedicados e comprometidos a liderar as frentes de: treinamentos, processos, ferramentas e governança. Esses profissionais dedicados atuavam com os agentes da mudança para garantir que as pessoas tivessem o suporte adequado durante a jornada e estivessem, principalmente, adotando um novo conjunto de competências adequado a essa nova forma de criar valor, com resultados tangíveis para a organização.

Decidimos que a implementação das práticas ágeis na organização seria de maneira incremental. Ao longo do ano realizamos novas iniciativas-piloto com projetos previstos no ciclo orçamentário. Essa ação foi importante para demonstrar como o ágil beneficiaria a organização, ganhando assim novos direcionadores de mudança, além de permitir a identificação de impedimentos organizacionais e a alteração de políticas, processos e ferramentas para, posteriormente, ganhar velocidade.

---

[20] *Lean-Agile Center of Excellence* (<https://www.scaledagileframework.com/LACE/>).

Rapidamente expandimos a implementação do ágil para as áreas de desenvolvimento de software e outras divisões de tecnologia, como infraestrutura e governança, além de termos maior engajamento do negócio, o qual já percebia valor na nova forma de trabalhar.

Mas ainda encontrávamos impedimentos comuns a uma empresa de 50 anos com um cenário fragmentado de cerca de 700 aplicações, onde não era possível pensar em desenvolvimento ágil. Então, inicialmente, decidimos ter um modelo com uma equipe de sustentação separada para dar suporte às aplicações legadas e manter a empresa funcionando. Para isso, foi definido e implementado um modelo de sustentação baseado em *Kanban*, ITIL® e *Lean IT*.

Figura 39.3. Modelo de sustentação com times de produtos.
Fonte: o autor.

Ao longo do tempo, várias mudanças profundas foram alterando a forma de nos relacionar com parceiros e fornecedores, com foco na geração de valor para o cliente e orientado pelo princípio da visão econômica[21].

Para evoluir na jornada foi importante redefinir o modelo orçamentário, que até então estava fortemente relacionado a projetos. A primeira hipótese foi alocar o orçamento em *value streams*[22], conforme recomendado pelo SAFe®, o que seria uma mudança muito abrupta. Por isso, foi decidido realizar a mudança de maneira incremental. O primeiro passo foi alterar a alocação do orçamento para *Agile Release Trains*[23], per-

---

[21] <https://www.scaledagileframework.com/take-an-economic-view/>.
[22] *Value streams* representam a série de etapas que uma organização usa para implementar soluções que fornecem um fluxo contínuo de valor para um cliente (<https://www.scaledagileframework.com/value-streams/>).
[23] *Agile Release Train* é um grupo de equipes ágeis que, junto com outras partes interessadas, desenvolve incrementalmente uma ou mais soluções em um *value stream* (<https://www.scaledagileframework.com/agile-release-train/>).

mitindo ajustes dinâmicos no orçamento que suportaram parte de um *value stream* e, em uma segunda etapa, alocar o orçamento em *value streams*.

> *Nós precisávamos otimizar o uso do dinheiro, reduzir custos e maximizar os resultados. Então, em vez de alocarmos o dinheiro em projetos, começamos a alocar o dinheiro em Agile Release Trains e, posteriormente, em value streams. Redistribuímos o orçamento periodicamente para as value streams que poderiam trazer maior retorno, alinhado aos objetivos de negócio. Rediscutimos a gestão dos fornecedores, desmilitarizamos a relação removendo cláusulas protetivas e aumentando a corresponsabilidade e o foco em resultados. Fizemos tudo isso e ainda geramos economias relevantes. (Núbia Barbosa, gerente de Planejamento e Controle)*

A partir desse novo modelo de alocação de orçamento, aceleramos o processo de transformação e mudamos a orientação de projetos para produtos para alguns times. Com essa nova orientação, criamos um modelo bimodal[24], onde as aplicações foram organizadas em dois modos.

Tabela 39.1. Modelo bimodal adotado para a priorização de produtos. Fonte: o autor.

MODO 1		MODO 2
Manter a empresa funcionando		**Inovar para obter melhores resultados**
Confiabilidade	**Objetivo**	Agilidade
Corporativas	***Capabilities***	Estratégicas
Sistemas de registro	**Foco**	Sistemas para inovação e diferenciação
Eficiência operacional	**Valor**	Receita, valorização da marca e experiência do usuário
Gerenciamento de projetos	**Abordagem**	Gerenciamento de produtos
Dirigida por planos, baseada em aprovação	**Governança**	Empírica, contínua, baseada em processo
Bom para processos convencionais e projetos	**Alcance**	Bom para novos projetos com incertezas
Centrada na TI	**Cultura**	Centrada no negócio
Longo (meses)	**Ciclo de tempo**	Curto (dias, semanas)

---

[24] Bimodal é a prática de gerenciar dois estilos de trabalho separados, porém coerentes: um focado na previsibilidade, outro na exploração (<https://www.gartner.com/en/information-technology/glossary/bimodal>).

O modo 1, otimizado para áreas mais previsíveis e bem compreendidas, explora o que já era conhecido, com o objetivo de renovar o ambiente legado. O modo 2, exploratório, desenvolve e evolui aplicações ligadas às *capabilities* estratégicas, com iterações curtas, adotando uma abordagem de experimentação e de produto viável mínimo (MVP), conforme demonstrado na Figura 39.4.

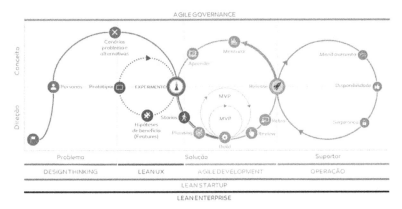

Figura 39.4. Modelo de trabalho do modo 2.
Fonte: o autor.

Esse novo modo de trabalho exigiu uma nova organização dos times (Figura 39.5), com equipes *cross* funcionais, envolvendo, além dos times de desenvolvimento, papéis com atuação horizontal, como UX/Designer, Arquiteto, *Agile Coach*, *DevOps* e outras especialidades como ciência de dados, internet das coisas e inteligência artificial, com a missão de iniciar e estabelecer novos padrões de entrega ágil e digital.

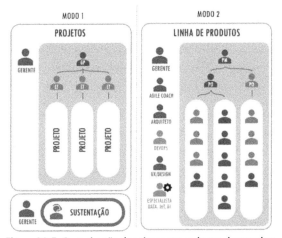

Figura 39.5. Organização dos times em cada um dos modos.
Fonte: o autor.

Com esse modelo bimodal definido, avaliamos todas as aplicações com a participação de toda a liderança, verificando o volume de demandas corretivas e evolutivas, o orçamento histórico gasto e a previsão de cada aplicação para identificar quais seriam as aplicações com maior viabilidade econômica para ter equipes fixas, as quais atuariam durante todo o ciclo de vida do produto.

Assim, correlacionar com as capacidades corporativas ou estratégicas para identificar as aplicações que estavam vinculadas às estratégias de diferenciação da empresa permitiria maior vantagem competitiva se evoluíssem de maneira *Lean-Agile*. Dessa maneira, três *Agile Release Trains* foram identificados:

✓ **Produção de conteúdo de notícias e esportes:** fornece as soluções usadas pelas equipes operacionais e editoriais para criar, produzir, transmitir e medir o conteúdo de notícias e esportes.

✓ **Produção de conteúdo de entretenimento:** fornece as soluções usadas pelas equipes que criam e produzem conteúdos como novelas, séries, filmes, programas de variedades e humor.

✓ **Marketing e vendas:** fornece as soluções usadas pelas áreas de operações comerciais, de marketing, vendas e publicidade para apoiar essas equipes no desenvolvimento e na precificação de produtos, no gerenciamento de relacionamento com clientes, no engajamento da força de vendas, na entrega comercial, na inspeção e no pós-venda.

Com essa nova organização, soluções inovadoras foram desenvolvidas. O EVA, por exemplo, foi uma solução que apoiou o *value stream* de produção de conteúdo de entretenimento, trazendo muitos benefícios.

> *O EVA é um aplicativo onde os artistas podem ver todos os capítulos, os roteiros, os horários de gravação, possibilitando uma comunicação e uma agilidade muito maior na forma de se trabalhar. (Nathalia Dill, atriz)*

> *Para garantir uma entrega de valor, nós precisamos adotar mudanças, não apenas no âmbito técnico, mas também em termos de negócio, com uma abordagem mais centrada no usuário, mudando a orientação de projetos para desenvolvimento de produtos, possibilitando, dessa forma, que nossas soluções evoluam com a velocidade e a cadência necessárias para que a empresa possa responder com agilidade às mudanças do negócio. (Luciana Póvoa, gerente de desenvolvimento de aplicações)*

Durante todo esse processo, as pessoas foram suportadas pela liderança e pelo LACE, garantindo que elas trabalhariam no desenvolvimento de soluções para problemas emergentes e não retornassem ao seu modelo de trabalho anterior.

Diversas ações de melhoria contínua foram realizadas na empresa, como o aprimoramento da engenharia de software e práticas de *business agility*. Além disso, foram realizadas ações empresariais, como treinamento de práticas ágeis para equipes e líderes de todas as áreas da empresa, para promover o entendimento e o desejo de adotar práticas em todas as áreas e níveis da organização.

As práticas *Lean-Agile* aceleraram a transformação digital da TV Globo e aumentaram os resultados dos negócios por meio de suas práticas projetadas para lidar com a complexidade de uma grande empresa.

Isso foi feito por meio de uma taxonomia e metodologia comuns para as áreas de negócios e tecnologia, o que facilitou a implementação de uma abordagem **baseada em valor**, além de capacitar e envolver as equipes em torno de um objetivo comum e integrar o nível do portfólio para avaliar iniciativas concorrentes e alinhá-las às prioridades da empresa. A combinação desses fatores possibilitou os seguintes resultados até o final de 2018:

- ✓ 20% de redução de custos.
- ✓ 24% de aumento no engajamento dos colaboradores.
- ✓ 86% de melhoria na satisfação do cliente.

> *Tudo vai mudar o tempo todo daqui para frente. Essa é a única certeza que temos, e assimilar esses conceitos de trabalho de forma mais ágil e colaborativa é a fundação para tudo que vem. E o que vem depois é um conhecimento profundo do nosso consumidor. São touchpoints de negócios novos que vão aparecer, e sem essa fundação que realizamos nada disso seria possível. (Bruno Martins, diretor de TI)*

Essa jornada foi publicada pela Scaled Agile como uma história de cliente:

Figura 39.6. QR *Code* do *case* no site da Scaled Agile.

PARTE V.
QUAIS OS DESAFIOS AO ESCALAR O ÁGIL?

40. Escalada utilizando modelo *bottom up* x *top down*

Alessandro Teixeira Reis

> **O intuito deste capítulo é fazer uma comparação entre as estratégias de implementação do ágil escalado e apontar quais os seus riscos para a organização.**

Top down ou *bottom up*? Essa pergunta é um falso antagonismo. É provável que um ou outro, por si só, falhe. A resposta para essa dicotomia é que deve existir um movimento nos dois sentidos.

Não é possível alcançar o "nirvana" do *business agility* – ainda mais em uma realidade de ágil escalado – sem suporte executivo e sem um time energizado, confiante nos princípios e nas práticas que sustentam a maneira de produzir resultados.

Sabemos que não há "receita de bolo" para transformar a realidade corporativa e que não é possível realizá-la somente com "boas intenções". Vai muito além! Adaptabilidade, engajamento e persistência são os elementos-chave que suportarão os movimentos rumo à escalada com sucesso.

Lidamos com fatores intrínsecos e diretamente associados à cultura e ao ecossistema das empresas. A própria escolha de seguir nessa direção motivada unicamente pela necessidade de seguir concorrentes ou ficar *up-to-date* com boas práticas no universo corporativo não é uma justificativa.

É por isso que vamos abordar a seguir com mais detalhes quais são os componentes das ações *bottom up* e *top down* rumo ao ágil escalado, sob uma ótica de transformação organizacional, para que tenhamos sucesso nessa combinação.

Top down

Os fatores *top down* são todos aqueles associados ao apoio da adoção do ágil escalado pela liderança, essencialmente daqueles ligados diretamente à estratégia e que respondem diretamente pelo resultado da empresa. São essas pessoas que **suportarão o movimento nos times e a iniciativa como um todo**.

Nesse ponto, é muito importante considerar que, independentemente da estrutura organizacional (vertical, horizontal ou híbrida), não há como assumir que aqueles que definem os rumos da empresa têm conhecimento uniforme sobre os motivadores de escalar o ágil, tampouco de seus resultados esperados.

Em alguns casos, escalar pode não ser uma recomendação. Decisões precipitadas, somente para "seguir os concorrentes", "modernizar a forma de trabalho", ou porque "a liderança decidiu", não são justificativas suficientes e podem gerar um grande arrependimento futuro.

Sabemos que a amplitude da escalada e de seu sucesso está baseada no quanto as pessoas acreditam e contribuem com ela. Nas corporações, áreas de negócio e seus representantes, que estarão continuamente atuando na evolução dos *backlogs*, devem ser convocadas para um *onboarding* conceitual, compartilhando assim os motivadores e benefícios esperados, além de garantir proximidade dos núcleos de transformação. As lideranças têm um papel importante em conduzir esse engajamento (vide Capítulo 23).

No âmbito *top down*, vamos abordar algumas ações nessa direção que podem promover um maior sucesso rumo ao ágil escalado nas organizações:

1. **Imersão nos conceitos ágeis e *Lean*.** As lideranças primordialmente devem ter a compreensão, de forma objetiva e pragmática, do que é necessário para que a empresa tenha um aumento da performance organizacional através da escala. Precisa entender os porquês e os *roadmaps* necessários para uma adoção coerente. O resultado esperado nessa imersão deve reduzir a miopia de conceitos, desmistificar metodologias e amplificar o entendimento em relação à geração **contínua** de valor.
2. **Análise da estrutura e da cultura organizacional.** É preciso conhecer a fundo os grupos que serão impactados por uma forma diferente de agir e pensar. Departamentos devem ter uma configuração multidisciplinar e processos menos burocráticos. Isso é algo maior, mas deve ser ponderado. Algumas engrenagens

deverão ser destravadas, pois toda a empresa deve embarcar no mesmo movimento. Na prática, isso passa por: (1) eliminação de silos funcionais em prol de configurações de núcleos com sincronia de objetivos únicos e com autonomia; (2) produção contínua e cadenciada de incrementos, e potencialização de recursos do portfólio; (3) melhor priorização e concentração de esforços dos times; e (4) eliminação de desperdício. É importante relembrar que o ágil escalado também estende padrões que já existem.

3. **Metas trimestrais e objetivos anuais e trimestrais (*quarters*) definidos por OKRs (*Objective and Key Results*, vistos no Capítulo 13).** Ao estabelecer com clareza e de forma incremental que os objetivos deverão ser atingidos pelos times, o alcance do resultado final segue bastante a visão do escritor e guru do marketing Seth Godin (2015), que em seu blog cita: "atacar só montanhas muito grandes sem ter progresso também não é muito eficaz. Em vez disso, o melhor caminho é uma série contínua de montanhas difíceis, porém alcançáveis". O foco, quando temos equipes multidisciplinares, autogerenciadas, com avaliações periódicas das entregas, é a garantia de que o resultado final irá agregar valor **real** ao negócio.

Bottom up

Ao tratarmos os fatores *bottom up*, lidamos com elementos que normalmente estão associados a um movimento impulsionado pela iniciativa e experiência, no domínio dos times, e, muitas vezes, de forma autônoma e independente.

Nas organizações, os times que adotaram boas práticas ágeis, ou têm um *framework* suportando seu modelo de trabalho, são o motor de todo o processo. É natural que, mesmo sob políticas de governança corporativas, haja uma sinergia da forma que esses grupos atuam e geram resultados, mesmo que haja níveis de pulverização distintos.

Mas são esses grupos que criam e suportam o ágil escalado, garantindo adaptabilidade e constante aderência corporativa. Nessa esfera, é importante que este *bottom up* tenha como subsídios:

1. **O suporte dos times.** As equipes devem ter enraizadas as boas práticas ágeis, para que, em escala maior, possam ser compreendidas e aperfeiçoadas. O time é também um guardião de princípios, evitando o uso de abordagens que os contrariem. Em alguns momentos, o time é quem realmente dá o primeiro passo para que a empresa saia de uma situação de inércia. Conforme frase do personagem Morpheus em uma cena clássica do filme "Matrix" (1999): "você

precisa entender, a maioria destas pessoas não está preparada para despertar. E muitas delas estão tão inertes, tão desesperadamente dependentes do sistema, que irão lutar para protegê-lo".

2. **Compartilhamento de resultados.** O uso massivo de irradiadores de informação pode despertar de maneira significativa a atenção de executivos, principalmente em organizações mais tradicionais. Indicadores de resultados precisam estar expostos. Com o uso de ferramentas de colaboração atualmente disponíveis, ou até mesmo de *boards* físicos, é possível promover o compartilhamento dos resultados para grupos cada vez maiores, garantindo uma contaminação cultural positiva na organização. Além disso, promover eventos internos, de maneira a compartilhar o sucesso de entregas, convocando colaboradores e demais impactados para uma troca de experiências e opiniões, pode ser um fator de contaminação positiva em relação ao trabalho, realizado sob uma abordagem dos princípios *Lean/Agile*.

3. **Exercício do voluntariado.** O *framework LeSS* (ver Capítulo 37), por exemplo, prega fortemente o exercício do voluntariado como uma forma de disseminar conhecimento dos princípios ágeis, apoiando o amadurecimento de seu papel em todas as esferas da empresa. O papel do voluntário pode apoiar a constatação "in loco" do uso das práticas em times com maior experiência, assim como apoiar a capacitação de pessoas de times diferentes e também de outras áreas que são impactadas pelas entregas dos times de produtos.

O melhor momento

E quando a organização não tem certeza ainda se o momento é adequado ou ainda há dúvidas em relação à escalada ágil? Uma vez entendido que **só teremos sucesso na iniciativa de escalar o ágil nas organizações através de uma combinação *top down* e *bottom up* em relação a responsabilidades e ações**, temos alguns elementos que podem apoiar a decisão:

1. **Avalie indicadores do mercado.** O uso das práticas *Lean/Agile* não é uma meta para os times, é uma realidade de mercado. Está comprovada sua aplicabilidade a cenários heterogêneos e de complexidades diversas. De acordo com resultados divulgados através do *13th Annual State of Agilty Report* de 2019, **71%** das empresas que fizeram parte da pesquisa tiveram reduções nos custos de projetos com a adoção do ágil e **97%** dos respondentes informaram que possuem práticas ágeis suportando a produção em seus times.

2. **Defina e conheça seu portfólio.** O ágil escalado destina-se a garantir a sinergia de incrementos continuamente, em uma cadência alinhada à estratégia

de negócios, com base no portfólio. Antes de tudo, é preciso estabelecer claramente produtos e times que o suportarão, assim como ter clareza em uma visão de futuro. Esse passo é essencial para que possamos definir papéis, dependências e habilitadores de entregas nessa realidade dinâmica, complexa e de incertezas. A configuração *product/customer centric* é a base na definição dos *roadmaps* para implantação de um *framework* de ágil escalado.

3. **Realize *guided tours* em empresas do mesmo ramo de atuação e participe de eventos.** A troca de experiências pode esclarecer dúvidas e eliminar questionamentos em relação ao sucesso da implantação do ágil, além de desmistificar questões relacionadas às crenças sobre o *waterfall* e sua associação com níveis de maturidade e complexidade na geração de valor.

4. **Solicite o apoio de *agile coaching* e *mentoring*.** O *mentoring* para lideranças e o *coaching* para os times vêm contribuindo significativamente para uma aceleração no ganho de maturidade e maior *ramp-up* no domínio dos princípios da agilidade. É fato que o ágil escalado traz proporcionalmente maior complexidade, principalmente em função do número de envolvidos e papéis necessários para garantir sucesso de um *framework* na corporação. Todo cuidado é necessário para sua completa implantação. Além disso, deve ser uma premissa que o pensamento *Lean*, o uso de práticas *Agile* nos times e a cadência de entregas definidas sejam algo prático, concreto e simples, fazendo parte do dia a dia de todos os times.

E agora? É hora de adotar um *framework*

Atualmente, temos disponíveis vários *frameworks* que suportam o ágil escalado. Como vimos na Parte IV, cada um possui suas peculiaridades e grau de aderência à realidade das empresas.

Alguns sugerem *roadmaps* específicos para adoção, como no modelo JAE descrito no livro (confira o Capítulo 57). Porém, desde a partida, é crucial que os movimentos *top down* e *bottom up* estejam em sincronia para alcançar os objetivos propostos.

Considerando alguns dos *frameworks* mais utilizados no mercado atualmente, temos o panorama ilustrado na Figura 40.1 em relação ao direcionamento para adoção. Em seguida, faremos um breve resumo dos principais[25].

---

[25] O *Scrum of Scrums* é considerado uma técnica para escalar *Scrum* em grande times e projetos, parte integrante do *Scrum@Scale*.

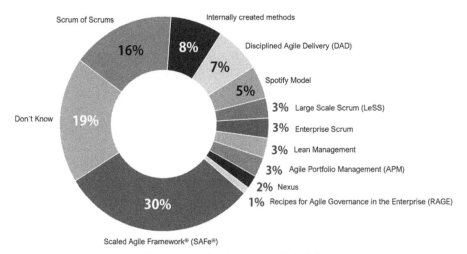

Figura 40.1. Métodos para escalada ágil.
Fonte: adaptado de 13th Annual State of Agilty Report, 2019.

- ✓ **DAD (*Disciplined Agile Delivery*)**: explorado no Capítulo 32, trata-se de um *toolkit* de abordagem híbrida, orientada ao aprendizado e para pessoas (*people-first*). Traz em sua essência oito princípios primordiais da agilidade, partindo da premissa de que é preciso encantar o cliente e que o contexto importa, além de contar ciclos de vida diferentes, de acordo com a abordagem a ser escolhida.
- ✓ **SAFe®**: como vimos no Capítulo 35, este *framework* pode ser aplicado em organizações de tamanhos diversos e possui uma grande aceitação no mercado. Sugere um *roadmap* baseado em 12 passos: (1) chegando ao ponto de decisão; (2) treine os agentes de mudança *Lean/Agile*; (3) treine executivos, gerentes e líderes; (4) crie um centro de excelência *Lean/Agile*; (5) identifique os *value streams* e os ARTs; (6) crie um plano de implementação; (7) prepare-se para o ART; (8) lance os times dos trens e lance um ART; (9) realize *coaching* na execução do ART; (10) lance mais ARTs e *value streams*; (11) estenda ao portfólio; (12) acelere.
- ✓ **Scrum@Scale (S@S)**: geralmente adotado por organizações que já implementaram o *Scrum*, traz em escala os papéis e práticas do *framework*, envolvendo mais de um time nos ritos, na gestão do *backlog* e nas relações de dependência. A coordenação é gerenciada através do **Scrum of Scrums**, além de trazer algumas mudanças na estrutura organizacional, suportando o *Scrum* em uma escala maior, como consta no Capítulo 36.
- ✓ **LeSS**: A adoção do *LeSS*, visto no Capítulo 37, prega a mudança contínua e através de experimentação, promovendo consequentemente uma mudança no *status quo* e com um foco no produto como um todo, não em parte. Para que

sua adoção tenha sucesso, é necessário, porém, que haja uma comunicação consistente e transversal sobre: (1) a intenção de adotá-lo; (2) o compromisso de que devem existir mudanças estruturais, adaptando a realidade aos frutos da transformação; e que (3) deverá haver treinamento e *coaching* necessários em todos os grupos, principalmente através de voluntários dos times.

Conclusões

Ao final dessa análise, onde tratamos a relação de dependência dos fatores *bottom up* e *top down* para uma escalada ágil bem-sucedida do ponto de vista organizacional, devemos também ressaltar que todo esse movimento tem como metas trazer ao negócio:

1. a redução do *time-to-market*;
2. aumento de previsibilidade através de entregas cíclicas e incrementais;
3. melhor atendimento de dependências;
4. maior índice de satisfação – interna e externa – através de maior qualidade nas entregas.

A consequência, de uma forma geral, será um maior engajamento e a redução do conflito de interesses na empresa.

O ágil traz na sua essência a simplicidade, mas também a obrigação de quebrar paradigmas. A busca incessante da eliminação da arbitrariedade e das decisões hierárquicas não embasadas deve fazer parte desse movimento. Só esse componente já traz grandes responsabilidades.

Nosso papel é muito além do domínio conceitual. Devemos ser agentes de transformação, promovendo uma liga entre todas as esferas da empresa, juntando em uma combinação única todos os componentes que irão viabilizar a adoção das práticas do ágil escalado, no melhor formato e no tempo mais adequado.

41. Híbrido pode ser o início, nunca meio e fim

Lucas Tito
Karla Karolina Cavalcanti de Lima e Silva

> O capítulo tem como objetivo demonstrar a adoção de uma abordagem híbrida, destacando os conceitos *Shu-Ha-Ri* e melhoria contínua.

Antes de tudo, esperamos que você, querido leitor, tenha se divertido com os capítulos anteriores e tenha conseguido adquirir a maior quantidade de conhecimento possível. Dessa forma, conseguirá responder facilmente às seguintes perguntas:

1. Por que ser ágil?
2. Dado que preciso ser ágil, quais são minhas prioridades na manutenção dessa transformação?
3. Como sua empresa deve se organizar?
4. Qual a complexidade aceitável para essa mudança e a transformação ágil?

Bem, pare um pouco e tente responder... depois, leia a seguir o que pensamos sobre o assunto e reflita.

- ✓ **Resposta 1:** você precisa ser ágil porque isso permite aprender com seus erros, evoluir, ser melhor enquanto profissional, empresa, e, por fim e o mais importante, entregar algo com valor para o seu cliente. Tudo isso traz lucros de diferentes maneiras e em diferentes níveis. Por exemplo: competitividade, diminuição nos riscos, coordenação de estratégia etc.
- ✓ **Resposta 2:** seu principal foco está na cultura. Para se manter no rumo certo e de maneira saudável, temos o *mindset* ágil com valores e princípios. Nunca se afaste dele!
- ✓ **Resposta 3:** da maneira que as pessoas se sentirem mais confortáveis e de forma que exista um propósito para essa organização, nunca deixando de lado o *mindset* ágil e características importantes como: a auto-organização;

o autogerenciamento; a multidisciplinaridade; o empoderamento; a maestria; e a autonomia das estruturas.

✓ **Resposta 4:** que as pessoas ficarão um pouco fora da sua zona de conforto, isso é um fato. Mudanças são difíceis e é necessário entender o motivo delas. Trabalhar com a motivação humana é algo interessante e profundo. Porém, queremos ressaltar: seguir um livro com papéis, processos, ferramentas, regras, restrições, reuniões, prazos, diretrizes e blá-blá-blá pode ajudar no início, mas chegará um dia em que isso não será o suficiente. Foque em trabalhar os "porquês" e deixe de pensar no "como". Aplicar por aplicar não trará bons resultados.

Tendo todas essas questões levantadas, essa troca rápida foi um lembrete do porquê a agilidade existe. Agora vamos ao *core* do capítulo.

Segundo Ron Fox (1995), existem três níveis de proficiência pelos quais um aluno de artes marciais pode evoluir em seus estudos e práticas. São eles:

✓ *Shu*: obedecer/proteger.
✓ *Ha*: romper/modificar.
✓ *Ri*: separar/superar.

Esse termo, porém, pode ser usado para diferentes campos do conhecimento, sendo amplamente difundido na área de agilidade. Vejamos com mais detalhes:

✓ *Shu* é quando você precisa seguir passos e definições de forma extremamente focada na técnica e nas lições que aprendeu em algum lugar ou de alguém. Você aprende mais pela repetição. Faz, faz, faz e um dia isso fica mais natural. Se pensarmos em um golpe de luta ou em um movimento de dança, eles serão *Shu* em sua etapa inicial, que se caracteriza por fazer as coisas de maneira mecânica, rígida e consciente de seu estado físico e de espírito ao executar os movimentos.
✓ *Ha* é a etapa onde já se entendeu a ideia, onde a teoria já começa a fluir pela sua mente e seu corpo só responde. Os golpes são aplicados da mesma forma que os passos de dança são feitos, com uma cadência pontual, sem precisar ver marcações, contar segundos ou memorizar áreas específicas.
✓ *Ri* é onde a teoria não importa mais, você não repete e não pensa sobre o que faz. Suas ações estão ligadas ao instinto, você está apto a criar, mudar, se adaptar, flexibilizar, porque tudo depende do propósito e do contexto atual. Juntar técnicas e ir modificando levemente, para então criar uma nova, é algo que será feito de forma intuitiva. É, portanto, o estado pleno da arte.

Beleza; você pode estar se perguntando o que isso tem a ver com a agilidade em escala, ou, ainda mais, o que isso tem a ver com o título do capítulo, que é: híbrido pode ser o início, nunca meio e fim.

Fácil! Queremos dizer que as metodologias híbridas devem ser usadas se, e somente se, não for possível aplicar algo ágil. Ainda assim, essa aplicação deve ocorrer somente no início, que é quando a organização está no estado *Shu* de uma transformação ágil digital.

Depois, devemos lutar com todas as nossas forças para abandonar os modelos híbridos e buscar a agilidade em sua forma plena, adaptada às necessidades da nossa organização, cheia de propósito, ou seja, sem copiar nenhum modelo. Perceba: queremos chegar em um estado *Ri* de agilidade e de efetividade com a cadeia de valor da nossa organização.

Modelos híbridos só existem por causa do medo e da dificuldade de mudar e de se adaptar. Sobretudo, tem relação com a forma de pensar e as implicações de como nosso cérebro funciona.

Daniel Kahneman, em seu livro "Thinking, Fast and Slow" (2011), descreve dois sistemas de pensamento. O **sistema 1** é responsável pelas coisas imediatas, frequentes, automáticas e mais naturais, enquanto o **sistema 2** é mais lento, consciente, lógico.

Para entender melhor, perceba como um diretor pensa:

— Agilidade está na moda, pode deixar meus clientes mais felizes e motivar meus funcionários, mas quando a gente entrega mesmo? E quais números vão me dar de lucro?

— O planejamento pode ser adaptativo, podemos entregar valor para o cliente, podemos até colher *feedback*, mas eu preciso disso mais rápido! Quantos recursos (pessoas) vamos precisar a mais?

— Ah, teremos escopo aberto, entregas por *Sprints*, ok. Porém, quantas *Sprints* vamos precisar para entregar o que está nesse contrato?

Perceba que é muito mais fácil fazer paralelos com um histórico de vivência (sempre funcionou assim) do que aceitar um cenário novo. Está aí o "conflito" entre o sistema 1 e o sistema 2 da mente de um executivo.

Um conceito interessante para exemplificar ainda mais é uma criança que aprende primeiro arestas e tracejados retilíneos. Quando ela for aprender um círculo, será muito mais fácil ela entender como um octógono do que efetivamente um círculo, dado o conhecimento que ela já tem.

É assim com metodologias híbridas. Pessoas tentam tratar questões de um mundo VUCA com uma metodologia preditiva e, como isso não é possível, vestem uma roupagem nova e ágil para mascarar o medo da mudança.

Como bem lembrado em um artigo de Avelino Ferreira (2019), "Water-Scrum-Fall": "a burocracia é a filha do medo e o medo paralisa". Esse é um dos nomes para modelos híbridos, podendo ser chamado também de *Agile Waterfall*. Este último é um modelo aplicado pela Adatis, uma empresa de consultoria do Reino Unido, que não é a única a aplicá-lo.

Esse argumento também é sustentado pela Agile Alliance, no trecho a seguir (HARTMAN, s.d.):

> *Híbrido como transição para o* Agile: *muitas equipes não conseguem mudar para os modos de trabalho ágil da noite para o dia. Quanto maior a organização, maior será a dificuldade e mais tempo será necessário para mudar. Se você vive em um mundo orientado a planos há vários anos, os métodos ágeis parecerão muito diferentes. Como resultado, sua incursão inicial no mundo ágil será uma amálgama confusa de ambos.*

Este ponto pra nós é questionável, visto que o *Kanban* é uma metodologia completamente ágil e que pode ser implementada imediatamente nas organizações, sem mudanças revolucionárias e reaproveitando todo o contexto da empresa, de acordo com David Anderson (2011).

O processo de evoluir e depois sofrer revoluções é inevitável, mesmo que empresas tentem fugir ou postergar, como descreve Larry E. Greiner (1998). Dito isso, por que não investir em melhorias contínuas para minimizar os impactos e maximizar os bônus?

O que estamos dizendo agora é: como podemos ir de *Shu* para *Ri* de uma forma efetiva?

Para ir de *Shu* para *Ri*, precisamos contar um segredo que é público: não é seguindo uma receita de bolo, um *framework* vendido como bala de prata, seguir um livro no estilo "by the book", contratando consultorias que apresentam *slides* em reuniões longas.

Isso tudo não funciona porque não é possível saber todas as variáveis envolvidas no processo e muito menos considerar que o ser humano é binário.

Primeiramente, precisamos concordar que qualquer melhoria consiste inicialmente em aprender. Se não estamos aptos a aprender, perderemos oportunidades. O mesmo vale para as organizações. Quando essas organizações sabem aprender, isso significa que elas estão continuamente expandindo sua capacidade de criar o seu futuro.

Em segundo lugar, não compre modelos prontos. Já falamos sobre isso antes, mas vamos reforçar com um exemplo.

Temos certeza que você já ouviu falar no "modelo" Spotify. Temos fé que agora você acredita que esse modelo é do Spotify e só dele, e que não pode ser aplicado em nenhuma outra organização. Isso porque a empresa demorou anos para aprender como trabalhar do seu jeitinho, o que era importante para ela e como ela podia melhorar, com base nas características dela mesma.

Ela saiu de *Shu* para *Ri*, mas não é copiando o que ela fez que uma organização estará em *Ri*. Pelo contrário, isso só significa o quanto ela ainda está em *Shu*, por não ter aprendido ainda a deixar a teoria fluir e construir suas próprias estruturas libertadoras.

Atenção aos *frameworks* que se vendem como ágeis, tenha cuidado e avalie seus aspectos antes de aplicar. Por exemplo, ainda é um debate na comunidade mundial se o SAFe® é realmente ágil, mesmo que seja um dos *frameworks* escalados mais utilizados e em crescente expansão.

Juntar várias técnicas em um único modelo, renomear papéis, criar processos e novas nomenclaturas, definir extensamente regras e padrões, manter uma estrutura hierárquica, criar *releases* grandes; tudo isso não nos parece muito ágil.

Muito menos se isso for vendido como uma ferramenta híbrida para grandes organizações. Essas características incomodam demais, não só a nós, como a Ken Schwaber (2013), Renee Troughton (2018), Kyle Evans (2019), Bob Galen (2019) e outros.

Por último, precisamos entender que mudar requer tempo. É assim também com uma transformação ágil, sobretudo quando desejamos escalar essa agilidade, visto que envolve todos da organização e não só um pedacinho da cadeia de valor. Todos são todos; esses todos são pessoas e pessoas têm seu tempo.

Um estudo realizado por Phillippa Lally et al (2010) descobriu que, em média, são necessários 66 dias para que um hábito se enraíze. Quanto mais difícil é o hábito, mais demorado. Algumas pessoas do experimento demoraram até 254 dias para que um novo hábito se tornasse algo natural.

Imagine agora mudar vários hábitos, envolvendo várias pessoas da organização, onde todas interferem nas reações de grandes grupos.

Então, tenha calma e dê atenção para as pessoas, porque a cultura come a estratégia no café da manhã, e temos certeza que você já deve ter ouvido essa frase.

Nossa dica então:

- ✓ Foque no simples.
- ✓ Experimente.
- ✓ Sempre busque melhorar.
- ✓ Não crie amarras desnecessárias.
- ✓ Seja adaptável e flexível, nunca rígido e engessado.
- ✓ Não acredite em balas de prata e em mudanças "by the book".
- ✓ Crie a cultura de aprender constantemente.
- ✓ Leia o cenário: o principal são as pessoas!

42. Vestir funções antigas com "roupa nova" sem revisar papéis

Adriana Simão
Regiane Moura Mendonça
Norival Neri Junior

> **Este capítulo discute os problemas de mascarar funções, criando cargos sem revisar os papéis e as responsabilidades, uma falha bem comum nas organizações.**

Antes de escolher qual *framework* adotar, incorporar ou adaptar na escalada de times ágeis em busca de uma entrega de valor comum, é preciso ter uma visão realista para os desafios de base, disseminação da cultura e formação de um *mindset* de agilidade.

Dentre esses desafios, um fator relevante que permeia a formação dos times e que nem sempre é levado em consideração reflete na tradução literal de papéis atuais de membros das equipes atuantes na organização para uma nova função na estrutura ágil.

O problema reside em não ajustar a mudança de papéis aos perfis existentes, forçando muitas vezes as pessoas a se adaptarem como podem para a inauguração de uma estrutura ágil na empresa.

Com isso, analistas de requisitos ou de sistemas, coordenadores, gerentes de projetos e de produtos, entre outras funções, assumem os papéis ágeis propostos por associação livre ou similaridade às funções "antigas".

Mesmo em estruturas que já rodam o ágil, observa-se, em retrospectiva, que determinadas pessoas possuem maior ou menor afinidade para a missão ágil que assumiram. Isso resulta, por exemplo, em um produto pouco aderente à experiência do cliente, em função da visão apenas sistêmica do *Product Owner*, ou pela falta de envolvimento com outras áreas e *gaps* de comunicação.

298 Jornada do Ágil Escalado

Outra situação seria problemas técnicos de integração em um time de desenvolvimento que pode não ter aderido a uma cultura colaborativa, produzindo ainda no modo "lobo solitário".

À medida que essa engrenagem é escalada, com a maximização dos times ou papéis, a depender da metodologia adotada, problemas como os citados ganham proporção e, em se tratando de *Sprints* sincronizadas ou encadeadas, pode ser que a perda só se evidencie depois de um período relevante de tempo.

Em geral, as metodologias que organizam a agilidade em escala são consistentes com o *Scrum*. Ou seja, a formação básica de um time *Scrum* é o alicerce que normalmente é redimensionado ou multiplicado em cadeia, de acordo com a proposta de cada *framework*, sendo, portanto, de suma importância ter um olhar atento no momento da estruturação desses times.

A seguir, um panorama de como algumas metodologias escalam a formação básica de um time *Scrum,* além de recomendações e pontos de atenção na formação dessas equipes.

Como se organizar

Em uma estrutura *Scrum* simples temos as figuras ou papéis de *Product Owner, Scrum Master* e *Development Team*, este último composto por desenvolvedores, às vezes QA (*Quality Assurance*), líder técnico e DBA (*Database Administrator*), muitas vezes compartilhados de acordo com a realidade e estrutura da empresa.

Na organização do ágil escalado, observamos nos *frameworks* que a estrutura do time *Scrum* é mantida em essência, mas podem se somar responsabilidades.

Esse é o caso do *Nexus,* onde o *Product Owner* continua sendo o responsável pela elaboração, manutenção e priorização do *backlog,* mas dessa vez para um número maior de times *Scrum* (de três a nove).

Traz também a função conjugada do Time de Integração *Nexus* (TIN), formado pelo *Product Owner,* um *Scrum Master* e membros dos times *Scrum,* que, além de definir o critério de pronto (DoD) de cada *Sprint* de cada time, faz fluir a comunicação entre os times.

Garante-se, assim, o conhecimento de dependências, mediando resolução de problemas técnicos e não técnicos através de um ponto focal do TIN, conforme descrito de forma mais detalhada no Capítulo 38 deste livro.

No caso do *LeSS,* que pode ser analisado com maior profundidade no Capítulo 37, tipicamente temos outra forma de buscar o mesmo objetivo, também com um único *Product Owner* e vários times que trabalham não só no mesmo *product backlog*, mas na mesma *Sprint*.

Portanto, possuem mesmo critério de pronto – DoD (*Definition of Done*) – compartilhado com todos os times, que buscam a entrega de produtos que podem ser lançados a cada ciclo. A necessidade de ajustar a comunicação entre os times é proposta por coordenação e integração, não em um comitê formal como o TIN.

Porém, pode-se ter um mediador em cada time para facilitar a comunicação com outros times, e essas pessoas juntas podem chegar a definir limites ou padrões de trabalho comuns para as equipes.

Talvez o modelo escalável que apresente mais camadas à estrutura padrão *Scrum* seja o SAFe® (Capítulo 35), que, além de trazer novos papéis como *Release Train Engineer*, *System Architect* e *Product Manager,* possui princípios e práticas complementares.

Uma delas é a gestão de portfólio orientado à cadeia de valor, para cruzar a estratégia da empresa a um ciclo de desenvolvimento e, assim, estender a ideia de agilidade para além das fronteiras de TI.

Para organizar a proposta de encadear times de vários departamentos da empresa trabalhando em um mesmo produto, o SAFe® se ancora em três níveis: *Portfolio* (estratégico), *Program* (gerencial) e *Team* (operacional). Justamente este último traz em sua formação a base do time *Scrum* com os papéis de *Product Owner, Scrum Master* e *Development Team*.

Como não derrapar na montagem e escala dos times *Scrum*

Nessa rápida observação de três *frameworks* que propõem a escalada ágil percebemos que, com mais ou menos responsabilidades, a base da composição do time *Scrum* é o alicerce do processo. Ter clareza na estruturação desses times é, portanto, estratégico.

Indivíduos e iterações: um equilíbrio essencial

Uma preocupação que frequentemente passa despercebida para quem inicia a jornada ágil, porém se torna evidente em crises, é o foco apenas no processo, nas iterações e cerimônias, enquanto as pessoas correm para absorver as mudanças e responder ao "novo", mas encalham na colaboração.

É evidente que, para a engrenagem funcionar, o processo não pode ser deixado de lado, mas por si só é insuficiente. Principalmente sem uma abordagem atenta e ao mesmo tempo leve, nas interações diárias do time ou em retrospectivas, que permita o *feedback* das pessoas, não apenas em relação à fluidez da metodologia, mas aos desafios que as pessoas estão enfrentando para se acomodar à nova realidade.

A partir dessa escuta ativa, promover então treinamentos individuais ou coletivos, dinâmicas e *meetups* para trazer mais clareza para os temas em dificuldade.

Mais do que cargo, perfil

Independentemente da maturidade na adoção de um modelo ágil em um departamento ou na organização, é preciso mapear – e constantemente medir e revisar – os perfis que compõem o time, para melhor direcionar pessoas e funções nas equipes (vide Capítulo 21).

Considerando-se a estrutura de um time *Scrum*, que como vimos é base para a escala dessas metodologias, o primeiro passo é saber identificar alguns aspectos importantes, de forma individual e independente do cargo de cada membro do time atual.

Por exemplo, quais suas habilidades, pontos fortes e fracos, e o que os motivam, para então relacionar as descobertas com cada função no ágil (*Scrum Master*, *Product Owner*, desenvolvedores, *Quality Assurance*, líder técnico), buscando o melhor ajuste aos papéis e também considerando as aspirações profissionais dos indivíduos.

Com essa abordagem, a tendência é de minimizar dores como, por exemplo, o acúmulo de funções e a sobrecarga do profissional, a comunicação falha entre os times e um *backlog* de produto limitado à visão sistêmica.

Esse mapeamento também é útil para equipes ágeis existentes, pois reavaliar o perfil do colaborador com o papel que vem exercendo é importante para validar a escolha, acolher eventual insatisfação e promover mudanças.

Identifique seu *Product Owner*

Uma analogia bem comum para quem está começando a estruturar times ágeis nas empresas é atribuir o papel de *Product Owner* ao analista de requisitos ou ao analista de sistemas do modelo tradicional, ou ainda ao gerente de produtos.

Embora haja semelhanças entre essas funções e o PO, é importante ter em vista todas as responsabilidades e habilidades requeridas por esse papel. Naturalmente, o *Product Owner*, como explica Annelise Gripp (2019), levanta necessidades de negócio junto às áreas como um analista de requisitos e transforma essas necessidades em demanda. Ele ainda avalia e dá direção junto ao time quanto ao esforço e à complexidade técnica para sua execução, fazendo as vezes de um analista de sistemas. Abre vantagem, portanto, quem tem uma boa bagagem de conhecimento de produtos, navega bem entre as áreas de negócio e possui capacidade de liderança e olhar estratégico, características comuns ao gerente de produtos.

Dessa forma, o simples "de-para" de função de um analista de requisitos ou sistemas, por exemplo, não será efetivo sem considerar, além das igualdades, todas as outras diferentes responsabilidades e, principalmente, se as habilidades interpessoais requeridas por esse papel existem.

Identificar as diferenças entre um *Product Owner* e um gerente de produtos requer sutilezas, segundo Annelise Gripp (2019), o que também é reforçado pelos editores de Tera, descrevendo a visão de Marty Cagan (2019) sobre esses dois papéis.

Uma forma simples de estabelecer as fronteiras entre eles é associar o PO à visão "para dentro", formatando a demanda do produto e trabalhando junto ao time, priorizando e acompanhando sua execução até seu lançamento.

Já o gerente de produtos tem o olhar estratégico "para fora", captando e avaliando novas oportunidades de negócio com foco no cliente e em como melhorar suas experiências, além de fazer interface com as áreas para captar sua cadeia de valor.

O gerente de produtos, ao assumir o papel de *Product Owner*, pode deparar com o desafio de não ter uma visão técnica para conversar com o time, além de ter que se dividir entre os papéis de PO – no mínimo participando do refinamento, do planejamento e da retrospectiva – e a gestão de seus produtos.

Além disso, deve acompanhar tendências de mercado para inovar o *pipeline* de produtos, que por sua vez será detalhado, priorizado e planejado pelos times em sua visão *Product Owner*.

Quem é seu *Scrum Master*?

Não se dorme líder ou gerente de projetos e se acorda *Scrum Master*, embora no mercado observa-se que essa mudança de função às vezes é proposta do dia para a noite. No entanto, o conceito base entre essas posições é bem diferente.

O *Scrum Master*, diferentemente do gerente de projetos, não é o responsável pelo resultado. É o *Product Owner* que responde pelo *product backlog* como um todo, e o time responde pelo *backlog* da *Sprint*, segundo MELO (s.d.).

Se essa visão não for bem esclarecida, corre-se o risco de enviesar a adoção do modelo ágil empoderando o *Scrum Master* e ao mesmo tempo retirando a autonomia do time, fugindo da visão de ser mais um líder servidor do que gerente.

Mais do que uma tradução de funções nesse caso, é importante sedimentar as diferenças no modo de condução dos projetos e a nova cultura de trabalho, pois o antigo líder de projetos passa a ser um facilitador, principalmente para garantir a execução das cerimônias e remover impedimentos e obstáculos que possam tirar o foco do time.

Sobre as características pessoais, o *Scrum Master* deve ser o agente de mudanças que transforma a si mesmo, influencia o time sobre a metodologia e ajuda a equipe a chegar ao consenso sobre o objetivo do ciclo ágil.

Isso implica em um profissional com facilidade na comunicação e que, sobretudo, saiba escutar, tenha habilidades de negociação e muito "jogo de cintura". O perfil voltado apenas para a cobrança de metas e prazos, sem descer ao nível do time, fica no passado ou, no mínimo, pode exigir boas doses de adaptação.

O acúmulo de funções é uma armadilha

Muitas vezes, os gerentes ou coordenadores de desenvolvimento assumem também o papel de *Scrum Master*, o que exigirá desse profissional um exímio controle e organização de tempo.

Isso porque terá que se desdobrar pelas suas responsabilidades adicionais, garantir as cerimônias e o ciclo envolvido, além de continuar sendo a figura à frente de questões burocráticas e de gestão de equipe.

Outro aspecto que torna esse movimento arriscado é a gestão das pessoas ser mantida pelo agora *Scrum Master*, pois, a depender do estilo do líder, caso habite um passado de "comando e controle", poderá resultar em efeito colateral, mantendo a diretriz e o tom para o time rodar, enviesando a auto-organização e a colaboração de cada pessoa na estrutura.

E o *Development Team*, como fica?

Geralmente a estrutura do *DevTeam* é a mais simples de se estabelecer, pois os papéis técnicos já possuem funções mais claras e não sofrem grandes alterações dentro de uma organização ágil, sendo formada basicamente por três a nove membros, entre desenvolvedores, *Quality Assurance* e alguns (líder técnico, DBA, etc.) que podem ser compartilhados entre os times.

Para essas funções técnicas, o desafio surge em aculturar aquele indivíduo acostumado a trabalhar de forma isolada para dentro de uma cadeia colaborativa de desenvolvimento.

Em estruturas onde originalmente não há a posição definida de *Quality Assurance*, que possui função muito relevante na cadeia, é possível descobrir analistas de sistemas ou requisitos durante o mapeamento de perfis do time. São perfis que talvez possam incorporar o papel de QA no time, pois não seriam tão aderentes a outros papéis (como *Product Owner* ou *Scrum Master*, por exemplo).

Conclusão

Quando temos inúmeros times de desenvolvimento com plano de até 12, por vezes 18, iterações pela frente, trabalhando de forma dependente e integrada, é naturalmente desafiador manter a sincronia entre eles, visando qualidade e integração na entrega de um produto ou *backlog* comum.

Nota-se que a autonomia e a liberdade para o desenvolvimento continuam tendo peso na agilidade em escala. No entanto, algumas diretrizes e padrões mínimos são requeridos, de modo a prever *backlogs* cruzados rodando ao mesmo tempo.

304 Jornada do Ágil Escalado

Por isso, as metodologias mencionadas propõem modos de coordenação e integração, seja através de um comitê, como é o TIN no *Nexus,* ações menos formais existentes no *LeSS* ou acompanhamento constante do RTE e do *System Architect* no SAFe®. Assim, papéis de engenheiros de software, arquitetos de solução e líderes técnicos ganham mais protagonismo e autonomia dentro do ciclo escalado.

A partir do mapeamento de requisitos dos papéis *versus* pessoas, com suas habilidades e deficiências, será mais fácil direcioná-las às funções mais adequadas nos times, embora raramente haja *match* perfeito entre o indivíduo e determinada função. Isso indica que o profissional deverá também se ajustar, desenvolver ou aprimorar características para assumir as responsabilidades que as posições demandam.

Tão relevante quanto realizar essa análise inicialmente na formação dos times ágeis é a avaliação constante de como essas pessoas estão desempenhando os papéis.

Isso porque o cenário pode mudar, e os profissionais podem se descobrir mais motivados com outras funções, mostrando que saber ouvir antecipando possíveis movimentos é fundamental, minimiza problemas e potencializa resultados, em um processo de melhoria contínua e de transformação.

43. Distância da liderança com o LACE

Guilherme Santos
Carlos Tristacci

> Destaca-se aqui que a agilidade, sobretudo em escalabilidade, requer que pessoas representativas puxem o bonde e sejam seguidas, tornando-se agentes de mudança e construtores culturais, demonstrando a importância de sua atuação junto ao LACE.

O **LACE** (*Lean-Agile Center of Excellence*, que na tradução livre significa Centro de Excelência *Lean-Agile*) é uma equipe de profissionais que está focada e dedicada a apoiar de forma estruturada e muito bem direcionada a implementação, a inspeção e a adaptação constante da escalada do ágil dentro das organizações.

O LACE é criado com o objetivo de potencializar os resultados da escalada, sempre fornecendo orientações suficientes para definir como será a transformação ágil e cultural dentro da organização.

Segundo a Scaled Agile, criar um LACE geralmente é um dos principais diferenciais entre as organizações que praticam ágil apenas no nome e aquelas que estão totalmente comprometidas em adotar práticas *Lean-Agile* utilizando seus princípios para obter os melhores resultados de negócios. A evolução para se tornar uma empresa *Lean-Agile* é uma jornada contínua, não um destino. O LACE frequentemente evolui para um centro de longo prazo para melhoria contínua em relação à agilidade dos negócios (*business agility*).

Em geral, o LACE possui na sua composição estrutural um time de duas a seis pessoas, dependendo do tamanho da organização. Ele é formado por: especialistas em gestão de processos, para documentar, comunicar e governar as práticas definidas dentro da organização; e especialistas em transformação ágil, que guiarão o processo de mudança em direção aos objetivos da organização ao buscar essa nova forma de trabalhar.

306 Jornada do Ágil Escalado

Trata-se de um time totalmente focado e comprometido em revisar, construir e melhorar processos, práticas e modelos de governança que estão aderentes e alinhados com o *Lean-Agile* para construir excelentes resultados de negócio.

Para que esse time permaneça enxuto é importante selecionar pessoas influentes de diferentes áreas ou times para que se tornem agentes locais da mudança. Como agentes da mudança, essas pessoas terão a responsabilidade de apoiar a implementação das novas práticas em seu contexto e, à medida que as práticas são implementadas, devem obter os *feedbacks* do aprendizado proveniente da execução dessas práticas, para que o LACE possa avaliar as mudanças necessárias na forma que está conduzindo a mudança e nas práticas que estão sendo estabelecidas e implementadas.

O time do LACE e de agentes da mudança depende de um patrocínio ativo e visível dentro da organização para ajudar a estimular a motivação inicial e fazer as coisas se movimentarem. Isso significa que a liderança deve estar comprometida com a mudança, desenvolvendo um senso de urgência em torno da necessidade de mudança e a comunicando pela organização, estando presente, acompanhando as ações e dando o suporte necessário para que a mudança ocorra.

O LACE, os agentes da mudança e a liderança formam a coalizão da mudança que precisa trabalhar em equipe, continuando a construir urgência e impulso em torno da necessidade de mudança.

A coalizão da mudança deve atuar estratégica e operacionalmente na adoção de práticas *Lean-Agile*, realizando *coaching*, *mentoring*, treinamentos e provendo práticas, tecnologias, ferramentas e governança necessárias para a transformação e melhoria contínua, sendo responsável, mas não se limitando a:

- ✓ Atuar na gestão da mudança e no engajamento das pessoas para uma cultura *Lean-Agile*.
- ✓ Apoiar a organização dos times ágeis e a forma como eles interagem com a organização.
- ✓ Desenvolver o plano de implementação e métricas.
- ✓ Prover *coaching* e educação continuada em *Lean-Agile*.
- ✓ Fomentar e suportar comunidades de prática.
- ✓ Estender práticas *Lean-Agile* a outras áreas da empresa.
- ✓ Comunicar a necessidade, urgência e visão de negócios da mudança.
- ✓ Desenvolver o plano de implementação e gerenciar o *backlog* de transformação.
- ✓ Estabelecer métricas.

✓ Implementar dias de foco *Lean-Agile* com palestrantes convidados e apresentando estudos de caso e boas práticas.
✓ *Benchmarking* e conexão com a comunidade externa.

Além das metas de longo prazo definidas a partir da estratégia que motivou a empresa a implementar as práticas *Lean-Agile*, é importante criar metas de curto prazo, alvos menores que as pessoas percebam como alcançáveis. Sua equipe de mudança poderá ter que trabalhar muito para alcançar essas metas, mas cada vitória produz um efeito motivador.

Por isso, gere pequenas e constantes vitórias durante o processo de mudança e celebre cada uma delas para inspirar as pessoas a continuar avançando na jornada rumo à agilidade em escala. Por isso, planeje, inspecione e se adapte em harmonia com os times, servindo de exemplo e utilizando a mesma cadência.

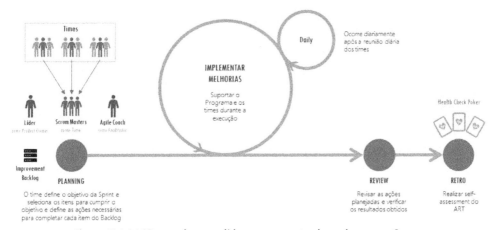

Figura 43.1. LACE atuando com a liderança e agentes da mudança com *Scrum*.
Fonte: adaptado de Scaled Agile.

Não esqueça que a verdadeira mudança é profunda. Ganhos rápidos são apenas o começo do que precisa ser feito para alcançar uma mudança de longo prazo. Tiggelaar destaca que a cultura de uma empresa é o último passo e não o primeiro. E Kotter nos diz que a cultura organizacional de uma empresa só é transformada se a maioria de seus colaboradores estiver de acordo com essa mudança.

Com as mudanças caminhando para a direção estabelecida, o LACE ganha créditos para alterar estruturas ou regras que não estejam de acordo com a nova visão da organização.

308 Jornada do Ágil Escalado

Mas tome cuidado para que o modelo de trabalho não se torne rígido ou muito prescritivo, forçando todos os times a trabalhar exatamente da mesma forma. É importante que o LACE estabeleça um mínimo de práticas comuns aos times, para permitir que o ágil seja escalado, mas também permitindo que os times possam selecionar práticas que tragam maior valor para o seu contexto. Afinal, o oposto do ágil não é o modelo cascata, mas a inflexibilidade, que mata a adaptação, que é a principal característica da agilidade.

O LACE e os princípios do *Lean-Agile*

Com um mundo cada vez mais digital, VUCA e disruptivo, devemos atribuir ao LACE a missão e/ou o objetivo de aplicar as práticas do *Lean-Agile* de forma estruturada e escalável dentro das organizações, e apoiar a transição de modelos mais preditivos ou tradicionais.

E, para isso, os membros do LACE precisam não só conhecer os princípios do *Lean--Agile*, como também dominar e disseminar esses princípios por toda a organização, construindo uma mentalidade de crescimento sustentável que combina crenças, suposições, atitudes e ações de todos que fazem parte do movimento de escalada do ágil dentro da organização.

É importante lembrar que o *Lean-Agile* está alicerçado no *framework* SAFe®, que define um conjunto de princípios:

1. Ter uma visão econômica e financeira para poder entregar valor de maneira sustentável.
2. Aplicar o pensamento sistêmico para lidar com os problemas e suas complexidades.
3. Assumir a variabilidade no processo de desenvolvimento em vez de buscar definir requisitos e padrões no início do processo de construção, quando as incertezas são maiores.
4. Desenvolvimento incremental, com ciclos rápidos de aprendizagem.
5. Basear as entregas na avaliação de sistemas em funcionamento.
6. Visualizar e limitar o WIP (*Work In Progress*), reduzir os lotes de trabalho e gerenciar o tamanho da fila.
7. Aplicar a cadência e o sincronismo entre as equipes.
8. Desbloquear a motivação intrínseca nas equipes, fomentando a autonomia, o compartilhamento da missão e o propósito.

9. Descentralizar a tomada de decisão para reduzir os *delays* nos fluxos de trabalho.

10. Organizar a empresa em torno do valor.

Ao aderir a esses princípios, todas as organizações terão condições de conduzir a sua jornada de escalar o ágil. Particularmente, gostamos sempre de conduzir as primeiras reuniões do LACE tendo como base os princípios citados e alinhando nossas ações com uma série de perguntas que nos levam à reflexão sobre se estamos realmente praticando o *mindset Lean-Agile* ou não.

Com isso, promovemos uma conversa saudável, tudo em prol da construção de uma organização mais eficiente, organizada e funcional, o que viabilizará a construção de uma entrega verdadeiramente de valor para o cliente.

Promover o *mindset Lean-Agile*, conduzido pelo LACE e com base nos princípios, é essencial para ter uma liderança realmente alinhada aos conceitos fundamentais da agilidade, transformando os desafios muito complexos em estruturas cada vez mais simples, enxutas e guiadas pelo fluxo de valor, e atendendo aos desejos e às necessidades dos usuários.

44. Evitando conflitos de priorização

Eric Leite

> **O objetivo do capítulo é destacar os problemas que a falta de alinhamento da priorização com os objetivos de negócio pode causar.**

Se você não sabe o que quer, você acaba com um monte de coisas que não quer.
(Chuck Palahniuk)

Toda organização precisa de propósito (Capítulo 9), pois ele servirá como um guia em direção aos objetivos e para a priorização das ações da empresa de forma geral e das pessoas que nela trabalham.

Do ponto de vista organizacional, a priorização define o que realmente tem maior importância, direcionando investimentos e os recursos necessários para atingir o objetivo estratégico.

Como já mencionado, o mundo está em constante transformação, e para desenvolver estratégias consistentes o tempo é muito valioso, pois toda a estratégia e os objetivos podem ser mudados de um dia para o outro, daí a importância de focar no propósito.

Por este motivo definir a priorização é um desafio muito grande e se faz necessário ter clareza das técnicas que serão utilizadas. De maneira mais macro, pode-se dividir esse processo em quatro grandes etapas: propósito, objetivos, priorização e resultados.

Mas, dado esse contexto, como identificar e reconhecer os conflitos de priorização?

O primeiro passo é identificar na organização quais são as prioridades definidas pelo nível estratégico e como estas entram em conflito com as ações do time, bem como se estão alinhadas com a necessidade do cliente. Ou seja, como aquele produto ou serviço que está sendo priorizado está resolvendo o problema do cliente.

Na prática, é importante começar a reconhecer a jornada do usuário, a cadeia de valor e os processos internos que irão atender aos objetivos estratégicos e de negócios.

Isso garante a alocação mais eficiente de recursos e fornece subsídios adequados para o planejamento e a definição de prioridades, obtendo maior eficiência na cadeia de valor e dos investimentos.

Entre as dificuldades normalmente observadas, destacam-se alguns problemas de comunicação, domínio dos objetivos de negócios, capacitação dos profissionais, visão holística e aculturamento para começar a trabalhar em objetivos, em vez de trabalhar por entregas.

Ter uma visão clara da necessidade do usuário é pensar em uma solução para seus problemas e, a partir disso, o produto começa a ser criado: a prioridade maior é trabalhar com um foco no cliente e não no produto. O produto atende à necessidade do cliente e não o contrário.

Esse é um grande paradigma que precisa ser quebrado dentro das empresas, e por isso a capacitação e o aculturamento são tão importantes. O problema do cliente serve como um guia que direciona a empresa e seus produtos: essa é a essência do *customer centric* (cliente no centro).

A importância de se ter um objetivo claro

Algumas empresas acabam falhando no alinhamento estratégico por falta de clareza dos objetivos, decorrente de uma comunicação ineficiente por parte do time tático/ estratégico.

Um caso ainda mais grave é quando há a inexistência de objetivos, onde cada área ou departamento começa a eleger as suas próprias prioridades de forma unilateral, resultando em uma falta de alinhamento e um alto nível de desperdício.

Quando começamos a pensar em ágil em escala, a complexidade aumenta, uma vez que as necessidades de qualquer iniciativa precisam gerar um resultado organizacional – diversas equipes trabalhando de forma colaborativa para gerar um resultado único, onde a comunicação e o sincronismo dos objetivos precisam ser muito claros.

Assim, é preciso começar a montar uma estrutura operacional mais flexível e dinâmica, onde seja possível quebrar os silos organizacionais, com uma melhor alocação de recursos, medição de resultados e engajamento de gestores e membros do time.

Propósitos inspiradores e objetivos claros apoiam a tomada de decisões, bem como a definição da estratégia, fornecendo maior autonomia para os times e gerando valor para os clientes a cada entrega.

Seu destino é moldado nos momentos de decisão. (Tony Robbins)

Vencendo os desafios

Uma empresa possui uma infinidade de demandas, legados e clientes para atender. A inter-relação das áreas da empresa, em virtude dessa dinâmica, resulta em conflito de interesses. Cada departamento tem uma esteira de projetos e/ou iniciativas definidas por suas prioridades, as quais conflitam com as de outras áreas e potencializam os silos organizacionais.

Uma primeira recomendação é dar visibilidade aos benefícios de trabalhar por objetivos e não por entregas, onde o foco está no seu atingimento e com a medição dos resultados. Os executivos precisam se envolver patrocinando o resultado e integrando os esforços das áreas para alcançar o objetivo comum.

Nesse ponto, é importante escolher as batalhas com cuidado – isso pode exigir várias sessões de trabalho e fornecer informações valiosas para ajudar a orientar a tomada de decisões para programas, portfólios e iniciativas.

É preciso levar em consideração os resultados estratégicos, riscos, restrições, requisitos legais, fiscais ou legislativos e, claro, itens de inovação para o mercado.

É necessário integrar todas as pessoas e guiá-las para uma mesma direção: o que vamos conseguir ter ou vamos deixar de fazer dada essa prioridade? Saiba que, para priorizar certas iniciativas, outras precisarão aguardar.

Na verdade, dizer não para determinadas iniciativas valoriza a estratégia principal e direciona o foco para o que é mais importante para a organização, conectando pessoas em todos os níveis.

Todos precisam de voz para compartilhar suas perspectivas e saber que todos farão *trade-offs* (escolhas), pois nem sempre um produto ou projeto é desenvolvido com a mesma equipe. Nesse processo, é muito importante respeitar o outro e facilitar o trabalho do grupo.

Em um primeiro momento, seu plano será abstrato. Contudo, ganhará maior visibilidade à medida que você evolui com as iniciativas. Uma das técnicas recomendadas é utilizar um *canvas* de negócio ou *Hoshin Planning* do *Lean*.

Essas ferramentas se baseiam em elementos visuais, trazendo clareza sobre os caminhos a serem tomados, facilitando a comunicação e trabalhando de forma colaborativa as divergências e convergências para o entendimento do todo.

Com o uso do *canvas*, por exemplo, as pautas dos resultados estratégicos começam a ganhar maior visibilidade, permitindo a participação das equipes e compartilhando as tomadas de decisões. O foco está nos benefícios, não nos recursos. Não é a quantidade do que se faz, mas o impacto que você gera.

O objetivo não é "forçar" a adoção de um *framework* ou método, mas aplicar técnicas, recursos e ferramentas para atingir um objetivo único, direcionando as conversas a partir dos problemas ou necessidades do cliente, fornecendo maior eficiência operacional.

É importante definir os OKRs, que são essenciais nesta etapa, pois começam a fornecer maior clareza dos objetivos de forma simples, dando sentido à estratégia de escalada do ágil.

O livro "A arte da guerra", de Sun Tzu, nos traz uma importante reflexão, com a seguinte lição de sabedoria:

> *...assim, é fácil saber quais são os cinco itens essenciais a uma vitória:*
>
> *1. Vencerá aquele que sabe quando lutar e quando não lutar.*
>
> *2. Vencerá aquele que sabe como lidar com forças inimigas superiores e com forças inimigas inferiores.*

314 Jornada do Ágil Escalado

> *3. Vencerá aquele cujo exército está integrado em um mesmo espírito, em todos os níveis de sua hierarquia.*
>
> *4. Vencerá aquele que, tendo se preparado, espera para atacar o inimigo quando ele não estiver preparado.*
>
> *5. Vencerá aquele que tem habilidade militar e não sofre interferência do soberano.*

Não podemos esquecer, entretanto, que uma empresa precisa ter lucro e gerar valor para seus investidores e/ou acionistas. Devido a isso, é preciso que toda a estrutura financeira esteja alinhada com os objetivos, e algumas perguntas começam a emergir (por exemplo, como faremos a gestão dos investimentos e como organizamos os custos operacionais?).

Estamos falando sobre desenvolver uma estratégia vencedora, à qual os objetivos devem obrigatoriamente estar associados. Para isso, podemos usar a estratégia dos OKRs (*Objectives and Key Results*), já mencionada.

Fato é que ninguém conquista nada sozinho. Todos somos a soma de nossas interações, através da troca de conhecimento e experiência com os demais. Nesse ponto, vale repensar estratégias como compensação por desempenho individual.

Para compor uma estratégia única para escalar o ágil de forma realmente eficiente gosto de usar uma linguagem muito utilizada em Minas Gerais, minha terra natal que destila leite, mel e doce de leite. É o famoso "oncotô?" (onde estamos?) e "proncovô?" (para onde vamos?).

Essas perguntas são provocativas e nos fazem mudar o *status quo* da estratégia tendo como base da conversa números que influenciam comportamentos e moldam a cultura da empresa.

O desafio aqui é pensar no modelo de *change management* (gestão de mudanças), considerando o que precisamos mudar e o que precisamos manter para escalar de forma realmente sustentável, e o que reforça uma gestão por objetivo e não por entrega.

Desafiar o *status quo* não é uma tarefa simples. Precisamos ter clareza das interdependências, relações operacionais e sinergias que fazem sentido dentro da cadeia de valor.

> *O problema não é o problema. O problema é sua atitude diante do problema.*
> *(Capitão Jack Sparrow)*

Fazendo a priorização

Seguindo a estratégia sugerida, abordaremos a priorização como uma habilidade essencial que todos os líderes precisam trabalhar, para que o portfólio estratégico da organização esteja alinhado ao propósito e aos objetivos definidos.

A priorização deve servir de estratégia para a melhoria contínua, no lugar de um plano rígido e centralizado na governança, o qual amarra e sufoca a inovação.

Com isso, teremos um plano com mais adaptabilidade aos cenários organizacionais e à necessidade do cliente. Para simplificar, podemos pensar em **mudar** as prioridades quando estas não estiverem nos levando para os objetivos.

Dessa forma, o plano estratégico torna-se muito mais coerente com os cenários de priorização, evoluindo continuamente e com uma visão cada vez mais conectada com o cliente, promovendo a inovação através de objetivos claros, aprendizado rápido e aplicação da melhoria contínua.

Quando falamos de agilidade, logo pensamos no empirismo, ou seja, no conjunto de ações baseadas em resultado com baixa previsibilidade de futuro, um caminho que promove a melhoria e evolução contínuas.

Ter sucesso hoje não significa garantia de que o terá amanhã! É preciso trilhar um caminho mais voltado à experimentação, sem um fim absoluto, onde a prioridade pode mudar a qualquer momento.

Com base nesse entendimento, a priorização leva em consideração o contexto onde será aplicada a solução mais adequada, dado um determinado problema ou cenário.

Para quem só sabe usar martelo, todo problema é um prego. (Abraham Maslow)

Essa frase nos leva a uma reflexão sobre empresas e profissionais que se empoderam unicamente de metodologias e práticas, como se elas fossem soluções únicas para resolver todos os problemas da empresa, sem contextualizar e medir os resultados, transformando o meio em fim.

Nesse contexto, deveríamos falar menos de métodos ágeis e mais sobre a satisfação do cliente, soluções, qualidade e resultados.

316 Jornada do Ágil Escalado

Para entender melhor isso, basta analisar as empresas do Vale do Silício, que criam e testam rápido, validando suas hipóteses diretamente com o cliente. Suas prioridades estão fundamentadas naquilo que está dando certo, ou naquele produto/funcionalidade que o cliente está usando ou precisa.

A priorização não é uma prática isolada e deve acompanhar as necessidades dos clientes, do negócio, o esforço necessário e o retorno do investimento, construindo um equilíbrio entre estes e os custos operacionais.

Existem diversas técnicas de priorização que você pode utilizar, de acordo com o cenário de cada organização:

- ✓ **Matriz de Eisenhower:** é um cruzamento de dois eixos (importante e urgente), sendo dividida em quatro quadrantes para alocar as iniciativas: faça imediatamente; decida fazer no médio ou longo prazo; delegue a outros; faça mais tarde ou elimine-as.
- ✓ **Pareto:** com esse princípio, também conhecido como regra do 80/20, é possível elencar os 20% das iniciativas que trarão 80% dos resultados.
- ✓ *Cost of Delay* **(CoD):** custo do atraso. Visa quantificar o impacto do atraso, ou seja, o valor econômico de algo ser feito antes em oposição a ser feito depois.
- ✓ **WSJF (***Weighted Shortest Job First***):** técnica do SAFe® mencionada no Capítulo 35. Busca o máximo benefício econômico, com a divisão do CoD pelo tamanho da tarefa.
- ✓ *MoSCoW*: é um acrônimo para *must have* (imprescindível), *should have* (deveria ter), *could have* (seria bom ter) e *won't have* (não terá).

Combinando a priorização com as métricas

As métricas fornecem transparência e confiança sobre os avanços nos resultados, sejam eles retorno do investimento, *time-to-market*, *time-to-money* etc.

É importante priorizar as métricas mais relevantes para o seu negócio, definindo um conjunto pequeno de métricas que estejam alinhadas às estratégias definidas.

Uma boa analogia é o painel de um automóvel, onde temos poucos indicadores e métricas que são evidentes para o motorista: velocímetro, giro do motor, nível de combustível etc.

Porém, existem outros indicadores que sinalizam quando é necessária uma intervenção do motorista, como: falta de óleo, temperatura do motor, problemas elétricos, portas abertas etc.

Dessa forma, manter os indicadores simples, atualizados, acessíveis e claros colabora com a jornada do sucesso, mostrando se o seu veículo está em perfeito funcionamento para que você consiga chegar ao seu destino.

Defina uma frequência para revisitar o seu plano estratégico de acordo com as mudanças no mercado e corrija o rumo quando necessário. Certo mentor e líder que me ajudou muito, Oswaldo Cella Junior, sempre me dizia que a diferença entre o antídoto e o veneno era a quantidade.

Ter métricas claras potencializa os resultados e relacionamentos dentro da empresa e com seus clientes. Segundo pesquisa do Gartner (2019), as principais barreiras para inovar no mercado são: aversão ao risco, falta de habilidade para mensurar o impacto das iniciativas e limitação das habilidades necessárias para cumprir um desafio.

Podemos concluir que, para escalar o ágil de forma sustentável, é necessário alinhar o propósito com os objetivos, definindo as priorizações com base em métricas claras e oferecendo maior alinhamento estratégico com a capacidade de entrega dos times. Tudo isso combinado aos resultados potencializa o foco e o engajamento das equipes em torno de um resultado de negócio esperado.

Em uma organização, todos são responsáveis pelos resultados.

45. Falta de alinhamento da média gestão com a estratégia

Rafael Pessoa
Regiane Moura Mendonça

> O capítulo aborda a média gestão, onde estão líderes, chefes e/ou pessoas mais antigas, falando dos riscos de não envolver essas pessoas e como elas podem influenciar o processo de escalada ágil.

A falta de alinhamento, independentemente das camadas hierárquicas, é um dos maiores problemas enfrentados pelas empresas. Quando pensamos em escalar, esse problema, se não resolvido, escala também.

Um dos principais desafios em escalar está na organização sustentável desse processo. O alinhamento é uma peça fundamental aqui, e para garanti-lo precisamos de passos e papéis bem definidos dentro da organização.

Grande responsabilidade desse processo fica nas mãos da média gestão. A estratégia é definida pelo chamado "alto escalão", mas a execução ou operação, na maioria das vezes, é conduzida por essa camada. Um desafio enorme, diga-se de passagem!

A falta de alinhamento é uma consequência de uma série de disfunções observadas nessa camada. Iremos explorar ao longo deste capítulo os principais fatores que geram grande distanciamento entre a média gestão e a estratégia das empresas, trazendo características de tais disfunções e como podemos fazer para superá-las.

Pessoas erradas nos lugares certos

A chamada média gestão é a "linha de frente em um campo de batalha". Ela é responsável por traduzir os anseios do "alto escalão" para o "chão de fábrica". Mas, na maioria das vezes, não possui o apoio necessário ou os recursos para isso.

Muitas empresas não possuem um plano de carreira ou transição de responsabilidades, principalmente para as pessoas em carreiras técnicas, o que faz com que, em muitos casos, essa camada seja ocupada por elas. E isso não é lá um problema por si só.

A questão é que muitas das pessoas que assumem esse tipo de cargo não estão preparadas para ele. Elas atingem o topo da carreira técnica e o próximo passo para ascensão seria um cargo de gestão.

A pessoa passa a ocupar o cargo não por suas características de bom líder ou gestor, e sim por ter se destacado em suas atribuições técnicas. Ela pode não possuir a experiência necessária para lidar com pessoas. E essa é uma característica primordial dessa camada, já que, agora, deve atuar como um negociador entre as necessidades do "alto escalão" e o "chão de fábrica".

Outro problema bem comum gerado por pessoas com pouca ou nenhuma experiência na gestão intermediária é que costumam enxergar essa camada de forma transitória ou como "trampolim" para novas oportunidades. Enxergar assim pode tornar a experiência extremamente destrutiva, já que o principal objetivo é se destacar, não importa como, para alcançar o próximo cargo na hierarquia.

Pessoas nessa camada precisam enxergar além e ter percepções sobre os caminhos que a empresa deseja percorrer e os passos necessários para isso, alertando e direcionando as ações necessárias.

Temos mais facilidade em nos comunicar com pessoas que falam "a mesma língua" que nós. Por isso, é importante que as pessoas na camada intermediária saibam interagir tanto no âmbito estratégico quanto no operacional.

Procure pessoas com esse perfil para tais posições. Caso não tenha disponível, tente identificar pessoas que se predispõem a ser ensinadas a ter os comportamentos necessários para os cargos. Uma outra alternativa é buscar esse profissional no mercado.

Lembre-se, problemas de comunicação e alinhamento irão custar muito caro no curto, médio e longo prazo. Busque minimizá-los encaixando pessoas certas nos lugares certos!

Cultura do medo

Talvez este seja o agente mais crítico na causa do desalinhamento entre a média gestão e a estratégia. A cultura do medo, além de problemas de alinhamento, pode gerar consequências e custos inimagináveis às empresas.

Simon Sinek cita, em seu livro "Líderes se servem por último" (2019), uma teoria baseada no círculo de segurança na qual as empresas deveriam investir. A teoria se firma no fato de que, dentro de um círculo de pessoas, independentemente da camada hierárquica, estas precisam confiar umas nas outras.

Isso faz com que as pessoas incluídas nesse círculo não precisem gastar energia tentando se defender de pessoas ou ameaças originadas dentro do próprio círculo, e possam prestar atenção aos perigos e às oportunidades que estão à sua volta.

Pessoas que ocupam posições na média gestão estão constantemente expostas. É delas que são cobrados os resultados da operação. E quando os resultados são ruins algumas cabeças costumam "rolar".

Esse medo iminente de punições faz com que as pessoas nessa camada busquem sempre a perfeição alinhada às necessidades do "alto escalão". Parece um tanto quanto sem sentido, não é? Como que pessoas que buscam a perfeição alinhada às necessidades da estratégia podem gerar tal desalinhamento?

A alta gestão, muitas vezes, não conhece a operação. Não sabe o que o "chão de fábrica" precisa fazer para manter a operação. Estão preocupados apenas com a conformidade de seus processos de auditoria.

Muitos processos de mudança desafiam tais conformidades. Para escalar, você irá precisar desafiar um ou outro normativo da empresa. Não porque são ruins, e sim porque, talvez, não façam mais sentido no contexto atual ou precisem ser adaptados para tal.

A cultura do medo faz com que as pessoas se arrisquem menos ou não se arrisquem de forma alguma, pois questionar as normas e conformidades da empresa pode ser arriscado. Muitas pessoas e empresas se agarram ao famoso "sempre fiz assim e deu certo", e questionar tais processos pode gerar uma exposição ainda maior do que a já natural relacionada a essa camada.

Falta de alinhamento da média gestão com a estratégia **321**

E é exatamente aqui que a contradição mencionada é gerada. É como se a média gestão possuísse uma missão, mas sem as ferramentas ou autonomia necessária para concluí-la. Consequentemente, temos a falta de alinhamento.

Seguir as coisas "à risca" por conta da cultura do medo pode fazer com que os objetivos traçados pela estratégia não sejam alcançados.

Algo que precisa ficar claro é que a dica aqui não é desafiar as normas e os regimentos da sua empresa, e sim não permitir que a cultura do medo seja a motivadora do desalinhamento.

Os processos e limites já existentes estão ali por um motivo. Eles são importantes! Mas podem e devem ser questionados quando vão contra o sucesso da estratégia, para que o desalinhamento não aconteça. E quem está à frente da operação, assim como a média gestão, tem um papel fundamental nesse processo.

O "mito" da ausência da média gestão na auto-organização

Existe um mito de que as camadas intermediárias deixariam de existir com a ascensão da auto-organização. E a razão pela qual isso é um mito é bem simples: ninguém aprende a se auto-organizar do dia para a noite!

A auto-organização, assim como a autonomia, é um caminho a ser percorrido e, principalmente, aprendido. É aqui que a média gestão tem um papel fundamental.

Imagine que a auto-organização seja uma piscina olímpica. São 50 metros de comprimento, por 25 metros de largura e 2 metros de profundidade. Para se tornar auto-organizado, basta nadar de um lado para o outro.

Agora imagine que os times são os nadadores, mas com um detalhe importante: ninguém nunca nadou na vida! O que você acha que pode resultar dessa experiência? Provavelmente alguns irão nadar de um lado para o outro, mas o que acontece com aqueles que irão se afogar?

Em contextos que possuem times auto-organizados – e, no caso do ágil e do ágil escalado, estamos falando exatamente desse perfil de time – a média gestão será a responsável por "ensiná-los a nadar".

Ao longo deste livro você viu que o movimento para o ágil escalado precisa ser bem coordenado e transparente a todos os envolvidos. E que escalar quando temos problemas é escalar também os problemas. É preciso dar alguns passos em direção à auto-organização para, a partir daí, caminhar para o ágil escalado. A média gestão precisa dar suporte e pavimentar esse caminho.

Quanto mais autonomia, mais responsabilidade. Elas são diretamente proporcionais. E a média gestão é uma peça fundamental. Fingir que ela não tem mais importância, que deixou de existir ou que ela não tem relação com times auto-organizados com certeza irá gerar desalinhamentos com a estratégia.

Gerações

Por último e muito importante nesse contexto, existe um desalinhamento natural entre a média gestão e a estratégia pelo simples fato de, algumas vezes, possuírem interesses distintos no âmbito humano.

De acordo com o estudo "Trabalhadores em cargos de liderança no mercado de trabalho formal brasileiro entre os anos de 1995, 2005 e 2015" (SILVA; RODRIGUES; QUEIROZ, 2018), os cargos de liderança são ocupados por pessoas com idade entre 50 e 64 anos.

Pessoas dessa faixa de idade foram concebidas na geração conhecida como *baby boomer*, marcada pela Segunda Guerra Mundial, onde os recursos eram escassos e, por isso, o labor era um objetivo primário.

Pouco tempo depois veio a geração "X", muito voltada para o consumismo. O foco dessa geração era a posse. Quanto mais posse, mais influente e destacado na sociedade.

A geração "Y", também conhecida como "millennials", veio com uma abordagem mais questionadora sobre o estilo de vida e a forma como o mundo funciona.

Por fim, temos a geração "Z", conhecida como os nativos da tecnologia. A busca por ser alguém e a aceitação do próximo são as características principais desta geração.

É cada vez mais comum encontrarmos pessoas das gerações Y e Z, focadas no ser e não no ter, ocupando cargos da chamada gestão média.

Quando a estratégia da empresa vai contra os princípios e as características dessas gerações, geramos desalinhamentos estratégicos pelo simples fato de que as pessoas não estarão à vontade ou até mesmo dispostas a colocar a estratégia da empresa em prática.

Conclusão

O "alto escalão" costuma não deixar transparente a visão do todo.

Muitos processos de transformação acontecem por vislumbre da alta gestão com base em exemplos de empresas que já chegaram a um determinado objetivo, sem levar em consideração o contexto, o tempo ou os desafios enfrentados por essas empresas, e também os desafios que seus próprios times irão enfrentar para chegar ao objetivo estratégico.

Para que isso não aconteça, é importante que a alta gestão aprenda a interagir com a média gestão. Demonstrar que a estratégia trará benefícios não só no âmbito do dinheiro, mas, principalmente, no humano, envolvendo a média gestão na definição de tais estratégias, para que ela se sinta parte do processo construtivo e não simplesmente uma executora de ordens de cima.

Em resumo, procure utilizar a média gestão na pavimentação do caminho da transformação, garantindo que possua o conhecimento e as ferramentas necessárias para isso, de forma totalmente conectada com uma abordagem ágil de liderança.

Times auto-organizados precisam de autonomia para atingir o máximo de sua eficiência, principalmente quando falamos em ágil escalado. Não se esqueça de que quanto mais autonomia, mais responsabilidade. Elas são diretamente proporcionais. E a média gestão é uma peça fundamental nesse processo.

46. Escalar no modelo *Big Bang*[26]

Thaís Rigolon

> A ideia deste capítulo é falar sobre empirismo e como começar com menos pode ajudar a adoção futura, em vez de tentar fazer uma mudança grande demais, rompendo com a cultura e o modelo já estabelecidos.

Trata-se de convidar as pessoas para dançarem com a complexidade.
(Jurgen Appelo)

Realizar qualquer mudança, seja no âmbito profissional ou pessoal, requer um alto nível de engajamento e maturidade. Para garantir que a transformação ocorra sem grandes fissuras na estrutura da organização – e seja completada com sucesso – é fundamental ter clareza do propósito e estratégia para os serviços ofertados ao mercado.

Quando se fala em propósito, o conceito se refere ao cliente. David Anderson e Alexei Zheglov criaram o *framework Fit for Purpose* para ajudar as organizações a encontrar o propósito do cliente para prover serviços que satisfaçam e ajudem ele a alcançar os seus objetivos, resolvendo as suas principais dores ao criar uma relação de parceria.

Dessa maneira, construir ações no nível organizacional faz sentido quando as práticas são imbuídas de valor agregado para o *core* do negócio.

O *boom* do ágil

Atualmente, as metodologias ágeis são as que mais estão em alta no Brasil e no mundo. Para além dos valores do Manifesto Ágil, o que se observa no cenário corporativo é uma grande absorção plastificada do ágil e não orgânica, como deveria ser.

---

[26] Expressão que se refere a implantar o ágil pela empresa de forma agressiva, e não gradual.

Escalar no modelo *Big Bang*   **325**

O impacto do ágil no mundo é legítimo e o poder de transformação é muito forte, ao propor uma liderança mais colaborativa e menos controladora. Inicialmente, fez parte de um campo da tecnologia, mas foi observado o potencial capaz de sustentar uma organização em todos os níveis, em qualquer área.

Nesse contexto, muitas organizações se equivocam e confundem os seus colaboradores no momento de apresentar a estratégia a ser seguida, por conta de um "desespero" para fazer parte da onda do *mindset* de agilidade.

Caso esse *mindset* não surja de forma orgânica, mas se consolide artificialmente dentro de cada área da empresa, grandes problemas irão aparecer. Talvez não no primeiro momento de adoção dos novos processos, mas ao longo do tempo o efeito pode ser devastador.

Agilidade organizacional no modelo *Big Bang*

Muitas vezes as empresas começam a tratar a transformação ágil e digital como uma obrigação, esquecendo que cada área possui especificidades, tradição e processos próprios. Por conta desse cenário, adotar um modelo *Big Bang* de escala pode ser um tiro no pé.

Adotar uma estratégia de escala é um ponto importante e que deve ser tratado com cuidado dentro do ecossistema de cada organização. Um *case* de aplicação do ágil em escala que deu certo no mercado muito provavelmente não irá se encaixar da mesma forma em outra empresa, pois cada organização é única e deve ter seu modelo particular, como visto aqui.

É imprescindível lembrar que não há um modelo a ser replicado, mas experiências que podem servir de inspiração para criar um modelo próprio que faça sentido para a realidade de uma empresa específica.

O modelo escalável *Big Bang* pressupõe uma maturidade que quase a totalidade das organizações jamais alcança durante todo o seu ciclo de vida. Essa estratégia pode dar mais certo quando a empresa, como um todo, atua de forma completamente alinhada e orgânica, acreditando no mesmo propósito. O problema é que chegar a esse alinhamento do "todo" é um trabalho profundo e complexo, quase impossível.

Ao se adotar o modelo de forma agressiva e ansiosa, algumas empresas não notam as consequências que podem ser geradas no futuro. Os impactos podem ser irrecuperáveis e pouco sustentáveis para os colaboradores.

> As empresas podem aumentar a escala de maneira ágil e eficaz, e isso gerará benefícios substanciais. Mas os líderes devem ser realistas. Nem todas as funções precisam ser organizadas em equipes ágeis; de fato, métodos ágeis não são adequados para algumas atividades. Porém, quando você inicia o trabalho de dezenas ou centenas de equipes ágeis, não é possível deixar as outras partes do negócio de fora. Se suas unidades recém-ágeis acabam constantemente frustradas por procedimentos burocráticos ou pela falta de colaboração entre as equipes de operações e inovação, as faíscas do atrito organizacional serão fortes, levando a colapsos e a maus resultados. São necessárias alterações para garantir que as funções que não operam como equipes ágeis suportem as que o fazem. (RIGBY; SUTHERLAND; NOBLE, 2018)

Começar aos poucos com um *mindset* de MVP

Quando observamos as experiências que são geradas por meio de uma estratégia de MVP (Produto Mínimo Viável), identificamos que os ganhos são notáveis, pois em pouco tempo uma hipótese pode ser validada, e, se estiver no caminho certo, a próxima etapa será perseverar.

Por outro lado, se estiver errada, será necessário pivotar. Esse fluxo proporciona errar o mais rápido possível para poder acelerar o acerto e atingir o *time-to-market*.

Se uma organização pretende escalar a cultura ágil internamente, ela precisa criar um ambiente propício para a mudança, com uma primeira experiência para validar a hipótese dessa nova realidade.

Se a hipótese for válida, ou seja, a aplicação de ferramentas e técnicas ágeis em uma área funcionar positivamente, o caminho será perseverar e criar novos MVPs para abarcar mais áreas da empresa.

> Para atrair as pessoas, comece com pequenos passos. Não apenas mostre o cenário geral, mas também dê a elas objetivos claros e alcançáveis de curto prazo. Sim, é necessária uma visão ampla, mas as etapas cruciais a seguir nessa direção devem ser simples o suficiente para que todos possam entender. (APPELO, 2012)

É essencial criar um *backlog* de trabalho a ser alcançado por esses primeiros núcleos que começaram a testar o modelo. Separar em módulos as oportunidades também é outra ideia relevante para conseguir escalar (equipes de experiência do cliente; processos e negócios; tecnologia; etc.).

As mudanças no modelo de escala *Big Bang* são difíceis e exigem uma alta tolerância ao risco. Um modelo de MVP possibilita testar experiências e mitigar possíveis problemas em um ambiente menor, mais controlado.

Essa cautela na escala é fundamental para garantir organicidade e engajamento entre os colaboradores, pois quando as pessoas se sentem parte de um processo tudo é muito mais fácil, saudável e natural. O contrário seria um ambiente de comando e controle, no qual o alto escalão força a adoção, tornando o processo muito doloroso.

No entanto, no mundo VUCA em que nos encontramos – alta volatilidade, incerteza, complexidade e ambiguidade – liderar no viés defensivo é um erro.

Segundo Verônica Rodrigues (2018), a liderança precisa ser protagonista e o líder ágil alinha expectativas, determina métricas relevantes, pontos de checagem, acompanhamento constante e estabelece indicadores claros de sucesso. Uma instituição que pretende escalar um modelo *Big Bang* precisa estar em consonância com esse tipo de liderança.

A experimentação da escala em camadas, aumentando a complexidade aos poucos, possibilita que os problemas apareçam e sejam analisados com maior grau de detalhe. Quando a estratégia *Big Bang* é colocada em ação, essa análise detalhada é inviável porque o modelo ocorre em paralelo por toda a empresa e as rupturas na estrutura organizacional podem ser desastrosas.

Melhoria contínua e escala

Todo negócio é único e toda empresa tem a sua própria cultura, o motivo pelo qual ela existe no mundo, com o seu papel dentro do ecossistema econômico e social. Portanto, todo negócio pode ser melhor com relação ao que está hoje, isto é, a mesma melhoria contínua que identificamos ser necessária no âmbito dos times deve ser escalada no nível organizacional.

328 Jornada do Ágil Escalado

A melhoria contínua, como seu nome sugere, precisa ser constante e modificar a realidade dos colaboradores. Ela não precisa ser algo grande, uma vez que pequenas mudanças geram um grande valor ao longo do tempo.

O importante é que ela seja constante e legítima, além de permitir que os colaboradores enxerguem o potencial de melhoria das atividades diárias que impactam o negócio como um todo.

No geral, qualquer mudança é difícil de ser feita. Sair do comodismo e arriscar novos caminhos é um diferencial para inovar, mas o ser humano não tem esse costume quando as coisas estão convenientes e já possuem uma forma de atuação.

Por que mudar em um cenário assim? Tanto mudanças pessoais quanto profissionais podem ter um poder gigantesco quando bem aplicadas, mas sem uma análise apurada antes de se iniciar qualquer mudança o risco de dar errado é altíssimo. Assim sendo, valorizar pequenas mudanças se torna muito importante para garantir um processo fluido.

Considerações finais

Ao se decidir escalar no modelo *Big Bang* os riscos apresentados anteriormente devem ser levados em consideração. Se o modelo for aplicado erroneamente os impactos serão grandes. Entretanto, se o modelo para escalar for aplicado com cautela, aos poucos, os benefícios serão nítidos e surpreendentes.

Ágil, na prática, é ter grandes ambições com um progresso aos poucos, testando o que dá certo ou não. Esse processo mostra de forma clara o caminho a seguir, mesmo existindo muita incerteza e complexidade no ecossistema organizacional.

Cada instituição precisa encontrar a sua forma de escalar o ágil da melhor maneira, estudando *cases* do mercado, mas reconhecendo a sua identidade ao estruturar novos processos, sem nunca esquecer que o propósito a ser seguido é o do cliente.

O *Lean*, quando aliado ao ágil, também pode ajudar nessa busca por transformação organizacional (vide Capítulo 7). Ao tratar os problemas como oportunidades e focar na melhoria contínua, esses princípios possibilitam uma jornada construtiva e prazerosa para a instalação de uma nova cultura.

47. O risco de não ter cultura *DevOps* na estratégia de escalar o ágil

Mauricio Moreira da Silva
Bárbara Cabral da Conceição

> O texto busca destacar que é muito importante possuir a estratégia alinhada com uma cultura *DevOps* na hora de escalar o ágil.

Agilidade e *DevOps* são dois conceitos que caminham juntos. Quando falamos em entregar software de valor para o cliente de forma rápida, incremental e com alta qualidade, precisamos que a estratégia de escalar o ágil caminhe junto com uma cultura de *DevOps* (visto no Capítulo 8).

Os desafios de escalar o ágil são muitos, existindo a necessidade de levar em consideração nessa estratégia de crescimento em escala a cultura *DevOps*, onde não somente as questões técnicas e ferramentas são importantes, mas principalmente uma mudança comportamental com uma visão colaborativa e empática.

Problemas e riscos

Existem riscos nas tentativas de escalar o ágil sem ter uma cultura de *DevOps* integrada ao processo de criação de software de valor. Podemos destacar alguns:

- ✓ Conflitos entre departamentos e dificuldades de cooperação entre os times.
- ✓ Não entregar valor ao cliente de forma contínua.
- ✓ Gargalos no processo de desenvolvimento.
- ✓ Entregas com um número de defeitos muito grande.
- ✓ Muitas tarefas em andamento.
- ✓ Tarefas manuais e repetitivas.
- ✓ Acessos limitados a ferramentas e recursos.
- ✓ Demora para colocar o sistema em produção.

Conflitos entre departamentos e dificuldade de cooperação entre os times

A falta de uma cultura de *DevOps* irá maximizar os conflitos frequentes entre as partes envolvidas no desenvolvimento, na entrega e na utilização do software (desenvolvimento, operações e negócios).

Os conflitos ocorrem principalmente quando não há transparência nas metas e nos objetivos a serem alcançados com a entrega de um produto ou projeto. E como sempre há pessoas envolvidas nesse processo, os conflitos ocorrerão com frequência, em maior ou menor escala, dependendo da organização.

Pensando em um processo de ágil escalado, isso implica em uma dificuldade e impacto ainda maiores, já que podemos ter vários times ou *squads* trabalhando separadamente, mas com um objetivo ou meta maior a ser alcançada, alinhada com uma estratégia organizacional.

Conflitos não resolvidos que atinjam diretamente a produtividade e comprometam a entrega de um produto irão impactar diretamente nessas diretrizes organizacionais.

A ideia do *DevOps* é justamente propiciar uma visão mais ampla para as equipes, não se limitando a um departamento ou silos isolados.

O *DevOps* é orientado a um *mindset* de crescimento, trazendo confiança necessária para que vários *squads* possam executar seu trabalho, sabendo que haverá apoio em todo o fluxo do processo ágil, desde a concepção de um produto ou projeto até a sua evolução e entregas frequentes, dentro de cada ciclo ou iteração de desenvolvimento.

Não entregar valor ao cliente de forma contínua

Um dos quesitos mais valorizados na agilidade é entregar valor para o cliente de forma contínua. Dessa forma, ao não atingirmos o objetivo de entregar software frequentemente, corre-se o risco de não entregar valor ao cliente de forma ágil e com qualidade.

Um processo *DevOps* que favoreça a implantação de um fluxo com visão de ponta a ponta, desde a concepção do produto até as suas entregas frequentes, é de grande valia em um ambiente ágil em escala.

O risco de não ter cultura *DevOps* na estratégia de escalar o ágil **331**

A falta dessa visão de ponta a ponta do fluxo de desenvolvimento vai trazer dificuldades e conflitos para a organização, pois é importante que os *squads* tenham segurança
e estejam alinhados com a estratégia focada em entregas contínuas, entregando valor
para o cliente com uma certa frequência, em ciclos curtos.

Gargalos no processo de desenvolvimento

Qualquer gargalo no processo de desenvolvimento vai ser potencializado em um ambiente de ágil escalado. Como em um ambiente ágil a meta é aumentar a velocidade
de produção de software de qualidade em ciclos curtos e frequentes, a falta de um
modelo eficiente centrado em uma estratégia colaborativa de *DevOps* vai dificultar
muito a entrega de valor ao cliente e causar conflitos internos entre departamentos.

Mais uma vez, o *DevOps* assume um papel importante na estratégia de escalar o ágil,
visando principalmente propiciar transparência e colaboração em todas as pontas do
processo de desenvolvimento de um produto, eliminando desperdícios e evitando
gargalos ao longo do desenvolvimento.

Entregas com um número de defeitos muito grande

Um problema comum nas iniciativas de escalar o ágil sem uma boa estratégia voltada
para a qualidade é potencializarmos o número de defeitos em software em produção,
gerando entregas com baixa qualidade para os nossos clientes.

Por isso é importante, ao escalar o ágil, adotarmos uma boa estratégia de *DevOps*
que privilegie a qualidade, buscando automação dos processos de testes ao longo de
todo o ciclo de desenvolvimento e dos processos de implantação.

Além disso, uma abordagem de testes de ponta a ponta no processo de desenvolvimento, iniciando no planejamento das iterações e passando por todo o ciclo de
desenvolvimento, vai favorecer as entregas frequentes de software com qualidade
e consequentemente entregar valor para o cliente.

Muitas tarefas em andamento

A cultura *DevOps* defende que tudo o que for planejado precisa ser colocado em
prática, ou em produção, o quanto antes, fortalecendo a agilidade e o ágil escalado.

332 Jornada do Ágil Escalado

Trazendo esse conceito para o ágil em escala, é importante a transparência em relação ao trabalho executado. Por exemplo, se utilizarmos um quadro *Kanban*, temos o conceito de que quanto mais à direita do quadro as tarefas estão (ou seja, mais próximas a serem concluídas), mais prioridade elas terão. Logo, ter muitas tarefas em andamento significa que o time não está conseguindo concluir, e o motivo pode ser variado.

Geralmente a maioria desses problemas está relacionada com a falta de conhecimento ou de acesso a alguma ferramenta, ou falhas de comunicação entre departamentos e times (ou *squads*), ou mesmo a ausência de compartilhamento de informações entre times ou profissionais do mesmo time.

Tarefas manuais e repetitivas

Quando o time de desenvolvimento não trabalha de forma conjunta com o time de operações para entregar software o mais rápido possível, podem existir ocasiões onde o provisionamento de ambientes ou mesmo a implantação do software é uma tarefa manual e repetitiva, onde se desperdiça grande parte do tempo que poderia ser investido na criação de ambientes de forma automatizada.

Outro ponto que pode ser uma tarefa manual e repetitiva são os testes. Testes manuais, além de serem altamente passíveis de erros por causa do fator humano, também não são muito velozes.

Um grupo de testes de regressão muito grande e que demora dias para ser executado pode levar a um desperdício muito grande de tempo, energia e consequentemente dinheiro. Investir em automação de testes pode ser um fator que, se bem implementado, dá agilidade e rapidez para colocar o sistema no ar.

Qualquer tarefa manual e repetitiva é passível de ser automatizada dentro da cultura *DevOps* e evidencia uma oportunidade de uma entrega veloz e com mais qualidade.

Acessos limitados a ferramentas e recursos

Algumas empresas ainda não têm times multidisciplinares. Logo, o acesso a algumas ferramentas só pode ser liberado a um determinado departamento ou grupo de pessoas. Não ter acesso ao *log* de erros ou a ferramentas de métricas e telemetria torna o processo de desenvolvimento, testes e operações mais lento. Em um ambiente ágil escalado, isso pode se tornar um gargalo.

Um outro ponto é que, quando os desenvolvedores não têm acesso a todas as ferramentas para trabalhar, eles dependem de outras pessoas para obter as informações, e isso gera uma série de problemas, além de levar a empresa a uma estrutura organizacional mais politizada, com mais conflitos e menos ágil.

Obter acesso às métricas operacionais do produto torna o time mais responsável pelas entregas e pelos resultados que cada métrica exibe.

Todos esses conceitos e práticas relacionados a ferramentas de telemetria e transparência no compartilhamento das informações entre pessoas e departamentos de uma organização ficam mais fáceis de serem colocados em prática se já existir uma cultura *DevOps*. Escalar o ágil sem essa cultura pode acarretar na maximização dos problemas, na queda da qualidade e em menor agilidade na entrega de valor.

Demora para colocar o sistema em produção

Quando o time não tem segurança de que tudo está funcionando conforme deveria estar e não é possível visualizar de forma clara os impactos de uma entrega, o sistema, ou novas versões e melhorias, demora mais tempo para ser implantado em produção.

A insegurança quanto à qualidade daquilo que está sendo entregue, além da incerteza de que todos os testes necessários foram realizados, faz o time postergar as entregas para não assumir os riscos.

Isso geralmente acontece em empresas onde não há segurança psicológica em relação aos impactos que uma entrega pode causar em ambiente de produção, além dos riscos inerentes ao negócio de uma entrega malsucedida, como prejuízos financeiros e comerciais.

Este é um típico cenário onde não temos uma cultura *DevOps* sólida implantada, que proporciona uma visão de ponta a ponta de todo o processo de desenvolvimento, com foco em entrega de valor para o cliente e com qualidade.

Imagine esse cenário com um processo ágil escalado, com os times ou *squads* desenvolvendo soluções de maneira ágil, porém sem a mesma escalabilidade nas entregas. Certamente teremos grandes conflitos entre as áreas, desmotivação dos *squads* por não conseguirem efetivamente entregar para o cliente as soluções desenvolvidas, além, é claro, de gargalos na ponta final, ou seja, no momento da implantação e da operação em produção. E isso pode ser fatal para a empresa!

48. Silos e verticalização, como vencer esses vilões

Marcos Afonso Dias

> O objetivo é mostrar que escalar ágil não se resume a implantar *frameworks*. Estruturas altamente hierárquicas e silos muitas vezes organizados com metas que reforçam a sua visão verticalizada dificultam o sucesso de uma escala ágil.

De quem é a responsabilidade pela qualidade? A qualidade é de responsabilidade de *todxs*!

Começar este capítulo com essa provocação é importante. Conhecer os grandes vilões da abordagem que não preserva a coletividade e a cooperação, focando apenas em objetivos "individuais", é o que queremos deixar claro para você, leitor. O Manifesto Ágil, desde os anos 2000, já vem pregando exatamente o contrário em seus princípios:

> *Pessoas de negócio e desenvolvedores devem trabalhar diariamente em conjunto por todo o projeto.*

> *Construa projetos em torno de indivíduos motivados. Dê a eles o ambiente e o suporte necessário e confie neles para fazer o trabalho.*

Antes, vamos entender mais um pouco sobre silos organizacionais que acontecem quando as pessoas têm dificuldade em colaborar umas com as outras em diferentes departamentos, áreas ou times, com muitas barreiras de comunicação e colaboração.

Vimos ao longo do livro que escalar a agilidade não se resume a implantar *frameworks* ou metodologias com receitas prontas. Estruturas altamente hierarquizadas com silos, muitas vezes organizados com metas locais, que reforçam a sua visão verticalizada, dificultam o sucesso da agilidade em escala organizacional.

Silos e verticalização, como vencer esses vilões **335**

Mostraremos aqui alguns pontos sobre como podemos vencer esses "vilões", que impedem que uma cultura mais "produtizada" e colaborativa ocorra nas empresas que buscam eficiência e eficácia por meio dos métodos ágeis.

A visão verticalizada e o sistema de metas

Precisamos ter em mente que autonomia não significa independência, pois, no mundo corporativo, somos parte de um grande sistema onde todas essas partes se envolvem com o todo.

Com base nisso, se tivermos times extremamente criativos, mas não alinhados aos objetivos da companhia, o risco de não utilizar esse potencial criativo em busca de um objetivo em comum pode gerar desperdício imenso de recursos. Na Figura 48.1 temos um exemplo de como estariam organizados esses times:

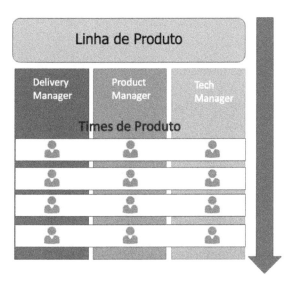

Figura 48.1. Formação verticalizada de times.
Fonte: o autor.

Grandes oportunidades são potencializadas e uma outra não é adequada nessa abordagem:

- ✓ Alinhamento de prioridades, pois metas são bem definidas localmente.
- ✓ Times constroem soluções que alimentam sua autonomia.
- ✓ Não é garantido impacto positivo para o cliente.

Imaginando um novo time com uma nova linha de produto, mais problemas ocorrem:

- ✓ Dificuldades de gerenciamento do que é prioritário.
- ✓ Diferente entendimento entre gestão do produto e times de desenvolvimento.
- ✓ Alto risco de ações isoladas de melhoria, sem olhar o todo e sua escalabilidade.

> **Dica: quando colocamos a cultura organizacional como algo a ser verificado em uma possível transformação ágil, uma abordagem pragmática precisa estar no centro das atenções.**

O que não é adequado é termos, na transformação ágil, uma abordagem conforme a Figura 48.2:

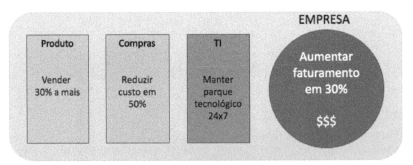

Figura 48.2. Silos com diferentes metas.
Fonte: o autor.

O que se tem nesse contexto da figura anterior é que há na organização um "sistema de metas" que privilegia locais, departamentos, e não o todo. Uma área de produtos (que precisa vender mais e tem isso como meta) não está "conversando" com a área de tecnologia, que precisa deixar seu parque tecnológico *on-line* 24x7 e diz não ter *capacity* para atender a uma nova requisição do time de produtos.

E agora? Contratar uma consultoria que vai resolver os problemas? Temos então a área de compras, que tem como meta a redução de custos em 50% para esse mesmo ano e não vai permitir tal contratação.

O que quero mostrar com esse exemplo é que no final a empresa acaba tendo um menor faturamento justamente pelo fato de a equipe de produtos não conseguir atender às necessidades de sua área, contratando uma consultoria com muito menos qualidade por conta da meta do time de compras.

As metas precisam ser colaborativas. Enquanto forem locais, silos ainda existirão e uma competição interna permanecerá instaurada na instituição. O mesmo vale para times quando temos especialidades diversas em uma mesma equipe, mas metas distintas entre seus membros.

Quebrando silos em busca de uma cultura voltada a produto

Precisamos ter grandes práticas facilitadoras para quebra dos silos nas empresas que pretendem que uma mudança cultural ocorra, e que de fato passem a ter uma abordagem de metas mais colaborativas, com desdobramentos entre todos os departamentos. A prática que vem ajudando muito no desdobramento das metas é o OKR, um grande parceiro da escalabilidade (Capítulo 13).

Outro ponto importante é aproximar o papel do RH no apoio e na identificação mais estratégica do sistema de metas da empresa. Uma estratégia de metas deve privilegiar o que gera ganho global para a organização, utilizando o RH como um grande parceiro na construção e perenidade dessa abordagem.

Um dos principais vilões que pode aumentar a existência de silos é a prática do incentivo financeiro por meio de bônus e outras comissões individuais. Isso fica evidente se os incentivos financeiros estiverem em um time e não no outro também. Certamente as pessoas irão se virar muito mais para o time com incentivos financeiros e colaborar menos com outros com menor incentivo.

Estrutura de times que promovem a quebra dos silos

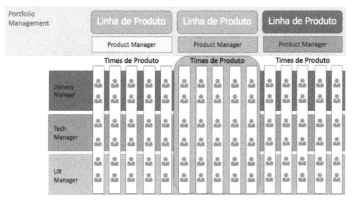

Figura 48.3. Formação de times sem silos.
Fonte: o autor.

A grande leitura aqui é que as soluções devem levar em consideração o contexto da organização, que deve encontrar através de experimentos a melhor forma de promover comunicação e colaboração entre seus colaboradores e parceiros, desde que tenha propósito e significado claro para todos.

Vejo que o "modelo" Spotify foi o inspirador de muitas empresas, mas a busca pelo que faça sentido para o seu contexto deve ser sempre potencializada.

Visão da liderança

Pesquisa sobre liderança brasileira (DUTRA; DUTRA; DUTRA, 2017) aponta que líderes em geral precisam conversar mais com suas equipes e construir mais alianças, sendo que as maiores dificuldades são comportamentais e a forma de lidar com mais adversidades para promover uma liderança mais adequada.

A liderança brasileira prefere trabalhar em silos, sendo que a maior parte das organizações estimula a prática através das atribuições de metas e está pouco disposta a realizar um trabalho mais cooperativo para integrar as áreas que envolvem processos, clientes e fornecedores. Esse é um problema que potencializa a ineficiência operacional entre as áreas.

Segundo o professor Dutra, cooperação e visão sistêmica precisam ser a base para que haja integração entre os processos e os times, e assim estes possam responder mais rapidamente às mudanças, estando preparados para as adversidades que possam ocorrer e se tornando equipes de alta performance.

Como podemos vencer?

A entrega contínua gerando percepção de valor aos clientes, utilizando-se das boas práticas que vimos, é capaz de promover um contínuo aprendizado (*Product Discovery*) e um efetivo gerenciamento de produtos e desenvolvimento (*Product Delivery*), o que de fato vai promover, e alimentar, a colaboração e a interação entre as pessoas.

- ✓ Práticas como OKR, para que os times aumentem o foco nos *outcomes* em vez de foco nos *outputs*.
- ✓ *Roadmaps* orientados a objetivos, para organizar as iniciativas em *Product Teams*, por exemplo.

Silos e verticalização, como vencer esses vilões **339**

✓ Revisar fluxo de valor, para medir continuamente *time-to-market* e identificar gargalos nos processos.
✓ Executar experimentos junto com os times para validar o real valor antes de disponibilizar em grande massa (MVP).
✓ Executar as entregas em conjunto com os times, focando no impacto ao cliente e no resultado dos OKRs.
✓ Envolver RH e áreas que podem auxiliar na construção contínua de boas práticas de bonificação e sistemas de metas.
✓ A gestão de portfólio, dependências e fluxo dos serviços de ponta a ponta são fundamentais para beneficiar o cliente ao final e para a empresa estar cada vez mais ajustada ao propósito dele.

49. Não confundir quantidade de times com ágil escalado

Renato Penha
Gabriel Francisco Pistillo Fernandes
Vanessa Blas Garcia

O texto apresenta exemplos práticos e desvios comuns de tentativas de escala e como identificar a diferença entre um conjunto de times/*squads* desconectados e ágil escalado.

Para o escalonamento das práticas e dos times ágeis, as empresas devem estar preparadas estrategicamente em relação aos seus processos gerenciais. Os processos devem abranger não só a equipe responsável pelo desenvolvimento, mas também o gerenciamento de programas e de portfólios de seus projetos.

O portfólio de projetos ganha um papel de destaque em se tratando da integridade de uma equipe ágil e, consequentemente, é parte integrante do sucesso do processo de escalada ágil (como visto no Capítulo 31).

Aqui vale destacar que a equipe de gerenciamento de portfólios é responsável pela priorização do *backlog* e pela alocação dos recursos, com destaque para os recursos humanos, ficando a cargo das equipes ágeis a entrega dos projetos.

Em empresas onde as práticas ágeis não estão disseminadas entre o gerenciamento do portfólio de projetos, os times ágeis podem encontrar dificuldades em mensurar o real desempenho de entrega dos projetos, cenário apresentado na Figura 49.1.

Princípios ágeis como "fazer o mais rápido possível" podem virar "fazer mais do mesmo o mais rápido possível", refletindo diretamente no desempenho dos times.

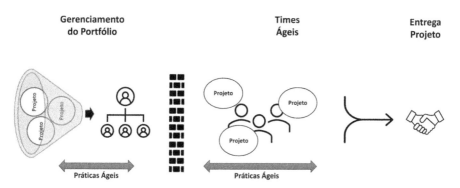

Figura 49.1. Relação entre práticas, gerenciamento do portfólio e os times.
Fonte: os autores.

Assim, o planejamento dos projetos e o foco dos times ágeis por todo o ciclo de vida de desenvolvimento dos produtos passam a ser fatores essenciais para empresas que desejam escalar os times ágeis. Para essas empresas, um aviso: **não confundir quantidade de times com ágil escalado.**

A concorrência dos projetos e o dimensionamento dos times ágeis possuem relação direta com o desempenho e a autonomia dos times e, consequentemente, com a entrega dos projetos.

Manter o foco no desenvolvimento do produto sem perder a estratégia do negócio é uma medida necessária para determinar se o time é de alto desempenho orientado a resultados.

Estabelecer essa relação pode não ser uma tarefa simples. Ela pode contribuir para aumentar a dúvida das empresas em escalar ou não as práticas ágeis.

Para ilustrar esse cenário, vamos apresentar dois casos reais. Os nomes foram alterados para preservar a confidencialidade das empresas e dos envolvidos.

Caso 1: setor varejista

Uma empresa de comércio varejista de médio porte focada na região sudeste do Brasil iniciou a adoção de práticas ágeis após tomar conhecimento do movimento "varejo ágil" em janeiro de 2016 na feira *Retail Big Show*, organizada pela *National Retail Federation* nos Estados Unidos.

342 Jornada do Ágil Escalado

Desde então, João, o CEO, passou a participar pessoalmente de outras feiras e *workshops*, buscando entender mais sobre o assunto. Foram criadas iniciativas pontuais de agilidade, inicialmente nas áreas de TI e RH da empresa.

Apesar da melhoria na satisfação dos funcionários e de alguns indicadores positivos no *e-commerce* advindos das iniciativas ágeis, os indicadores gerais da empresa não estavam nada bons. Havia uma perda de *market share* consistente para dois concorrentes.

João então teve contato com o conceito de ágil escalado em um evento e vislumbrou a possibilidade de estar à frente dos concorrentes, dado que eles divulgavam adotar o ágil, contudo não citavam nada sobre escala.

Na correria do dia a dia, esse projeto ficou latente até que, no final de agosto de 2016, no contexto gerado pelo *impeachment* da presidente Dilma Rousseff, uma aposta equivocada de lançamento de um novo produto levou a uma queda de 11% de *market share* e lucro negativo no mês seguinte. João determinou, então, a busca por escalar o ágil imediatamente em sua reunião de *staff*.

Ele viu que os vice-presidentes não faziam ideia de por onde começar. Procurou então Marcos, dono de uma consultoria especializada que havia conhecido em um evento de Tecnologia da Informação. Marcos apresentou a João e aos VPs o *framework* SAFe® 4.0 na época.

Na reunião, a alta gestão deu muita ênfase no lançamento de novos produtos (dado o recente fracasso), e a consultoria argumentou que faria sentido aplicar SAFe® por sua visão de portfólio.

Apesar de considerarem o *framework* complexo, a alta gestão sentiu-se bastante confortável com o *roadmap* de implementação que o *framework* propõe. Os *feedbacks* iniciais dos times que participaram do piloto e dos treinamentos oferecidos pela consultoria foram muito bons.

Uma das primeiras mudanças realizadas foi a criação do LACE (*Lean-Agile Center of Excellence*), conforme prescrito pelo *framework*. Vânia, indicada justamente por Marcos, foi a primeira contratada e encarregada de criar uma equipe.

João participou da entrevista e deixou claro que Vânia teria "carta branca", ou seja, a autonomia pregada pelo ágil. Esse time foi a peça-chave para o sucesso do ágil escalado na empresa, contudo de uma maneira inesperada.

Era início do primeiro semestre de 2018 e chegava a hora de expandir a aplicação do SAFe® para o restante da empresa. Um grande evento de lançamento foi realizado e todos os times foram envolvidos na primeira *PI Planning*, feita em um *resort*.

O investimento foi alto, mas todos estavam confiantes de estar dando um passo à frente dos concorrentes. Apesar do desconforto no primeiro dia, ao final do segundo dia a avaliação da *PI Planning* foi ótima.

Contudo, após algum tempo tentando seguir com o *framework* e já sem o suporte da consultoria, Vânia verificou que os indicadores propostos no *framework* não apresentavam melhorias. João também começava a ficar preocupado, pois o *market share* ainda estava estagnado.

Participando de eventos e compartilhando experiências, os cinco membros do LACE começaram a questionar o próprio *framework* na empresa. Inicialmente Vânia foi relutante, afinal de contas havia sido indicada pelo amigo Marcos. Contudo, a segurança que João passou desde a entrevista foi fundamental e ela permitiu que a equipe seguisse os estudos.

Eles perceberam que, apesar de atender ao nível de portfólio, que era o foco inicial da alta gestão, talvez o *framework* adotado não fosse o mais adequado para o porte da empresa, pois tinha muita complexidade e muitos papéis para serem cumpridos frente ao tamanho do portfólio gerido.

Apesar de verificarem uma baixa adesão pelo relatório *State of Agile,* os integrantes entenderam que o *Nexus* poderia ser uma saída. Houve então uma tentativa inicial de adaptação ao novo *framework*, já em 2019.

Vânia e o LACE então criaram um grupo de integração dedicado e começaram a coordenar as cerimônias pelo *framework Nexus*, focando no bom andamento do *Scrum* dos times. Desde então, a empresa capacitou 100% dos colaboradores na nova metodologia em um ano, criou uma universidade corporativa interna e já concluiu com sucesso oito novos lançamentos, que levaram à recuperação do *market share* para o mesmo nível do início de 2016.

João ficou muito satisfeito com os resultados e a empresa acredita que chegará ao objetivo de ser líder de mercado até o final de 2020. A adoção do ágil em escala e o pioneirismo da empresa em um setor que tradicionalmente não aplica ágil escalado no Brasil trouxeram a segurança de que podem se adaptar frente aos desafios do turbulento mercado nacional.

344 Jornada do Ágil Escalado

Caso 2: instituição financeira europeia

Uma empresa multinacional de grande porte do setor financeiro com sede na Europa iniciou a adoção de práticas ágeis, pois estava com dificuldades para atender aos prazos de entrega dos projetos.

Algumas equipes de desenvolvimento da área de TI adaptaram *frameworks* ágeis para execução das atividades dos projetos dentro de cada time. Algumas das iniciativas foram bem-sucedidas e permitiram entregas de qualidade com um prazo reduzido, o que atingiu o objetivo motivador.

Diante disso, a alta gestão resolveu expandir essas iniciativas de algumas áreas para as demais áreas dentro da empresa, mas tinham falta de conhecimento em relação aos métodos ágeis e, principalmente, em como escalá-los.

O objetivo inicial era apenas atender à data de entrega previamente planejada de acordo com as práticas tradicionais de gerenciamento. Com isso, a estratégia adotada foi multiplicar os times, deixando de lado o alinhamento com o *portfólio* de projetos, além da criação de uma equipe que integrasse todas as iniciativas ágeis.

O resultado não foi tão bom quanto o esperado, pois os times priorizaram entregas diferentes, o que não gerava nenhum valor no final das *Sprints* – o quebra-cabeça não encaixava.

Descontentes com o resultado, a alta gestão decidiu que o PMO (*Project Management Office*) deveria ser o responsável pela governança do novo *framework* para reverter a situação o mais rápido possível. Foi criado um time para discutir qual seria o *framework* de mercado que poderia ser adotado para atender às necessidades da empresa.

Considerando a cultura europeia da empresa, a equipe não encontrou um *framework* que se adequasse perfeitamente a sua realidade. Então resolveu adaptar alguns conceitos ágeis com tradicionais, formando assim um *framework* ágil híbrido aderente às necessidades e à cultura da empresa.

Após receber a aprovação da nova proposta, o *framework* batizado de "colaborativo" foi implementado em um projeto piloto e com equipe reduzida. Após alguns meses de melhoria contínua, o *framework* foi expandido para o restante da empresa, sempre com o conceito de crescer junto a times pequenos.

Com o crescimento de novos *frameworks* de mercado e a identificação de mudanças internas ao longo de dois anos, muitas adaptações ainda são necessárias para sua evolução, com alguns objetivos sendo atingidos.

Como lição aprendida, é importante ressaltar que algumas regras foram imprescindíveis na expansão do *framework*, como, por exemplo:

- ✓ A apresentação dos conceitos de métodos ágeis para todas as áreas da empresa.
- ✓ O incentivo de treinamento dos gerentes de projetos para conhecerem papéis e funções do *Scrum*.
- ✓ Criação e divulgação do novo *framework* e suas regras para garantir que a expectativa fosse atendida.
- ✓ Criação de novas metas para medir o desempenho.
- ✓ Alteração da visão de gestão de projetos para gestão de produtos em algumas demandas.

Conclusão

Existem vários tipos de *frameworks* em atuação no mercado, como vimos ao longo do livro. O ponto em comum para adoção de qualquer deles refere-se à necessidade de adaptação ao que a empresa está vivenciando no momento de pensar no ágil escalado.

Na maioria das vezes, as iniciativas de métodos ágeis tendem a ocorrer inicialmente nos times (*bottom up*), depois os resultados são apresentados à alta gestão, e a decisão de escalar para o nível do portfólio é tomada.

Segundo recente pesquisa sobre agilidade no mundo (STATE OF AGILE, 2020), o *framework* mais utilizado para escalar o ágil é o SAFe®, com foco em gestão de portfólios.

Porém, há pontos importantes nessa jornada, como: a necessidade de mudança cultural; motivadores para adoção do ágil; e a ilusão que vai alterar o *status quo* (tendência a pensar que, se funcionou para uma empresa, ou para uma área, vai se encaixar perfeitamente em todas as necessidades).

O erro de copiar algo que funcionou para outros é que, junto com possíveis benefícios, os problemas também são migrados – e como não fazem parte da cultura da empresa, podem trazer descrédito ao novo.

Independentemente do *framework* de ágil escalado a ser adotado, é necessário adequá-lo à cultura da empresa e aos seus valores, além de envolver as áreas principais e obter apoio da alta direção, pois iniciativas *top down* tendem a ter mais sucesso se todos entenderem os benefícios e responsabilidades pertinentes ao *mindset* ágil.

Em relação ao dilema das empresas em "**não confundir quantidade de times com ágil escalado**", a sugestão é trabalhar com times pequenos, ter em mente que a cultura e a pressão dos clientes não devem resultar em disputa por recursos dos times e, principalmente, ter as práticas ágeis íntegras desde o gerenciamento do portfólio até a entrega do cliente, independentemente do *framework*.

50. Não ter uma cultura de dados para definição da estratégia corporativa

André H. Abrantes Pereira

> **Para o sucesso de uma metodologia ágil, não basta somente profissionais capacitados, é necessário ter dados estruturados e agrupados de forma organizada, clara e objetiva. Uma das fases mais preciosas é como o dado que será utilizado na metodologia foi construído.**

Falar sobre dados é sempre muito desafiador. Isso porque, muitas vezes, as empresas têm dificuldades de compreender os dados de usuários e o tema acaba sendo deixado de lado.

E esse aspecto ao qual me refiro é sobre **não ter uma cultura de dados estruturados** para suportar a estratégia corporativa em seus objetivos primários.

Uma empresa que tem uma boa cultura organizacional em dados consegue potencializar os seus negócios com base em princípios de alta performance.

Uma vez que estes são considerados o ativo mais importante de uma empresa, os dados precisam ser claros e tangíveis, provocando em toda a liderança executiva, tática e operacional algumas reflexões sobre os impactos na tomada de decisão, fornecendo maior velocidade ao negócio e aumentando o *market share*, por exemplo.

Quando a cultura de dados começa a emergir na organização, os desconfortos entre as lideranças começam a surgir, face às incertezas ou inconsistências das estratégias definidas pela própria liderança que está analisando os dados. Ou seja, a estratégia está diferente do que os dados estão mostrando e isso requer uma mudança no plano.

348 Jornada do Ágil Escalado

Para ter uma gestão dos dados para escalar o ágil, é essencial começar a revisar o portfólio de projetos ou iniciativas da organização para permitir a melhoria na eficiência do time.

Entretanto, construir esse modelo de gestão não é algo simples. É necessário que o negócio e a gestão de dados trabalhem juntos para que a estratégia seja definida de forma clara e direcionada, proporcionando informações precisas e seguras para serem consumidas.

Dessa forma, como ser ágil ou escalar o ágil se os seus dados não estiverem maduros? Ou como saber se os dados são realmente confiáveis?

Essas são perguntas que estão associadas ao planejamento e às entregas. Além disso, existem algumas incertezas que surgirão no meio da jornada, provocadas pelo desencontro de informações que se propagam rapidamente, à medida que o volume de clientes cresce e sua base de dados se expande na mesma proporção.

Por isso, trabalhar a comunicação de forma clara, alinhando negócio e gestão de dados, é fundamental para ter uma estrutura de dados mais confiável.

Profissionais de dados têm como desafio compreender as novas necessidades do mercado e suas prioridades, estruturando uma camada de dados que permita trabalhar em tempo real e que esteja disponível para ser consumida pelas áreas de negócio e o time estratégico da organização.

A construção de um catálogo de dados, associada às técnicas de *data lake*[27] (ou lago de dados), possibilita mais efetividade no consumo de dados em tempo real, reduzindo o esforço de buscar informações que muitas vezes não existem, não são válidas ou são insuficientes.

Com base nisso, as áreas de negócios podem criar regras para os tipos de dados existentes, construindo uma estrutura realmente sustentável e que facilite a associação dos dados às jornadas do cliente, à cadeia de valor e às iniciativas operacionais, principalmente em um contexto de ágil em escala.

---

[27] Repositório que centraliza e armazena todos os tipos de dados gerados pela e para a empresa.

De forma gradativa vamos, portanto, montando a estrutura de dados como um "lego", compondo-a com a taxonomia da escalada do ágil e desenvolvendo os aspectos fundamentais de uma cultura de dados (sendo este o primeiro pilar de sustentação), além de viabilizar a segurança necessária para a jornada da escalada.

Com base nesse modelo, identificamos os riscos técnicos, de negócio e seus impactos, avançando na construção dos critérios e/ou requisitos que envolvem essa jornada.

A falta de uma cultura de dados está associada às dificuldades nas estratégias organizacionais, sendo possível identificar alguns *gaps* de comunicação que podem impactar as decisões de negócio.

Sendo assim, o modelo precisa estar pronto para uma ação emergencial, não como uma solução definitiva, mas, sim, como uma resposta rápida, utilizando conceitos associados aos valores da agilidade (por exemplo, responder às mudanças mais do que seguir um plano).

O modelo precisa ser ágil para responder com facilidade e objetividade, somente exigindo intervenções para resolver problemas complexos, oferecendo caminhos mais rápidos para o sucesso na entrega para o cliente.

Preparar os modelos de dados que possam entregar maior poder de ação ou reação ao mercado exige um mínimo de organização nas fontes que serão consumidas.

Esse modelo deve estar construído em um processo sustentado por conceitos básicos de organização, ou o que chamamos de acordos conscientes, para que a estrutura possa funcionar e transformar sua massa de informações em ativos corporativos de clientes precisos e utilizáveis. Esses acordos passam também por legislações como a LGPD, por exemplo.

Todo esse contexto está associado à cultura de dados. Elencamos alguns riscos que podem se tornar problemas, pelo fato de não haver um modelo que esteja claramente associado a essa cultura:

1. Novos gastos com desenvolvimentos.
2. Atrasos em sua jornada.
3. Postergação de prazo em suas entregas.
4. Quebra na expectativa de retornos financeiros.

5. Contratação de consultoria externa para fazer a gestão ou o mapeamento das estruturas de dados.
6. Novos gastos com hardware.
7. Esteira operacional de alto custo, como cientistas de dados, por exemplo.
8. Crise de relacionamento corporativo.
9. Indisponibilidade de pessoas.
10. Os dados não estarem maduros.

Recomendações

Para evitar esses riscos, seguem algumas recomendações:

1. Ajude sua organização a entender os problemas e riscos de novos gastos que podem ocorrer ao não ter uma cultura de dados estruturada, clara e eficiente.
2. Divida os riscos da falta de cultura com o comitê executivo.
3. Invista no mapeamento de informações do seu cliente.
4. Crie uma matriz de dados que permita uma visão geral de como os as informações estão disponíveis e distribuídas para serem consumidas.
5. Faça uma imersão nas áreas de negócio e nos times ágeis.
6. Realize um *assessment* com as áreas internas, mapeando a cadeia de valor e as etapas da jornada de escalada do ágil.
7. Construa um plano de gestão de crises e problemas para toda a estrutura de gerenciamento de dados.
8. Identifique os dados de maior valor e potencial para seus clientes, que estão em busca de seus produtos, e os principais canais usados.
9. Garanta que essas informações relevantes estarão disponíveis aos interessados e seus perfis de acesso.
10. Construa o *data lake* de forma que os dados estejam sincronizados com a diversidade das fontes (CRM, ERP etc.).
11. Solicite um retorno de suas equipes de TI informando se em todos os bancos de dados as informações estão agrupadas de forma correta, garantindo a integridade do *data lake*.

O objetivo principal dessas recomendações é avaliar os dados de sua companhia, se eles estão distribuídos e se fazem sentido para o modelo de cultura de dados proposto.

Considerações finais

A cultura de dados precisa fazer sentido para a empresa e seus clientes, sendo dinâmica e flexível. Deve apoiar e sustentar a escalada do ágil e fornecer maior segurança para todos dentro da organização.

Com uma cultura sólida, a empresa será guiada com base em fatos e dados, a partir de uma base confiável, definindo os objetivos e as prioridades para os times que atuam de forma escalada.

Dados são o petróleo do mundo moderno. São ativos da organização que, se utilizados da forma correta, podem alavancar os resultados gerados e garantir o alcance dos objetivos estratégicos nos negócios.

51. Desafio da construção de uma taxonomia para escalar

Guilherme Santos

A arquitetura corporativa precisa ser estruturada de forma que a empresa compreenda o seu momento atual e qual o seu objetivo. A taxonomia alinha os conceitos básicos e fornece um guia estruturado para avançar com a escalada de forma sustentável.

A missão de escalar o ágil dentro de uma organização é repleta de desafios, e um deles é estruturar o plano de integração dos times ágeis analisando a arquitetura corporativa, ou seja, definindo a taxonomia. Nesse momento, temos que analisar a missão dos times, os objetivos da empresa e o estado atual da maturidade no ágil.

Esse trabalho tem como essência identificar, analisar e compreender a forma como a empresa atende às necessidades do mercado, se os objetivos estão sendo atingidos, qual o fluxo de valor e como os times operacionais estão distribuídos ou estruturados.

O desejo executivo da escalada no nível de programa ou portfólio tem como pano de fundo a análise dos investimentos, a revisão dos resultados de entregas e o seu retorno sobre os investimentos realizados, cruzando com uma análise de cenários e mercados futuros.

Em suma, é uma revisão estratégica financeira e do portfólio de projetos/iniciativas da empresa. Vale ressaltar que esse não é momento de rever todo o portfólio, e sim de consultá-lo para dar os direcionamentos adequados na tomada de decisão sobre qual a melhor taxonomia para o programa ou portfólio.

Objetivos da taxonomia

A taxonomia existe para comunicar de forma clara aos executivos e gestores os objetivos de cada time, para qual perfil de cliente (*personas*[28]) e com foco em qual produto estão trabalhando. E, naturalmente, identificamos também o *roadmap*[29] das últimas entregas de valor.

Com base na definição da taxonomia, as áreas de arquitetura e infraestrutura tecnológica começam a se organizar para atender às diferentes necessidades, de forma simples e com clara oportunidade para otimização na gestão de investimentos e custos para dar sustentação operacional.

Significado de taxonomia e sua construção

Por definição, taxonomia é a organização ou a estruturação dos times dentro das suas missões e/ou produtos, que são revisados de acordo com os seus cenários e com diferentes perspectivas. Em síntese, podemos compreender essa organização da seguinte forma:

1. Atender à necessidade de diferentes unidades de negócio dentro da empresa.
2. Atender a partir das necessidades e melhorar a experiência dos usuários.
3. Promover a revisão do portfólio de iniciativas adequando a missão dos times e suas estruturas.
4. Promover o realinhamento dos processos e a integração entre pessoas.
5. Reavaliar os objetivos estratégicos.

A revisão da estrutura organizacional traz, para uma conversa executiva/gerencial, critérios claros que integram produtos ou serviços, negócio e tecnologia e como os clientes consomem, interagem e se relacionam com a empresa (vide Figura 51.1).

---

[28] Perfil de usuário e/ou consumidor de um determinado tipo de produto ou serviço.

[29] Mapa visual e descritivo que aponta o produto ou o projeto e sua evolução.

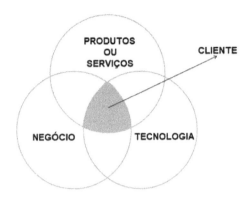

Figura 51.1. *Customer centric*.
Fonte: o autor.

Tendo como ponto de partida os entendimentos citados anteriormente, podemos dar início à estrutura da taxonomia. Na abordagem a seguir, estou trabalhando com três estruturas para a organização dos times ágeis. Cada estrutura exige que tenhamos acordos explícitos para facilitar a tomada de decisão, definindo a taxonomia mais adequada para a estratégia da escalada, conforme Figura 51.2.

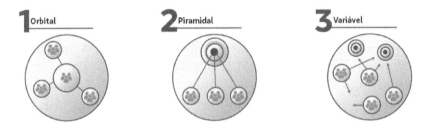

Figura 51.2. Estruturas de times ágeis.
Fonte: o autor.

Estrutura orbital

Neste tipo de estrutura, os times têm uma alta dependência e interação de entregas entre eles. Em resumo, podemos dizer que se um time não entregar, o outro não entrega.

- ✓ **Exemplo:** Equipe A precisa desenvolver uma determinada API para que a Equipe B desenvolva sua aplicação.
- ✓ **Pontos fortes:** equipes enxutas; comunicação contínua; simplificação na ativação.

✓ **Ponto de atenção:** altíssima necessidade de coordenação; gestão da qualidade nas entregas; gestão de pessoas.
✓ **Quantidade mínima de times:** dois times.

Estrutura piramidal

Existe um objetivo ou produto comum entre os times, todos trabalham com foco único. Nesta estrutura, temos um baixo nível de dependência entre os times, porém uma alta interação durante o ciclo de desenvolvimento.

✓ **Exemplo:** Equipe A desenvolve uma funcionalidade de geração de relatório e a Equipe B desenvolve a funcionalidade de impressão do relatório.
✓ **Pontos fortes:** alto alinhamento; alta autonomia; distribuição da carga de trabalho; maior facilidade na gestão do fluxo de valor; interação contínua; otimização na adoção do MVP.
✓ **Ponto de atenção:** alta necessidade de coordenação.
✓ **Quantidade mínima de times:** quatro times.

Estrutura variável

Poucos objetivos em comum entre os times, com forte tendência a sofrer variações periódicas nas suas missões.

Nesta estrutura, temos times focados em uma entrega específica, ou seja, os times são montados para atender a demandas e não a produtos. Esses times se relacionam diretamente com times tradicionais que trabalham em modelos mais temporais, como projetos *waterfall*.

✓ **Exemplo:** Equipe A desenvolve um serviço ou funcionalidade e faz a entrega. Fábricas de software costumam trabalhar neste modelo. Recebem e entregam.
✓ **Pontos fortes:** alto alinhamento; baixa necessidade de coordenação; foco em uma entrega; alocação temporária; comunicação e gestão simplificada; baixo custo operacional.
✓ **Ponto de atenção:** baixa autonomia; foco em projeto e não em produto; baixo comprometimento com melhoria contínua; extensões de prazos acordados.
✓ **Quantidade mínima de times:** 1 time.

É importante ressaltar que não existe um modelo ideal, que é aquele que melhor se adapta à realidade da sua empresa. Para definirmos a taxonomia, precisamos ter consciência de **onde estamos** e **aonde queremos chegar**, criando uma identificação que seja adequada à forma de trabalho dos times. E, claro, vale sempre uma revisão nos modelos atuais.

Implicações operacionais na adoção da taxonomia

Existem vários aspectos que demonstram a importância de definir a taxonomia, como, por exemplo: senso de pertencimento; definição clara dos objetivos estratégicos; integração; colaboração; direcionamento; facilidade na adoção de métricas; e muito mais.

Porém, precisamos ter claro que se fazem necessárias algumas mudanças significativas nos modelos de governança, modelos de liderança e adoção dos ritos, e que somente ter ciência dessas alterações não é suficiente.

É necessário, assim, estruturar um plano claro para que todo o processo seja funcional e produtivo. Comece pequeno e trabalhe de forma iterativa, evoluindo o modelo à medida que o escopo da escalada evolui e realizando ações como:

- ✓ Pense na melhor adaptação do estado atual para o modelo proposto.
- ✓ Use como referência taxonomias existentes.
- ✓ Utilize critérios-chave para definir cada agrupamento adicional (objetivos, produtos, clientes, afinidades, processos etc.).
- ✓ Integrações sistêmicas e arquitetura de tecnologia para facilitar a ativação de valor.

Equipes ágeis podem contribuir para um progresso insatisfatório, se restringirem ou bloquearem o fluxo de trabalho. Vários estudos destacam a importância da coordenação das dependências e da organização do trabalho. No entanto, podemos classificar em quatro categorias distintas as dependências:

1. Tecnologia.
2. Liderança.
3. Profissionais e seus conhecimentos.
4. Tarefas e/ou entregáveis.

Quebrar a estratégia em categorias nos fornece uma oportunidade de desenvolver entendimentos claros sobre os possíveis riscos e impedimentos, abrindo conversas estratégicas com cada líder ou gestor funcional.

Dicas e conclusão

Trabalhar na definição da taxonomia envolve muita persistência, estratégia, interação e colaboração. Em muitos casos, alguns problemas virão à tona, e o mais importante é que você tenha clareza de como lidar com eles.

Por ser um processo totalmente estratégico, é fortemente recomendável que você tenha no seu time um patrocinador e busque interações semanais, dando visibilidade a avanços, dificuldades e impedimentos. A área de recursos humanos da empresa tem um papel estratégico, pois irá apoiar no processo de construção da trilha de capacitação dos gestores e times.

Reforço que, na implementação deste processo, temos que atuar como agentes de facilitação, direcionando conversas difíceis e simplificando temas complexos.

O processo de imersão da taxonomia nos proporciona uma oportunidade única de navegar por toda a empresa e interagir com os seus mais diversos níveis hierárquicos, dos executivos aos desenvolvedores.

Então, esteja aberto para trabalhar sua empatia, senso de abertura, respeito, foco, responsabilidade e todos os valores e princípios da agilidade. Com certeza será uma jornada de muito aprendizado e trabalho em equipe que resultará em um modelo de escalada realmente sustentável e totalmente adaptativo, permitindo a capacidade de construir modelos emergentes de escalada do ágil.

52. *Fake agile*

Marcos Afonso Dias

> Este capítulo aponta o uso de adaptações do *agile* e *anti-patterns*, e seus riscos para as organizações.

É *fake news*!

Será que de fato estamos todos aplicando o verdadeiro ágil?

Em um contexto de escala, será que é somente dividir todos os times em *squads* multidisciplinares, com horizontalização, verticalização, implementar práticas ágeis, encher a parede de *post-its* e assim montar as *tribes*, guildas, comunidades e por aí vai? Por que será que às vezes toda essa implementação dá errado?

O uso de adaptações do ágil e seus *anti-patterns* pode trazer riscos para as organizações. Vamos discutir ao longo deste capítulo o fator experimentação e o cuidado com abordagens sem maturidade.

Espero que traga muitos *insights* sobre como atuar em um contexto onde a agilidade é o melhor caminho para responder rapidamente às mudanças.

Uma coisa precisa ficar clara: a agilidade não é implantável como um software (*next, next... finish*).

As práticas não devem ser simplesmente realizadas sem a leitura correta do contexto em que sua empresa se encontra, sem realizar a análise de seu ambiente, que é único, bem como sem uma leitura da forma como seus projetos são tratados e como seus times trabalham.

Sabemos que as práticas ágeis possuem um objetivo, mas a forma de realizá-las deve ser feita de acordo com o ambiente em que se está inserido, criando uma maneira própria de fazer.

Sem isso, estaremos fadados a colocar descrédito nos métodos ágeis quando falharmos, trazendo riscos para projetos e iniciativas. Ou seja, fazendo com que a organização passe a acreditar que essa tal de agilidade é um *fake news*, quando na verdade a culpa estava nas informações que ignoramos durante o processo.

O pior erro que podemos cometer com a agilidade é trazer práticas de mercado prontas e simplesmente "implantar" na empresa. Bingo: encontramos a maior fonte de *fake agile*.

Abordaremos vários pontos onde os "*fakes* da agilidade" podem trazer riscos para as organizações, além de dicas de como não cair em ciladas ao longo da sua jornada até a agilidade em escala.

Fake agile #1 – A cascata ágil

Talvez este seja o principal problema de muitas organizações. Declaram que fazem *agile* e têm uma série de "coisas" entregues ao longo das *Sprints*, mas software funcionando, que é bom, nada.

Vimos no Capítulo 41 que o modelo híbrido de trabalho acabou sendo utilizado para disfarçar as disfunções que temos a esse respeito. Agora imagine isso em uma escala de duzentos *squads* com alta dependência entre si, com cadências totalmente diferentes, trabalhando com o mesmo produto ao mesmo tempo. É o caos!

Imagine a situação de um *squad* multidisciplinar, com desenvolvedores *front end* e *back end*, QAs, analistas de negócio, designers de UX e por aí vai. O time se dividiu, com os analistas e designers trabalhando em duas ou três *Sprints* à frente dos desenvolvedores, e os testes estão sendo realizados pelos QAs uma *Sprint* depois. Veja a quantidade de *outputs* sendo gerados, com dependências exorbitantes dentro do próprio time.

Mesmo assim, com tudo isso, temos um *Scrum Master*, um PO e *Dev team* rodando as *plannings*, *dailies*, *reviews*. Pasme, são sete, oito, dez *Sprints* para entregar software funcionando (apenas depois de passar pela *Sprint* de teste, pela *Sprint* de refinamento, e mais uma vez "por aí vai").

360 Jornada do Ágil Escalado

Se você for ver, "eles estão fazendo *waterfall*". Você não tem seu time focado em uma solução só e está com vários times pensando em coisas separadas, com metas separadas e até mesmo com problemas de comunicação entre o próprio time, com uma rota de colisão entre as pessoas, em vez de ter uma solução única para os problemas.

> **Dica para fugir do *fake agile* #1 – Você precisa ter seu time interagindo e focado em uma direção só. Você minimiza o risco da alta dependência entre o time com colaboração e interação entre as pessoas (inclusive nos times interdependentes), com pensamento simples, focado em demandas de alto valor.**

Scrum Masters, ajudem nisso: começar a fazer os times chegarem às soluções em conjunto, e não fazer um time entregar um para o outro o que acha que é a solução "pronta". Os times devem trabalhar juntos para o momento do produto ou projeto, trazendo a melhor solução possível, e não colocando fases no desenvolvimento.

Pensar em soluções cinco, seis *Sprints* à frente pode gerar estoque desnecessário. Não é *Lean*, não é focado e vai aumentar o risco de os times não entregarem algo que vai ser utilizado e, consequentemente, não entregarem soluções que respondam rapidamente às necessidades de seus clientes.

Fake agile #2 – Product Backlog versus documentação abrangente

Um problema muito comum de acontecer, mas que quase nenhum time se dá conta é aquele *backlog* que tem de tudo, com uma série de coisas para fazer, inchado, trabalho que não acaba mais... ufa!! Provavelmente estamos em um cenário de desperdício total, com muitos problemas sendo gerados para os times e para o dia a dia desses profissionais.

Se você não sabe se aquilo que está sendo gerado será de fato utilizado para seu produto, imagine seu *backlog* inteiro de forma indiscriminada. A gestão disso tudo se torna morosa para o PO, para o gerente de produtos e principais *stakeholders*.

Isso de fato acontece muito, e sabe por quê? Porque "alguém" quer fechar o escopo, porque se quer conhecer tudo que vai ser feito, prescrevendo tudo que vai ser construído do produto de antemão.

Isso tira a autonomia do PO de fazer a gestão do *backlog* de forma eficaz de verdade, trazendo a sensação de o time estar eternamente construindo a maior solução para os clientes, e não a melhor para o momento.

> **Dica para fugir do *fake agile* #2 – Minimize ao máximo a falta de confiança entre *stakeholders* e PO, o que vai gerar autonomia para a gestão do *backlog* do produto.**

A grande dica para combater a existência de um *backlog* de produto como documentação abrangente de escopo fechado é mantê-lo "vivo", sendo atualizado e revisitado ao longo do tempo.

O *backlog* do produto deve ser tratado sempre como uma validação de hipóteses que traz aprendizado contínuo a todo momento. Mas como isso seria possível? Veja a seguir:

- ✓ Durante sessões de inspeção e adaptação do *Sprint Backlog*, pois às vezes não faz sentido o que o time está construindo e é necessário alterar.
- ✓ Durante as sessões de refinamento, tão importantes para deixar o *upstream* de seu produto bem preparado. Podemos ter a quebra de itens em novos itens, mais importantes para o momento do produto perante o mercado.
- ✓ Durante as *Reviews*, buscando *feedback* do seu produto junto a *stakeholders* importantes para saber a direção que se deve tomar e se está fazendo sentido como foi construído.

Enfim, são diversos pontos onde o desenvolvimento iterativo e incremental e os processos de inspeção e adaptação serão importantes para a saúde do produto que está sendo desenvolvido.

Lembre-se: de nada adianta ser eficiente fazendo a coisa errada! Acerte sempre as direções enquanto aprende. Pivote sempre que necessário e mantenha o *backlog* do produto vivo e evoluindo.

O papel do *Product Owner* é importante e abrangente, deve gerar confiança aos *stakeholders* e não deve ficar preso apenas a reuniões e eventos do *Scrum*. O *backlog* do produto nada mais é que uma lista de hipóteses, nunca se esqueça disso (RIES, 2012).

Fake agile #3 – Gantt chart disfarçado de roadmap

Esse *fake agile* acontece em decorrência do *fake agile* #2: aquele *roadmap* super detalhado, com *milestones* e prazos; qual *Sprint* isso ou aquilo; longo; esse escopo nessa outra *Sprint*; extremamente detalhado; que tem TUDO que vai acontecer ao longo do tempo; e prevendo de tudo.

Um artefato tão interessante construído para trazer segurança que na verdade é extremamente inseguro, trazendo a falsa sensação de que tudo seria entregue em "dd/mm/aaaa". No final acaba sendo uma forma de dar desculpas sobre por que caiu uma *Sprint*, por que o outro time atrasou, por que não entregaram a API 'xpto', por que não é ágil e por aí vai.

Isso acontece porque "alguém" quer um prazo, uma data (escrita em pedra, mesmo quando não há uma "demanda legal" com data sendo desenvolvida pelo time). Quanto mais longe vai um *roadmap*, menos se garante a segurança, dado o tamanho da complexidade que temos hoje em dia – complexidade esta ligada ao desconhecido, e não às previsibilidades entre causa e efeito de um resultado esperado.

Para um processo onde 100% da relação entre causa e efeito é conhecida, métodos tradicionais caem como uma luva, trazendo uma gestão preditiva muito bem aplicada a esse contexto. Mas esse nem sempre é o caso!

> **Dica para fugir do *fake agile* #3 – *Roadmap*** tem sua tradução clara do inglês: roteiro. É um mapa que deve apontar como o produto será a cada período, ou seja, sua evolução. Um *roadmap* grande traz muita insegurança, principalmente por não se saber o que vai ser entregue na sexta ou sétima *Sprint*, por exemplo. Qual certeza se tem disso?

Roadmap deve ser tratado como expectativa de como estaremos para o momento atual do produto e que gere valor para o que o time está construindo. O *backlog* do produto trará uma lista ordenada de itens a serem entregues que o *Product Owner* acredita ser eficaz e vai responder às necessidades de seus clientes.

Muitas vezes, a gente tem um mapa do planejamento, mas não é porque ele existe que temos a melhor jornada para o produto. Imprevistos podem acontecer no meio do caminho. A realidade é dura e diferente do plano que se tem traçado com tantos detalhes.

Dessa forma, é necessário ter processos que permitam respostas rápidas à mudança conforme ela acontece, pois não há estabilidade e não há possibilidade de planejamentos de longo prazo.

A dica aqui é reproduzir e espelhar seu *backlog* com seu *roadmap*: um é complemento do outro. Por isso, o *fake agile #2* (*backlog* como documentação abrangente) é "vivo" e totalmente alinhado ao *fake agile #3*, com um *roadmap* de entrega e expectativas do que seus times vão construir e acreditam de verdade, confiável e alinhado com a realidade.

Lembre-se: o detalhamento excessivo não vai garantir que você cumpra o planejamento "escrito em pedra". Deve gerar sentido de valor para o time e para seu produto ou projeto.

Fake agile #4 – WIP sem controle e desenfreado

Trabalho em progresso. Tanto se fala desse tema e, infelizmente, pouco se aplica o controle do trabalho em progresso (WIP – *Work in Progress*) no qual os times atuam no dia a dia.

Imagine este exemplo: os times finalizam a *Sprint Planning* com o acordo de que iriam terminar, conforme a definição de pronto (DoD), sete itens do produto e começam no segundo ou terceiro dia a puxar mais itens para dentro da *Sprint*.

E, cada vez mais, fazem um ou dois itens em paralelo, gerando mais trabalho ao mesmo tempo, mais estoque e mais acúmulo do que precisa ser feito.

Às vezes o time de fato consegue terminar tudo, mas vemos que na maioria das vezes horas extras aconteceram, finais de semana foram 'perdidos', itens ficaram de fora ou pela metade e itens que eram priorizados podem ter perdido prioridade.

Aqui os times, interdependentes ou não, estão "começando a começar e se esquecendo de terminar", gerando perda de produtividade e perda de confiança sobre o que conseguem entregar em uma *Sprint* (ou cadência de tempo).

Agora imagine várias iniciativas em paralelo, em maior escala. São mais times trabalhando de forma desenfreada, buscando muito mais *outputs* do que *outcomes* (entregas de valor).

> **Dica para fugir do *fake agile* #4** – A grande dica aqui é passarmos a <u>entender o WIP</u>, e não o definir como um número por simplesmente defini-lo. Esse conceito vem do método *Kanban*, do *Lean* e do fluxo contínuo de desenvolvimento. Ou seja, você aqui deve "parar de começar e começar a terminar" (frase muito conhecida e pouco aplicada). Faça pouco a pouco, mas faça um todo muito bem feito e com qualidade no final.

Os times devem chegar à sua própria conclusão sobre quanto pode ser o mínimo e o máximo de trabalho que pode ser realizado ao mesmo tempo e de forma segura. Podem ser utilizados *story points*, por exemplo, garantindo que os pacotes de trabalho avancem e de fato terminem de maneira sustentável.

Em escala, devemos pensar em vários níveis onde empregar o controle do trabalho em progresso. Não é somente no nível time, mas também nos níveis acima, nas iniciativas também!

Grandes benefícios do controle do trabalho em progresso podem ser obtidos:

- ✓ **Redução de *cycle time***, que está diretamente conectada ao *time-to-market*.
- ✓ **Custo do atraso menor**, pois a redução do trabalho em progresso faz com que as entregas de valor, que impactam o negócio positivamente, aconteçam mais rápido, trazendo mais agilidade ao retorno do investimento.
- ✓ **Aumento de previsibilidade e foco**, dado que se você trabalha com vários itens em paralelo, você perde a noção de quanto de fato um item necessita para ficar pronto.
- ✓ **Redução de riscos nas entregas**, ou seja, diminui a pressão das entregas aos clientes, porque sempre se está entregando e entendendo se o caminho está certo ou não.
- ✓ **Deixar de ser 'multitarefa'**, já que com o limite do trabalho em progresso reduzimos o risco de fazer tudo ao mesmo tempo e realizar troca de prioridades a todo momento. Quando se eleva o nível do limite do trabalho para projetos e iniciativas, promovemos o *business agility*, conceito tão importante hoje em dia. O **foco** é investido onde realmente importa agora.

Lembre-se sempre: trabalho custa dinheiro e entregas trazem dinheiro. O controle do trabalho em progresso trará benefícios de entrega perceptíveis pelos seus clientes e o consequente retorno do investimento, além de agilidade de verdade.

Identifique os gargalos de seus processos e de sua cadeia de valor, como mencionado nos capítulos que falam sobre *Lean* e método *Kanban*, e atue para otimizá-los. Nenhuma melhoria nos processos é importante se for fora de seus gargalos.

Fake agile #5 – Retrospectiva sem ação

Melhoria contínua! *Kaizen*! Um tema tão importante, inclusive referenciado no 12º princípio do Manifesto Ágil, que diz que "em intervalos regulares o time se reúne para refletir em como ser mais efetivo e adequar seu comportamento para melhorar". É olhar para frente.

Seus times não valorizam muito essa cerimônia, mas encontram e listam uma série de problemas, montam planos de ação até que claros, com nomes, datas e tudo mais. Muitas vezes focam em pessoas, uma baita lavagem de roupa suja e pouco foco na solução dos problemas. Ótimo: temos vários planos de ação mapeados.

É chegada a próxima reunião de retrospectiva e o time fala das mesmas coisas novamente, burocratizando tudo, sem assumir de fato para si o protagonismo na resolução dos problemas que já existem há várias *Sprints*, mas que ninguém resolve porque tinham tarefas demais para executar.

Mesmo assim, o time se considera ágil, entregando o produto para o cliente de forma rápida, mas deixando um rastro de insatisfação interna com tantos problemas não resolvidos.

Dica para fugir do *fake agile* #5 – Foco. Não adianta o time sair com dezenas de planos de ação de melhoria e não executar nenhum sequer. Não adianta sair executando os próximos itens do *backlog* do produto com os mesmos problemas de desenvolvimento nunca resolvidos. Agora imagine, em escala, a bola de neve que a falta de foco traz para os times...

Muitas organizações já realizam retrospectivas com muitas equipes ao mesmo tempo, geralmente ao final das *releases* de entrega. Os *Scrum Masters* e *agile coaches* podem trazer a melhor técnica que for de engajamento, desde a mais simples até a mais "engraçada", mas se não gerar foco na solução de nada vai adiantar, e na próxima *Sprint* os mesmos problemas serão discutidos novamente.

366 Jornada do Ágil Escalado

Estabeleça um, dois, no máximo três itens que de fato o time conseguirá resolver nessa *Sprint* ou espaço de tempo. Problemas que impedem o time de avançar, de ser mais eficiente, de ter melhor leitura de contexto na criação de seu produto podem entrar nos eventos de PDCA em conjunto com vários *squads*.

Gere um "*backlog* de melhoria", coloque-o no *Sprint Backlog* dos times e melhore! Mas atenção: foque nos problemas que os times vão conseguir priorizar e que são impactantes de verdade, gerando percepção de valor.

Fake agile não mais!

Existem diversos outros tipos de *fake agile* espalhados por todos os ambientes organizacionais que se dizem ágeis. Esperamos que, com as dicas aqui, e principalmente com a correta identificação do que é um *fake agile*, possamos alcançar uma melhor forma de atuar no dia a dia com os times, promovendo resposta positiva na resolução dos problemas e atendimento de valor aos clientes.

53. Os desafios de realizar uma *PI Planning*

Vitor Cardoso

> A *PI Planning* é uma cerimônia muito complexa e seus organizadores enfrentam diversos desafios ao gerenciar os investimentos, engajando toda a organização e facilitando tudo que envolve uma PI. Conheça os desafios e como enfrentá-los com dicas que irão ajudá-lo na hora de preparar uma PI.

A *PI Planning* (Planejamento do Incremento do Programa) é uma cerimônia de extrema importância e complexa, que tem como objetivo fazer o macro planejamento para a entrega de um objetivo. Normalmente esse planejamento tem o horizonte trimestral, porém não é restrito a esse intervalo.

Essa cerimônia tem como objetivo alinhar todos os *squads* (no SAFe® o conjunto de *squads* com o mesmo objetivo é chamado de ART – *Agile Release Train*) juntamente com o direcionamento do negócio, com base em uma cadeia de valor.

É um evento de dois dias, com participação dos BOs (*Business Owners*), de todos os *squads* (e todos os seus membros) e, normalmente, toda a alta diretoria e a presidência participam. Por isso, para um evento dessa magnitude, é importante ter grande preparo.

Essa cerimônia é dividida em três grandes momentos:

- ✓ Pré-*PI Planning* – Momento de preparação para a *PI Planning*.
- ✓ *PI Planning* – Execução propriamente dita da PI.
- ✓ Pós-*PI Planning* – Revisão da execução e ajustes para a próxima *PI Planning*.

Vamos seguir com o detalhamento de cada momento, para que você possa preparar e executar a sua *PI Planning* com sucesso.

Pré-*PI Planning*

É o momento em que toda a preparação para a PI deve acontecer, considerando tanto a realização de *discovery* de produtos como o alinhamento e a preparação do material da PI.

Como é um evento muito grande, é importante que logo no início da Pré-PI (que normalmente ocorre com 15 dias de antecedência da PI) já sejam feitos o alinhamento e a reserva da agenda de todos os envolvidos, a fim de garantir sua participação na PI.

Alguns pontos importantes para verificar durante o período de Pré-PI:

- ✓ Revise o material de apresentação e veja se todas as informações estão atualizadas.
- ✓ Verifique com todos os times se o *discovery* foi realizado e se eles já têm os objetivos definidos de forma macro.
- ✓ Alinhe com o BO, o PM e Engenheiro de Software/Arquiteto de Software se eles vão apresentar algum material, e se este já está pronto. Se possível, consolide tudo em um único arquivo para evitar perder muito tempo no dia da execução.

PI Planning

Enfim a *PI Planning*, momento de colocar em prática tudo o que planejou. A seguir vou mostrar todos os itens aos quais você deverá prestar atenção durante a PI, para que consiga fazer esse evento com maior tranquilidade.

Agenda da *PI Planning* (dois dias)

Tabela 53.1. Primeiro dia da *PI Planning*.
Fonte: o autor.

Duração	Descrição	Sugestão de Horário
0:30	Abertura da PI	08:00 – 08:30
1:00	Contexto de Negócio	08:30 – 09:30
1:30	Visão de Produto	09:30 – 11:00
1:00	Direcionamentos Macros de Arquitetura e Boas Práticas de Desenvolvimento	11:00 – 12:00
1:00	Refeição	12:00 – 13:00
4:00	Quebra das Histórias (*Team Breakout*)	13:00 – 17:00
1:00	Rascunho do Plano	17:00 – 18:00

Os desafios de realizar uma *PI Planning* **369**

Tabela 53.2. Segundo dia da *PI Planning*.
Fonte: o autor.

Duração	Descrição	Sugestão de Horário
1:00	Ajuste do Plano	08:00 – 09:00
2:00	Quebra das Histórias (*Team Breakout*)	09:00 – 11:00
1:00	Mapeamento dos Riscos	11:00 – 12:00
1:00	Refeição	12:00 – 13:00
1:00	Apresentação Final do Plano de Trabalho	13:00 – 14:00
0:30	Voto de Confiança	14:00 – 14:30
1:00	Ajustes finais	14:30 – 15:30
1:00	Retrospectiva e Próximos Passos	15:30 – 16:30
0:30	Encerramento	16:30 – 17:00

Abertura da PI

A recomendação é que o presidente ou algum diretor faça a abertura do evento para trazer maior engajamento a todos os times. É importante que ele explique brevemente o intuito da *PI Planning*.

Em seguida o facilitador, que no caso do SAFe® é representado pelo papel do RTE, deverá realizar uma breve explicação de como será a agenda do dia, passando pelos tópicos:

- ✓ O que vamos fazer?
  - Escrever as histórias.
  - Escrever os objetivos.
  - Mapear as dependências.
- ✓ Responsabilidades de cada papel.
  - Time
    - ◊ Prestar muita atenção aos *briefings* (contexto de negócio, visão de produto e visão de arquitetura).
    - ◊ Identificar e resolver dependências, trabalhando proativamente com outros times.
  - *Product Owner*
    - ◊ Garantir que as histórias do seu time estão validadas.
    - ◊ Trabalhar em conjunto com BOs e arquitetos ao refinar as definições das histórias.
  - *Scrum Master*
    - ◊ Sua responsabilidade é gerenciar os *timeboxes*.
    - ◊ Documentar dependências e riscos.
    - ◊ Apoiar nos preenchimentos dos *boards*.

370 Jornada do Ágil Escalado

✓ Definir os acordos para a condução da *PI Planning*.
- Respeitar os horários.
- Celulares no silencioso.
- Minimizar conversas paralelas.
- Tentar ser o mais objetivo possível.

✓ *Parking lot*.
- Alinhar o uso do *parking lot* (área/*board* reservado para estacionamento de ideias para histórias não priorizadas).

✓ Uso dos *post-its*.
- Definir previamente as cores dos *post-its* e as funções. Por exemplo:
  ◊ Laranja – Objetivo do trimestre.
  ◊ Amarelo – Histórias.
  ◊ Verde – *Features*.
  ◊ Azul – *Enablers*.
  ◊ Rosa – Dependências.
  ◊ Vermelho – Riscos.

✓ Explicar quais são os *boards* e como funcionam.
- *Board* de produtos:
  ◊ Nome do time.
  ◊ Quais são os objetivos previstos.
  ◊ Os objetivos estendidos, caso consiga entregar antecipadamente, e quais são os próximos objetivos que o time vai perseguir.
  ◊ Lista dos riscos mapeados.
  ◊ Cada *Sprint* deve ter a sua capacidade mapeada, levando em consideração ausências, férias, treinamentos e feriados.
  ◊ Explicitar qual a carga do time que foi prevista, com base no somatório de pontos das histórias.
  ◊ Definir quais são as histórias que serão entregues em cada *Sprint*, com a respectiva pontuação.

Os desafios de realizar uma *PI Planning* **371**

BOARD DO PRODUTO

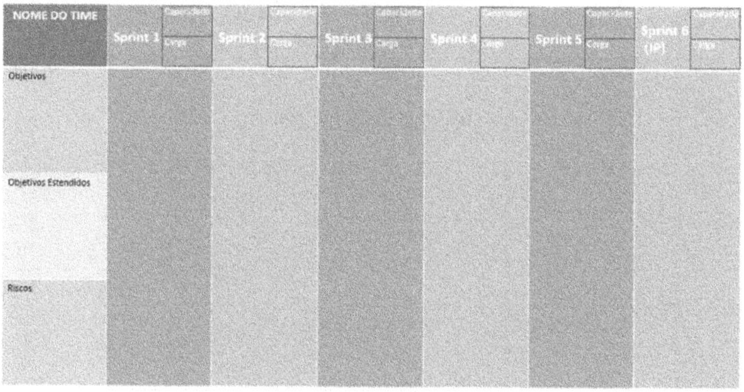

Figura 53.1. *Board* do produto.
Fonte: o autor.

- *Board* de valor para o negócio:
  ◊ Listar todas as *features* que estão mapeadas para entregar.
  ◊ O BO deverá dividir 100 pontos pelas *features* para valorar cada entrega delas e mostrar a relevância das entregas para o negócio.

BOARD VALOR PARA O NEGÓCIO

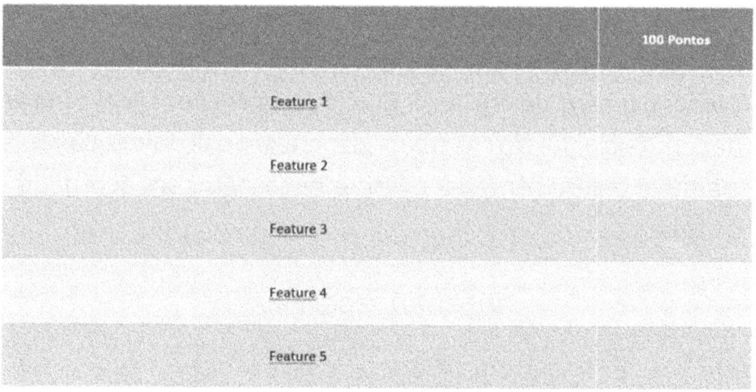

Figura 53.2. *Board* de valor para o negócio.
Fonte: o autor.

- *Board* de riscos:
  ◊ *Resolved* [Resolvido]: foi abordado; não é mais uma preocupação.
  ◊ *Owned* [Próprio]: alguém assumiu a responsabilidade.
  ◊ *Accepted* [Aceito]: nada mais pode ser feito. Se ocorrer risco, a liberação pode ser comprometida.
  ◊ *Mitigated* [Mitigado]: a equipe planeja ajustar conforme necessário.

> OBS.: cada *card* deve ter a ação, o responsável e o prazo.

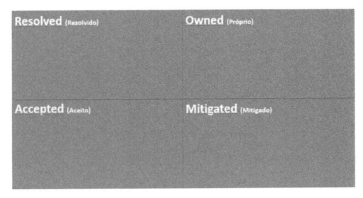

Figura 53.3. *Board* de riscos.
Fonte: o autor.

- *Board* do programa:
    ◊ Cada produto (ou time, quando for o caso) deverá colocar o *card* de quando entregará determinada *feature* ou *enabler*.
    ◊ As dependências devem mapear qual a *feature/enabler* impactada e colocar o *card* da cor rosa no sistema responsável pela resolução da dependência. O *card* também deverá ser colocado quando a dependência deverá ser entregue, e isso é necessário ser acordado com ambos os times.

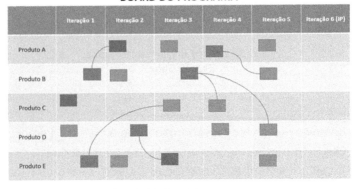

Figura 53.4. *Board* do programa.
Fonte: o autor.

Contexto de negócio

O BO deverá apresentar o contexto do negócio e o quanto as soluções estão atendendo às necessidades atuais.

Visão de produto

O PM (*Product Manager*) apresenta a visão atual do programa e destaca todas as alterações da reunião de planejamento do PI anterior, bem como os próximos marcos.

Direcionamentos macros de arquitetura e boas práticas de desenvolvimento

O Engenheiro/Arquiteto de Software apresenta a visão da arquitetura e práticas de desenvolvimento. Nesse momento, é importante passar apenas direcionadores macros e os objetivos técnicos que cada time deverá ter em mente para as suas entregas, porém não deve se aprofundar nos assuntos técnicos.

Quebra das histórias (*team breakout*)

Momento em que o PO, junto com o time e o BO, define o objetivo do trimestre, realiza a escrita macro das histórias, faz a pontuação, identifica os riscos e realiza os alinhamentos das dependências, preenchendo o *board* de produto.

Os debates de cada história devem ser objetivos e o esforço gasto deve ser o necessário para ter uma ideia da pontuação, pois durante a *Sprint* será feito o refinamento, e a pontuação poderá ser ajustada. Em caso de dúvida da pontuação, decida sempre pela maior para evitar gastar muito tempo em debates detalhados nesse momento.

A recomendação é que a cada hora o facilitador faça um *checkpoint* da evolução das atividades, mas essas interrupções recorrentes podem causar quebra de raciocínio e perda da produtividade.

Uma alternativa para isso é obter o progresso das atividades junto ao SM e verificar se o andamento está dentro do *timebox* previsto. Caso negativo, é importante o SM e/ou facilitador ajudar no direcionamento dos times para que o *timebox* seja atingido, definindo por exemplo tempo para fechar cada história.

Rascunho do plano

Nesse momento, o *board* do programa deve começar a ser preenchido para garantir que todos os alinhamentos estejam sendo feitos. O facilitador deverá passar item a item, verificando se todos os envolvidos estão com o entendimento correto.

Ajuste do plano
Aqui os ajustes nos planos devem ser feitos, seja por uma mudança de estratégia devido a uma dependência ou por uma priorização de uma *feature* de outro time que possa impactar no seu planejamento.

Mapeamento dos riscos
Agora, o *Board* de riscos deverá ser preenchido, o que pode ocorrer mesmo durante a quebra de histórias do time. O facilitador deverá passar item a item e verificar se todos os envolvidos estão alinhados.

Apresentação final do plano de trabalho
Algum membro do time (preferencialmente) ou o PO deverá apresentar os objetivos, as *features*, o risco e as dependências mapeadas para todos, garantindo assim o alinhamento de todo o macro planejamento que vão seguir, e isso deve ocorrer para cada time que estiver envolvido no programa.

Voto de confiança
O facilitador deverá verificar o voto de confiança do time, que constitui basicamente em uma votação com a mão (de 1 a 5) do quanto cada membro do time está confiante com o planejamento.

É importante que o time chegue a um consenso – e, no caso de votos diferentes, cada pessoa que votou mais baixo e também aquelas que votaram mais alto deverão passar o seu ponto de vista, debater a questão e tentar chegar a um denominador comum.

Cabe ressaltar que o intuito não é forçar o time a dar uma nota alta, pois é necessário que cada membro tenha de fato liberdade de dar o voto que acha coerente com o planejamento trabalhado.

Ajustes finais
Momento para ajustes finais no plano após o alinhamento de todos os itens anteriores.

Retrospectiva e próximos passos
No final de cerimônia, é importante coletar o que foi positivo e negativo durante toda a sua duração, sendo uma técnica simples para coletar a de criar uma área com o que foi bom e ruim, e solicitar que as pessoas coloquem os *post-its*.

Após o preenchimento de todos, junte os *cards* com afinidade e leia um a um para garantir que o entendimento de cada *card* esteja claro, podendo perguntar a cada *card* se alguém deseja comentar, respeitando caso ninguém queira falar.

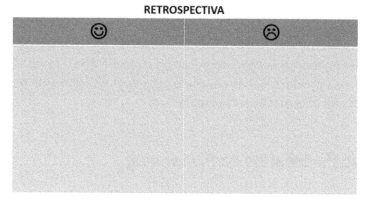

Figura 53.5. Quadro de retrospectiva.
Fonte: o autor.

Encerramento

Deve-se passar um pouco a visão do que foi o dia, apresentar o calendário até a próxima *PI Planning*, destacando o período de *System Demo*, Pré-PI e *PI Planning*, e passar a palavra para o presidente ou diretor realizar o fechamento do evento.

Dicas importantes para a condução da PI:

- ✓ Deixe sempre um relógio visível e o **timebox** previsto de cada momento da PI. Isso ajuda os times a não ultrapassar o tempo previsto.
- ✓ Os SMs ou o facilitador devem sinalizar quando está próximo de acabar o tempo, garantindo assim maior foco para atingimento do prazo.
- ✓ É aconselhável convidar as áreas de apoio que são *cross* da empresa, como arquitetura, segurança e infraestrutura.
- ✓ Faça o alinhamento previamente com os BOs e confirme se eles vão conseguir permanecer durante os dois dias de PI. Caso negativo, priorize sempre a abertura, o momento final da quebra dos times e a apresentação do plano final.
- ✓ Verifique se o tempo de 1 hora de refeição é suficiente para que as pessoas consigam almoçar e se deslocar se não houver restaurante por perto. Caso necessário, ajuste o tempo de refeição.

Pós-*PI Planning*

Momento para alinhar com o organizador da *PI Planning* todos os *feedbacks* (e melhorias) identificados para a próxima PI. É importante que seja feito o mais próximo

376 Jornada do Ágil Escalado

da PI possível, para garantir que todos estão com as informações frescas na cabeça. Se possível, tente realizar quando finalizar a PI e já escreva as ações.

Nesse momento, muitos *insights* aparecem, e o ideal é que o facilitador já ajuste o material para a próxima PI, não deixando para fazer isso somente no período de Pré-PI, pois muita informação será perdida.

Os principais desafios da *PI Planning*

Agora que já entendeu o funcionamento de uma *PI Planning*, vamos detalhar os principais desafios para uma cerimônia dessa proporção.

O **primeiro grande desafio** é de fato ter a participação de todas as pessoas necessárias (Times, RTEs, PM, líderes, gestores, diretores, presidente e outros *stakeholders*). Para isso, é de extrema importância que a alta liderança seja o principal motivador para a implementação do ágil escalado.

Preferencialmente, os *invites* devem vir da alta gestão, detalhando a importância da participação de todos, o propósito da cerimônia e o tempo que será necessário de dedicação, para que possa sair um planejamento alinhado com os objetivos da empresa.

O **segundo desafio** é ter de fato BO/*stakeholders* empoderados e com conhecimento claro dos objetivos da empresa, pois fatalmente produtos diferentes podem concorrer com necessidades de entrega no mesmo momento.

Esse tipo de decisão, de qual produto vai ter a prioridade nesse momento, tem que ser baseado no objetivo da empresa para aquele trimestre. Por isso, é importante todos terem a compreensão de que o trabalho colaborativo é que vai fazer uma entrega importante para a empresa, e não achar que um produto é mais ou menos importante do que o outro.

O **terceiro desafio** é tentar garantir o *timebox* de cada momento da cerimônia e, ao mesmo tempo, que os assuntos tenham o nível de detalhamento adequado para poder seguir com o trabalho.

É muito comum os times entrarem em debates bem detalhados e comprometerem o *timebox*. Para evitar isso, é de fundamental importância os SMs ajudarem o time a manter o foco e evitarem que gaste mais tempo que o necessário nesses debates.

Nesse momento, o facilitador/RTE pode apoiar com direcionamentos e trazer o time para a real necessidade da PI, que é um planejamento em alto nível e que o time poderá detalhar mais a compreensão. Então, a recomendação é sempre levar as estimativas para o pior cenário (maior pontuação).

O **quarto desafio** é a condução das primeiras PIs para o facilitador. É importante que se tenha uma determinada fluidez por ser uma cerimônia longa e cansativa, sendo recomendável colocar alguém que já conheça esse tipo de facilitação, pois pode ser complicado conseguir dar todos os direcionamentos na primeira vez.

Por fim, o **quinto desafio** é toda a logística para poder viabilizar uma PI, pois normalmente ela envolve mais de 100 pessoas, considerando aspectos como: ter local adequado; material disponível para trabalho; *coffee breaks*; ambiente que comporte os times com acústica adequada; ter os *boards* disponíveis, visíveis e fáceis de usar; e verificar se há local para almoço próximo ou se o tempo planejado é suficiente para o deslocamento (ponto crítico e com risco de atrasos).

Cabe considerar que pode ser necessário realizar esse evento de forma remota, no caso de haver alguma limitação para as pessoas se encontrarem pessoalmente. Mas, contando com ferramentas adequadas para transmissão e colaboração *on-line*, bem como um facilitador experiente, certamente a sua *PI Planning* será um sucesso!

54. *Scrum of Scrums* não é ágil escalado

Paulo Miele
Guilherme Santos

> É muito comum achar que somente realizar a cerimônia do SAFe® *Scrum of Scrums* é implantar o ágil escalado, porém existe uma grande diferença entre escalabilidade e uma cerimônia.

A cerimônia do *Scrum of Scrums* foi implementada pela primeira vez em 1996 por Jeff Sutherland e Ken Schwaber, dois pioneiros na estrutura do *Scrum*. Em suas atividades profissionais nas empresas em que trabalhavam, eles tiveram a necessidade de coordenar e sincronizar as tarefas produzidas por seus *squads* (equipes) individuais que trabalhavam em um mesmo projeto.

Com o objetivo de tentar gerenciar melhor as tarefas entre os *squads*, resolveram tentar uma nova forma de escalar o trabalho. Esse novo método de trabalho deu certo, se tornou maduro e em 2001 inspirou Jeff Sutherland a publicar o artigo "Agile Can Scale: inventing and reinventing SCRUM in five companies", que mencionou o *Scrum of Scrums* publicamente pela primeira vez.

A popularidade aumentou muito e suas ideias vêm sendo exploradas e colocadas em prática, e o escalonamento ágil vem se tornando cada vez mais importante para o sincronismo e a condução de projetos nas empresas.

O que é *Scrum of Scrums*?

Scrum of Scrums tem o objetivo de interagir as tarefas e sincronizar o trabalho de vários *squads* que trabalham juntos no mesmo projeto fornecendo soluções complexas utilizando técnica ágil.

Utilizando essa técnica, os *squads* podem se comunicar uns com os outros através de um representante. Cada *squad* tem o objetivo de garantir a produção de uma parte do produto e no final da *Sprint* deverá haver uma unificação.

Com isso, há uma integração do trabalho de todos os *squads* do projeto, gerando uma *release* de produto "pronto" e garantindo que esteja potencialmente funcional para ser validado na Revisão da *Sprint* juntamente com o PO. Sendo a *release* aprovada, de forma iterativa, é gerada uma integração do incremento ao produto funcional.

Utilizando os três pilares do *framework Scrum* – transparência, inspeção e adaptação – em escala, o Time *Scrum* consegue ter a mesma direção com um único objetivo a ser traçado, respeitando seus pré-requisitos de entregas e deixando todos alinhados com o que foi acordado no planejamento da *Sprint*.

Devemos ter cuidado com o tamanho dos *squads*, pois se for grande aumenta muito a complexidade da comunicação entre os profissionais, fazendo aumentar as dependências e dificultando seu fluxo. Esse ponto e os relacionamentos pessoais do *squad* podem melhorar muito ao dividir os *squads* grandes em outros menores, facilitando o alcance do resultado final da *Sprint*.

Outro ponto muito importante é momento da divisão dos *squads*, pois é preciso equilibrar as habilidades e os conhecimentos técnicos entre os profissionais. Também é de extrema importância ter o cuidado de dividir tarefas entre os *squads* na *Sprint*.

Temos que evitar ao máximo as dependências, pois elas podem se tornar grandes gargalos e levar a atraso na entrega da *Sprint*. Para superar os gargalos e atrasos, devemos priorizar as histórias e suas complexidades em cada *Sprint* e dar uma atenção especial à Retrospectiva.

Uma forma de analisar o potencial escalado seria: capacidade de identificar e remover impedimentos; a integração da informação e das tarefas em todos os *squads* envolvidos no projeto; e ter o potencial de analisar e validar a integração do incremento.

Atuação das equipes no *Scrum of Scrums*

O *squad Scrum* atua e participa dos mesmos eventos de uma *Sprint* e tem as mesmas funções, sendo imprescindível sua realização para poder colocar em prática os três pilares que apoiam a implementação de controle de processo empírico: transparência, inspeção e adaptação.

No *Scrum of Scrums*, o *Scrum Master* deve se concentrar no *backlog* de progresso e em impedimentos para os outros *squads* e de seu *squad*, atuando como facilitador na priorização ou remoção de impedimentos e melhorando continuamente a eficácia do *Scrum of Scrums*.

Como acontecem as reuniões de *Scrum of Scrums*

Um representante de cada *squad* daquela *Sprint* vai para a reunião de *Scrum of Scrums* para alinhar, melhorar e combater impedimentos. O representante ouve dos representantes de outros *squads* o que eles estão fazendo, fala o que o seu *squad* está fazendo e depois, ao final dessa reunião, volta para o seu *squad* deixando todos atualizados sobre as informações da reunião.

Essa reunião poderá ocorrer de duas a três vezes na semana e logo depois da *daily* que ocorre nos *squads* individualmente.

Na reunião de *Scrum of Scrums*, devem ser respondidas por cada representante as seguintes perguntas:

1. Desde a última reunião, no que meu *squad* tem trabalhado?
2. O que o meu *squad* precisa concluir e que ainda não terminou ou não foi feito, e que os outros *squads* estão esperando?
3. Até a próxima reunião, o que o meu *squad* irá fazer?
4. Quais dependências poderão ocorrer em outros *squads* ou ser afetadas com o planejamento da execução de tarefas do meu *squad*?

Dois fatores importantes para o sucesso do projeto

Para que o resultado seja alcançado com sucesso e em conjunto, é preciso:

✓ **Ter uma única "definição de pronto" para todos os *squads*.** Os *squads* trabalham de forma individual. No final da *Sprint*, devem respeitar a definição de pronto em suas entregas e devem realizar a integração de todas as histórias desenvolvidas, gerando um incremento de produto potencialmente liberado.

✓ ***Backlog* do produto único para todos os times.** É de extrema importância para o projeto e para a utilização do *Scrum of Scrums* que seja adotado um único *backlog* do produto, alinhando todos os *squads* do projeto. Os requisitos funcionais e não funcionais devem estar bem alinhados com os *stakeholders*. As histórias sempre devem estar preparadas pelo PO antes do início da próxima *Sprint*. Particionar o *backlog* do produto (histórias/conjunto de funcionalidades) beneficia grandes projetos. Os subconjuntos desse particionamento permitem que os *squads* entendam a complexidade e a entrega final do produto, aumentando a produtividade nas entregas do projeto.

Projetos grandes podem implementar o *Scrum of Scrum of Scrums* – Atuação das equipes

Um PO pode atender a vários *squads*, e cada *squad* precisa de um PO. Para ele atender a mais de um *squad*, deve-se avaliar a complexidade da *Sprint* e a entrega com a qual cada equipe se comprometeu na reunião de planejamento.

A alternativa que se tem quando o PO fica sobrecarregado é inserir outros POs subordinados atuando diretamente em cada *squad* ou *squads*, fazendo a interação com o PO chefe, o qual garante que as informações e a implementação de cada requisito cheguem de forma clara para cada participante de cada *squad* do projeto.

O PO chefe é quem tem a autoridade maior sobre o projeto, estabelece a prioridade do *backlog* do produto, prioriza as entregas dos requisitos e define como cada requisito deverá ser implementado, com seus critérios de aceite para cada história.

Dependendo da complexidade do projeto, temos dois tipos de implementações de POs:

✓ **Projetos simples:** temos uma equipe de POs e um deles será o chefe.
✓ **Projetos complexos:** temos um chefe com uma equipe de POs.

O PO chefe coordenará os POs subordinados, bem como o projeto e a priorização das entregas dos requisitos com os *stakeholders*, dando ciência de todo o conhecimento aos POs subordinados, que deverão atuar como um facilitador do entendimento das histórias de cada *Sprint*.

Assim como cada equipe precisa ter um PO, também deve ter um *Scrum Master* que possa atender a um ou mais *squads*. Podemos adotar um chefe dos *Scrum Masters*, cujo papel será de visualizar e ajudar nos impedimentos em todo o projeto, assim como suas funções normais de promover e suportar o *framework Scrum*, ajudando todos a compreender e praticar a agilidade, colocando em prática suas regras e valores.

Embora essa prática seja muito útil para a integração e o trabalho conjunto de vários *squads* para a entrega de um produto único, é importante reforçar que se trata de uma cerimônia somente, e não um *framework*, e que pode ser perfeitamente adotada em conjunto com outras práticas para o alcance dos resultados.

55. Disfunções na implementação de OKRs

Lucas Tito
Ronaldo Menezes

> O intuito do texto é complementar o capítulo sobre OKRs, porém destacando os pontos de atenção na sua implementação no ágil escalado.

A aplicação de OKRs pode parecer simples, porém, quando os colocamos em prática nas organizações percebemos que não é bem assim. Por conta disso, é comum que disfunções surjam – listamos as principais delas a seguir, bem como possíveis soluções.

- ✓ **Disfunção 1:** falta de acompanhamento constante por todos os interessados de forma coletiva, levando a desalinhamento, falta de visibilidade e adaptação.
- ✓ **Solução:** criação de local para armazenar os OKRs e que seja visível para todos na organização.

É recomendável reunir-se frequentemente para acompanhar os resultados e tomar as decisões necessárias (*check in*). Estimule a participação de todos, com abertura, respeito e comprometimento, independentemente do nível hierárquico.

É bom que haja um ou mais membros na organização que seja um facilitador (OKRs *champion*) para colaborar com a condução de cerimônias e trabalhar a cultura junto à organização.

Essa falta de frequência pode ter diferentes origens que devem ser analisadas, como, por exemplo, o boicote por gestores que trabalham com comando e controle, diretores que justificam que seu tempo é escasso, etc. Cada uma dessas disfunções individuais deve ser tratada na medida do possível.

- ✓ **Disfunção 2:** dificuldade de começar por um "Por quê?", que leve a um objetivo estratégico genérico e com propósito. Quando isso ocorre, é frequente que

384 Jornada do Ágil Escalado

cada objetivo, por não ser genérico, se torne sinônimo de iniciativas (soluções para resolver problemas). Por consequência, os times envolvidos nessas iniciativas "brigam" por estarem apaixonados por suas iniciativas e empurram a culpa para outros.

✓ **Solução:** trabalhar com a alta gerência, diretoria ou *board* o propósito da empresa, os problemas que a empresa quer resolver e os resultados que ela espera, isso de forma abstrata e sem envolver nomes de times, soluções, iniciativas etc. Depois, trabalhar questões culturais de colaboração entre os times, para juntos identificarem caminhos para alcançar os KRs estratégicos, sem ninguém ficar preso na própria bolha.

Aqui vale a sugestão de leitura do Capítulo 9 baseado no conceito de Simon Sinek, que corrobora com a ideia de que propósito e bons líderes motivam pessoas, e dessa motivação podemos esperar o melhor. Lembre-se de sempre ser um apaixonado pelo problema e nunca pela solução, porque ela pode impedir que você pense fora da caixa.

✓ **Disfunção 3:** demora em definir os objetivos estratégicos ou táticos. Isso implica em não aproveitar oportunidades e deixar de se tornar competitivo, além de gerar desmotivação. As pessoas precisam pôr a mão na massa e se comprometer. O tempo ruge e a Sapucaí é grande.

✓ **Solução:** identificar com a diretoria, alta gestão e *board*, em nível estratégico, quais são as certezas, suposições e dúvidas do negócio. Priorizar as mais críticas e criar objetivos e seus resultados para que sejam validadas hipóteses e para que o próximo OKR seja mais bem construído e com um grau menor de incerteza.

É melhor ter incerteza baixa e correr atrás do aprendizado do que continuar ignorante até o final do ano, sem saber para onde a empresa está indo. Durante essa jornada, identifique os desperdícios e corte-os, inclusive processos, se necessário. Esse fluxo de construir, medir e aprender não vale só para produtos, MVPs, e sim para tudo o que uma organização pode fazer, incluindo OKRs, da forma mais *Lean* possível.

Vamos concordar que é muito melhor aprender em curtos espaços de tempo do que criar objetivos para os próximos cinco anos, como era feito no passado! Com OKRs você terá no mesmo período no mínimo cinco oportunidades para aprender!

Uma brincadeira válida: quando não temos certeza, a gente dá um C.H.U.T.E: Construção de Hipóteses Universais para Tentativa e Erro. Essa questão da "tentativa e erro" é algo interessante porque nos permite questionar: erros são bons?

Depende se a sua cultura aceita erros. E deveria aceitar, visto que erros são ótimos professores. Isso implica que errar é bom, mas se, e somente se, trouxer aprendizado. Não é qualquer erro que vale a pena.

Uma organização é feita de pessoas; pessoas erram; logo, organizações erram. Pessoas também são ótimas e devemos aproveitar o melhor delas. Então uma empresa que trabalha com OKRs, dado tudo o que falamos antes, deve incentivar que seus colaboradores C.H.U.T.E.M.

Mudamos um pouquinho a sigla para incluir o "M" no final tanto para indicar o plural, já que estamos falando de coletivo, quanto para incluir no significado a palavra "Metrificável". Sendo assim, todos da organização deveriam poder criar Condições Hipotéticas Universais para Tentativa e Erros Metrificáveis.

- ✓ **Disfunção 4:** desalinhamento entre a solução, a estratégia e o propósito. Pivotar uma solução começa a ser uma tarefa difícil porque não se tem clareza de onde ela impacta.
- ✓ **Solução:** a criação de um mapa de impacto de um OKR tático para com todos os seus OKRs estratégicos é relevante. Dessa forma, é possível verificar a dependência entre os resultados e as condicionais envolvidas, que podem gerar novas hipóteses para serem validadas.

O objetivo é sempre trabalhar com alinhamento, diminuir gargalos e impedimentos, incluindo ações *cross* time. Todos os insumos gerados devem ser considerados na *planning* dos times envolvidos ou em demais ritos, visto que a empresa assumiu certo grau de escalabilidade.

- ✓ **Disfunção 5:** aplicabilidade agressiva dos OKRs. Mudanças não ocorrem da noite para o dia. Usar OKRs também não funciona assim. Expor todos de forma brusca sem preparar o *mindset* pode gerar conflitos, brigas, competitividade e outras questões culturais difíceis. Machucados podem aparecer e nem todos são tratáveis.
- ✓ **Solução:** além de todas as outras dicas precisarem ser seguidas, indicamos ainda começar aos poucos. Aplique o OKR em uma unidade de negócio de forma trimestral (ou mais curto) para permitir rápido aprendizado, ou talvez em um time, e vá acompanhando, medindo e aprendendo de forma a ter mais insumos para aplicar em uma segunda unidade/time, depois em uma terceira e por aí vai. O OKR em sua essência é aplicado também de baixo para cima, ou seja, não é algo forçado e empurrado pela diretoria, alta gestão e *board*.

386 Jornada do Ágil Escalado

Por isso a cultura é tão importante. Sua análise unidade a unidade, de forma evolutiva, pode ser um ótimo caminho para ir realinhando discursos e expectativas. Fazendo isso, você vai aprimorando a técnica, e cada novo sucesso faz com que os membros das unidades anteriores se tornem promotores da cultura e da metodologia.

- ✓ **Disfunção 6**: microgerenciamento dos indivíduos. OKRs não são para dar *status report*, muito menos para cuidar do trabalho de cada colaborador.
- ✓ **Solução**: agilidade (e não seria diferente no OKR) não se preocupa em gerenciar pessoas, e sim em dar as ferramentas para que elas façam o seu melhor, desenvolvendo e aprimorando habilidades. Por isso é importante trabalhar com a liderança, seja ela estrutural, hierárquica ou influência emergente, visto que faz parte do trabalho delas, como incentivar e engajar pessoas.
- ✓ **Disfunção 7**: objetivos e resultados estarem ligados a bonificações. Isso significa que alguns comportamentos poderão ocorrer:
  - Indivíduos não estarão motivados de forma intrínseca, dando o seu melhor.
  - Foco no ganho próprio e individual financeiro.
  - Criação de cultura competitiva não saudável.
  - Dificuldade inerente em identificar novas oportunidades e inovar.
  - Efeito *sandbagging*, que significa cada vez mais diminuir a dificuldade e a motivação das metas, para que elas se tornem cada vez mais fáceis de alcançar, o que implica em um forte senso de sobrevivência, conformidade e comodismo.
- ✓ **Solução**: dê bônus para ideias, ajuda do time para o time ou fora do time, ou seja, permita que surjam atitudes positivas de colaboração. Essas coisas sempre contribuem para um resultado positivo sem estar ligado a metas, e sim a comportamentos.

A identificação de oportunidades, ainda que no nível tático, deve ser incentivada porque a organização deve ter espaço de abertura em todos os níveis. Uma boa ferramenta para experimentar é o *Merit Money*, do *Management* 3.0, porém não é a única. Ouse e veja o que funciona para a cultura da sua organização.

- ✓ **Disfunção 8**: KRs demais ou de menos. Isso implica em alcançar resultados sem um balanceamento do propósito. Os objetivos não devem ser alcançados a qualquer custo, e os fins não justificam os meios, da mesma forma que não podemos gastar mais tempo medindo do que na resolução de problemas.
- ✓ **Solução**: reforçar sempre que possível o propósito de cada objetivo, estimular que pessoas pensem nos impactos positivos e negativos para cada KR, e criar outros que balizem os comportamentos para que não sejam tóxicos. Estimule reflexões para descobrir se algum OKR está apoiado em vieses cognitivos.

Fale com todos os membros ideias como: se nosso concorrente tivesse esse KR e a gente quisesse ser melhor, como faríamos? Como podemos ter a certeza de que esse KR será o melhor e com um ótimo propósito?

Lembre-se de que métricas moldam comportamentos. Por isso, vale ter reforços sobre a ética e para onde a empresa quer ir. Exemplo, não crie KR de venda sem pensar na confiabilidade, qualidade, satisfação, usabilidade, utilidade, rentabilidade etc.

Em um estudo de Jamie-Lee Campbell e Anja S. Göritz (2014), bem interessante, várias questões sobre organizações corruptas foram elencadas. Algumas vieram de medições erradas e de objetivos tortos que podiam ser burlados para alcançar metas financeiras.

A princípio, tente fazer com que que todos os OKRs caibam em, por exemplo, uma folha de *flip chart*. Talvez essa seja uma boa forma para começar e não se perder. Priorize, priorize e priorize. Se necessário, arranque os pontos não frequentes e menos importantes.

- ✓ **Disfunção 9**: a diretoria, alta gestão ou *board* não cria KRs estratégicos, e o mais natural é que o nível tático tente fazer isso. O problema é que, se o nível mais alto não for comprometido e não tiver o senso de "dono", comportamentos tóxicos podem ocorrer, porque nada será ou estará suficiente nos demais níveis. Isso é óbvio, porque membros do nível tático não têm bola de cristal e nem sabem ler mentes. O desalinhamento será a consequência esperada.
- ✓ **Solução**: os OKRs devem ser da empresa e não de nichos específicos. Caso a alta gestão, diretoria e *board* tenham dificuldade de criar KRs estratégicos, então que eles façam o seu melhor dentro das condições que possuem. No entanto, o *output* desse trabalho deve ser aberto para toda a empresa dar *feedback*.

Esse *feedback* servirá de insumo para melhorar o que já foi feito, juntamente com *workshops* que poderão ser realizados para tirar dúvidas. Lembre-se de trabalhar o máximo possível para que os ambientes sejam seguros, para todos estarem confortáveis. Estimule perguntas!

- ✓ **Disfunção 10**: utilizar a entrega de projeto ou *feature* como KR. Isso não faz sentido porque não é mensurável, a não ser o famoso binário sim ou não. Talvez até estejamos em uma situação pior, onde ninguém sabe o valor do KR definido.
- ✓ **Solução**: para resolver isso, basta perguntar: qual resultado teremos se entregarmos dessa forma? Diminuição dos gastos ou aumento dos lucros? Satisfação do cliente? Isso sim seriam resultados esperados. Vale questionar sempre.

O que pode auxiliar também, como ponto de partida, é usar a técnica AMAR, que consiste em construir *key results* que contenham uma das quatro formas a seguir:

✓ Aumentar a métrica A de x para y
✓ Manter a métrica B em x
✓ Atingir o valor de x na métrica C
✓ Reduzir a métrica B de x para y

Com isso, você assegura que seu KR possui um ponto de partida e um ponto de chegada, o que o torna mensurável e permite que ele responda à pergunta "estamos atingindo o resultado?".

56. E depois de escalar?

Alessandro Teixeira Reis

> Um desafio ao escalar é garantir que seus objetivos sejam alcançados, não somente do ponto de vista do negócio, mas dos valores intangíveis na ótica de todos os impactados pelos resultados.

Contexto

Chegamos a um momento crucial dessa jornada que motivou empresas a escalar a agilidade. Pessoas, processos e resultados foram impactados. A realidade não foi necessariamente alterada por uma "bala de prata", mas houve mudanças na essência do *status quo*.

Qual foi a percepção das pessoas no âmbito da empresa ou daqueles que estão no final de toda a cadeia?

Faremos uma imersão suportada por princípios e práticas com o objetivo de obter um *feedback* abrangente, de maneira que possamos entender a percepção e coletar insumos para garantir uma evolução contínua, incremental e sustentável da escalada ágil.

Uma premissa importante é que precisamos assumir que a avaliação desses resultados não é algo trivial, tampouco imediata. Ultrapassa, inclusive, a esfera das retrospectivas envolvidas em todos os níveis, conforme praticado em qualquer abordagem ágil.

Também devemos assumir que não há uma fórmula mágica na agilidade que mude a realidade em um simples estalar de dedos. Para isso, buscamos o melhor formato para o ambiente da organização, respeitando principalmente o ponto de vista das pessoas. Elas são o pilar da transformação, sempre!

E o mais importante: as conclusões serão embasadas pelo propósito de escalar o ágil – **a criação de um ambiente que proporcione a geração de melhores resultados, abrangendo uma maior complexidade de variáveis da organização. Em sua essência, está a estratégia, permeando uma evolução sincronizada de todos os produtos que suportam o** *core business*.

Um breve olhar para o início

Dentre as várias razões que motivam a escalada ágil em uma organização, temos alguns pilares que suportam consistentemente esse movimento:

- ✓ **Linhas de produto.** Produtos conhecidos e mapeados no portfólio, com seus times estabelecidos e atuando sob boas práticas *Lean/Agile*.
- ✓ **Objetivos estratégicos.** Cadência dos ciclos de entrega dos times em alinhamento com direcionadores estratégicos, sustentando assim o fator **previsibilidade**.
- ✓ **Patrocínio.** Visão clara dos resultados esperados pelas áreas de negócio, impulsionando foco, sinergia e engajamento no desenvolvimento, atendendo aos interesses individuais e coletivos do negócio.
- ✓ **Dependências.** Conhecimento das relações intrínsecas entre produtos e demais soluções, bem como dos riscos de descontinuidade e impactos ao negócio.
- ✓ **Indicadores de resultado.** Indicadores não são unicamente aqueles que evidenciam aumento de receita, redução de custos ou maior eficiência operacional, extrapolando esses indicadores à dimensão da **satisfação**. São termômetros do negócio. Nessa dimensão, lidamos com a **percepção das pessoas** que enxergam as mudanças, e sua opinião deve fazer parte de uma análise completa do todo. Sabemos obviamente que **o que não pode ser medido, não pode ser controlado, nem mesmo gerenciado**, e sem uma **medição** confiável e abrangente não conseguiremos interpretar corretamente a realidade, entendê-la, nem tomar decisões inteligentes.
- ✓ **Inovação.** Não podemos deixar de citar a inovação como um combustível de toda e qualquer iniciativa que venha a suportar aumento de **eficiência** e **produtividade**, pois estas serão molas-mestras das métricas para a avaliação dos resultados.

O fator percepção

No âmbito dos indicadores de resultado, existem os tangíveis e os intangíveis. No primeiro domínio, tratamos da aferição de indicadores matematicamente objetivos, como os financeiros. No segundo, há subjetividade – percepção, que pode ser distorcida e influenciar o primeiro domínio se não for interpretada corretamente.

Além disso, precisamos dar uma atenção especial à visão executiva. Devemos fazer uma autocrítica para avaliar se a comunicação está fluindo com clareza em todas as esferas, principalmente em relação ao atingimento dos objetivos-chave que motivaram a decisão de escalar o ágil.

Os patrocinadores não podem somente **acreditar**. Eles precisam **vivenciar** o momento, pois quanto mais próximos estiverem dessa nova realidade, mais darão insumos importantes ao **fator percepção**.

Como tratar então essa percepção intangível dos resultados?

Em primeiro lugar, estamos falando de grupos heterogêneos de pessoas, algumas das quais serão testemunhas oculares das mudanças estruturais do ágil escalado. Mesmo em nível executivo, há nuances corporativas que podem criar cenários bem peculiares de engajamento ou distanciamento.

Dessa forma, de acordo com a representação na Figura 56.1, surge um efeito **halo**: quanto mais distantes as pessoas estão deste centro, menor a percepção da mudança em relação aos resultados provenientes da entrega de valor ao produto. Inversamente proporcional também é seu engajamento com a mudança.

Todos aqueles que estão na periferia (zona cinza-claro) e na área exterior (o público em geral, até mesmo além das fronteiras da empresa) também são impactados pelos efeitos das mudanças.

Essa representação também evidencia outro elemento importante. O público **impactado pelos resultados** é maior quanto mais distante do centro. Nesses grupos, o fator percepção deve realmente ser conhecido e respeitado, pois justamente são eles que sofrem os impactos **indiretos** (mudança no **como** (how)) e **diretos** (em relação ao **quê** (what) e **quando** (when)), e os produtos que fazem parte de seu dia a dia operacional serão transformados.

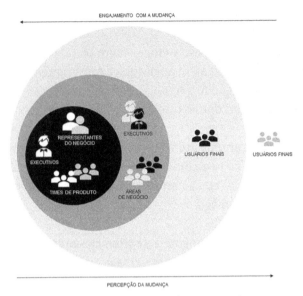

Figura 56.1. O efeito halo no fator percepção.
Fonte: os autores.

Os resultados em relação a essa visão podem contribuir para **detectar pontos de incompatibilidade** com a proposta do formato do ágil na empresa, **pontos cegos** em premissas assumidas (minimizando a criação de expectativas equivocadas) e **elementos de bloqueio** – seja por questões pessoais, falta de colaboração ou carência de requisitos técnicos.

A esfera executiva também merece uma atenção à parte. Pode haver uma percepção superficial da mudança, dependendo diretamente do **envolvimento pessoal** durante o *roadmap* do ágil escalado na organização.

Se nesse grupo existir distorção em relação aos objetivos do movimento, papéis e responsabilidades, haverá um comprometimento direto no nível de engajamento dos grupos que estão atuando na "linha de frente".

Como consequência, até mesmo os resultados da transformação podem não ser alcançados. De fato, todos são responsáveis, e somente com a **colaboração** não hierárquica e uma avaliação contínua e abrangente das **mudanças** os alvos serão devidamente alcançados.

Medindo a percepção

Medir resultados intangíveis deve se tornar algo cada vez mais comum em empresas que enxergam isso como vantagem competitiva.

Duas ações simples e de baixa complexidade, conforme sugestões a seguir, podem apoiar significativamente essa captura da visão do todo e, a partir dos resultados obtidos, prover elementos que nos dirão por que chegamos até aqui – e o que devemos mudar.

Pesquisas direcionadas

Questionários (*surveys*) que preservam o anonimato dos participantes são uma ferramenta poderosa para entender todos aqueles que são impactados de uma forma ou de outra.

Vários *insights* importantes também podem ser obtidos com o uso desse tipo de ferramenta. Essa visão *out-of-the-box* retroalimentará os envolvidos, pois os resultados evidenciarão as variáveis que podem ser trabalhadas a curto, médio e longo prazo.

Métricas baseadas em índices de satisfação podem ser criadas com base nesses resultados e em uma abordagem de melhoria contínua, suportando a definição de elementos que delimitarão as decisões. É o pensamento coletivo embasando o *roadmap*.

No domínio de produtos, muitas empresas falam diretamente com o consumidor final. Ele é o responsável direto por sinalizar quais benefícios enxerga ou o que entende de importante, devendo ser ouvido atentamente.

Pesquisas com grupos de foco

Nem todas as pessoas da empresa têm participação direta na transformação para o ágil escalado. Algumas são diretamente impactadas, mas podem (e devem) contribuir para a análise dos resultados obtidos.

A formação de grupos de foco para discussão, apoiados por softwares de videoconferência ou até mesmo de reuniões presenciais, pode fomentar *brainstormings* entre todos aqueles que podem contribuir com uma análise dos efeitos das mudanças em sua realidade.

É um momento para levantar questões, propor mudanças e contribuir para a redução de qualquer relutância dos envolvidos na transformação, por meio do entendimento das suas necessidades e dificuldades com relação a esse processo.

Conclusões

A grande vantagem de escalar o ágil em uma empresa não é somente a capacidade de reação às mudanças, mas garantir uma sincronia entre a estratégia e o *feedback* contínuo sobre os resultados.

Estes devem ser encarados como uma composição (complexa) de variáveis que vão tornar o negócio preparado para sobreviver às intempéries do mercado. Não é uma questão de olhar para trás. É uma decisão que muda uma realidade, devendo ser encarada como um diferencial competitivo por todos os envolvidos.

Com o nível de engajamento adequado, a mudança será facilmente absorvida e justificada em qualquer uma das esferas na empresa. Somos parte da transformação e é nosso dever torná-la um novo jeito de atingir os melhores resultados.

57. Escolher ou adaptar? Conheça o modelo JAE (bônus)

Jornada Colaborativa

> Este capítulo se propõe a apresentar ao leitor o modelo JAE (Jornada do Ágil Escalado), que visa colaborar com organizações que já praticam a agilidade, respeitando suas experiências e contextos.

Cada organização é única e possui suas particularidades. Seus processos, valores e, mais importante que tudo, uma cultura e propósito que são únicos e a tornam diferente de qualquer outra do mercado, mesmo que se possa comparar uma organização a outra em aspectos como tamanho, faturamento e segmento de atuação.

Sendo assim, é necessário compreender a necessidade ou capacidade de adotar a agilidade, e a adaptação, que se torna um aspecto importante a observar em uma implementação de mudanças nos processos organizacionais, independentemente de quais alterações e seus impactos decorrentes dessas ações.

Entretanto, ao deparar com a necessidade de iniciar um processo de gestão de mudanças, a empresa pode se ver diante de uma verdadeira "escolha de Sofia", tendo que optar entre dois caminhos que podem ser igualmente complexos: ou usar algum modelo existente de forma completa; ou adaptá-lo à sua necessidade, em maior ou menor grau.

E ao enveredar pelo caminho do ágil escalado, essa situação não seria diferente! Com tantas opções, qual o melhor para minha empresa? Qual nos oferece mais benefícios e simplicidade de implantação?

Outro ponto importante é que essa escolha precisa ser "bancada" pelos líderes organizacionais. A necessidade de mudança precisa vir *top down* e acompanhar um movimento *bottom up* liderado por apoiadores, alinhado com o C-*Level*, despertando esse senso e uma visão crítica nos líderes. Caso contrário, a resistência à mudança nos processos e funções será muito grande e pode levar a iniciativa de mudança ao fracasso.

O caminho errado

Como apresentado na Parte IV deste livro, existem diversos *frameworks*, práticas, métodos e modelos. A empresa pode escolher um deles para responder a algumas perguntas e dar a direção para a escalada do ágil, sendo necessário ter o entendimento de qual é a necessidade da sua empresa, qual o seu *status quo*.

Este livro tem por objetivo apresentar de forma macro, simples e prática as diferentes abordagens e orientar sua empresa para essa jornada de escalada do ágil, facilitando o processo de entendimento e escolha, integrando os aspectos importantes relativos ao cenário mundial, pessoas, organizações e desafios que podem ser encontrados no caminho. Nossa comunidade trabalhou muito para que a missão fosse cumprida!

Entretanto, identificamos algo que parece óbvio, mas que vemos acontecer com grande frequência e que nos leva ao insucesso na escalada. É o fato de tentar resolver problemas da sua empresa com modelos, práticas, métodos ou *frameworks* que deram certo em outras empresas – por exemplo, copiar o "modelo Spotify".

"Copiar" modelos prontos pode ser um erro fatal e custar muito caro à organização, podendo criar diversas barreiras à adoção do ágil em escala e comprometer os objetivos da escalada, dificultando a sua implementação atual e até tentativas futuras.

Então, antes de iniciar a escalada conheça os modelos e evite fórmulas prontas ou mágicas, procure adaptar aquele que estiver mais aderente à sua realidade, a fim de que o resultado seja o mais efetivo para a sua organização e contexto no qual está inserido.

Bom! Falamos um pouco sobre o caminho errado, que foi mais explorado na Parte V, mas qual é o caminho certo? Na verdade, não existe uma "receita de bolo" para o sucesso na implementação do ágil em escala, então o que fazer?

Existem vários modelos, vários *benchmarks* e *cases* de sucesso, como vimos até aqui, mas nada disso garante que a sua organização terá sucesso. Então vamos entender, passo a passo, como podemos começar essa jornada.

Preparando o terreno

Conhecer bem o ambiente no qual se está inserido, os valores, ativos e a cultura organizacional, bem como toda a estrutura da empresa, é condição primordial para iniciar esse processo de implementação.

Como visto no Capítulo 16, podemos considerar cinco passos para iniciar essa adoção, apresentados de forma resumida a seguir:

1. Mapear ambiente
2. Aplicar modelo
3. Criar recursos
4. Habilitar
5. Melhorar

Para efeitos deste capítulo, ressaltamos a necessidade de estabelecer um passo intermediário entre os passos 1 e 2, onde avaliamos os modelos existentes no mercado e chegamos a um entendimento mais claro sobre qual implantar, ou o plano necessário para adaptá-lo à realidade da empresa (previamente mapeada).

É necessário considerar, portanto, alguns aspectos importantes para essa análise sobre o modelo a ser escolhido ou adaptado, como sugerido a seguir:

- ✓ Tamanho da empresa e times
- ✓ Maturidade em agilidade
- ✓ Camadas de decisão
- ✓ Orientação mais a projetos ou produtos
- ✓ Localização dos colaboradores
- ✓ Rigidez ou flexibilidade burocrática e de gestão
- ✓ Complexidade técnica e do problema

O modelo proposto

Escalar a agilidade na organização, como visto ao longo de todo o livro, envolve grande complexidade e é uma jornada repleta de desafios. Por isso, é preciso estar galgada em pilares sólidos que a sustente.

É extremamente importante que a organização tenha um foco em ciclos curtos para a entrega de valor aos clientes, os quais estão no centro, e foco no desenvolvimento das equipes, as quais devem ser multidisciplinares e atuar de forma autônoma.

Também devem ser levadas em consideração duas características da agilidade: a experimentação e o MVP. Como não existe "receita de bolo", comece e corrija o rumo de acordo com os *feedbacks* coletados durante a implementação do seu método.

Comece com um MVP e vá construindo seu modelo pouco a pouco. Não tente implementar algo complexo de uma só vez, no formato *Big Bang*, como mencionado no Capítulo 46. Use o ágil para implementar o ágil escalado!

Além disso, é preciso que a organização e os times trabalhem de acordo com objetivos claros e alinhados à estratégia, bem como ao propósito da empresa, tendo a capacidade de responder às mudanças do mercado e do cliente de forma rápida e estruturada.

Dessa forma, estruturamos o que chamamos de modelo Jornada do Ágil Escalado (JAE), no qual são considerados os cinco pilares relativos à agilidade e à entrega de valor, conforme Figura 57.1 a seguir:

Figura 57.1. Pilares do modelo JAE.
Fonte: os autores.

1. **Respeito às pessoas:** muito já se falou sobre a importância das pessoas quando falamos de agilidade. Elas devem estar em primeiro lugar em qualquer implementação ou processo de mudança.
2. **Adaptação dos modelos atuais da empresa:** é preciso respeitar o que a empresa construiu até aqui, mas adaptando seus modelos a uma nova realidade, de forma a sair do *status quo* e causar um bom "desconforto" com a mudança.
3. **Melhoria contínua:** faz-se necessário ter uma abordagem de aprendizado e adaptação de forma evolutiva, buscando melhorias nos processos e na entrega de valor ao cliente.
4. **Cultura de qualidade:** é muito importante trazer o conceito da qualidade na origem, fazendo certo da primeira vez, evitando desperdícios e retrabalhos, em todo o fluxo de valor da empresa.
5. **Alinhamento ao contexto e à estratégia:** o contexto no qual a iniciativa (produto, projeto, etc.) e também a organização estão inseridos importa e deve direcionar as ações, assim como a estratégia, cujos objetivos deverão ser buscados por todos.

Por fim, para as equipes estarem plenamente integradas, é preciso que haja uma forte interação entre as diversas camadas e áreas da organização, possibilitando que todos estejam alinhados com os objetivos definidos na estratégia para a entrega efetiva de valor ao cliente, como consta na Figura 57.2:

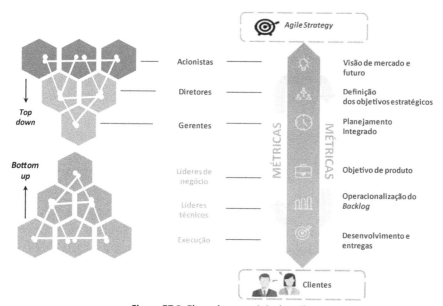

Figura 57.2. Fluxo de estratégia do ágil.
Fonte: os autores.

É extremamente importante que haja um alinhamento da estratégia com as necessidades dos usuários, garantindo uma integração em diversos níveis, com a definição dos objetivos feita de forma colaborativa e os avanços medidos por métricas, deixando claro que não há uma imposição *top down* para que isso ocorra, mas, sim, um direcionamento.

O modelo prevê, portanto, como pontos de partida dois aspectos imprescindíveis. O primeiro se trata do ambiente que circunda a organização, como aspectos socioeconômicos e demandas dos clientes, que orientam a organização por meio de dados (*data driven*).

O segundo é o propósito (PORQUÊ) para o qual ela existe (como visto no Capítulo 9), tudo isso tendo por base um *mindset* ou cultura ágil na organização. Isso permitirá uma definição clara da estratégia e outros aspectos que dão o direcionamento necessário a todos:

- ✓ **Definição dos OKRs estratégicos:** objetivos corporativos, alinhados à estratégia e à missão corporativa, que podem ser representados através de OKRs (vide Capítulo 13).
- ✓ **Visão corporativa:** é como a empresa se enxerga no futuro, aonde ela quer chegar, o seu objetivo a ser alcançado no longo prazo.
- ✓ **Portfólio de iniciativas:** como visto no Capítulo 31 (*Lean Portfolio Management*), é importante ter essa visão compartilhada das ações e priorizá-las de acordo com os objetivos da empresa.
- ✓ **Visão do cliente e do mercado:** com base nas necessidades identificadas, se poderá definir mais claramente a estratégia e aonde a empresa quer (e pode) chegar.
- ✓ *Lean budget:* contando com um orçamento enxuto, a empresa terá um foco cada vez maior na geração de valor, com um menor desperdício e retrabalho.

Uma vez que os OKRs estratégicos são estabelecidos, as áreas ou programas podem definir seus próprios OKRs que contribuirão para o alcance dos objetivos principais da organização, bem como é possível estruturar o "COMO" que permitirá que esse processo se realize.

- ✓ **Alinhamento dos OKRs:** os OKRs vão apoiar na "checagem" e correção de rumos. Como estão alinhados com os objetivos estratégicos, são uma ferramenta sensacional para medi-los e identificar os desvios.
- ✓ *Roadmap* **de produtos:** as iniciativas que foram definidas no portfólio se desdobrarão em produtos a serem entregues e que irão contribuir para o alcance dos objetivos e resultados estabelecidos.

Escolher ou adaptar? Conheça o modelo JAE (bônus) **401**

✓ **Direcionadores operacionais:** *drivers* técnicos e operacionais que darão o caminho para que as equipes possam realizar suas atividades.

✓ **Processos e governança *Lean*:** focados em aspectos imprescindíveis para a geração de valor, focam em um controle adequado e otimizado, sem exercer uma abordagem fiscalizatória e negativamente burocrática.

✓ **Definição da taxonomia:** é a organização ou a estruturação dos times dentro das suas missões e/ou produtos, deixando claro para toda organização o que cada time representa (vide Capítulo 51).

E assim vai, até chegar às equipes que operacionalizam as ações com base em entregas de valor sobre "O QUÊ" o cliente necessita, evoluindo na maturidade e se valendo da experimentação, para que se possa inovar e realizar os resultados-chave e, consequentemente, alcançar os objetivos definidos.

✓ **Alinhamento dos OKRs:** novamente, são importantes para garantir que os times estão alinhados com os objetivos estratégicos e táticos, sendo eficazes para medir avanços e identificar os desvios.

✓ **Arquitetura e infraestrutura:** garantir os recursos físicos e tecnológicos necessários para que as equipes possam realizar suas entregas.

✓ **Produtos e MVPs:** focar na entrega antecipada de produtos de valor e se valer da validação de hipóteses com usuários, a fim de encurtar o ciclo de *feedback*.

✓ **Canais e serviços:** tão importante quanto criar produtos de valor é estabelecer a melhor forma de fazê-los chegar a seus clientes, definindo os melhores canais e serviços necessários para tal.

✓ ***DevOps*:** como consta nos capítulos 8 e 47, uma cultura *DevOps* é a chave para se ganhar escala, ao integrar times e automatizar tarefas que irão garantir um *time-to-market* adequado.

✓ **Equipes e operacionais:** por último, mas não menos importante, é preciso que ter equipes verdadeiramente ágeis e um suporte operacional necessário para que estas possam ter um maior engajamento e, consequentemente, entregar mais valor.

Esse alinhamento tem por base, assim, os aspectos ambientais que influenciam todas as ações da organização, por meio de um alinhamento dos níveis estratégicos, táticos e operacionais (vide Figura 57.3):

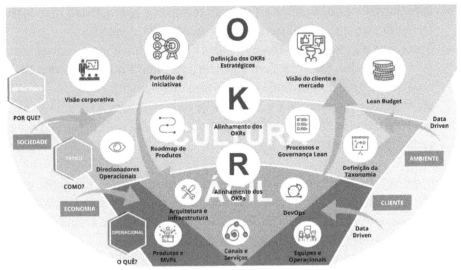

Figura 57.3. Estrutura do modelo JAE.
Fonte: os autores.

O *roadmap*

Mesmo considerando que precisaremos nos adaptar (consequência da experimentação) e partir com um MVP, é necessário ter um *roadmap*. É preciso ter um norte. Mesmo que façamos alguns ajustes no caminho, não é possível iniciar uma jornada sem conhecer o objetivo ou a missão daquela jornada. Tudo tem um porquê!

Além disso, é importante ter uma liderança ágil que atue no sentido de guiar as equipes e as pessoas na direção dos objetivos traçados nesse *roadmap*, pois equipes ágeis que trabalham com autonomia e de forma auto-organizada precisam conhecer esses objetivos de forma muito clara.

Isso porque autonomia sem uma direção transparente e objetiva abre caminho para dificultar a jornada de escalar o ágil. Da mesma forma, a colaboração é um ativo que já deve estar presente na cultura, sendo ainda mais relevante quando é necessária entre times.

Criar um *roadmap* ajuda a manter o curso e entender quando estamos nos desviando do caminho em que queremos chegar. Por isso, sugerimos o mapa demonstrado na Figura 57.4, com suas etapas e *gates* descritos a seguir.

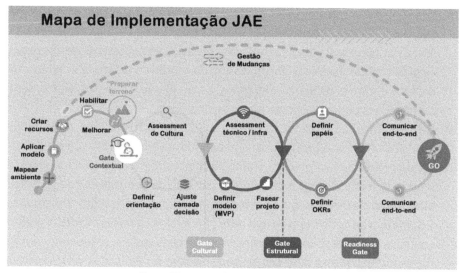

Figura 57.4. Mapa de implementação JAE.
Fonte: os autores.

1. *Gate* contextual

A primeira fase dessa jornada se preocupa em mapear o ambiente e aplicar o modelo mais aderente à realidade da organização, criando recursos necessários e habilitando as condições para que a implementação possa ocorrer. Nesse momento, compreender o contexto organizacional é fundamental, preparando o terreno, promovendo melhorias e realizando os treinamentos necessários para que o modelo definido possa funcionar. Os passos para atingir este *gate* são:

- ✓ **1.1. Mapear ambiente:** é muito importante para a organização o mapeamento do ambiente empresarial, o qual é tudo que envolve a empresa: profissionais e o contexto socioeconômico e político em que ela está inserida. Seguem algumas perguntas a serem respondidas: qual o nível de competição interna; se existe uma dificuldade econômica e social; e se o cenário político influi no desempenho da empresa. Todos esses aspectos vão influenciar positiva ou negativamente no processo de adoção do novo modelo e, por isso, devem estar mapeados para ajudar na definição da estratégia de implantação.
- ✓ **1.2. Aplicar modelo:** primeiro é preciso definir o modelo base, sendo que a Parte IV deste livro descreve os vários modelos disponíveis no mercado. Feito isso, é hora de aplicá-lo. Como já foi dito antes, não é necessário aplicar um modelo em sua totalidade, porém não recomendamos reinventar a roda. Veja o modelo que mais se adapta às suas necessidades de negócio e que seja mais

aderente à sua cultura organizacional, e comece por ele. Esse é o objetivo do JAE: ajudá-lo nessa identificação e adaptação.

✓ **1.3. Criar recursos:** para usar qualquer modelo são necessários vários recursos e perfis profissionais específicos. Assim, de acordo com o modelo selecionado, comece a criar os recursos adequados, sejam eles ferramentas, treinamentos, certificações ou formação de perfis profissionais.

✓ **1.4. Habilitar:** aqui começa a sua jornada propriamente dita. Após habilitar todos os recursos e profissionais mapeados anteriormente, sua organização estará pronta para começar a trabalhar dentro do modelo selecionado. Habilitar pode ser desde implantar uma ferramenta de controle de código até uma plataforma de *DevOps*, ou mesmo treinamentos/certificações das equipes.

✓ **1.5. Melhorar:** todo método ágil reforça o mesmo: a necessidade da melhoria contínua. O processo de melhorar é cíclico, e cada vez que se identifiquem pontos de melhoria, esta deve ser aplicada. Podem ser aplicados vários métodos, como PDCA (*Plan, Do, Check, Act*), OODA (Observar, Orientar, Decidir, Agir) ou qualquer outro. O importante é buscar sempre a melhoria.

2. *Gate* cultural

Nessa fase, faz-se necessária a realização de um diagnóstico cultural para compreender como abordar as mudanças necessárias nos comportamentos e nas atitudes. Dessa forma, é possível realizar os ajustes na camada de decisão e definir a orientação para que as equipes e seus membros possam atuar, focando nos aspectos relativos aos comportamentos ágeis. São passos para este *gate*:

✓ **2.1. *Assessment* de cultura:** como você deve saber, o principal desafio na implantação de um novo método ou processo é a cultura. A resistência é inerente ao ser humano. E é necessário minimizar esse impacto. Um *assessment* não ajudará a eliminar o problema, mas irá apontar onde estão os principais detratores e promotores da mudança, onde a cultura conflita com o novo método, se os valores dos profissionais estão alinhados, quais as redes de influência – enfim, identificar todos os *gaps*. Assim, é possível realizar um trabalho focado neles para evitar que a jornada seja impactada ou até mesmo neutralizada por esses fatores.

✓ **2.2. Ajuste camada decisão:** este é um dos pontos mais sensíveis. Muitos gestores tradicionais medem o seu poder pelo número de profissionais abaixo da sua gestão, o número de projetos que toca e, principalmente, quais decisões ele é responsável por tomar. Uma organização que esteja escalando não pode deixar decisões nas mãos de profissionais inacessíveis ou centralizadores. Um exemplo disso é qual ferramenta ou *framework* de desenvolvimento usar, um tipo de decisão que precisa estar nas mãos do time de desenvolvimento e precisa ser algo rápido, pois impacta diretamente no valor gerado ao negócio e no *time-to-market*. Aqui entra a necessidade dos ajustes nas camadas de decisão, pois estas precisam ser descentralizadas para evitar que muitas das decisões continuem a passar por uma rede complexa de aprovação. E acredite, isso dói, mas precisa ser feito. Vários perfis serão criados e cada um deles terá uma abrangência de decisões que não mais passarão, por exemplo, pelo gerente de TI. Se a organização não se preocupar com isso, será gerado um verdadeiro caos.

✓ **2.3. Definir orientação:** outro ponto tão importante quanto os anteriores. É necessário definir a nova orientação da organização – se essa nova orientação será foco na entrega de valor, por exemplo. A partir dessa definição, tudo passará a girar ao redor da maximização da entrega de valor ao negócio. Decisões, estratégias e aquisições vão ter que levar em conta essa nova orientação. Isso é importante para que as customizações do método selecionado levem isso em consideração. Parafraseando Jeff Sutherland, "todos precisam ir rápido, mas na mesma direção".

3. *Gate* estrutural

Para que se alcance a escalada do ágil, é preciso garantir que haja a infraestrutura e a tecnologia necessárias para tal, identificando-as a partir de um diagnóstico, para definir as fases do projeto e o MVP do modelo que irá rodar. Veja como alcançar esse *gate*:

✓ **3.1. *Assessment* técnico/infra:** não adianta querer ganhar o Grande Prêmio do Brasil de Fórmula 1 se você não tem uma equipe e um carro adequados. Talvez, no máximo, consiga terminar a corrida. Na escalada ágil acontece o mesmo. Escalar significa chegar no topo, ir rápido e organizado. Não é possível realizar essa jornada sem ferramentas e infraestrutura adequadas. Vamos imaginar que hoje a organização tem 10 times trabalhando simultaneamente e amanhã vai ter 300. Será necessário um ferramental adequado para controlar código, *deploy*, comunicação. Sem falar em recursos de infra que suportem todo esse tráfego que será gerado. E a segurança? Com muitos times trabalhando juntos, aumentam exponencialmente os riscos de segurança. Um *assessment* permitirá identificar os *gaps* e tratá-los juntamente com a implantação do método, evitando muitas dores de cabeça futuras.

✓ **3.2. Fasear projeto:** um dos pontos fundamentais do método é que ele se dispõe a entregar pedaços usáveis do produto de cada vez, certo? Assim, precisamos aplicar os mesmos princípios na escalada. Como foi visto nos pontos anteriores, existe um trabalho grande a ser feito, além de um investimento considerável, dependendo de como a sua organização está estruturada. Que tal implementar pouco a pouco e ir testando para ver se estamos no caminho certo? Com isso, todo o investimento e trabalho podem ser faseados em ondas, e implementados sem gerar um impacto enorme de uma só vez.

✓ **3.3. Definir modelo (MVP):** puxando o gancho do item anterior, já que vamos fasear em ondas, vamos definir os MVPs dessas ondas, mas lembrando que devemos entregar uma parte usável do produto. Assim, nada de querer implantar a TI primeiro, depois a área de negócio X e então a Diretoria. Vamos implementar em uma cadeia de valor, para todas as áreas impactadas *end-to--end*, ou seja, uma parte da TI, uma parte da área de negócio X e uma Diretoria. Com isso, conseguimos permear toda a estrutura, da concepção até a entrega de valor. Depois disso, faremos *roll-out* para as outras partes da estrutura até atingir a totalidade da organização. E devemos começar pelas partes mais fáceis (áreas onde o *assessment* de cultura aponta que existem menos *gaps*).

4. *Readiness gate* (ou *gate* de prontidão)

É preciso definir claramente os papéis e como estes se relacionam no processo da escalada do ágil, bem como os OKRs que irão direcionar suas ações e permitir a entrega de valor.

✓ **4.1. Definir papéis:** na escalada ágil, aparecem vários papéis que não existiam antes na organização. Os profissionais que vão executar esses papéis deverão ser identificados e treinados para tal. É muito importante, portanto, defini-los adequadamente de acordo com a orientação da empresa, os *gaps* identificados e as necessidades da organização. Papéis demais só atrapalham o desenvolvimento das iniciativas, mas, quando faltam, geram gargalos para outros profissionais. Assim, estes devem ser muito bem pensados e definidos. Nesse ponto é interessante começar com os papéis definidos pelo método selecionado e ir adaptando de acordo com o que vai surgindo a partir das necessidades adicionais da sua organização. É importante deixar claro que são papéis e não cargos, caso contrário isso vai gerar um grande problema entre os profissionais. Também deve ser estudado um plano de crescimento aderente a esses novos papéis. Afinal, todos querem crescer profissionalmente.

✓ **4.2. Definir OKRs:** citando Peter Drucker, "não se pode gerenciar aquilo que não se pode medir". E a ideia aqui não é de controle e sim de *check-up*. Uma vez definida uma missão para a organização, é necessário medir o andamento de todas as iniciativas envolvidas e entender se estamos nos aproximando do objetivo ou nos distanciando. Os OKRs são usados exatamente para isso: medir, trimestralmente, se estamos nos aproximando ou não dos objetivos definidos. Lembra do andar rápido e na mesma direção citado antes? Os OKRs vão nos ajudar a garantir que isso está acontecendo ou vão nos mostrar que precisamos tomar ação para tal.

5. *Go*

Como em todo processo de mudança, uma comunicação eficaz pode garantir uma maior probabilidade de sucesso, mantendo o alinhamento de todos os envolvidos e permitindo que todos entendam o propósito que existe por traz disso tudo! Pronto, você alcançou o seu objetivo e pode descansar. Será?

✓ **5.1. Comunicar *end-to-end***: é preciso definir um processo eficiente de comunicação e ferramentas para tal. Como dizia nosso saudoso Chacrinha, "quem não se comunica se trumbica". A comunicação é a chave do sucesso em todo e qualquer tipo de implementação, seja de um novo método, processo, etc. Se as pessoas não conhecem os objetivos, elas não poderão ajudar a alcançá-los. Defina a forma de comunicação, periodicidade, canais e, novamente, siga o exemplo ágil: se não estiver funcionando, pivote e mude a forma como está fazendo a comunicação. Ela precisa funcionar!

Como se trata de uma transformação organizacional, esse processo deve ser acompanhado de uma gestão de mudança eficaz e que atue do seu início ao fim. Ainda, deve-se destacar que o JAE é um modelo iterativo e adaptável, e por isso é importante ter em conta que essa jornada de implementação não é linear e estática.

Porém, o modelo considera fases que irão nortear todo o caminho a ser perseguido, da forma que for mais adequada à realidade da organização, podendo se dar em paralelo ou repetir qualquer uma de suas etapas, até se alcançar o resultado desejado em cada um de seus aspectos.

Dessa forma, é possível se valer de um modelo que permite identificar qual a necessidade da organização e escolher ou adaptar um dos *frameworks* já existentes, não por meio de uma abordagem prescritiva, mas, sim, que permita emergir um modelo único e adequado à sua realidade! 'Bora escalar?

De onde nasceu o JAE?

A ideia de criar um modelo para o ágil escalado surgiu de uma das conversas sobre a curadoria do livro e do intuito de fornecer ao leitor um caminho alternativo, mas ao mesmo tempo complementar e não excludente, às práticas e aos *frameworks* que aqui foram apresentados.

Infelizmente, o cenário não permitiu que sua construção ocorresse durante uma imersão presencial, com muita falação e trocas de ideias, *post-its* voando por tudo quanto é lado e se amontoando nas paredes.

Porém, a partir de uma estrutura inicial proposta pelos curadores, todos os coautores puderam dar suas contribuições ao conteúdo, comentando, complementando e questionando o que tinha sido proposto, tornando tudo ainda mais rico.

Para fechar, foram realizadas duas sessões *on-line* e ao vivo, passando pelos principais elementos aqui descritos e batizando o modelo representando da forma mais significativa possível tudo aquilo que queríamos transmitir: nascia o modelo JAE!

O Jornada do Ágil Escalado não poderia ter outro nome senão o do livro de onde ele nasceu, que igualmente é fruto e representa a força que a inteligência coletiva tem e o que ela é capaz de criar.

Esse modelo é um brinde a você leitor e ao esforço que os mais de 60 coautores deste livro enveredaram para compilar toneladas de conhecimento e experiências para que você pudesse ter maiores chances de sucesso na sua jornada de escalar o ágil.

As duas figuras a seguir (57.5 e 57.6) representam não somente quem esteve *on-line* para concluir a estruturação desse modelo, mas todos aqueles que contribuíram para que todo esse conteúdo chegasse até você!

Escolher ou adaptar? Conheça o modelo JAE (bônus) 409

Figura 57.5. Coautores na construção do modelo JAE 1/2.

Figura 57.6. Coautores na construção do modelo JAE 2/2.

Referências

ADAPTWORKS. Workshop Certified Agile Coach. 2019.

ADKINS, Lyssa. Coaching Agile Teams: a companion for Scrum Masters, Agile Coaches, and project managers in transition. (Addison-Wesley Signature Series). Upper Saddle River, NJ: Addison-Wesley, 2010.

AGHINA, Wouter et al. Enterprise agility: buzz or business impact? **McKinsey & Company**, Mar. 20 2020. Disponível em: <https://www.mckinsey.com/business-functions/organization/our-insights/enterprise-agility-buzz-or-business-impact#>. Acesso em: 07 ago. 2020.

AGILE BUSINESS OWNER. **Modelo de Competência**. Disponível em: <http://agilebusinessowner.org/reference-guide-pt/competence-model-pt/>. Acesso em: 30 jul. 2020.

ALBINO, Raphael Donaire. **Métricas Ágeis:** obtenha melhores resultados em sua equipe. São Paulo: Casa do Código, 2017.

AMBLER, Scott W.; LINES, Mark. **Disciplined Agile Delivery:** a practitioner's guide to agile software. Upper Saddle River, NJ: IBM Press, 2012.

ANDERSON, David J. **Kanban:** mudança evolucionária de sucesso para seu negócio de tecnologia. S.l.: Blue Hole Press, 2011.

ANDERSON, David J.; CARMICHAEL, Andy. **Essential Kanban Condensed**. Seattle, WA: LeanKanban University Press, 2016.

ANDERSON, David J.; ZHEGLOV, Alexei. **Fit For Purpose:** how modern businesses find, satisfy, & keep customers. 2nd. ed. Seattle, WA: Blue Hole Press, 2018.

ANGELO, Leandro. Como escalar o Agile para uma operação digital. **CI&T**, 27 dez. 2018. Disponível em: <https://br.ciandt.com/blog/como-escalar-o-agile-para-conquistar-uma-operacao-digital>. Acesso em: 29 jul. 2020.

ANTMAN, Peter. Growing up with agile – how the Spotify "model" has evolved. **SlideShare**, 30 mar. 2016. Disponível em <https://pt.slideshare.net/peterantman/growing-up-with-agile-how-the-spotify-model-has-evolved>. Acesso em: 29 jul. 2020.

APPELO, Jurgen. **How to Change the World:** Change Management 3.0. Rotterdam: Jojo Ventures, 2012.

APPELO, Jurgen. **Managing for happiness:** games, tools, and practices to motivate any team. Hoboken, NJ: Wiley, 2016.

APPELO, Jurgen. **Startup, Scaleup, Screwup:** 42 tools to accelerate lean & agile business growth. Hoboken, NJ: Wiley, 2019.

ARBEX, Gabriela. Tudo sobre métodos ágeis: o que são e como pode ser o fim dos atrasos em seus projetos? **Aprende aí**, s.d. Disponível em: <https://aprendeai.com/negocios/metodos-ageis/amp/>. Acesso em: 29 jul. 2020.

ARGENTO, Roberto. **PMI Rio Webinar – Ágil Escalado.** 20 fev. 2020.

ARROW, Holly; MCGRATH, Joseph E.; BERDAHL, Jennifer L. **Small Groups as Complex Systems:** formation, coordination, development, and adaptation. Thousand Oaks, CA: SAGE Publications, 2000.

AWS. **O que é o DevOps?** Disponível em: <https://aws.amazon.com/pt/devops/what-is-devops/>. Acesso em: 29 jul. 2020.

AXELOS. **Managing Successful Projects with PRINCE2®**. 5th.ed. London: The Stationery Office, 2009.

AXELOS. **PRINCE2 Agile®**. London: The Stationery Office, 2015.

BAPTISTA, Roberto. SAFe (Scaled Agile Framework) – Uma visão inicial de como escalar agile. **Adaptworks**, 14 maio 2014. Disponível em: <http://blog.adaptworks.com.br/2014/05/safe-como-escalar-agile/>. Acesso em: 29 jul. 2020.

BARCAUI, André (org.). **PMO:** escritórios de projetos, programas e portfólio na prática. Rio de Janeiro: Brasport, 2012.

BAUMAN, Zygmunt. **Tempos líquidos.** Rio de Janeiro: Jorge Zahar, 2007.

BECK, Kent et al. **Manifesto for Agile Software Development.** 2001. Disponível em: <https://agilemanifesto.org/>. Acesso em: 29 jul. 2020

BENNIS, Warren; NANUS, Burt. **Leaders:** strategies for taking charge. New York, NY: Harper & Row, 1985.

BIRD, Jim. Diferentes maneiras de escalar Agile. **iMasters**, 05 mar 2015. Disponível em: <https://imasters.com.br/agile/diferentes-maneiras-de-escalar-agile>. Acesso em: 29 jul. 2020.

BLANK, Steve. **Lean Innovation Management – Making Corporate Innovation Work.** June 26, 2015. Disponível em: <https://steveblank.com/2015/06/26/lean-innovation-management-making-corporate-innovation-work/>. Acesso em: 29 jul. 2020.

BOCK, Laszlo. **Um novo jeito de trabalhar:** ideias do Google que vão transformar sua maneira de viver e liderar. Rio de Janeiro: Sextante, 2015.

BOESCHE, Mauricio. **OKR:** Metodologia e Aplicação (COMPLETO). Udemy, 2020.

BOTELHO, Gisele. Tendências da Sociedade 5.0 e os impactos nas relações humanas. **Scrum Gathering**, Rio de Janeiro, 27 jun. 2019.

BRANCO, Renato Henrique Ferreira; LEITE, Dinah Eluze Sales; VINHA JUNIOR, Rubens. **Gestão Colaborativa de Projetos**: a combinação de design thinking e ferramentas práticas para gerenciar seus projetos. São Paulo: Saraiva, 2016.

BROADCOM. Apresentação sobre Ágil Escalado. 2017.

BROWN, Tim. **Design Thinking:** uma metodologia poderosa para decretar o fim das velhas ideias. Rio de Janeiro: Alta Books, 2017.

CABRERA RESEARCH LAB. Introduction to Complex Adaptive Systems (CAS). **YouTube**, May 16, 2017. Disponível em: <https://www.youtube.com/watch?v=GjwvsK-6640>. Acesso em: 29 jul. 2020.

CAMARGO, Gabriel. Entenda o que é cocriação e como colocá-la em prática na sua empresa. **Rockcontent**, 07 fev. 2019. Atualizado em 10 dez. 2019. Disponível em: <https://rockcontent.com/blog/cocriacao/>. Acesso em: 29 jul. 2020.

CAMPBELL, Jamie-Lee; GÖRITZ, Anja S. Culture corrupts! A qualitative study of organizational culture in corrupt organizations. **Journal of Business Ethics**, vol. 120, n. 3, Mar. 2014, p. 291-311.

CAMPOS, Vicente Falconi. **TQC – Controle da Qualidade Total:** no estilo japonês. 2.ed. Belo Horizonte: Fundação Christiano Ottoni, 1992.

CARVALHO, Luiz Guilherme. Já ouviram falar no PRINCE2 Agile®? **LinkedIn**, 04 fev. 2018. Disponível em: <https://www.linkedin.com/pulse/j%C3%A1-ouviram-falar-prince2-agile-luiz-guilherme-carvalho/>. Acesso em: 29 jul. 2020.

CARVALHO, Luiz Guilherme. O Agilometer. **LinkedIn**, 28 jun. 2018. Disponível em: <https://www.linkedin.com/pulse/o-agilometer-luiz-guilherme-carvalho/>. Acesso em: 29 jul. 2020.

CASTRO, Felipe. **Aprenda OKR**. Disponível em: <https://felipecastro.com/pt-br/okr/>. Acesso em: 29 jul. 2020.

CASTRO, Felipe. **Um ciclo de OKR típico**. Disponível em: <https://felipecastro.com/pt-br/okr/ciclo-okr-tipico/>. Acesso em: 29 jul. 2020.

CHIARA, Andressa. **OKRs and Business Strategy for Transformation:** a short guide for best practices. Kindle edition, s.d.

COHN, Mike. **Succeeding with Agile:** software development using Scrum. (Addison-Wesley Signature Series). Upper Saddle River, NJ: Addison-Wesley, 2009.

COIMBRA, Rodrigo. 6 razões em que o Agile pode falhar. **Projetos e TI**, 30 jan. 2020. Disponível em: <https://projetoseti.com.br/6-razoes-em-que-o-agile-pode-falhar/>. Acesso em: 29 jul. 2020.

CONBOY, Kieran; CARROLL, Noel. Implementing Large-Scale Agile Frameworks: Challenges and Recommendations. **IEEE Software**, vol. 36, n. 2, Mar./Apr. 2019. DOI: 10.1109/MS.2018.2884865.

CRISPIN, Lisa; GREGORY, Janet. **Agile Testing:** a practical guide for testers and agile teams. (Addison-Wesley Signature Series). Upper Saddle River, NJ: Addison-Wesley, 2009.

D'AQUINO, Aldo. Você conhece a diferença entre o sistema kanban e o método Kanban? **iMasters**, 30 jul. 2014. Disponível em: <https://imasters.com.br/devsecops/voce-conhece-diferenca-entre-o-sistema-kanban-e-o-metodo-kanban>. Acesso em: 29 jul. 2020.

DAVIS, Christopher W. H. **Agile Metrics in Action:** how to measure and improve team performance. Shelter Island, NY: Manning Publications, 2015.

DAVIS, Jennifer; DANIELS, Ryn. **Effective DevOps:** building a culture of collaboration, affinity, and tooling at scale. Sebastopol, CA: O'Reilly Media, 2016.

DESIDÉRIO, Mariana. 15 frases para você não desanimar do sonho de empreender. **Exame**, 14 dez. 2016.

DEXTRA. **Por que desenvolvedores devem se preocupar com agilidade?** 01 nov. 2018. Disponível em: <https://dextra.com.br/pt/porque-desenvolvedores-devem-se-preocupar-com-agilidade/>. Acesso em: 29 jul. 2020.

DIAS, Guilherme. Quais as principais diferenças entre hard skills e soft skills? **Gupy**, 17 jun. 2020. Disponível em: <https://www.gupy.io/blog/hard-skills-e-soft-skills>. Acesso em: 29 jul. 2020.

DICIO. **Significado de cadência.** Disponível em <https://www.dicio.com.br/cadencia/>. Acesso em: 05 out. 2020.

DISCIPLINED AGILE. Site. Disponível em: <https://disciplinedagileconsortium.org/>. Acesso em: 29 jul. 2020.

DOERR, John. **Measure What Matters:** how Google, Bono, and the Gates Foundation rock the world with OKRs. New York, NY: Portfolio/Penguin, 2018.

DORA. **Relatório Accelerate State of DevOps de 2019.** 2019. Disponível em: <https://cloud.google.com/devops/state-of-devops>. Acesso em: 29 jul. 2020.

DRUCKER, Peter F. **The end of economic man:** the origins of totalitarianism. London: Routledge, 2017.

DUARTE JÚNIOR, Luiz Fernando. **Agile Coaching:** um guia prático. Gravataí: Luiz Tools, 2019a.

DUARTE, Jefferson. Scaled Agile – Como iniciar essa jornada sem volta? **GP4US – Project Management Digital Magazine**, 27 nov. 2019b. Disponível em: <https://www.gp4us.com.br/scaled-agile>. Acesso em: 29 jul. 2020.

DUTRA, Joel Souza. **Competências:** conceitos e instrumentos para a gestão de pessoas na empresa moderna. São Paulo: Atlas, 2004.

DUTRA, Joel Souza; DUTRA, Tatiana Almendra; DUTRA, Gabriela Almendra. **Gestão de Pessoas:** realidade atual e desafios futuros. São Paulo: Atlas, 2017.

DWECK, Carol S. **Mindset:** a nova psicologia do sucesso. Rio de Janeiro: Objetiva, 2017.

EVANS, Kyle. The Major Problems with SAFe. **Medium**, Apr. 14, 2019. Disponível em: <https://productcoalition.com/the-major-problems-with-safe-1e797f7e48f8>.

FERNANDES, Gide José. Gestão do Conhecimento: o que é, importância e como aplicar. **FIA**, 28 fev. 2019. Disponível em: <https://fia.com.br/blog/gestao-do-conhecimento/>. Acesso em: 29 jul. 2020.

414 Jornada do Ágil Escalado

FERREIRA, Avelino. Water-Scrum-Fall: a armadilha de viver a agilidade ilusória. **Knowledge21**, 26 nov. 2019. Disponível em: <https://knowledge21.com.br/blog/water-scrum-fall-agilidade-ilusoria/>. Acesso em: 29 jul. 2020.

FLEURY, Maria Tereza Leme. **As pessoas na organização.** São Paulo: Gente, 2002.

FOX, Ron. Shu Ha Ri. **The Iaido Newsletter**, vol. 7, n. 2, #54, Feb. 1995.

GALEN, Bob. SAFe no longer – my final farewell. **Agile Moose**, Apr. 22, 2019. Disponível em: <https://www.agile-moose.com/blog/2019/4/7/safe-no-longer-my-final-farewell?fbclid=IwAR0uqROFXb-n0NJiMzcClEcImfOTM7bCgEIvNyZTREzhHTSPjfy3UASzQmY>. Acesso em: 29 jul. 2020.

GARCÍA, Chema; NIETO, Jose. **Business Value Canvas.** Disponível em: <http://www.business-value-canvas.com/>. Acesso em: 27 jul. 2020.

GARCÍA, Héctor; FRANCESC, Miralles. **Ikigai:** os segredos dos japoneses para uma vida longa e feliz. Rio de Janeiro: Intrínseca, 2018.

GARTNER. **Gartner reveals the top three barriers to innovation in marketing.** Nov. 11, 2019. Disponível em: <https://www.gartner.com/en/newsroom/press-releases/2019-11-11-gartner-reveals-the-top-three-barriers-to-innovation->. Acesso em: 06 out. 2020.

GERSICK, Connie J. G. Time and Transition in Work Teams: Toward a New Model of Group Development. **Academy of Management Journal**, vol. 31, n. 1, 1988, p. 9-41.

GODIN, Seth. Of course it's difficult... **Seth's Blog**, Mar. 24, 2015. Disponível em: <https://seths.blog/2015/03/of-course-its-difficult/>. Acesso em: 29 jul. 2020.

GOLEMAN, Daniel. **Inteligência Emocional:** a teoria revolucionária que redefine o que é ser inteligente. Rio de Janeiro: Objetiva, 1997.

GREINER, Larry E. Evolution and revolution as organizations grow. **Harvard Business Review**, May-June 1998, p. 55-64. Disponível em: <https://hbr.org/1998/05/evolution-and-revolution-as-organizations-grow>. Acesso em: 29 jul. 2020.

GRIPP, Annelise. **Mindset Ágil...O que é e o que significa?** 05 set. 2017. Disponível em: <https://annelisegripp.com.br/mindset-agil/>. Acesso em: 29 jul. 2020.

GRIPP, Annelise. **Product Owner, Product Manager... Qual a semelhança? Qual a diferença?** 08 jul. 2019. Disponível em: <https://annelisegripp.com.br/product-manager/>. Acesso em: 29 jul. 2020.

GUPTA, Sunil. **Implantando Estratégia Digital.** São Paulo: M. Books, 2019.

HAMEL, Gary; BREEN, Bill. **O Futuro da Administração.** Rio de Janeiro: Campus, 2007.

HANDY, Charles. **O Elefante e a Pulga.** São Paulo: Futura, 2003.

HARTMAN, Becky et al. What is Hybrid Agile, Anyway? **Agile Alliance**, s.d. Disponível em: <https://www.agilealliance.org/what-is-hybrid-agile-anyway/>. Acesso em: 29 jul. 2020.

HAWKS, David. 5 Agile Trends We're Seeing in 2019. **Agile Velocity**, Feb. 11 2019. Disponível em: <https://agilevelocity.com/5-agile-trends-were-seeing-in-2019/>. Acesso em: 29 jul. 2020.

HIGHSMITH, Jim; LUU, Linda; ROBINSON, David. **EDGE:** value-driven digital transformation. Upper Saddle River, NJ: Addison-Wesley, 2019.

HIGHSMITH, Jim. **Agile Project Management:** creating innovative products. 2nd.ed. Upper Saddle River, NJ: Addison-Wesley Professional, 2009.

HOLANDA, Aurélio Buarque. **Dicionário Aurélio da Língua Portuguesa.** 2.ed. Rio de Janeiro: Nova Fronteira, 1986.

HÖRRMANN, Gerold; TIBY, Claus. **Projektmanagement richtig gemacht.** *In*: LITTLE, Arthur D. (ed.). Management der Hochleistungsorganisation. Gabler Verlag, Wiesbaden, 1991, p. 73-91.

HUMBLE, Jez; MOLESKY, Joanne; O'REILLY, Barry. **Lean Enterprise:** how high performance organizations innovate at scale. (The Lean Series). Sebastopol, CA: O'Reilly Media, 2015.

INDIGO. **Mundo VUCA:** o que é e como se preparar. Disponível em: <https://redeindigo.com. br/mundo-vuca-preparar/>. Acesso em: 29 jul. 2020.

ISENSEE, Filipe. Quando o porquê faz a diferença: o propósito que leva ao sucesso e é fonte de inspiração. **Sextante**, 20 mar. 2019. Disponível em: <https://sextante.com.br/administracao-negocios-e-economia/quando-o-porque-faz-a-diferenca-o-proposito-que-leva-ao-sucesso-e-e-fonte-de-inspiracao/>. Acesso em: 29 jul. 2020.

ISMAIL, Salim; MALONE, Michael S.; VAN GEEST, Yuri. **Organizações exponenciais:** por que elas são 10 vezes melhores, mais rápidas e mais baratas que a sua (e o que fazer a respeito). Rio de Janeiro: Alta Books, 2019.

JEPSEN, Ole. Escalando o Ágil – Plano mestre em conjunto. Trad. Camila Albuquerque. **InfoQ**, 26 fev. 2018. Disponível em: <https://www.infoq.com/br/articles/making-scaling-agile-work-3/>. Acesso em: 29 jul. 2020.

JOHANSEN, Robert. **Leaders Make the Future:** ten new leadership skills for an uncertain world. San Francisco, CA: Berrett-Koehler Publishers, 2012.

KAHNEMAN, Daniel. **Thinking, fast and slow.** New York, NY: Farrar, Straus and Giroux, 2011.

KASPER, Humberto. **O Processo de Pensamento Sistêmico:** um estudo das principais abordagens a partir de um quadro de referência proposto. Dissertação de Mestrado, Programa de Pós-Graduação em Engenharia de Produção, Universidade Federal do Rio Grande do Sul, Porto Alegre, 2000.

KATZENBACH, Jon R.; SMITH, Douglas K. **The wisdom of teams:** creating the high-performance organization. Boston, MA: Harvard Business Review Press, 2015.

KEPLER, João; OLIVEIRA, Thiago. **Os segredos da gestão ágil por trás das empresas valiosas.** São Paulo: Gente, 2019.

KIRKPATRICK, Donald L. **Improving Employee Performance Through Appraisal and Coaching.** 2nd.ed. New York, NY: American Management Association, 2006.

KNASTER, Richard; LEFFINGWELL, Dean. **SAFe 4.5 Distilled:** Applying the Scaled Agile Framework for Lean Enterprises. Upper Saddle River, NJ: Addison-Wesley, 2018.

KNIBERG, Henrik. Scaling Agile @ Spotify with Tribes, Squads, Chapters & Guilds. **Crisp**, 14 nov. 2012. Disponível em: <https://blog.crisp.se/2012/11/14/henrikkniberg/scaling-agile-at-spotify>. Acesso em: 29 jul. 2020.

KNOWLEDGE21. Métricas ágeis: como medir a agilidade do seu time. **YouTube**, 07 ago. 2018. Disponível em: <https://www.youtube.com/watch?v=qcEInN23YnQ/>. Acesso em: 29 jul. 2020.

KNOWLES, Brett. OKR Cadence. **YouTube**, Apr. 08, 2019. Disponível em: <https://www.youtube.com/watch?v=JVD2IJ6u58E>.

KRAUSE, Werther. Escalando o Ágil: como fazer? **DinsmoreCompass**, 20 fev. 2020. Disponível em: <https://www.dc.srv.br/blog-dc/escalando-o-agil-como-fazer>. Acesso em: 29 jul. 2020.

LABOVITZ, George; ROSANSKY, Victor. **The Power of Alignment:** how great companies stay centered and accomplish extraordinary things. Hoboken, NJ: John Wiley & Sons, 1997.

LALLY, Phillippa et al. How are habits formed: modelling habit formation in the real world. **European Journal of Social Psychology**, vol. 40, n. 6, Oct. 2010, p. 998-1009.

LANKHORST, Marc; VAN ECK, David. Colaboração Eficiente com Métodos Ágeis. Trad. Antonio Plais. **Centus**, 08 dez. 2018. Disponível em: <http://comunidade.centus.com.br/arquitetura-corporativa/colaboracaoagil>. Acesso em: 27 jul. 2020.

LARMAN, Craig; VODDE, Bas. **Large-Scale Scrum:** More with LeSS. (Addison-Wesley Signature Series). Upper Saddle River, NJ: Addison-Wesley, 2016.

LAWRENCE, Kirk. **Developing leaders in a VUCA environment.** White paper. UNC Executive Development, 2013.

LEFFINGWELL, Dean. **SAFe 4.5 Reference Guide:** Scaled Agile Framework for Lean Enterprises. 2nd.ed. Upper Saddle River, NJ: Addison-Wesley Professional, 2018.

LEFFINGWELL, Dean; MARTENS, Ryan; ZAMORA, Mauricio. **Principles of agile architecture.** White paper. 2008.

LEMAY, Matt. **Agile para todos:** criando empresas rápidas, flexíveis e com foco no cliente. São Paulo: Novatec, 2019.

LEOPOLD, Klaus. **Practical Kanban:** from team focus to creating value. Vienna, Austria: LEANability PRESS, 2017.

LEOPOLD, Klaus. **Rethinking Agile:** why agile teams have nothing to do with business agility. Vienna, Austria: LEANability PRESS, 2019.

LESS. **Adoption.** Disponível em: <https://less.works/less/adoption/index>. Acesso em: 29 jul. 2020.

LESS. **Framework LeSS.** Disponível em: <https://less.works/pt/less/framework/index>. Acesso em: 29 jul. 2020.

LESS. **Princípios.** Disponível em: <https://less.works/pt/less/principles/index>. Acesso em: 29 jul. 2020.

LESS. Site. Disponível em: <https://less.works/>. Acesso em: 29 jul. 2020.

Referências **417**

LESS. **Three Principles.** Disponível em: <https://less.works/less/adoption/three-principles>. Acesso em: 29 jul. 2020.

LIKER, Jeffrey K.; MEIER, David. **O modelo Toyota:** manual de aplicação. Porto Alegre: Bookman, 2007.

LOUZADA, Paula. Você conhece o Sistema de Planejamento Hoshin? **FM2S – Blog Gestão de Projetos,** 31 ago. 2017. Disponível em: <https://www.fm2s.com.br/sistema-de-planejamento-hoshin/>. Acesso em: 29 jul. 2020.

LYMAN, Jay. How to scale DevOps: recipes for larger organizations. **TechBeacon,** s.d. Disponível em: <https://techbeacon.com/devops/how-scale-devops-recipes-larger-organizations>. Acesso em: 29 jul. 2020.

MALINOWSKI, Christine. **Data Management:** File Organization. MITLibraries, Jan. 21, 2016.

MANAGEMENT 3.0. **Merit Money.** Disponível em: <https://management30.com/practice/merit-money/>. Acesso em: 29 jul. 2020.

MAXIMIANO, Antonio Cesar Amaru. **Teoria Geral da Administração:** da revolução urbana à revolução digital. 8.ed. São Paulo: Atlas, 2017.

MCCLELLAND, David C. Testing for competence rather than for "intelligence". **American Psychologist,** Washington, Jan. 1973, p. 1-14.

MCNAMARA, Carter. What is Systems Thinking? *In:* MCNAMARA, Carter. **Field Guide to Consulting and Organizational Development:** a collaborative and systems approach to performance, change and learning. Minneapolis, MN: Authenticity Consulting, 2006. Disponível em: <https://managementhelp.org/misc/defn-systemsthinking.pdf>. Acesso em: 30 jul. 2020.

MELO, Cassio. Dormi Gerente de Projetos e acordei Scrum Master. E agora? **Deal,** s.d. Disponível em: <https://www.deal.com.br/blog/dormi-gerente-de-projetos-e-acordei-scrum-master-e-agora/>. Acesso em: 29 jul. 2020.

MJV TEAM. RH Ágil: setor dissemina a cultura de inovação e aumenta a produtividade. **MJV,** 27 ago. 2018. Disponível em: <https://www.mjvinnovation.com/pt-br/blog/rh-agil-setor-dissemina-a-cultura-de-inovacao-e-aumenta-a-produtividade/>. Acesso em: 29 jul. 2020.

MJV. **RH ágil:** como implementar nas organizações. Disponível em: <https://conteudo.mjv.com.br/rh-agil-como-implementar-nas-organizacoes?>. Acesso em: 29 jul. 2020.

MUNIZ, Antonio et al. **Jornada DevOps:** unindo cultura ágil, Lean e tecnologia para entrega de software de qualidade. Rio de Janeiro: Brasport, 2019.

MUNIZ, Antonio; IRIGOYEN, Analia. **Jornada Ágil e Digital:** unindo práticas e frameworks que potencializam o mindset colaborativo e a experimentação. Rio de Janeiro: Brasport, 2019.

NIVEN, Paul R.; LAMORTE, Ben. **Objectives and Key Results:** driving focus, alignment, and engagement with OKRs. Hoboken, NJ: Wiley, 2016.

OHNO, Taiichi. **O Sistema Toyota de Produção:** além da produção em larga escala. Porto Alegre: Bookman, 1997.

418 Jornada do Ágil Escalado

ORICOLLI JR, Márcio. O que é mindset de crescimento e como desenvolvê-lo? **Escola Conquer**, 24 maio 2019. Disponível em: <https://escolaconquer.com.br/o-que-e-mindset-de-crescimento-e-como-desenvolve-lo/>. Acesso em: 29 jul. 2020.

OSTERWALDER, Alexander; PIGNEUR, Yves. **Business Model Generation:** inovação em modelos de negócios. Rio de Janeiro: Alta Books, 2011.

PATARY, Chandan Lal. Leadership skills for scaling agile. **SlideShare**, 07 ago. 2016. Disponível em: <https://pt.slideshare.net/patarychandan/leadership-skills-for-scaling-agile>. Acesso em: 29 jul. 2020.

PERROW, Mike: How to scale agile and DevOps together. **TechBeacon**, s.d. Disponivel em: <https://techbeacon.com/app-dev-testing/how-scale-agile-devops-together>. Acesso em: 29 jul. 2020.

PICHLER, Roman. **How to Lead in Product Management:** practices to align stakeholders, guide development teams, and create value together. S.l.: Pichler Consulting, 2020.

PINK, Daniel H. **Drive:** the surprising truth about what motivates us. New York, NY: Riverhead Books, 2011.

PMI. **Agile Practice Guide.** Newtown Square, PA: Project Management Institute, 2017.

PMI. **Disciplined Agile.** Disponível em: <https://www.pmi.org/disciplined-agile>. Acesso em: 29 jul. 2020.

PMI. **Introduction to Disciplined Agile Delivery (DAD).** Disponível em: <https://www.pmi.org/disciplined-agile/process/introduction-to-dad>. Acesso em: 29 jul. 2020.

PORTER, Michael E. **Competitive advantage:** creating and sustaining superior performance. New York, NY: Free Press, 1985.

PROVINCIATTO, Mary. A cultura que sustenta uma organização ágil. **CIO**, 24 fev. 2020. Disponível em: <https://cio.com.br/a-cultura-que-sustenta-uma-organizacao-agil/>. Acesso em: 29 jul. 2020.

REBOUÇAS, Fernando. O que é Gestão do Conhecimento? **Blog da SBGC**, 24 jan. 2014. Disponível em: <http://www.sbgc.org.br/blog/o-que-e-gestao-do-conhecimento>. Acesso em: 29 jul. 2020.

RESULTADOS DIGITAIS. **O que é Transformação Digital e como levar este conceito para o seu negócio.** 23 abr. 2020. Disponível em: <https://resultadosdigitais.com.br/blog/transformacao-digital/>. Acesso em: 29 jul. 2020.

RIES, Eric. **A startup enxuta:** como os empreendedores atuais utilizam a inovação contínua para criar empresas extremamente bem-sucedidas. São Paulo: LeYa, 2012.

RIGBY, Darrel K.; SUTHERLAND, Jeff; NOBLE, Andy. Agile at Scale. **Harvard Business Review**, May-June 2018. Disponível em: <https://hbr.org/2018/05/agile-at-scale>. Acesso em: 29 jul. 2020.

RIGBY, Darrel K.; SUTHERLAND, Jeff; TAKEUCHI, Hirotaka. Embracing Agile. **Harvard Business Review**, May 2016. Disponível em: <https://hbr.org/2016/05/embracing-agile>. Acesso em: 29 jul. 2020.

RODRIGUES, Júnior. Workshop Agile Strategy. 2019.

RODRIGUES, Verônica. **Líder Ágil, Liderança VUCA**: como liderar e ter sucesso em um mundo de alta volatilidade, incerteza, complexidade e ambiguidade. São Paulo: Casa do Escritor, 2018.

ROSE, Doug. **Leading Agile Teams**. Newton Square, PA: Project Management Institute, 2015.

RUAS, Roberto. Desenvolvimento de competências gerenciais e contribuição da aprendizagem organizacional. *In*: FLEURY, Maria Tereza Leme; OLIVEIRA JR., Moacir de Miranda (orgs.). **Gestão Estratégica do Conhecimento**: integrando aprendizagem, conhecimento e competências. São Paulo: Atlas, 2001.

SAIGH, Eduardo. Diferenças de trilhas de carreiras: Especialista, Y e W. **People minin'**, 27 abr. 2016. Disponível em: <https://www.peopleminin.com/blog/diferencas-de-trilhas-de-carreiras/>. Acesso em: 29 jul. 2020.

SARDAR, Ziauddin. Welcome to postnormal times. **Futures**, vol. 42, n. 5, 2010, p. 435-444.

SCALED AGILE. **Accelerate**. Disponível em: <https://www.scaledagileframework.com/accelerate/>. Acesso em: 05 out. 2020.

SCALED AGILE. **Business Agility**. Disponível em: <https://www.scaledagileframework.com/business-agility>. Acesso em: 29 jul. 2020.

SCALED AGILE. **Core Values**. Disponível em: <https://www.scaledagileframework.com/safe-core-values/>. Acesso em: 29 jul. 2020.

SCALED AGILE. **DevOps**. Disponível em: <https://www.scaledagileframework.com/devops/>. Acesso em: 29 jul. 2020.

SCALED AGILE. **Lean-Agile Leadership**: introduction. Disponível em: <https://www.scaledagileframework.com/lean-agile-leadership/>. Acesso em: 29 jul. 2020.

SCALED AGILE. **Organizational Agility**. Disponível em: <https://www.scaledagileframework.com/organizational-agility/>. Acesso em: 29 jul. 2020.

SCALED AGILE. **Portfolio Kanban**. Disponível em: <https://www.scaledagileframework.com/portfolio-kanban/>. Acesso em: 29 jul. 2020.

SCALED AGILE. **Portfolio Vision**. Disponível em: <https://www.scaledagileframework.com/portfolio-vision/>. Acesso em: 07 out. 2020.

SCALED AGILE. **Principle #2 – Apply systems thinking**. Disponível em: <https://www.scaledagileframework.com/apply-systems-thinking/>. Acesso em: 29 jul. 2020.

SCALED AGILE. **Roadmap**. Disponível em: <https://www.scaledagileframework.com/roadmap/>. Acesso em: 29 jul. 2020.

SCALED AGILE. **SAFe® for Lean Enterprises 5.0**. Disponível em: <https://www.scaledagileframework.com/>. Acesso em: 29 jul. 2020.

SCALED AGILE. **ScrumXP**. Disponível em: <https://www.scaledagileframework.com/scrumxp>. Acesso em: 29 jul. 2020.

SCHWABER, Ken. **unSAFe at any speed.** Aug. 6, 2013. Disponível em: <https://kenschwaber.wordpress.com/2013/08/06/unsafe-at-any-speed/>. Acesso em: 29 jul. 2020.

SCRUM GUIDES. **The Scrum Guide™.** Disponível em: <http://www.scrumguides.org/scrum-guide.html>. Acesso em: 30 jul. 2020.

SCRUM.ORG. **Scaling Scrum with Nexus.** Disponível em: <https://www.scrum.org/resources/scaling-scrum>. Acesso em: 29 jul. 2020.

SCRUM.ORG. **The Nexus™ Guide.** Disponível em: <https://www.scrum.org/resources/nexus-guide>. Acesso em: 29 jul. 2020.

SCRUM.ORG. **The Scrum Guide.** Disponível em: <https://www.scrum.org/resources/scrum-guide>. Acesso em: 30 jul. 2020.

SCRUM@SCALE. **Scrum at Scale Guide:** the definitive guide to Scrum@Scale. Disponível em: <https://www.scrumatscale.com/scrum-at-scale-guide/>. Acesso em: 30 jul. 2020.

SCRUM@SCALE. **Scrum@Scale at Bosch:** Embracing Agility. Disponível em: <https://www.scrumatscale.com/project/bosch-embracing-agility/>. Acesso em: 30 jul.2020.

SENGE, Peter. **The fifth discipline:** the art & practice of the learning organization. New York: Doubleday/Currency, 1990.

SHOOK, John. **Gerenciando para o aprendizado:** usando o processo de gestão A3 para resolver problemas, promover alinhamento, orientar e liderar. São Paulo: Lean Institute Brasil, 2008.

SILVA, Priscila de Souza; RODRIGUES, Francisco Demetrius Monteiro; QUEIROZ, Silvana Nunes de. Trabalhadores em cargos de liderança no mercado de trabalho formal brasileiro entre os anos de 1995, 2005 e 2015. **Cadernos de Ciências Sociais Aplicadas**, [S.l.], mar. 2018, p. 16. ISSN 2358-1212. Disponível em: <http://periodicos2.uesb.br/index.php/ccsa/article/view/3238>. Acesso em: 30 jul. 2020.

SINEK, Simon. **Comece pelo porquê:** como grandes líderes inspiram pessoas e equipes a agir. Rio de Janeiro: Sextante, 2018.

SINEK, Simon. How great leaders inspire action. **TEDxPuget Sound**, Sep. 2009. Disponível em: <https://www.ted.com/talks/simon_sinek_how_great_leaders_inspire_action?utm_campaign=tedspread&utm_medium=referral&utm_source=tedcomshare>. Acesso em: 30 jul. 2020.

SINEK, Simon. **Líderes se servem por último:** como construir equipes seguras e confiantes. São Paulo: Alta Books, 2019.

SNOWDEN, Dave. Cynefin St David's Day 2020 (1 of 5). **Cognitive Edge**, Mar. 01, 2020. Disponível em: <https://cognitive-edge.com/blog/cynefin-st-davids-day-2020-1-of-n/>. Acesso em: 30 jul. 2020.

SOBEK II, Durward K.; SMALLEY, Art. **Entendendo o Pensamento A3:** um componente crítico do PDCA da Toyota. Porto Alegre: Bookman, 2009.

SOBRAL, Filipe; PECI, Alketa. **Administração:** teoria e prática no contexto brasileiro. São Paulo: Pearson Prentice Hall, 2008.

SOTO, Eduardo. **Comportamento Organizacional:** o impacto das emoções. São Paulo: Cengage Learning, 2002.

SPOTIFY. **Engineering.** Disponível em: <https://engineering.atspotify.com/>. Acesso em: 30 jul. 2020.

STATE OF AGILE. **14th Annual State of Agile™ Report.** 2020. Disponível em: <https://stateofagile. com/#ufh-i-615706098-14th-annual-state-of-agile-report/7027494>. Acesso em: 30 jul. 2020.

STEYAERT, Patrick. **Essential Upstream Kanban.** S.l.: Lean-Kanban University, 2018.

SUTHERLAND, Jeff. Agile Can Scale: inventing and reinventing SCRUM in five companies. **Cutter IT Journal,** vol. 14, n. 2, Dec. 2001.

SVEIBY, Karl Erik. **A nova riqueza das organizações:** gerenciando e avaliando patrimônios de conhecimento. 6.ed. Rio de Janeiro: Campus, 1998.

TALEB, Nassim Nicholas. **Antifragile:** how to live in a world we don't understand. London: Allen Lane, 2012.

TERA. A diferença entre Product Managers e Product Owners, segundo Marty Cagan. **Medium,** 21 jan. 2019. Disponível em: <https://medium.com/somos-tera/qual-a-diferen%C3%A7a-entre-product-managers-e-product-owners-segundo-marty-cagan-f1eecf85d34a>. Acesso em: 30 jul. 2020.

TERENTIM, Gino; GONÇALVES, Vicente. **Gestão de Mudanças em Abordagens Ágeis:** HCMBOK to Agile – The Human Change Management Body of Knowledge. Rio de Janeiro: Brasport, 2020.

THORNDIKE, Edward L. A constant error in psychological ratings. **Journal of Applied Psychology,** vol. 4, n. 1, 1920, p. 25-29. Disponível em: <https://doi.org/10.1037/h0071663>. Acesso em: 30 jul. 2020.

TRANSFORMAÇÃO DIGITAL. **O que é Transformação Digital?** Disponível em: <https://transformacaodigital.com/o-que-e-transformacao-digital/>. Acesso em: 30 jul. 2020.

TROUGHTON, Renee. Why SAFe is not the scaled agile approach you need. **Agile Forest,** June 24, 2018. Disponível em: <https://agileforest.com/2018/06/24/why-safe-is-not-the-scaled-agile-approach-you-need/>. Acesso em: 30 jul. 2020.

TURNER, John Robert; BAKER, Rose; MORRIS, Mark. Complex adaptive systems: adapting and managing teams and team conflict. *In*: VILAS BOAS, Ana Alice (ed.). **Organizational conflict.** S.l.: IntechOpen, 2018, p. 65-94.

TZU, SUN. **A Arte da Guerra.** Barueri: Novo Século, 2015.

UNIVERSIDADE DA MUDANÇA. **VUCA PRIME – O antídoto?** 09 fev. 2018. Disponível em: <https://universidadedamudanca.com/vuca-prime-o-antidoto/>. Acesso em: 30 jul. 2020.

VAHS, Dietmar. **Organisation:** einführung in die organisationstheorie und praxis. 6. Auflage Stuttgart: Schäffer-Poeschel, 2007.

VERHEYEN, Gunther. **Scrum:** A Pocket Guide. 2nd.ed. Zaltbommer, Holanda: Van Haren, 2019.

WAENGERTNER, Pedro. **A Estratégia da Inovação Radical:** como qualquer empresa pode crescer e lucrar aplicando os princípios das organizações de ponta do Vale do Silício. São Paulo: Gente, 2018.

WILLIS, Matt. An agile waterfall – An approach to transitioning from a waterfall to an agile methodology. **Adatis**, Nov. 24, 2017. Disponível em: <https://adatis.co.uk/an-agile-waterfall-an-approach-to-transitioning-from-a-waterfall-to-an-agile-methodology/>. Acesso em: 30 jul. 2020.

WOMACK, James P.; JONES, Daniel T. **A mentalidade enxuta nas empresas:** Lean Thinking. 6.ed. Rio de Janeiro: Campus, 2003.

WOMACK, James P.; JONES, Daniel T.; ROOS, Daniel. **A máquina que mudou o mundo.** 2.ed. Rio de Janeiro: Campus, 1992.

XAVIER, Carlos Magno. Ciclo de vida do Projeto: entenda o que é e como funciona. **GP4US – Project Management Digital Magazine**, 29 nov. 2017. Disponível em: <https://www.gp4us.com.br/ciclo-de-vida-do-projeto/>. Acesso em: 30 jul. 2020.

Agradecimento dos organizadores

Agradeço à minha família pela paciência e por entender que todas essas horas dedicadas a esta obra, e longe deles, são para um bem maior: ajudar ao próximo. Aos meus filhos (Emanuelle, Matheus e Thúlio) deixo esse legado para que se lembrem de ser melhores a cada dia e ajudar aqueles que necessitam!

Alexsandro T. de Carvalho
Organizador e coautor da Jornada do Ágil Escalado

Gratidão a todas as pessoas que trabalharam fortemente na construção deste livro em conjunto e por terem elaborado algo tão excepcional. Obrigada também Antonio Muniz e Júnior Rodrigues pelo convite e por construírem e manterem essa comunidade gigante com um propósito maior, que é o Jornada Colaborativa. Sou muito grata em poder fazer parte de tudo isso. Dedico este livro à minha família e a Deus. Agradeço também ao meu sócio e parceiro de vida, o Bruno Moré, que tem trabalhado tão intensamente para que nossos sonhos se realizem! Obrigada a todos os meus alunos que me motivam a cada dia a continuar nessa caminhada e a aprender todos os dias com vocês também!

Ana G. Soares
Coautora da Jornada do Ágil Escalado

Dedico mais um livro colaborativo aos amores da minha vida: meus filhos Lucas e Luisa e minha esposa Keila. Agradeço a Deus essa nova conquista e parabenizo meu grande amigo Júnior Rodrigues pela maestria na liderança do time, os organizadores Ana, Alex, Débora, Guilherme e todos os coautores pela dedicação e excelência que resultou nesta obra incrível. Agradeço meus familiares e amigos da SulAmérica, Jornada Colaborativa e AdaptNow pelas oportunidades de aprendizado e aos milhares de alunos, leitores e participantes das minhas palestras pela grande receptividade e troca de experiências que me tornam uma pessoa melhor a cada dia.

Antonio Muniz
Fundador da Jornada Colaborativa e JornadaCast

Gratidão a Deus e a este Universo de bênçãos. Dedico este livro em primeiro lugar à minha família pelo apoio diário e por entenderem a dedicação ao meu propósito de compartilhar o que aprendi com todos e nunca deixar de lado a paixão e o brilho nos olhos pelo conhecimento. Aos meus companheiros e amigos de jornada e a todos os nãos que recebi e que me fizeram querer chegar ainda mais longe.

Déborah Zavistanavicius Zapata
Organizadora e coautora da Jornada do Ágil Escalado

Quando temos um propósito claro em nossas vidas, nos abrimos para aprender, para viver o novo com muita alegria e prazer. Escrever este livro me proporcionou muitas alegrias e intensificou o meu propósito, que é aprender, compartilhar conhecimento e ajudar ao próximo. Obrigado Antonio Muniz e Júnior Rodrigues por essa oportunidade maravilhosa.

Este livro é um sonho realizado, fruto de muita dedicação, empenho, carinho e cuidado em cada detalhe de todos os organizadores e coautores, que trabalharam e se dedicaram muito para oferecer um conteúdo incrível e de altíssima qualidade. Acredito que este é o livro mais completo sobre agilidade em escala. Muito obrigado e parabéns a todos por essa grande conquista. Um livro da comunidade ágil para a comunidade ágil!

Gratidão a Deus por todas as suas bênçãos, maravilhas e alegrias na minha vida e na da minha família. Dedico este livro à minha esposa Patrícia: obrigado por sempre me apoiar, me incentivar, por acreditar nos meus sonhos e, acima de tudo, acreditar em mim sendo sempre tão compreensiva e amável.

Guilherme Santos
Organizador e coautor da Jornada do Ágil Escalado

Acredito fielmente que as palavras que escrevemos neste livro podem ser resumidas em apenas três: propósito, colaboração e escala. Porém, a conexão entre o porquê, a jornada e esta obra existem e a minha vida é algo que se traduz nas minhas ações de buscar sempre ajudar ao próximo, assim como ensinou meu Senhor Jesus, a quem devo toda a gratidão por me permitir fazer parte disso. Agradeço também aos meus amigos da curadoria e coautores que contribuíram para a entrega desse resultado incrível. E, o mais importante, dedico cada letra escrita à minha esposa Ana Paula, aos meus filhos Letícia e Bernardo e aos meus pais, essa família que tanto amo e que é minha razão de ser.

Júnior Rodrigues
Líder do time, idealizador, organizador e coautor da Jornada do Ágil Escalado

Autores

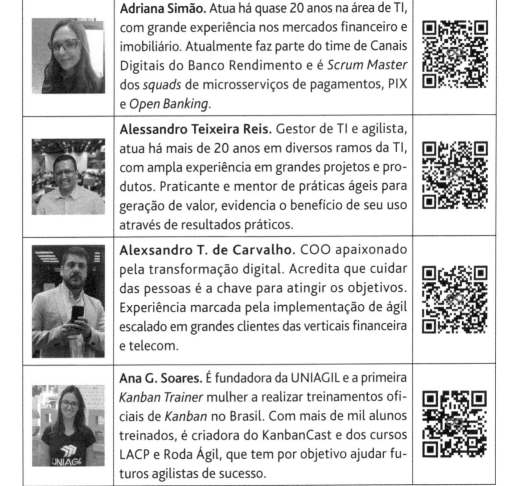

Adriana Simão. Atua há quase 20 anos na área de TI, com grande experiência nos mercados financeiro e imobiliário. Atualmente faz parte do time de Canais Digitais do Banco Rendimento e é *Scrum Master* dos *squads* de microsserviços de pagamentos, PIX e *Open Banking*.

Alessandro Teixeira Reis. Gestor de TI e agilista, atua há mais de 20 anos em diversos ramos da TI, com ampla experiência em grandes projetos e produtos. Praticante e mentor de práticas ágeis para geração de valor, evidencia o benefício de seu uso através de resultados práticos.

Alexsandro T. de Carvalho. COO apaixonado pela transformação digital. Acredita que cuidar das pessoas é a chave para atingir os objetivos. Experiência marcada pela implementação de ágil escalado em grandes clientes das verticais financeira e telecom.

Ana G. Soares. É fundadora da UNIAGIL e a primeira *Kanban Trainer* mulher a realizar treinamentos oficiais de *Kanban* no Brasil. Com mais de mil alunos treinados, é criadora do KanbanCast e dos cursos LACP e Roda Ágil, que tem por objetivo ajudar futuros agilistas de sucesso.

Autores **427**

Anderson Sales. Feliz por fazer o que gosta atuando como consultor de gestão de projetos nos mais diferentes segmentos. Voluntário *officer* do PMI desde 2010. Professor de pós-graduação e *workshops* e apaixonado por gestão ágil e inovação.

André H. Abrantes Pereira. Especialista Líder (*Project Owner*) TIM Brasil reunindo habilidades para a solução de problemas complexos, agregados por mais de 10 anos de experiência. Conquista: implantar a plataforma de atendimento CISCO Voz sobre IP, um divisor de águas na carreira e para a TIM.

André Vidal. *Co-founder* do Agile Think®, Gomakers. School e ILAAS. Mais de 25 anos na área de TI, criando e inovando negócios. *Cases* de sucesso de transformação *Lean*, ágil e digital. Mentor em aceleração de *startups* no Brasil e em Portugal. Autor dos livros "Agile Think Canvas" e "Gestão Ágil de Produtos", ambos lançados pela Brasport.

Antonio Muniz. Idealizador e coautor do *best-seller* "Jornada DevOps", fundador e curador da Jornada Colaborativa, *host* do JornadaCast, palestrante apaixonado por pessoas, *business agility*, carreira, colaboração, *DevOps*, *Lean* e tecnologia.

Bárbara Cabral da Conceição. Especialista em Qualidade Ágil e testes de software com mais de 15 anos de experiência em TI, grande parte com *Agile Testing*. Entusiasta da cultura ágil, *DevOps* e automação de testes. Apaixonada por comunidades, organizadora, palestrante, mentora e blogueira.

Bruno Jardim. Administrador com pós em gestão de projetos e certificação PMP. Escritor, palestrante, coautor, poeta, músico e um inconformado por natureza.

Autores 429

Fernando Cunha Siqueira Filho. Gerenciando projetos desde 2005, atua há 35 anos em empresas de grande e médio portes, nos mais diferenciados segmentos, como indústria, varejo, telecomunicações, bancos, entre outros. Pós-graduado pela PUC-Rio, PMP, *ICAgile Certified Professional*.

Fernando Hannaka. Engenheiro de produção, sólida experiência em liderança de equipes. Entusiasta da cultura de inovação e gestão de *startups*, autodidata em ciência de dados. Tem o propósito de transformar pessoas e organizações através da liderança empática e fluência analítica.

Flaviane M. Francisco Separovic. Entusiasta de tecnologia e agilidade, sólida experiência de mais de 15 anos em tecnologia da informação, desde desenvolvimento e engenharia de software até gestão de projetos.

Gabriel Francisco Pistillo Fernandes. Engenheiro de Computação na UFSCar; MBA em Gestão de Negócios na ESPM; mestre e doutorando em Gestão de Projetos na Uninove. Consultor de TI em telecomunicações, gerencia projetos de transformação digital B2B. Professor de pós-graduação em negócios e projetos.

Gisele Botelho. Possui mais de 20 anos de experiência profissional. Nos últimos cinco anos se dedicou ao tema de agilidade nos times e negócio. É Bacharel em Ciência da Computação com MBA Executivo Internacional em Gestão Estratégica de TI pela FGV e Ohio University.

Guilherme Santos. *Agile Expert*, mais de 17 anos de experiência em projetos nacionais e internacionais de tecnologia, inovação e produtos, especialista na adoção do *business agility* e implantação do ágil escalado. Líder de projetos de transformação digital e ágil.

Guilherme Villanova. *Enterprise Lean-Agile Coach* com mais de 18 anos experiência, instruindo e guiando organizações na adoção de práticas ágeis. Com atuação em diversos setores governamentais e empresas privadas, com ampla experiência em transformação ágil e ágil escalado.

Gustavo Rates. *Agile Enterprise*, consultor, instrutor, palestrante. Atuou na Folha de SP e Estadão, Azul Linhas Aéreas, Itaú, Riachuelo e outras com práticas de *Lean, Kanban, Scrum* e ágil em escala, e no processo de transformação cultural. Possui mais de 20 certificações em práticas e métodos ágeis.

Ingrid Andrade. Agilista atuando em diferentes contextos e desafios para melhorar o mundo. Mãe de gatos.

Jacqueline Viana. Há mais de dois anos desempenhando o papel de *Scrum Master*, além de ser *cofounder* e escritora de artigos no blog AgilePink.

Juan Vilaronga. Apaixonado pelo desafio de alinhar a TI ao negócio, sempre buscando a cocriação de valor, facilitando os resultados. Ama aprender e compartilhar conhecimento. Possui mais de 10 anos de experiência e é MBA em Gestão de TI pela FIAP, ITIL®4, SFC e LGPD.

Júnior Rodrigues. Diretor Executivo na Gespro e organizador do ConAgile, mais de 16 anos em consultorias e gestão. Mestrado e Graduação em Administração, MBA em GP, Pós em Projetos de Rede. Certificado PMP, ASM, PMO-CP, PACC, *Management* 3.0, PALC, VERISMF, CLF, CI-ASP, SFC, DEPC e ITIL®.

Karla Karolina Cavalcanti de Lima e Silva. Profissional com sólida experiência na área de Tecnologia da Informação – PMO, gestão de projetos, *Team Leader* e mapeamento/melhoria de processos. Apaixonada por agilidade, MBA em Gerenciamento de Projetos concluído pela FGV e certificações PSM I e PRINCE2®.

Lucas Tito. Agilista por natureza, na essência, de corpo e alma. O Tito real oficial é um cara que ama pessoas e suas diferenças, aprendiz de qualquer assunto, colega para bar, amante de livros (principalmente Harry Potter), que ama os animais e que busca equilíbrio.

Luiz Guilherme Carvalho. Engenheiro, MBA em Gestão de Projetos e programa executivo em gestão de projetos pela George Washington University e Gestor de Risco. Fundador do blog "Gerenciando Riscos em Projetos". É certificado em PMP®, PRINCE2®, PRINCE2 *Agile*®, PMI-RMP®, C31000® e M_o_R®.

Marcelo Beiral. Empreendedor e agilista. Fundador da MMB Inovação & Colaboração, empresa de produtos, serviços de TI, consultoria e treinamento em agilidade. Apaixonado por tecnologia, agilidade e transformação digital. Idealizador do app TeAjudo. PMP e PSM III.

Marcos Afonso Dias. *Agile Coach* na maior instituição financeira da América Latina, atuando diretamente com transformação ágil e digital. PMP, PSM2, KMP, *Exin DevOps*, SAFe e MBA em Gestão de Tecnologia da Informação. Avança com equipes de alta performance em projetos de tecnologia.

Marcos Antonio Rodrigues Junior. Especialista em gestão empresarial, agilista com MBAs executivos, experiência de mais de 20 anos com gestão utilizando práticas ágeis e modernas na transformação cultural organizacional.

Marcos Venícios Araújo. Doutorando em *Enterprise Gamification*, 30 anos como engenheiro de software, sendo 15 liderando projetos *Lean-Agile* com rápido crescimento e alto impacto, alinhando pessoas, times e empresas na adoção de práticas ágeis e melhoria contínua de negócios.

Mauricio Moreira da Silva. Adepto de práticas ágeis, busca fortalecer conceitos e práticas do Manifesto Ágil nas ações do dia a dia, pois é preciso estar preparado para acompanhar a agilidade dos negócios e as suas rápidas transformações através da criação de soluções inovadoras.

Mayla Lemos. Possui formação em TI e Marketing. Atua como agente de transformação e consultora de projetos de TI. Possui mais de 17 anos de experiência em projetos de TI e colaborativos. Fundadora do Manifestando o Ágil, realiza facilitações e mentorias de projetos ágeis e colaborativos.

Mayra Augusto Santos. Apaixonada por qualidade de software, métodos ágeis, inovação e pessoas. Graduada em Administração de Empresas, certificação CTFL – ISTQB, CSM – *Scrum Alliance* e *Foundation Workshop Attendee – Management* 3.0.

Mônica Cruz. Apaixonada por aprender e compartilhar conhecimento, adora ler, ouvir música, viajar, correr e animais selvagens. Adora as palavras inovação, ressignificar, disruptivo e todo tipo de transformação que contribui para a o bem-estar de todos os seres.

Nelson Tadeu Diaz. Apaixonado pelo trabalho, formado Tecnólogo em Processamento de Dados pela UFPR (1983), certificações: *Test Analyst* ALATS/CBTS, CTFL/CTAL-TM/CTFL-AT – ISTQB, *Agile Scrum Master* – EXIN. Há 5 anos trabalhando em equipes ágeis híbridas atuando no papel de QA (testes).

Norival Neri Junior. Desde 2008 atuando com gestão ágil de desenvolvimento de software com participação efetiva em transformações digitais de grandes corporações líderes de mercado. Certificado KMP, SCM e SAFe® *Agilist*, liderou diversos *squads* utilizando SAFe®, *Scrum* e *Lean Kanban*.

Paulo Alves. Agilista, coautor da "Jornada Ágil de Liderança", em busca de associar diversão e produtividade ao dia a dia melhorando a qualidade de vida e os resultados.

Paulo Emílio Alves dos Santos. Doutor em Administração pela Universidade de São Paulo, Mestre em Administração pela Universidade Mackenzie e graduado em Psicologia pela PUC-SP. Passagem em RH pelas empresas Grupo Basf, Reckitt Benckiser, Mercedes-Benz. Lecionou na ESPM, BSP e FIA.

Paulo Miele. Possui mais de 20 anos de experiência profissional na área de TI conduzindo projetos tradicionais e *framework* ágil. Tem atuado como *Agile Coach*, gerente de projetos e *Scrum Master* em projetos de desenvolvimento de software, telecom e infraestrutura.

Paulo Sidney Ferreira. Mestre em Administração com mais de 30 anos de atuação na indústria de software, sendo 18 anos em gestão de produtos. Atuação em empresas líderes do segmento e *startups*. Consultor e instrutor de métodos ágeis e coautor do livro "Jornada Ágil do Produto".

Rafael Gomes dos Santos. Pai[2], agilista, facilitador e aprendiz. Mais de 10 anos de experiência com projetos em diversos segmentos de negócio e atualmente dedicado aos desafios da agilidade organizacional e todo potencial que se pode explorar nessa transformação.

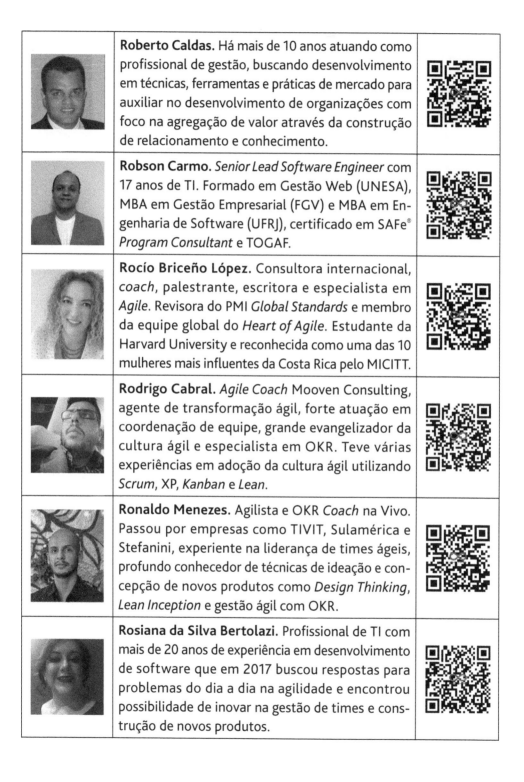

Roberto Caldas. Há mais de 10 anos atuando como profissional de gestão, buscando desenvolvimento em técnicas, ferramentas e práticas de mercado para auxiliar no desenvolvimento de organizações com foco na agregação de valor através da construção de relacionamento e conhecimento.

Robson Carmo. *Senior Lead Software Engineer* com 17 anos de TI. Formado em Gestão Web (UNESA), MBA em Gestão Empresarial (FGV) e MBA em Engenharia de Software (UFRJ), certificado em SAFe® *Program Consultant* e TOGAF.

Rocío Briceño López. Consultora internacional, *coach*, palestrante, escritora e especialista em *Agile*. Revisora do PMI *Global Standards* e membro da equipe global do *Heart of Agile*. Estudante da Harvard University e reconhecida como uma das 10 mulheres mais influentes da Costa Rica pelo MICITT.

Rodrigo Cabral. *Agile Coach* Mooven Consulting, agente de transformação ágil, forte atuação em coordenação de equipe, grande evangelizador da cultura ágil e especialista em OKR. Teve várias experiências em adoção da cultura ágil utilizando *Scrum*, XP, *Kanban* e *Lean*.

Ronaldo Menezes. Agilista e OKR *Coach* na Vivo. Passou por empresas como TIVIT, Sulamérica e Stefanini, experiente na liderança de times ágeis, profundo conhecedor de técnicas de ideação e concepção de novos produtos como *Design Thinking*, *Lean Inception* e gestão ágil com OKR.

Rosiana da Silva Bertolazi. Profissional de TI com mais de 20 anos de experiência em desenvolvimento de software que em 2017 buscou respostas para problemas do dia a dia na agilidade e encontrou possibilidade de inovar na gestão de times e construção de novos produtos.